Star in a Night Sky

An Anthology of Esperanto Literature

Star in a Night Sky
An Anthology of Esperanto Literature

Edited by
Paul Gubbins

Francis
Boutle
Publishers

First published by Francis Boutle Publishers
272 Alexandra Park Road
London N22 7BG
Tel/Fax: 020 8889 7744
Email: info@francisboutle.co.uk
www.francisboutle.co.uk

Lesser Used Languages series editor: Alan M. Kent

ISBN 978 1 903427 72 9

Printed by Melita Press, Malta

Acknowledgments

Thanks are due in the first instance to publisher Clive Boutle who contacted the Esperanto Centre in Barlaston, Staffordshire, to propose that a volume on Esperanto be included in the Lesser Used Languages of Europe Series. His subsequent advice and guidance have been invaluable in the production of this book.

An enormous debt of gratitude is owed to the translators who have allowed earlier versions of their work to be republished or who have responded valiantly to pleas to translate a fresh piece of writing. Where possible their names accompany each translated text, together with a bibliographical reference to the source of the translation. Where no source is indicated, it should be assumed (except in the case of the Boulogne Declaration) that the translation is previously unpublished.

Thanks, too, to authors – or their agents or representatives – who have permitted work to be published and translated, either in part (novels and longer plays) or whole (short stories and poems).

Biographical notes on authors are provided towards the end of the anthology. Remarks about authors are drawn, at least partially, from Geoffrey Sutton's splendid reference work *Concise Encyclopedia of the Original Literature of Esperanto*. For the sake of uniformity and cross-referencing his English translations of titles of works used in this anthology have been retained. To Geoffrey Sutton, for his contribution to Esperanto scholarship, my admiration and sincere thanks.

The following have been invaluable in checking facts, dates, bibliographical references, proof-reading, advising on translations, providing material, etc.:

Barry R. Alcock, Juan Azcuénaga, Brian Barker, Hilary Chapman, David Curtis, Simon Davies, Mariana Evlogieva, Hilary Hurd, Geoffrey King, Staffan Lindhé, Alice Liu, Anna Maria Molera, Ionel Oneț, Gillian Peruško, Ed Robertson, Room in the Roof Writers (Burslem, Stoke-on-Trent).

Again, sincere thanks to all involved in any way, however small, in the preparation of this volume.

It goes without saying that any errors of substance or style rest with the volume editor.

Paul Gubbins
Congleton
Cheshire
June 2012

Contents

A world towards war for aye aspiring

O dearest, shall we ever meet again?

The Mewling Race

Foreword

The linguist Mario Pei once wrote that to describe Esperanto as an "artificial language" is like calling a car an "artificial horse". On this point, Pierre Janton wondered why English *bishop*, French *éveque*, and Spanish *obispo* are considered "to be less deformed than Esperanto *episkopo*, which is closest of all to the original Greek form, *episkopos*".

It is both an honour and a pleasure to write a short foreword to this volume, which strives to introduce English speakers to the breadth of Esperanto writing and to the beauty of Esperanto literature. Esperanto has arguably produced more original literature during its first 125 years than other languages over their first century and a quarter, and it has certainly produced greater variety, as it is written on all continents by native speakers of a multitude of different native tongues. Geoffrey Sutton's *Concise Encyclopedia of the Original Literature of Esperanto*[1] has 728 pages, and covers only original literature, not the vast array of literary translations into Esperanto.

Two further points are worth mentioning – Esperanto's contribution to improved language-learning, as evidenced by the pioneering UK *Springboard to Languages*[2] (S2L) programme; and, more politically, its possible contribution to strengthening a pan-European identity.

There have been experiments since 1921 on the use of short Esperanto courses as a tool to improve language-learning in general. Though of varying quality, the consistency with which they demonstrate a positive effect is remarkable. However, the so-called "propedeutical" approach has not yet had wide success in mainstream language-learning, owing to a double bind: the objectivity of those who speak Esperanto is questioned, whereas non-speakers generally fail to grasp the principle involved, i.e. that a regular, streamlined language can be learned more quickly than an irregular one, and that rapid

---

1. http://www.librejo.com/enciklopedio, New York: Mondial 2008

2. www.springboard2languages.org

success tends to produce further success. I hope the results of the S2L program, supervised by non-Esperanto-speaking educationalists from the University of Manchester, will shed more light on this important area. The report[3] of the *Civil Society Platform for Multilingualism*, set up by the European Commission in 2009, is a valuable recognition of the possible propedeutical value of the language.

A more controversial area, even among Esperanto speakers, is the possible contribution of Esperanto to strengthening a pan-European identity. European Esperanto Union (EEU) takes a pragmatic view: any EU role for Esperanto will, inevitably, strengthen European identity, in harmony with national and regional identities. This could bring the EU closer to the citizen and make it more effective and efficient. While the vocation of Esperanto, and its factual use, is global rather than European, there would at present appear to be particular scope to promote it in the EU context, as the EU is the only international entity to have 23 "official and working languages". EEU initially seeks modest, realistic progress, on which it is possible to build, such as that already achieved in the Civil Society Platform.

Seán Ó Riain
President of the European Esperanto Union
January 2012

---

3. http://ec.europa.eu/languages/news/20110707-civil-society-report_en.htm

Esperanto – Essence and Spirit

Esperanto is one of very few languages that can claim to have a birthday. On 26 July 1887, a date now regarded by Esperanto speakers as the unofficial birthday of the language, tsarist censors in Russia sanctioned publication of the book that introduced Esperanto to the world.

The book, comprising 42 pages, is generally and appropriately known as the *Unua libro* (*First Book*). It was published in Russian: versions soon followed in Polish, German, French and, a little later, English. Its author, an ophthalmologist (not, incidentally, a professional linguist), gave himself the pseudonym Dr Esperanto – meaning, in the new language, "one who hopes".

The pseudonym was intended to protect the reputation of the young medical professional, Ludwik Lejzer Zamenhof (or, in the Esperanto form of his name, Ludoviko Lazaro Zamenhof), who had been developing his "lingvo internacia" ("international language") since his teenage years. As a child, so the story goes, the young Zamenhof was distressed to witness in his town the bickering between members of different communities – the Poles, the Russians, the Germans, the Jews. If only they had a common language so they could talk, understand each other, he told himself. And so the boy began to develop his language which, after publication, came to be recognised by the pseudonym of its author.

Zamenhof was born on 15 December 1859, in Bialystok, then in imperial Russia, now Poland. The anniversary of his birth is another important date in the Esperanto calendar. On this day Esperanto speakers meet to toast the memory of the modest, unassuming but quietly determined creator of Esperanto who, by means of a planned, rational and neutral language, sought to promote togetherness and understanding among the disparate peoples of the world.

Celebration of these two dates serves as a reminder that Esperanto enjoys not only a history but also a distinctive culture. They help refute the charge, still sometimes levelled at Esperanto, that a designer language can possess neither history nor culture. Indeed, to some, the very notion of a designer language – based on common sense and reason, and largely devoid of the deviance and difficulty customarily associated with language-learning – is beyond belief.

Yet, just as the artifice of metres and kilometres, as against the perhaps more natural origins of feet and miles, no way detracts from the quality of the distance measured, so too a man-made tool applied to international communication no way detracts from the quality of that communication. At least, no more or no less than any natural tool. Indeed, in the current jargon, the designer language adds value: after all, it was intended for the purpose rather than – in the case of natural languages – thrust into the role.

Zamenhof expressed this a different way. In his essay "Esenco kaj estonteco de la ideo de lingvo internacia" ("Regarding the Essence and the Future of the Idea of an International Language"), he wrote of the "folly" ("malsaĝajo") in a railway age of sending goods by horse from Paris to St Petersburg. Likewise, Zamenhof argued, in the case of international dialogue, it is foolish to choose a natural language – with its irregular verbs, idiosyncratic pronunciation, perhaps irrational genders, all of which need to be learned at great time and expense and which militate against ease of communication – when a language exists that is designed (like the railway, as against the horse) to complete the task more efficiently.

To this it might be added that presumably those who baulk at the man-made origins of Esperanto avoid cars and aeroplanes, never wear clothing produced from synthetic materials and, in the event of illness or disease, scorn pharmaceuticals. They probably eschew bricks and mortar, double glazing and central heating, and live in a hollowed-out tree trunk, too.

Nevertheless, if sometimes Esperanto attracts an undue share of ill-informed criticism, then esperantists themselves are at least partially to blame. True, certain tenacious and far-sighted ambassadors for the language fought for it at the highest levels (for instance in the 1920s at the League of Nations and, in the 1950s and beyond, at UNESCO). Their efforts were not without success. Today, the Universal Esperanto Association, or Universala Esperanto-Asocio (UEA), the neutral, non-political umbrella organisation of the Esperanto-movement, based in Rotterdam, enjoys consultative status with United Nations and maintains operational relations with UNESCO. At its conference in Sofia, in 1985, UNESCO articulated its belief in the "great potential of Esperanto for international understanding and communication among peoples of different nationalities".

However other esperantists, rather than looking outwards to position and reposition Esperanto in the non-Esperanto-world, have sometimes been too busy looking inwards. They see in the language no more than an intellectual plaything, a game of linguistic chess, to be practised by members of a select club of like-minded hobbyists.

For this reason, perhaps, the message has not come across with sufficient force that there is no desire, and never has been, for Esperanto to replace other languages. No serious, thinking esperantist wishes to see the demise of cherished national languages and the imposition of an international language. Indeed, many esperantists are at the forefront of protecting and fighting for threatened and other so-called minority languages. In fact, the ambition of the Esperanto movement is entirely equitable, reasonable and human: a national language for national, domestic use; an international language for international, foreign use.

At the heart of this simple but, for some, outrageous notion, lie equality and fairness and, as the British esperantist Don Lord maintained, politeness. Why should the speakers of one language (in practice, all too often, English) have an advantage in international communication – an advantage which compels non-native English-speakers to expend considerable effort and money in attempting to acquire a language not their own?

Speaking, or writing, another language can sometimes lead to embarrassment, almost certainly to inequality. The Esperanto poet, writer and biographer Marjorie Boulton, an English scholar, claimed one of the reasons – not the only one – she learned Esperanto was to give non-English speakers the opportunity of conversing in a relatively easy, neutral language which both had learned as a second tongue. In this way, she said, her ear would be spared well-meaning but sometimes heavily accented interpretations of her beloved English. Again, politeness: the desire not to subject an interlocutor to possible humiliation by requiring him or her to use – very likely at some disadvantage – the tongue of the native speaker. Exactly the same point was made by Zamenhof, in his seminal speech at the first "universala kongreso" (universal or world congress, the principal annual meeting of Esperanto speakers) held in Boulogne-sur-Mer in 1905 (see page 29).

These congresses are in many respects the focal point of Esperanto life. Since that leap into the unknown in Boulogne – up to then the language had never been tested on a large scale by speakers from different countries – a universal congress has been held annually (with the exception of the two world wars) in a different country or continent. The week-long UK, as it is known, comprises not just the annual general meeting of the Universal Esperanto Association, where officials are elected, policy debated and decided, but also – and, many would argue, more importantly – a forum for ordinary esperantists to get together, meet old friends and make new ones, listen to lectures, take part in debate or discussion, attend a meeting of any of the numerous interest groups (journalists, cat-lovers, railway-workers, writers, to name just a few), purchase the latest publications, including books and DVDs, watch a play or listen to a concert, and discover a country and its people that might not figure on a more traditional tourist trail. All this, of course, in the absence of interpreters and translators (except those provided for ministers and dignitaries from the host country, and visiting ambassadors, who attend the formal opening and other events). Clear proof, if any were needed, that Esperanto works – people from well over 50 different language backgrounds coming together, in the words of the Esperanto "anthem" (see page 40), as a "granda rondo familia" – "one large family circle".

The congresses, as well as countless courses, seminars, meetings and other events that take place throughout the year, all over the world, offer further evidence that Esperanto is in remarkably good health – despite efforts over the years to proscribe or, perhaps even worse, to ignore it. The extract from Ulrich Lins' *La dan ̆gera lingvo* (*The Dangerous Language*) (see page 150) is a reminder that dictators such as Hitler and Stalin persecuted Esperanto speakers of whom many, including members of

Zamenhof's family, perished in concentration camps. Zamenhof, it should be noted, and his descendants, were Jewish.

Indeed, perhaps Esperanto's principal quality is tenacity. In many respects it should have disappeared years ago. Twentieth century dictators attempted to silence it; twenty-first century governments, with just one or two exceptions, ignore it, choosing – reasonably from their point of view – to spend taxpayers' money on promoting the national language of that country (for example via the British Council, the Goethe Institut, the Alliance Française).

Esperanto, however, has not vanished. Quite the contrary. This is, at least in part, because it is founded on common sense which, history teaches, will ultimately prevail. Scientists overcame the bigotry of an established church torturing those who denied the earth was the centre of the universe. Engineers silenced the hysteria of opponents of the Liverpool and Manchester railway who said cows would not graze and women would miscarry at the sight of the new-fangled "smoking machine" (Carlson). Again, prejudice was proved wrong, while the people of progress, of reason, were vindicated. It is to the glory of the human race that reason ultimately triumphs: it is to its shame it sometimes takes so long. Likewise in the case of Esperanto.

Another factor that has kept Esperanto alive in the face of bigotry and prejudice is the enthusiasm and devotion of its speakers. The language relies not on government subvention but on the generosity of a handful of benefactors and on the dedication, occasionally to the point of self-sacrifice, of its users, who support it by purchasing books and services and, above all, giving their time – teaching, writing to the press, visiting schools and associations to talk about the language, and so on.

At certain periods in Esperanto's history such effort appeared to bring scant reward. Some esperantists were inclined, contrary to the spirit incorporated in the name of their language, to abandon hope. However, over the past decade or more, the language has received fresh impetus from the internet. Indeed, it could be said that Esperanto, a language ahead of its time, was created for just such a function.

In pre-internet days, esperantists would exchange letters with correspondents in distant parts of the world. Such letters would take months to arrive and, given postage costs, might devour in certain countries a not insubstantial portion of a weekly wage. Now, with increasing use of computers, even in so-called third-world countries, it has never been easier to exchange information with not just one, but with dozens of Esperanto contacts. The language has come into its own, to the extent that in October 2011, out of 283 different language Wikipedias, the Esperanto version was ranked as having the 27th highest article-count, just below Danish and above Serbian and Lithuanian.

The internet also means more and more people are learning the language without traditional classes or postal correspondence courses. Many have discovered Esperanto through surfing the net, and in 2011 the website lernu.net – the principal on-line site for learning Esperanto – registered its 100,000th member. A BBC website, accessed at the start of 2012, estimates that "Esperanto is widely spoken by approximately 2 million people across the world". However, since accurate and reliable figures are difficult to obtain, this figure is likely to be an exaggeration. Such statistics – like many claims regarding numbers of language-speakers – also fail to take proficiency into account: hesitant beginners are crudely categorised alongside fluent speakers, which gives no meaningful indication of real usage of the language. What is demonstrable, however, is that the Universal Esperanto Association has members in 101 countries of the world (UEA handbook, 2010).

Moreover, the internet makes it extremely easy – at last – to dismiss the old chestnut that nobody uses Esperanto. The response is immediate: Type "Esperanto" into any internet search-engine and, for an allegedly dead language, you'll find an extraordinary amount of life in the supposed corpse.

Esperanto might therefore be said to have come of age with the internet. At the same time, in 1999, as a further manifestation of Esperanto's maturity, the Scottish Esperanto poet, translator and essayist William Auld became the first writer in the international language to be nominated for the Nobel Prize in Literature. This was clear evidence that Esperanto is a language fully developed as a literary medium for the expression and articulation of thought and feeling, both in prose and in verse, in original and translated works.

Esperanto scholars, and particularly writers of any merit, had known this all along, but here at last was the occasion for Esperanto society as a whole to cast aside any inferiority complex it might have harboured that a designer language could never challenge the noble tongues of Shakespeare and Corneille, of Goethe and Dante. Now Esperanto could face the world with confidence as a fully-fledged literary language.

Auld died in 2006, and two other Esperanto writers were nominated for the Nobel prize: Marjorie Boulton and the Icelandic poet Baldur Ragnarsson. All three are represented in *Star in a Night Sky*, Auld and Boulton not just as writers but also as translators. Particular mention should be made of Auld, without whom this volume would be considerably poorer. Auld edited the house magazine of the British Esperanto Association, *La Brita Esperantisto* (*The British Esperantist*) for over a quarter of a century and, during this period, there appeared between its covers (and, in later years, on the back page) a succession of translations of poems by leading Esperanto authors. Auld furnished many of the translations himself and several are reproduced here.

Auld's death left an enormous gap. It is no exaggeration to say there is no one currently able – and willing – to translate Esperanto verse into English and deliver the quality and, indeed, the quantity of which Auld in his prime was capable. As a result there are lacunae in this collection. Certain poets are under-represented or not represented at all; others through early works, translated by Auld, which perhaps no longer reflect an altered, more mature style. Esperanto needs a new verse translator of the calibre of Auld: until such a person is found several up-and-coming poets, as well as already established writers, will remain unknown to English-speaking readers.

To encourage verse translation the pages of *La Brita Esperantisto* will again be open to translators to offer renditions of Esperanto verse. In this way the work of Auld will continue as writers are encouraged to hone their translation skills.

No doubt reviewers in the Esperanto press will pounce on other shortcomings in this book. Why is this or that writer not represented? Why is this favourite poem, favourite piece of prose, not to be found? Why is there no mention of writers from this or that country, who contributed so much to Esperanto literature and culture? Why are particular fields, such as science or technology, but sparsely covered?

The answer is threefold. Firstly, as Auld noted, in an essay published in 1986: "La arto plej malfacila estas la tradukarto" ("The most difficult of the arts is that of translation"). Competent, let alone gifted, translators are rare and, as suggested above, active esperantists are often involved in teaching, running courses, promoting the language – as well as conducting their everyday lives – which leaves little time for the slow and painstaking task of translation. Secondly, as is the way of things, promised translations failed to materialise, while several requests for permission to translate were ignored, so much so that sending further emails would simply embarrass. Thirdly, and significantly, the aim of *Star in a Night Sky* is not to present a comprehensive account of Esperanto literature but – for the first time in the 125-year-old history of the language – to allow speakers of English to develop a feel for the enduring, endearing phenomenon that is Esperanto.

In the anthology Esperanto speaks for itself. There are contributions dealing with the language, its construction, its rationale. Others touch on its history, its place in the world. Some show the language in an everyday context; yet more demonstrate how writers have adopted it for literary endeavour.

Perhaps Auld was correct when he claimed, in a talk at Wedgwood Memorial College, Barlaston, England, that Zamenhof's creation is a work of art greater than the Mona Lisa or the symphonies of Beethoven. With works such as these, Auld said, the spirit is uplifted, the emotions heightened. True, they can inspire … however, unlike Esperanto, they cannot themselves be used to create yet finer works of art.

Esperanto has not yet produced its Shakespeare. Several hundred years, of course, elapsed between Beowulf and the birth of the bard in Stratford-upon-Avon. Esperanto has known just 125 years but, in that time, as this anthology suggests, it has engendered a small but flourishing society of progressive, like-minded people, who apply their language in all walks of life; and it has produced world-class writers including three candidates for the Nobel Prize in Literature.

As Esperanto prepares to celebrate its century and a quarter, it is fitting to mark the anniversary by sharing, in this anthology, some of those achievements with a wider, non-Esperanto-speaking world.

A mighty voice is ringing

"En la mondon venas nova sento ..." ("Through the world a mighty voice is ringing ..."): probably the first words any speaker of the international language would give if asked to quote from Esperanto's vast original literature. The words, with their reference to the new "voice" that is Esperanto, are those of the language's creator, Ludoviko Lazaro Zamenhof. They form the start of his poem "La espero" ("The Hope") which, after being set to music, was adopted as the Esperanto anthem.

The words mean literally "a new feeling is coming into the world". This rendition is not found in either of the two English translations accompanying the original poem (see page 40). The reason is that translators, particularly of verse, need where necessary to free themselves from the original, so as to remain faithful to the spirit, rather than the word, of the source text, and to accommodate demands of rhyme and metre.

This is the principle to which the translations in this anthology adhere. In this way, the "mighty voice" that is Esperanto rings out as clearly and resoundingly in English.

Zamenhof's speech to the pioneering esperantists gathered in Boulogne-sur-Mer in 1905, at what was to become the first of many such annual congresses, refers to the unknown and almost elemental forces unleashed by his language. "Through the air strange spirits fly," Zamenhof told his avid listeners, painting a picture of a brave new world facilitated by Esperanto: "These spirits are flying into our world, are finding form, and force, and our sons and our sons' sons shall see them, sense them, enjoy them."

The full speech appears elsewhere in this section, which follows the "strange spirits" of Esperanto as they take form and shape in a world not ready for a language ahead of its time. These spirits include the nature of the language itself as well as, crucially, Zamenhof's vision that informs it. Esperanto's creator was well aware no language can exist in a vacuum: this was one of the differences between many of the earlier attempts to plan and produce a language, which never – using Zamenhof's metaphor – took flight.

It might seem perverse to unleash these spirits with a poem that looks at national, rather than international language. Appropriately, though, Reto Rossetti's poem explores the sometimes blinkered attitude of speakers towards their mother tongue – an attitude that the pioneers of planned language, as well as Zamenhof and, indeed, Esperanto speakers in general, have put behind them in their quest to communicate with relative ease and dignity across linguistic and other boundaries.

The poem, published in 1959 in the collection *Pinta krajono* (*Sharpened Pencil*), and its translation published in *La Brita Esperantisto* (*The British Esperantist*) in January/February 1992, shut the door on national language and open another on the origins and background of the international language presented in this section of the anthology.

Reto Rossetti

Nacia lingvo, *1959*

Ankaŭ la lingvo estas aŭtokrato.
Al nia nacia lingvo ni kutimas
ĝis tia grado, ke l' aŭtoritato

masiva nin blindumas, kaj ni timas
eĉ pensi, ke ĝi povus esti manka.
Ni ne rimarkas, ke nur parto glimas

en mezo de inerta bulo ganga;
ni ne rimarkas la struktur-frenezon
kaj ĝenojn de la labirinto stranga.

Servute, sen protesto, ĝian pezon
ni levas kaj deklaras ĝin leĝera;
ignoras kriplon, disonancon, lezon,

admire pri la lingvo aglomera!

Mother Tongue, *1959*

Language is by its nature autocratic.
So in-bred is our mother tongue, so dear
to our occasions, that its massive static

authority blindfolds us, and we fear
the very notion that it might have faults.
We're not aware that only glints appear

of ore embedded in its dull basalts;
we never see how crazy is its frame,
nor drawbacks to its labyrinthine vaults.

Like feudal peasants, unprotesting, tame,
we hoist its heavy weight and call it light;
ignore it where it's crippled, ugly, lame,

and view the serried language with delight.

Translation – William Auld

Throughout the centuries many scholars have cast off the "heavy weight" of national language, as presented in Rossetti's poem, and attempted to engineer something altogether lighter. Indeed, the history of planned languages is fascinating. Ernest Drezen identified and described over 450 such languages in his book *Historio de la Mondolingvo* (*History of the World Language*) published in 1931. As Drezen notes, among those who argued for a "universal language" include the philosophers Descartes and Leibniz. Descartes, writing in 1629, summed up the ideals of such a language: he hoped for "une langue universelle, fort aisée à apprendre, à prononcer et à écrire" ("a universal language, extremely easy to learn, to pronounce and to write").

Today there are probably some 500 planned languages on which information is available. More recent additions include *a priori* languages (for which vocabulary is invented, not drawing on existing systems), such as Klingon (1984), or *a posteriori* languages (using elements of existing systems), such as Glosa (1972), based on Interglossa (1943). It is nevertheless fair to say that, of these language schemes, the only one to have developed anything approaching a profile reflective of society as a whole is Esperanto. One of the more imaginative projects described by Drezen is Solresol.

Ernest Drezen

From Historio de la Mondolingvo, *1931*

Solresol

Sudre (1787–1862). Ankoraŭ en la j. 1817 lerneja instruisto en Sorèze (Francio) Jean Sudre decidis provi krei novan universalan lingvon, preninte por ĝiaj bazaj elementoj sep bazajn muziknotojn, la samajn en la tuta mondo kaj fakte internaciajn. Post dek jaroj, en la j. 1827, sian ankoraŭ ne finitan laboron Sudre prezentis por trarigardo al la Pariza Artakademio. Dum 40 kaj kelkaj jaroj pli li penadis plej zorge prilabori la teorion, gramatikon kaj vortaron de sia lingvo. Nur en la jaro 1866, jam kvar jarojn post la morto de Sudre, estis publikigita plena lernolibro – vortaro de la muzika lingvo "Solresol".*

El la muziknotoj, prezentantaj silabojn de la lingvo, estis kunmetataj vortoj de la lingvo, gramatikaj fleksioj kaj fine – kompletaj frazoj. La vortaro de Solresol estis kun-metita apriorie, sed ĝi ne estis bazita, simile al la filozofiaj sistemoj, sur logika klasifiko. La vortoj konsistis el 1, 2, 3, 4 kaj 5 silaboj, laŭ tio, ĉu ili estis formitaj per kombino de 1, 2, 3, 4 aŭ 5 muziknotoj.

La kombinaĵoj el 1 kaj 2 muziknotoj faris partetojn kaj pronomojn: *si* – jes, *do* – ne, *re* – kaj, *mi* – aŭ, *sol* – cia, ktp. La plej uzataj vortoj formiĝis el kombino de tri notoj: *doredo* – tempo, *doremi* – tago, *dorefa* – semajno, *doresol* – monato, *dorela* – jaro, *doresi* – jar-cento. Kombinaĵoj el 4 notoj estis divididaj je klasoj, laŭ la komenca noto; tiel ekzemple la klaso "*do*" rilatis homon materian kaj moralan, klaso "*re*" – familion, mastrumon kaj tualeton, klaso "*mi*" – agojn de la homo kaj liajn mankojn, ktp.

Kiam iu vorto estis verbo, tiam la nomo de la objekto, persono, adjektivo kaj adverbo, devenanta de tiu verbo, formiĝis per akcento sur la 1-a, 2-a, 3-a kaj 4-a silabo de la vorto.

Ekzemple:

sirelasi — establi, fondi

sírelasi — konstitucio

sirélasi — konstituanta (konsistiga)

sirelási — konstitucia

sirelasí — laŭ la konstitucio

La ideo kontraŭa esprimiĝis per renversita ordo de la silaboj en la koncerna vorto, ekzemple: *misol* – bono, *solmi* – malbono, *sollasi* – supreniĝi (ascendi), *silasol* – mal-supreniĝi (malascendi). Por transdoni laŭ la bezono per tiu ĉi lingvo proprajn nomojn kaj geografiajn terminojn, estis antaŭvidita la anstataŭo de la literoj de alfabeto per apartaj notoj.

Per tiu ĉi lingvo oni povis skribi, paroli, oni povis ludi ĝin per iu muzikinstrumento. Por la surdomutuloj kunlaboranto de Sudre, Vincent Gajewski, ellaboris specialan siste-mon de la manmovoj, donantaj alfabeton de Solresol por surdomutuloj. Fine, la sep fun-damentaj koloroj, egaligitaj al la respektivaj muziknotoj, donis la eblecon de kolora kaj luma signalado en tiu lingvo, aŭ de telegrafio, kiel oni ĝin tiam nomis.

Sudre dum duonjarcento traveturis la tutajn Francion kaj Anglion, propagandante sian lingvon. La Instituto de Francio – supera scienca institucio de la lando – kvarfoje (en la jaroj 1827, 1833, 1839 kaj 1856) formis komisionojn, konsistantajn eĉ el tiaj scien-culoj, kiel Arago kaj E. Burnouf, kiuj ekkonis la laborojn de Sudre kaj donis pri ili favorajn konkludojn. La franca ĝeneralstabo (marŝalo Soult) kaj militŝipa supera komandantaro rekomendis la enkondukon kaj parte eĉ enkondukis la ellernon de signalaj kaj lumaj kombinaĵoj de Solresol en la franca armeo kaj ŝiparo.

Al Sudre esprimis siajn simpatiojn kaj lin instigis Victor Hugo, A. Lamartine kaj Aleksandro Humboldt. En la j. 1855, ĉe la tutmonda ekspozicio li estis premiita per 10 000 frankoj, ĉe la Londona ekspozicio de j. 1862 – per honora medalo. Sudre estis

---

Jean François Sudre, "Langue musicale universelle par le moyen de laquelle (après seule-ment trois mois d'étude) tous les différents peuples de la terre, les aveugles, les sourds et les muets peuvent se comprendre réciproquement", Paris, 1866.

enkondukita al la kortego de Napoleono III. Ankoraŭ unu premio je 50 000 frankoj estis al li aljuĝita pro la raporto de generalo Marbot (1839), sed ĝin li neniam ricevis.

Post la morto de Sudre lia edzino daŭrigis la aferon de sia edzo. Ŝi fondis en Parizo societon por propagando de Solresol. En la j. 1886 aperis nova eldono de lernolibro de Solresol. La filo de Vincent Gajewski, Boleslaw Gajewski en la j. 1902 publikigis gramatikon de la muzika lingvo.

Solresol posedis gravajn avantaĝojn kompare kun la pazigrafioj kaj filozofiaj lingvoj. Ĝi estis pli simpla ol la filozofiaj sistemoj. Ĝi estis jam parola lingvo. Sed tamen ĝi havis ankaŭ grandan malavantaĝon – ĝi ne estis pli facila, sed multe pli malfacila ol iu ajn el la naciaj lingvoj. Ĝi estis al ili fremda laŭ sia spirito kaj konstruo. Oni devis lerni ĝin de la komenco parkere. Tute senbaza estis la aserto, ke ellerni Solresol oni povus sen aparta penado dum ne pli ol tri monatoj. La ebleco de ĝia aplikado estis limigita jam pro la 7 silaboj-notoj en la lingvo. En ĝia praktikado ofte sin montris malordiĝoj kaj malregulajoj.

From History of the World Language, *1931*

Solresol

Sudre (1787–1862). In 1817 Jean Sudre, a school teacher in Sorèze, France, set out to create a new universal language, taking as its fundamental elements the seven fundamental musical notes, which are the same throughout the world and truly international. Ten years later, in 1827, Sudre presented his still unfinished work to the Paris Academy of Fine Arts for inspection. For more than 40 years he worked carefully to develop the theory, grammar and vocabulary of his language. The complete text book and dictionary of the musical language "Solresol" was published only in 1866, four years after Sudre's death.*

Musical notes, which correspond to the syllables of the language, were put together to form the words of the language, the grammatical inflections and, eventually, complete sentences. The vocabulary of Solresol was made up *a priori*, but, unlike the philosophical systems, it was not based on a logical classification. Words consisted of 1, 2, 3, 4 or 5 syllables, depending on whether they were formed by combining 1, 2, 3, 4 or 5 musical notes.

Combinations of 1 and 2 notes were particles and pronouns: *si* – yes, *do* – no, *re* – and, *mi* – or, *sol* – your, etc. The commonest words were formed by a combination of three notes: *doredo* – time, *doremi* – day, *dorefa* – week, *doresol* – month, *dorela* – year, *doresi* – century. Combinations of four notes were divided into classes according to the initial note: so, for example, the class "*do*" was concerned with mankind, its material and moral aspects, the class "*re*" was for the family, household and dress, "*mi*" was for human

---

* *Jean François Sudre, "A musical universal language by means of which (after just three months of study) all the different peoples of the world, the blind, the deaf, the dumb, can understand each other", Paris, 1866.*

activities and failings, etc.

In the case of a verb, the name of the object, person, adjective and adverb derived from that verb were formed by accenting the first, second, third and fourth syllable of the word.

For example:

sirelasi — set up, found
sírelasi — constitution
sirélasi — constituent (as adjective)
sirelási — constitutional
sirelasí — according to the constitution

The opposite idea was expressed by reversing the order of the syllables of the word in question, for example: *misol* – good, *solmi* – bad, *sollasi* – go up, *silasol* – go down. When necessary, to convey proper nouns and geographical terms in the language, there was a system for replacing letters of the alphabet with particular notes.

It was possible to write, speak, and play the language on a musical instrument. For deaf users Vincent Gajewski worked together with Sudre to develop a special system of hand movements to convey Solresol's alphabet for the deaf. Finally, the seven fundamental colours, mapped to the corresponding musical notes, gave the option of colour and light signalling in the language, or telegraphy, as it was called then.

For half a century Sudre travelled through the whole of France and England, promoting his language. The Institute of France – a leading scientific institution in the country – on four occasions (in 1827, 1833, 1839 and 1856) formed commissions, even consisting of such scientists as Arago and E. Burnouf, who recognised Sudre's work and drew favourable conclusions concerning it. The French general staff (Marshal Soult) and the French naval high command recommended introducing, and to some extent even introduced, the study of the signalling and light combinations of Solresol in the French army and navy.

Sudre received expressions of support and encouragement from Victor Hugo, A. Lamartine and Alexander von Humboldt. In 1855, at the Exposition Universelle, he was awarded 10,000 francs, and at the 1862 London Exhibition he received a medal of honour. Sudre was presented at the court of Napoleon III. A further prize of 50,000 francs was attributed to him following a report by General Marbot (1839), but he never received it.

After his death, Sudre's wife continued her husband's work. She founded a society in Paris for the promotion of Solresol. In 1886 a new edition of the Solresol text book was published. Vincent Gajewski's son, Boleslaw Gajewski, published a grammar of the musical language in 1902.

Solresol had major advantages compared with the pasigraphies and philosophical languages. It was simpler than the philosophical systems. It was a spoken language. However, it also had a major disadvantage: it was not easier, but much harder than any national language. It was radically different from them in its spirit and construction. It was necessary to learn it by heart from the beginning. The claim that it was possible to learn Solresol in three months without any great exertion was groundless. The possibilities of applying it were limited because of the seven syllable-notes in the language. In its practical application confusion and irregularities were rife.

Translation – Edmund Grimley Evans

One of the most successful planned languages before Esperanto was Volapük (meaning "world speak") developed by a German priest, Johann Martin Schleyer, and published in 1879/1880.

By the end of the 1880s there were over 250 Volapük clubs and over 300 textbooks in some 25 languages. The language declined partly because of the arrival of Esperanto and partly because its author insisted he alone retain all rights to Volapük, including the right to make changes.

Zamenhof, in launching Esperanto, did not commit the same error. From the outset Zamenhof was adamant his language should belong to its users. While prepared to be consulted on language matters, he nevertheless saw himself as "unu el" – "one of" Esperanto's many users with no entitlement to particular privileges.

Volapük, though, did not die out. The Austrian expressionist poet Georg Trakl was corresponding in it in the first decade of the 20th century, and it underwent reform in 1930. Today the language preserves an internet presence, though the number of speakers is estimated to be in double figures only.

In Esperanto "volapuko" is used to mean gibberish or nonsense. Volapük is found with this meaning in other languages. On March 11, 2010, the *Telegraph* published a piece headlined "Nicolas Sarkozy baffles interpreters with Volapük". The newspaper explained: "Nicolas Sarkozy left interpreters befuddled at an environment conference in Paris when he came up with a word that is almost as rare as a nine-euro note." The French president had, he said, been handed a draft text "similar to Volapük".

Schleyer based the vocabulary of his language principally on English, but the words underwent so much adaptation they are often difficult to recognise. This can be seen from the Volapük Lord's Prayer (below), here set against the traditional English version and renditions in other planned languages, including Esperanto.

Lord's Prayer: Book of Common Prayer, *1662*

Our Father, which art in heaven, Hallowed be thy Name. Thy Kingdom come. Thy will be done in earth, As it is in heaven. Give us this day our daily bread. And forgive us our trespasses, As we forgive them that trespass against us. And lead us not into temptation, But deliver us from evil. For thine is the kingdom, the Power, and the Glory, For ever and ever. Amen.

O Fat obas: Volapük, *1879/1880*

O Fat obas, kel binol in süls, paisaludomöz nem ola! Kömomöd monargän ola! Jenomöz vil olik, äs in sül, i su tal! Bodi obsik vädeliki govolös obes adelo! E pardolös obes debis obsik, äs id obs aipardobs debeles obas. E no obis nindukolös in tendadi; sod aidalivolös obis de bas. Jenosöd!

Patro nia: Esperanto, *1887*

Patro nia, kiu estas en la ĉielo, sanktigata estu via nomo, venu via regno, fariĝu via volo, kiel en la ĉielo, tiel ankaŭ sur la tero. Nian panon ĉiutagan donu al ni hodiaŭ, kaj pardonu al ni niajn ŝuldojn, kiel ankaŭ ni pardonas al niaj ŝuldantoj, kaj ne konduku nin en tenton, sed liberigu nin de la malbono. Amen.

Patre nostre: Interlingua (International Auxiliary Language Association), *1951*

Patre nostre, qui es in le celos, que tu nomine sia sanctificate; que tu regno veni; que tu voluntate sia facite como in le celo, etiam super le terra. Da nos hodie nostre pan quotidian, e pardona a nos nostre debitas como etiam nos los pardona a nostre debitores. E non induce nos in tentation, sed libera nos del mal. Amen.

Na parenta in urani: Glosa (developed from Lancelot Hogben's Interglossa, published 1943), *1972*

Na parenta in urani: na volu; tu nomina gene honora, tu krati veni e tu tende gene akti epi geo homo in urani. Place don a na nu-di na di-pani e tu pardo na plu mali akti; metri na pardo mu; qi akti mali a na. E ne direkti na a u proba; sed libe na ab mali. Ka tu tena u krati, u dina e un eufamo pan tem. Amen.

English speakers had to wait several months to acquaint themselves with Esperanto. Zamenhof's primer, his *International Language: Introduction and Complete Grammar*, known more generally as the *Unua libro* (*First Book*), had been published in Russian in Warsaw in 1887. Its 42 pages contained four parts: an introduction, six illustrative texts in Esperanto, a grammar, and a dictionary comprising over 900 elements. By the end of the year the *Unua libro* had appeared in Polish, German and French.

An English version was published at the start of 1888 but the translation was deemed unsatisfactory. An improved version was prepared a year later by Richard Geoghegan (1866–1943), an Englishman of Irish descent believed to be the first British Esperanto speaker. The grammar below is Geoghegan's translation, which was republished in 1905 in the *Fundamento de Esperanto* (*Foundation of Esperanto*). This – literally – fundamental work encompassed the *Unua libro* but added examples of Esperanto practice.

In his preface Zamenhof determined that the *Fundamento de Esperanto* should serve as a model for Esperanto speakers the world over. He declared the work to be "absolute netuŝebla" ("absolutely untouchable"). This meant that development of the language should occur not in any arbitrary, random and possibly contradictory way but on the linguistic principles established in the book. Now, well over a century after publication, the *Fundamento de Esperanto* still provides the foundation on which the language is built and by which it evolves.

The following extract comprises the original pronunciation guide and the so-called 16 basic rules of Esperanto.

Any written pronunciation guide must, of course, be treated with caution. Present-day learners of the language are better advised to model their pronunciation on an approved audio guide (available from Esperanto associations or via the internet) rather than on the vagaries of the printed word.

Thus, for instance, the written guide does not make clear that the *a* as in "last" is not the long *a* of Essex English but a short, northern English a (as the first a in "Lancaster"). Similarly the *e* sound (*a* as in "make", according to Geoghegan), is better rendered by a shorter vowel, for instance *e* as in "egg". Likewise, a longer *oo*-sound, as in "too", is preferable to *u* as in "bull", suggested by Geoghegan. Nevertheless, the 1905 guide, even today, would enable a learner without access to audio material to make a reasonable and generally comprehensible attempt at reading or speaking Esperanto.

It should be noted that the grammar reproduced in the *Fundamento de Esperanto* appears in French, English, German, Russian and Polish but not in Esperanto: hence the absence of a version in the international language.

Ludoviko Lazaro Zamenhof

Foundation of Esperanto (extract), *1889/1905*

GRAMMAR
A) THE ALPHABET

Aa a as in "last"	**Bb** b as in "be"	**Cc** ts as in "wits"	**Ĉĉ** ch as in "church"
Dd d as in "do"	**Ee** a as in "make"	**Ff** f as in "fly"	**Gg** g as in "gun"
Ĝĝ j as "join"	**Hh** h as in "halt"	**Ĥĥ** strongly aspirated h, "ch" in "loch" (Scotch)	**Ii** i as in "marine"
Jj y as in "yoke"	**Ĵĵ** z as in "azure"	**Kk** k as in "key"	**Ll** l as in "line"

Mm	**Nn**	**Oo**	**Pp**
m as in "make"	n as in "now"	o as in "not"	p as in "pair"

Rr	**Ss**	**Ŝŝ**	**Tt**
r as in "rare"	s as in "see"	sh as in "show"	t as in "tea"

Uu	**Ŭŭ**	**Vv**	**Zz**
u as in "bull"	u as in "mount" (used in dipthongs)	v as in "very"	z as in zeal

Remark. – If it be found impracticable to print works with the diacritical signs (^ , ˘), the letter *h* may be substituted for the sign (^), and the sign (˘) may be altogether omitted.

B) PARTS OF SPEECH

1. There is no indefinite, and only one definite, article, *la*, for all genders, numbers, and cases.

2. Substantives are formed by adding *o* to the root. For the plural, the letter *j* must be added to the singular. There are two cases: the nominative and the objective (accusative). The root with the added *o* is the nominative, the objective adds an *n* after the *o*. Other cases are formed by prepositions; thus, the possessive (genitive) by *de*, "of"; the dative by *al*, "to"; the instrumental (ablative) by *kun*, "with", or other preposition as the sense demands. E.g., root *patr*, "father"; *la patro*, "the father"; *patron*, "father" (objective), *de la patro*, "of the father", *al la patro*, "to the father", *kun la patro*, "with the father"; *la patroj*, "the fathers"; *la patrojn*, "the fathers" (obj.), *por la patroj*, "for the fathers".

3. Adjectives are formed by adding *a* to the root. The numbers and cases are the same as in substantives. The comparative degree is formed by prefixing *pli* (more); the superlative by *plej* (most). The word "than" is rendered by *ol*, e.g., *pli blanka ol neĝo*, "whiter than snow".

4. The cardinal numerals do not change their forms for the different cases. They are: *unu* (1), *du* (2), *tri* (3), *kvar* (4), *kvin* (5), *ses* (6), *sep* (7), *ok* (8), *naŭ* (9), *dek* (10), *cent* (100), *mil* (1000).

   The tens and hundreds are formed by simple junction of the numerals, e.g., 533=*kvincent tridek tri*.

   Ordinals are formed by adding the adjectival *a* to the cardinals, e.g. *unua*, "first"; *dua*, "second", etc.

   Multiplicatives (as "threefold", "fourfold", etc.) add *obl*, e.g. *triobla*, "threefold".

   Fractionals add *on*, as *duono*, "a half", *kvarono*, "a quarter".

   Collective numerals add *op*, as *kvarope*, "four together".

   Distributives prefix *po*, e.g., *po kvin*, "five apiece".

   Adverbials take *e*, e.g., *unue*, "firstly", etc.

5. The personal pronouns are *mi*, "I"; *vi*, "thou", "you"; *li*, "he"; *ŝi*, "she"; *ĝi*, "it"; *si*, "self"; *ni*, "we"; *ili*, "they"; *oni*, "one", "people", (French "on"). Possessive pronouns are formed by suffixing to the required personal, the adjectival termination. The declension of the pronouns is identical with that of substantives. E.g., *mi*, "I"; *mi'n*, "me" (obj.); *mi'a*, "my", "mine".

6. The verb does not change its form for numbers or persons, e.g., *mi far'as*, "I do"; *la patr'o far'as*, "the father does"; *ili far'as*, "they do".

   Forms of the Verb:

   a) The present tense ends in *as*, e.g., *mi far'as*, "I do".

   b) The past tense ends in *is*, e.g., *li far'is*, "he did".

   c) The future tense ends in *os*, e.g., *ili far'os*, "they will do".

   ĉ) The subjunctive mood ends in *us*, e.g., *ŝi far'us*, "she may do".

   d) The imperative mood ends in *u*, e.g., *ni far'u*, "let us do".

   e) The infinitive mood ends in *i*, e.g., *far'i*, "to do".

   There are two forms of the participle in the international language, the changeable or adjectival, and the unchangeable or adverbial.

   f) The present participle active ends in *ant*, e.g., *far'ant'a*, "he who is doing"; *far'ant'e*, "doing".

   g) The past participle active ends in *int*, e.g., *far'int'a*, "he who has done"; *far'int'e*, "having done".

   ĝ) The future participle active ends in *ont*, e.g., *far'ont'a*, "he who will do"; *far'ont'e*, "about to do".

   h) The present participle passive ends in *at*, e.g., *far'at'e*, "being done".

   ĥ) The past participle passive ends in *it*, e.g., *far'it'a*, "that which has been done"; *far'it'e*, "having been done".

   i) The future participle passive ends in *ot*, e.g., *far'ot'a*, "that which will be done"; *far'ot'e*, "about to be done".

   All forms of the passive are rendered by the respective forms of the verb *est* (to be) and the present participle passive of the required verb; the preposition used is *de*, "by". E.g., *ŝi est'as am'at'a de ĉiu'j*, "she is loved by everyone."

7. Adverbs are formed by adding *e* to the root. The degrees of comparison are the same as in adjectives, e.g., *mi'a frat'o kant'as pli bon'e ol mi*, "my brother sings better than I".

8. All prepositions govern the nominative case.

C) General Rules

9. Every word is to be read exactly as written; there are no silent letters.

10. The accent falls on the last syllable but one (penultimate).

11. Compound words are formed by the simple junction of roots, (the principal word standing last), which are written as a single word, but, in elementary works, separated by a small line ('). Grammatical terminations are considered as independent words, e.g., *vapor'ŝip'o*, "steamboat", is composed of the roots *vapor*, "steam", and *ŝip*, "a boat", with the substantival termination *o*.

12. If there be one negative in a clause, a second is not admissible.

13. In phrases answering the question "where?" (meaning direction), the words take the termination of the objective case; e.g., *kien vi iras?* "where are you going?" *domon*, "home"; *Londonon*, "to London"; etc.

14. Every preposition in the international language has a definite fixed meaning. If it be necessary to employ some preposition, and it is not quite evident from the sense which it should be, the word *je* is used, which has no definite meaning; for example, *ĝoj'i je tio*, "to rejoice over it"; *rid'i je tio* "to laugh at it"; *enui je la patr'ujo*, "a longing *for* one's fatherland". In every language different prepositions, sanctioned by usage, are employed in these dubious cases; in the international language, one word, *je*, suffices for all. Instead of *je*, the objective without a preposition may be used, when no confusion is to be feared.

15. The so-called "foreign" words, i.e. words which the greater number of languages have derived from the same source, undergo no change in the international language, beyond conforming to its system of orthography. – Such is the rule with regard to primary words; derivatives are better formed (from the primary word) according to the rules of the international grammar: e.g., *teatr'o*, "theatre", but *teatr'a*, "theatrical" (not *teatrical'a*), etc.

16. The *a* of the article, and the final *o* of substantives, may be sometimes dropped euphoniae gratia, e.g., *de l' mond'o* for *de la mond'o*; *Ŝiller'* for *Ŝiller'o*; in such cases an apostrophe should be substituted for the discarded vowel.

Translation – Richard Geoghegan

The Boulogne Declaration dates from the 1st Universal Congress of Esperanto – the principal gathering of Esperanto speakers held in a different country each year – which took place in Boulogne-sur-Mer, France, in 1905. The five points of the declaration set out the principles and aims of the Esperanto movement. These include the statement that Esperanto is not intended to replace existing languages, that it belongs equally to its users, rather than its author, Zamenhof, and that the *Fundamento de Esperanto* (*Foundation of Esperanto*) be regarded as the linguistic bedrock of the language.

La bulonja deklaracio, *1905*

Ĉar pri la esenco de la Esperantismo multaj havas tre malveran ideon, tial ni subskribintoj, reprezentantoj de la Esperantismo en diversaj landoj de la mondo, kunvenintaj al la Internacia Kongreso Esperantista en Boulogne-sur-Mer, trovis necesa, laŭ la propono de la aŭtoro de la lingvo Esperanto, doni la sekvantan klarigon:

1. La Esperantismo estas penado disvastigi en la tuta mondo la uzadon de la lingvo neŭtrale homa, kiu "ne entrudante sin en la internan vivon de la popoloj kaj neniom celante elpuŝi la ekzistantajn lingvojn naciajn", donus al la homoj de malsamaj nacioj la

eblon kompreniĝadi inter si, kiu povus servi kiel paciga lingvo de publikaj institucioj en tiuj landoj, kie diversaj nacioj batalas inter si pri la lingvo, kaj en kiu povus esti publikigataj tiuj verkoj, kiuj havas egalan intereson por ĉiuj popoloj. Ĉiu alia ideo aŭ espero, kiun tiu aŭ alia esperantisto ligas kun la Esperantismo, estos lia afero pure privata, por kiu la Esperantismo ne respondas.

2. Ĉar en la nuna tempo neniu esploranto en la tuta mondo jam dubas pri tio, ke Lingvo Internacia povas esti nur lingvo arta, kaj ĉar el ĉiuj multegaj provoj faritaj en la daŭro de la lastaj jarcentoj, ĉiuj prezentas nur teoriajn projektojn, kaj lingvo efektive finita, ĉiuflanke elprovita, perfekte vivipova kaj en ĉiuj rilatoj plej taŭga montriĝis nur unu sola lingvo, Esperanto, tial la amikoj de la ideo de Lingvo Internacia, konsciante, ke teoria disputado kondukos al nenio kaj ke la celo povas esti atingita nur per laborado praktika, jam delonge ĉiuj grupiĝis ĉirkaŭ la sola lingvo Esperanto kaj laboras por ĝia disvastigado kaj riĉigado de ĝia literaturo.

3. Ĉar la aŭtoro de la lingvo Esperanto tuj en la komenco rifuzis unu fojon por ĉiam ĉiujn personajn rajtojn kaj privilegiojn rilate tiun lingvon, tial Esperanto estas "nenies proprajo", nek en rilato materiala, nek en rilato morala.

Materiala mastro de tiu ĉi lingvo estas la tuta mondo, kaj ĉiu deziranto povas eldonadi en aŭ pri tiu ĉi lingvo ĉiajn verkojn kiajn li deziras kaj uzadi la lingvon por ĉiaj eblaj celoj; kiel spiritaj mastroj de tiu lingvo estos ĉiam rigardataj tiuj personoj, kiuj de la mondo esperantista estos konfesataj kiel la plej bonaj kaj plej talentaj verkistoj en tiu ĉi lingvo.

4. Esperanto havas neniun personan leĝdonanton kaj dependas de neniu aparta homo. Ĉiuj opinioj kaj verkoj de la kreinto de Esperanto havas, simile al la opinioj kaj verkoj de ĉiu alia esperantisto, karakteron absolute privatan kaj por neniu devigan.

La sola unu fojon por ĉiam deviga por ĉiuj esperantistoj fundamento de la lingvo Esperanto estas la verketo "Fundamento de Esperanto", en kiu neniu havas la rajton fari ŝanĝon. Se iu dekliniĝas de la reguloj kaj modeloj donitaj en la dirita verko, li neniam povas pravigi sin per la vortoj "tiel deziras aŭ konsilas la aŭtoro de Esperanto."

Ĉiun ideon, kiu ne povas esti oportune esprimata per tiu materialo, kiu troviĝas en la "Fundamento de Esperanto", ĉiu esperantisto havas la rajton esprimi en tia maniero, kiun li trovas la plej ĝusta, tiel same, kiel estas farate en ĉiu alia lingvo. Sed pro plena unueco de la lingvo al ĉiuj esperantistoj estas rekomendate imitadi kiel eble plej multe tiun stilon, kiu troviĝas en la verkoj de la kreinto de Esperanto, kiu la plej multe laboris por kaj en Esperanto kaj la plej bone konas ĝian spiriton.

5. Esperantisto estas nomata ĉiu persono, kiu scias kaj uzas la lingvon Esperanto tute egale, por kiaj celoj li ĝin uzas. Apartenado al ia aktiva societo esperantista por ĉiu esperantisto estas rekomendinda, sed ne deviga.

The Boulogne Declaration, *1905*

Whereas many people have a false notion regarding the essence of esperantism, we the undersigned, representatives of esperantism in many countries of the world, assembled at the International Esperantist Congress in Boulogne-sur-Mer, felt it necessary to publish the following clarification, following the proposal of the author of the language Esperanto:

1. Esperantism is the endeavour to spread throughout the world the use of this neutral, human language which, "not intruding on personal life and in no way aiming to displace existing national languages", would give peoples of different nations the ability to understand each other; which would be able to serve in a mediatory capacity public institutions in countries whose peoples bicker among themselves over language; and in which could be published those works possessing equal interest for all peoples. All other ideals or hopes linked to esperantism by any esperantist is his or her purely private affair, for which esperantism is not responsible.

2. Whereas at present scholars worldwide hold that an International Language must be artificial, and whereas countless efforts over the centuries [to create this international language] have produced only theoretical projects, only one language has shown itself a finished product, thoroughly proven and perfectly viable, and most suitable in every way, and that is Esperanto; and for this reason the friends of the idea of the International Language, acknowledging that theoretical controversy leads to nothing and that the goals [of an international language] can be attained only by practical work, have associated themselves for some time with Esperanto and have continually worked towards its dissemination and the enrichment of its literature.

3. Whereas at the outset the author of the language Esperanto abrogated once and for all his personal rights and privileges relating to this language, Esperanto for this reason is "no-one's property", neither in material nor in moral matters.

   Ownership of this language in a material sense rests with the whole world, and anyone so minded can publish in or about this language and work he or she chooses, and can use the language for any possible purpose; ownership in a spiritual sense rests with those universally acknowledged as the most talented writers in this language.

4. Esperanto has no lawgiving authority and is dependent on no particular person. All opinions and works of the creator of Esperanto, just as those of every other esperantist, have an entirely private quality and are in no way binding.

The sole basis for the language Esperanto, and binding in perpetuity for all esperantists, is the "Fundamento de Esperanto", which no-one is entitled to change. No-one deviating from the rules and models in the above-mentioned work can seek excuse by arguing "this is what the author of Esperanto wants or recommends".

Esperantists can express any idea not conveniently rendered by the "Fundamento de Esperanto" in the manner they deem most correct, as with any other language. But for reasons of unity all esperantists are recommended to imitate, as much as possible, the style to be found in the works of the creator of Esperanto, who has laboured more than any other for and in Esperanto and who understands its spirit better than any other.

5. An esperantist is a person who knows and uses the language Esperanto regardless of the purpose for which it is used. Membership in an active esperantist social circle or organisation is recommended for all esperantists, but is not obligatory.

Translator unknown

Six hundred and eighty eight people, from 20 countries, gathered at the first universal congress in Boulogne-sur-Mer, where on 5 August 1905, Zamenhof delivered a keynote speech which captured the essence of the language he had created. He was also at pains to praise his spiritual predecessor, Johann Martin Schleyer, author of Volapük, the planned language which enjoyed a degree of success before – and for a little while after – the advent of Esperanto. The speech contains some repetition but, at moments, is as stirring and, particularly for an esperantist, as moving as any of the best-known pieces of oratory in any national language.

Marjorie Boulton's translation of the "Prayer beneath the Green Banner" appears in her biography *Zamenhof: Creator of Esperanto* (1960). Dr Boulton claims her "pallid and uninspired translation does not do full justice to the spontaneous, poignant and often majestic amphibrachs of Zamenhof; the rhythm can scarcely be given a true equivalent in English". As always, Dr Boulton is too modest.

Ludoviko Lazaro Zamenhof

Parolado dum la unua Universala Kongreso, *1905*

Estimataj sinjorinoj kaj sinjoroj!

Mi salutas vin, karaj samideanoj, fratoj kaj fratinoj el la granda tutmonda homa familio, kiuj kunvenis el landoj proksimaj kaj malproksimaj, el la plej diversaj regnoj de la mondo, por frate premi al si reciproke la manojn pro la nomo de granda ideo, kiu ĉiujn nin ligas. Mi salutas vin ankaŭ, glora lando Francujo kaj bela urbo Bulonjo-sur-Maro, kiuj bonvole ofertis gastamon al nia kongreso. Mi esprimas ankaŭ koran dankon al tiuj personoj kaj institucioj en Parizo, kiuj ĉe mia trapaso tra tiu ĉi glora urbo esprimis sub mia adreso sian favoron por la afero Esperanto, nome al s-ro la ministro de la Publika Instruado, al la Urbestraro de Parizo, al la Franca Ligo de Instruado kaj al multaj diversaj sciencaj eminentuloj.

Sankta estas por ni la hodiaŭa tago. Modesta estas nia kunveno; la mondo ekstera ne multe scias pri ĝi, kaj la vortoj, kiuj estas parolataj en nia kunveno, ne flugos telegrafe al ĉiuj urboj kaj urbetoj de la mondo; ne kunvenis regnestroj, nek ministroj, por ŝanĝi la politikan karton de la mondo, ne brilas luksaj vestoj kaj multego da imponantaj ordenoj en nia salono, ne bruas pafilegoj ĉirkaŭ la modesta domo, en kiu ni troviĝas; sed tra la aero de nia salono flugas misteraj sonoj, sonoj tre mallaŭtaj, ne aŭdeblaj por la orelo, sed senteblaj por ĉiu animo sentema: ĝi estas la sono de io granda, kio nun naskiĝas. Tra la aero flugas misteraj fantomoj; la okuloj ilin ne vidas, sed la animo ilin sentas; ili estas imagoj de tempo estonta, de tempo tute nova. La fantomoj flugos en la mondon, korpiĝos kaj potenciĝos, kaj niaj filoj kaj nepoj ilin vidos, ilin sentos kaj ĝuos.

En la plej malproksima antikveco, kiu jam de longe elviŝiĝis el la memoro de la homaro, kaj pri kiu nenia historio konservis al ni eĉ la plej malgrandan dokumenton, la homa familio disiĝis kaj ĝiaj membroj ĉesis kompreni unu la alian. Fratoj kreitaj ĉiuj laŭ unu modelo, fratoj, kiuj havis ĉiuj egalan korpon, egalan spiriton, egalajn kapablojn, egalajn idealojn, egalan Dion en siaj koroj, fratoj, kiuj devis helpi unu la alian kaj labori kune por la feliĉo kaj la gloro de sia familio – tiuj fratoj fariĝis tute fremdaj unuj al aliaj, disiĝis ŝajne por ĉiam en malamikajn grupetojn, kaj inter ili komenciĝis eterna milito. En la daŭro de multaj miljaroj, en la daŭro de la tuta tempo, kiun la homa historio memoras, tiuj fratoj nur eterne bataladis inter si, kaj ĉia interkompreniĝado inter ili estis absolute ne ebla. Profetoj kaj poetoj revadis pri ia tre malproksima nebula tempo, en kiu la homoj denove komencos komprenadi unu la alian kaj denove kuniĝos en unu familion: sed tio ĉi estis nur revo. Oni parolis pri tio, kiel pri ia dolĉa fantazio, sed neniu prenis ĝin serioze, neniu kredis pri ĝi.

Kaj nun la unuan fojon la revo de miljaroj komencas realiĝi. En la malgrandan urbon de la franca marbordo kunvenis homoj el la plej diversaj landoj kaj nacioj, kaj ili renkontas sin reciproke ne mute kaj surde, sed ili komprenas unu la alian, ili parolas unu kun la alia kiel fratoj, kiel membroj de unu nacio. Ofte kunvenas personoj de malsamaj nacioj kaj komprenas unu la alian; sed kia grandega diferenco estas inter ilia reciproka kompreniĝado kaj la nia! Tie komprenas sin reciproke nur tre malgranda parto da kunvenintoj, kiuj havis la eblon dediĉi multegon da tempo kaj multegon da mono, por lerni fremdajn lingvojn – ĉiuj aliaj partoprenas en la kunveno nur per sia korpo, ne per sia kapo; sed en nia kunveno reciproke sin komprenas ĉiu, kiu nur deziras nin kompreni, kaj nek malriĉeco, nek nehavado de tempo fermas al iu la orelojn por niaj paroloj. Tie la reciproka kompreniĝado estas atingebla per vojo nenatura, ofenda kaj maljusta, ĉar tie la membro de unu nacio humiliĝas antaŭ membro de alia nacio, parolas lian lingvon, hontigante la sian, balbutas kaj ruĝiĝas kaj sentas sin ĝenata antaŭ sia kunparolanto, dum tiu ĉi lasta sentas sin forta kaj fiera; en nia kunveno ne ekzistas nacioj fortaj kaj malfortaj, privilegiitaj kaj senprivilegiitaj, neniu humiliĝas, neniu sin ĝenas; ni ĉiuj sentas nin kiel membroj de unu nacio, kiel membroj de unu familio, kaj la unuan fojon en la homa historio ni membroj de la plej malsamaj popoloj staras unu apud alia ne kiel fremduloj, ne kiel konkurantoj, sed kiel fratoj, kiuj ne altrudante unu la alia sian lingvon, komprenas sin reciproke, ne suspektas unu la alian pro mallumo ilin dividanta, amas sin reciproke kaj premas al si reciproke la manojn ne hipokrite, kiel alinaciano al alinaciano, sed sincere, kiel homo al homo. Ni konsciu bone la tutan gravecon de la hodiaŭa tago, ĉar hodiaŭ inter la gastamaj muroj de Bulonjo-sur-Maro kunvenis ne francoj kun angloj, ne rusoj kun poloj, sed homoj kun homoj. Benata estu la tago, kaj grandaj kaj gloraj estu ĝiaj sekvoj!

Ni kunvenis hodiaŭ, por montri al la mondo, per faktoj nerefuteblaj, tion, kion la mondo ĝis nun ne volis kredi. Ni montros al la mondo, ke reciproka kompreniĝado inter personoj de malsamaj nacioj estas tute bone atingebla, ke por ĉi tio tute ne estas necese, ke unu popolo humiligu aŭ englutu alian, ke la muroj inter la popoloj tute ne estas io necesega kaj eterna, ke reciproka kompreniĝado inter kreitajoj de tiu sama speco estas ne ia fantazia revo, sed apero tute natura, kiu pro tre bedaŭrindaj kaj hontindaj cirkonstancoj estis nur tre longe prokrastita, sed kiu pli aŭ malpli frue nepre devis veni kaj kiu fine nun venis, kiu nun elpaŝas ankoraŭ tre malkuraĝe, sed, unu fojon ekirinte, jam ne haltos kaj baldaŭ tiel potencege ekregos en la mondo, ke niaj nepoj eĉ ne volos kredi, ke estis iam alie, ke la homoj, la reĝoj de la mondo, longan tempon ne komprenis unu la alian! Ĉiu, kiu diras ke neŭtrala arta lingvo estas ne ebla, venu al ni, kaj li konvertiĝos. Ĉiu, kiu diras, ke la parolaj organoj de ĉiuj popoloj estas malsamaj, ke ĉiu elparolas artan lingvon alie kaj la uzantoj de tia lingvo ne povas kompreni unu la alian, venu al ni, kaj, se li estas homo honesta kaj ne volas konscie mensogi, li konfesos, ke li eraris. Li promenadu en la venontaj tagoj en la stratoj de Bulonjo-sur-Maro, li observadu, kiel bonege sin komprenas reciproke la reprezentantoj de la plej diversaj nacioj, li demandu la renkontatajn esperantistojn, kiom multe da tempo aŭ mono ĉiu el ili dediĉis por ellerni la artan lingvon, li komparu tion ĉi kun la grandegaj oferoj, kiujn postulas la lernado de ĉiu lingvo natura – kaj, se li estas homo honesta, li iru en la mondon kaj ripetadu laŭte: "Jes, lingvo arta estas tute ebla, kaj la reciproka kompreniĝado per neŭtrala arta lingvo estas ne sole tute ebla, sed eĉ tre kaj tre facila." Estas vero, ke multaj el ni posedas nian lingvon ankoraŭ tre malbone kaj malfacile balbutas, anstataŭ paroli frue; sed komparante ilian balbutadon kun la perfekte flua parolado de aliaj personoj, ĉiu konscienca observanto rimarkos, ke la kaŭzo de la balbutado kuŝas ne en la lingvo, sed nur en la nesufiĉa ekzerciteco de la diritaj personoj.

Post multaj miljaroj da reciproka surda-muteco kaj batalado, nun en Bulonjo-sur-Maro fakte komenciĝas en pli granda mezuro la reciproka kompreniĝado kaj fratiĝado de la diverspopolaj membroj de la homaro; kaj unu fojon komenciĝinte, ĝi jam ne haltos, sed iradas antaŭen ĉiam pli kaj pli potence, ĝis la lastaj ombroj de la eterna mallumo malaperas por ĉiam. Gravegaj estas la nunaj tagoj en Bulonjo-sur-Maro, kaj ili estu benataj!

En la unua kongreso de la esperantistoj estas necese diri kelkajn vortojn pri la ĝisnunaj batalantoj de nia afero. Sed antaŭ ol mi parolos pri la batalantoj speciale Esperantaj, mi sentas la devon diri ĉi tie kelkajn vortojn pri unu homo, kiu havas tre grandajn meritojn en nia afero kaj al kiu bedaŭrinde la esperantistoj ofte rilatas maljuste nur tial, ĉar li, multe farinte por la ideo de lingvo internacia ĝenerale, ne apartenas tamen al la amikoj de tiu speciala lingva formo, por kiu ni batalas. Mi parolas pri la tre estiminda sinjoro Johann Martin Schleyer, la aŭtoro de Volapük. La lingva formo, por kiu laboris tiu respektata maljunulo, montriĝis ne bona, kaj la afero, por kiu li batalis, baldaŭ falis, kaj per sia falo ĝi alportis grandan malutilon al nia ideo entute kaj precipe al tiu speciala formo de la ideo, por kiu ni batalas. Sed ni devas esti justaj, ni devas taksi ĉiun homon ne laŭ lia venko aŭ malvenko, sed laŭ liaj laboroj. Kaj la laboroj kaj meritoj de sinjoro Schleyer estis tre grandaj. Kun granda fervoro li laboris por la ideo de lingvo internacia en la daŭro de multaj jaroj; dum multaj personoj donadis nur nudajn projektojn, li estis unua, kiu havis sufiĉe da pacienco, por ellabori plenan lingvon de la komenco ĝis la fino (kvankam Esperanto tiam estis jam preta, ĝi ne estis ankoraŭ publikigita), kaj ne estas lia kulpo, se la lingvo montriĝis ne praktika. Li estis la unua, kiu per senlaca laborado vekis la intereson de la mondo por la ideo de lingvo neŭtrala, kaj ne estas lia kulpo, se lia falinta afero por longa tempo malvarmigis la mondon por ĉia arta lingvo. Li volis fari grandan bonon, kaj por la atingo de tiu bono li laboris tre multe kaj fervore, kaj ni devas lin taksi ne laŭ lia sukceso, sed laŭ lia volo kaj laboro. Se la ideo de lingvo internacia iam venkos la mondon – tute egale, ĉu ĝi estos sub la formo de Esperanto aŭ de ia alia lingvo – la nomo de Schleyer okupos ĉiam la plej honoran lokon en la historio de nia ideo, kaj tiun ĉi nomon la mondo neniam forgesos. Mi esperas, ke mi esprimos la opinion de ĉiuj partoprenantoj en nia kongreso, se mi diros: "Ni esprimas nian koran dankon al sinjoro Schleyer, la unua kaj plej energia pioniro de la ideo de neŭtrala lingvo internacia!"

Nun mi transiros al la laborantoj speciale esperantistaj. Ne venis ankoraŭ la tempo skribi oficialan historion de nia afero, kaj mi timas, ke mi povus fari ian publikan maljustajon al tiu aŭ alia persono ĉe la kompara taksado de la meritoj de la diversaj batalantoj. Tial mi ne nomos ĉiun el ili aparte, sed al ĉiuj kune mi esprimas koran dankon pri ilia laborado en la nomo de ĉiuj amikoj de Esperanto. Dek ok jaroj pasis de la tago, kiam Esperanto aperis en la mondo. Ne facilaj estis ĉi tiuj dek ok jaroj. Nun mi vidas antaŭ mi grandegan nombron da varmegaj amikoj de Esperanto, kiuj reprezentas per si preskaŭ ĉiun landojn de la tera globo, preskaŭ ĉiujn naciojn de la mondo, ĉiujn rangojn, statojn kaj klasojn de la homoj. Tre granda kaj vasta estas jam nia literaturo, tre multaj estas niaj gazetoj, en la tuta mondo ni havas nun grupojn kaj klubojn esperantistajn, kaj al neniu klera homo en la mondo la nomo de nia afero nun estas jam nekonata. Kiam mi rigardas la nunan brilantan staton de nia afero, mi rememoras kortuŝite pri la unuaj pioniroj, kiuj laboris por nia afero en tiu malĝoja tempo, kiam ni ĉie renkontadis ankoraŭ nur mokon kaj persekuton. Multaj el ili vivas ankoraŭ kaj ili rigardas nun kun ĝojo la fruktojn de sia laborado. Sed ho ve, multaj el niaj pioniroj jam ne vivas. Dek ok jaroj estas granda peco da tempo. En tiu ĉi granda spaco da tempo la morto rabis al ni tre multe el niaj fervoraj kunbatalantoj. Citi ĉiujn nomojn estus nun afero ne ebla; mi nomos nur kelkajn el ili. La plej frue forlasis nin Leopoldo Einstein, la unua energia propagandisto de nia afero; lia morto estis granda bato por nia afero entute, kaj speciale por ĝia disvastiĝado en Germanujo. Poste la morto rabis al ni Jozefon Wasniewski, la simpatian kaj de ĉiuj amatan apostolon de nia afero en Polujo. Kaj antaŭ kelke da jaroj mortis tiu persono, al kiu Esperanto ŝuldas multe, tre multe kaj sen kiu nia afero nun eble tute ne ekzistus: mi parolas pri la neforgesebla W. H. Trompeter. Neniam parolante pri si, postulante por si nenian dankon, li prenis sur siajn ŝultrojn nian tutan aferon, kiam ĝi troviĝis en la plej malfacilaj cirkonstancoj; li sola subtenadis ĝin tiel longe, ĝis la nombro de la esperantistoj fariĝis sufiĉe granda por subtenadi la aferon per fortoj komunaj. Kiel li ĝojus nun, se li vidus la nunan staton de nia afero!

Krom la nomitaj tri personoj estas ankoraŭ granda, ho ve, tre granda nombro da personoj, kiuj multe laboris por nia afero kaj ne povas vidi la fruktojn de siaj laboroj. Ili mortis korpe, sed ili ne mortis en nia memoro. Mi proponas, estimataj sinjorinoj kaj sinjoroj, ke ni honoru ilian memoron per leviĝo de niaj seĝoj. Al la ombroj de ĉiuj mortintaj batalantoj esperantistaj la unua kongreso esperantista esprimas sian respekton kaj pian saluton.

Baldaŭ komenciĝos la laboroj de nia kongreso, dediĉita al vera fratiĝo de la homaro. En tiu ĉi solena momento mia koro estas plena de io nedifinebla kaj mistera, kaj mi sentas la deziron faciligi la koron per ia preĝo, turni min al iu plej alta forto kaj alvoki ĝian helpon kaj benon. Sed tiel same kiel mi en la nuna momento ne estas ia naciano, sed simpla homo, tiel same mi ankaŭ sentas, ke en tiu ĉi momento mi ne apartenas al ia nacia aŭ partia religio, sed mi estas nur homo. Kaj en la nuna momento staras inter miaj animaj okuloj nur tiu alta morala Forto, kiun sentas en sia koro ĉiu homo, kaj al tiu ĉi nekonata Forto mi turnas min kun mia preĝo:

Preĝo sub la verda standardo

Al Vi, ho potenca senkorpa mistero,
Fortego, la mondon reganta,
Al Vi, granda fonto de l' amo kaj vero
Kaj fonto de vivo konstanta,
Al Vi, kiun ĉiuj malsame prezentas,
Sed ĉiuj egale en koro Vin sentas,
Al Vi, kiu kreas, al Vi, kiu reĝas,
Hodiaŭ ni preĝas.

Al Vi ni ne venas kun kredo nacia,
Kun dogmoj de blinda fervoro;
Silentas nun ĉiu disput' religia
Kaj regas nur kredo de koro.
Kun ĝi, kiu estas ĉe ĉiuj egala,
Kun ĝi, la plej vera, sen trudo batala,
Ni staras nun, filoj de l' tuta homaro
Ĉe via altaro.

Homaron Vi kreis perfekte kaj bele,
Sed ĝi sin dividis batale;

Popolo popolon atakas kruele,
Frat' fraton atakas ŝakale.
Ho, kiu ajn estas Vi, forto mistera,
Aŭskultu la voĉon de l' preĝo sincera,
Redonu la pacon al la infanaro
De l' granda homaro!

Ni juris labori, ni juris batali,
Por reunuigi l' homaron.
Subtenu nin, Forto, ne lasu nin fali,
Sed lasu nin venki la baron;
Donacu Vi benon al nia laboro,
Donacu Vi forton al nia fervoro,
Ke ĉiam ni kontraŭ atakoj sovaĝaj
Nin tenu kuraĝaj.

La verdan standardon tre alte ni tenos:
Ĝi signas la bonon kaj belon.
La Forto mistera de l' mondo nin benos,
Kaj nian atingos ni celon.
Ni inter popoloj la murojn detruos,
Kaj ili ekkrakos kaj ili ekbruos
Kaj falos por ĉiam, kaj amo kaj vero
Ekregos sur tero.

Kuniĝu la fratoj, plektiĝu la manoj,
Antaŭen kun pacaj armiloj!
Kristanoj, hebreoj aŭ mahometanoj
Ni ĉiuj de Di' estas filoj.
Ni ĉiam memoru pri bon' de l' homaro,
Kaj malgraŭ malhelpoj, sen halto kaj staro
Al frata la celo ni iru obstine
Antaŭen, senfine!

Speech at the first Universal Congress, *1905*

Esteemed ladies and gentlemen!

I greet you, dear colleagues, brothers and sisters of our great worldwide family, who come together from lands near and far, from the most diverse of countries, to shake one another's hand, fraternally, in the name of the great idea that binds us all. I greet you, too, oh glorious country of France, and beautiful town of Boulogne-sur-Mer, which so cordially host our congress. Furthermore, I extend my heartfelt thanks to those persons and institutions in Paris where, as I passed through that glorious city, the minister for public education, the Paris City Council, the French League of Education and many other learned and eminent people addressed me with their expressions of support for Esperanto.

This day, for us, is sacred. Our meeting is modest; the world beyond knows little of it, and the words spoken at our gathering fly not by telegraph to all the towns and cities of the world; no heads of state, no ministers, meet here to change the political map of the world, neither rich attire nor rows of glittering medals grace this, our hall, nor do guns with mighty cannonade salute this modest place in which we find ourselves; but, through the air in this very chamber, fly strange sounds, the faintest of sounds, inaudible to the ear, and yet sensible to every sensitive soul: it is the sound of the birth of something great. Through the air strange spirits fly; our eyes cannot see them, but our souls sense them; they are images of a time to come, of a time entirely new. These spirits are flying into our world, are finding form, and force, and our sons and our sons' sons shall see them, sense them, enjoy them.

In the most distant of ancient times, long erased from the memory of mankind, and about which not even the most fragmentary document is preserved in any kind of history passed down to us, the human family fell asunder and its members ceased to understand one another. Brothers created in the same mould, brothers equal in body, mind, ability, with the same ideals, the same god in their hearts, brothers who ought to help one another, work together for the good and glory of their family – those brothers became total strangers to each other, dividing apparently for ever into hostile groups, such that eternal strife arose between them. Over many thousands of years, over the whole course of time recorded in human history, those brothers were at constant war, and any kind of mutual understanding was utterly out of the question. Prophets and poets dreamed of a vague and all-too-distant time, when people might once again begin to understand each other, might once again unite as a single family, but this was merely a dream; spoken of as some sweet fancy, not to be taken seriously, or believed.

And now, for the first time, this dream that has endured over thousands of years is starting to take form. In this small town on the French coast people from the most diverse of countries and nations have come together, where they meet not as deaf-mutes but comprehending one another; they converse as brothers, as members of a single nation. People from different countries often meet and understand each other: but what a huge difference between their understanding and ours! There, only a tiny portion of those who have come together, those able to devote considerable time and money to learning foreign languages, understand each other – everyone else engages in the meeting with their body, not their brain; but at our gathering everyone who wishes to understand does indeed do so, and neither lack of money nor lack of time seals the ear of anyone to the words we utter. There, reciprocal understanding is achieved by means that are unnatural, offensive and unjust; there the representative of one nation is humiliated before the representative of another, speaking the other person's language, debasing his own, stammering, blushing, feeling embarrassed in front of this other person, who in turn swells with power and pride; at our gathering there are no strong and weak nations, privileged and non-privileged; no one is humiliated, embarrassed; we feel we belong to a single nation, a single family, and for the first time in human history we, members of the most dissimilar peoples, stand side by side not as foreigners, not as rivals, but as brothers who, not forcing our own language on those around us, understand each other, not suspecting each other of dark and divisive deeds, but in reciprocated love, offering each other our hand not in hypocrisy, as foreigner to foreigner, but in sincerity, as people to people. Let us be fully aware of the significance of this moment, for on this day, within the hospitable walls of Boulogne-sur-Mer, we meet not as Frenchmen with Englishmen, Russians with Poles, but as people with people. Blessed be this day, and great and glorious its consequences!

We have come together this day to show the world, through facts that are incontrovertible, something which, up to now, the world had no wish to believe. We shall show the world that mutual understanding between people of different nations is entirely feasible, that to achieve this it is unnecessary for one set of people to humiliate, to devour another, that the walls between peoples are not something inevitable that will endure for ever, that mutual understanding between members of the same species is not some fanciful dream but a wholly natural phenomenon which, because of circumstances entirely regrettable and shameful, remained long overdue, but which sooner or later had to happen, and which is here now taking its first timid steps, but, once its journey is begun, never stopping, will soon become a force in the world, so that our children's children will not believe that things were once so different, that human beings, sovereign in the world, were, for so long, unable to understand one another! Anyone who claims a neutral, planned language is an impossibility should come and join us, and he will become a convert to our cause. Anyone who claims that the speech organs of the various ethnic groups are different, that everyone will speak this planned language in their own way, and that the users of such a language will not be able to understand each other, should come and join us, and then, if he is a person of integrity, not given to deliberate deception, he will admit his error. Let him, over the coming days, go out into the streets of Boulogne-sur-Mer, let him observe how well the representatives of the most diverse nations understand each other, let him ask the esperantists he meets how much time or money each of them has devoted to mastering this planned language, let him compare this with the enormous sacrifices required to learn each of the natural languages – and, if this is indeed a person of integrity, let him go out into the world and repeat in a loud voice: "Yes, a planned language is entirely possible, and mutual understanding by means of this neutral, planned language is not only entirely possible but also easy and straightforward." True, many of us still speak our language but imperfectly, with hesitation, instead of fluency; but comparing their hesitation with the perfectly fluent speech of other people, any careful observer will note that the cause of this hesitation lies not in the language but purely in the lack of practice in speaking on the part of the user.

After many thousands of years of animosity, of remaining, on all sides, deaf and mute, we now find in Boulogne-sur-Mer, to a greater or lesser extent, the beginnings of mutual understanding, of brotherhood among the various peoples that constitute mankind; and, once begun, this movement will not cease, but will go ever forward, gaining in strength, until the last shades of this eternal darkness have been banished for all time.

These days in Boulogne-sur-Mer are laden with significance, and may they be blessed!

In this, the first congress of esperantists, it is incumbent on me to say one or two words about those who have fought for Esperanto. But before I say anything in particular about these warriors, I feel here I ought to say something about one man to whom we owe much and who, sadly, is often treated unfairly by esperantists for the sole reason that, having done much for the cause of international language in general, he is not numbered among the friends of this particular language for which we fight. I speak of that estimable gentleman Johann Martin Schleyer, the author of Volapük. The form of language, for which this much respected elderly gentleman devoted his efforts, showed itself deficient, and the language for which he fought soon folded, and in so doing it did much harm to the concept of international language as a whole and especially to the particular form of the language for which we strive. But we must be fair, we must judge everyone not according to success or failure but according to effort. And the efforts and the merits of Mr Schleyer are enormous. He laboured with enormous enthusiasm over many years for the idea of an international language; and, while many would deliver but a crude outline, he was the first with the patience to produce a complete language from start to finish (though at the time Esperanto was ready, it was not yet published), and it is not his fault if the language proved impractical. He was the first who, through unflagging effort, roused the interest of the world to the idea of a neutral language, and it is not his fault if his failed idea caused the world to cool, for quite some time, to any kind of artificial language. He wished to render the world a great service, and in pursuit of this service he laboured long and hard, and we must judge him not by his success but by his ambitions and his efforts. If the idea of an international language ever conquers the world – irrespective whether in the form of Esperanto or any other language – then the name of Schleyer will occupy the most honoured place in the history of this idea, and this name the world will never forget. I hope I am expressing the view of everyone at our congress if I say: "We extend our heartfelt thanks to Mr Schleyer, the first and most vigorous pioneer of the idea of a neutral, international language!"

I now move on to those workers who are esperantists. It is still too early to write an official history of Esperanto, and I fear I might commit some sort of public injustice to this or that person in attempting to compare the merits of our various warriors. Therefore I am not going to name each one separately, but to all of them, in the name of all friends of Esperanto, I express my sincere thanks for their continuing work. Eighteen years have gone by since Esperanto entered the world. These eighteen years have not been easy. Yet now I see before me an enormous number of the keenest friends of Esperanto, representing as they do almost every country on earth, almost every nation in the world, all levels, ranks and class of people. Our literature is already large and comprehensive, our newspapers abound, in the whole world we now have Esperanto groups and clubs, and there is not an educated person in the world unfamiliar with the name of Esperanto. When I look at the present glittering state of Esperanto, I recall not without emotion the early pioneers who laboured for Esperanto in those unhappy times when everywhere we encountered ribaldry and persecution. Many of those people are still living and they gaze now with gladness on the fruits of their labours. But, alas, many of our pioneers are no longer with us. Eighteen years is a considerable length of time. Over this period death has robbed us of many of our keenest fighters. To mention every name would be an impossibility; I shall give just some of them. First to depart from us was Leopold Einstein, the first, most vigorous publicist of Esperanto; his death was a huge blow for Esperanto and, in particular, for its dissemination in Germany. Then death took from us Jozef Wasniewski, the popular and much loved disciple of Esperanto in Poland. And a few months ago died a person to whom Esperanto owes so much, so very much, and without whom we would likely not exist: I refer to W. H. Trompeter, whom we shall not forget. Never a person to talk about himself, never a person to seek plaudits, he took upon himself the entire Esperanto cause at a time when it found itself in the most straitened of circumstances; he alone kept it going until the number of esperantists was sufficiently great for it to be supported by communal effort. How delighted he would be if he could see the present state of Esperanto!

Apart from the three people I have mentioned there is still, alas, an enormous number of people who have toiled long and hard for Esperanto but who cannot see the fruits of their labours. Their deaths are real, but they live on in our memories. I suggest, ladies and gentlemen, we honour their memory by standing. To the shadows of all these deceased warriors for Esperanto this, the first congress of esperantists, expresses its respect and acknowledges them in reverence.

Our work at this congress will soon begin, dedicated as it is to a true brotherhood of man. At this solemn moment my heart is filled with something indefinable and mysterious, and I feel moved to ease my heart with some kind of prayer, to turn to some superior power and invoke its aid and blessing. But, just as at this moment, I belong to no nation, and speak as a simple member of the human race, so too at this moment I feel no allegiance to any national or sectarian religion, and speak as an ordinary human being. And at the present moment there stands before my inward eye only that superior moral Power which every person feels in his heart, and to this unknown Power I turn in prayer:

Prayer beneath the Green Banner

To Thee, O mysterious, bodiless Force,
O Power of the World, all-controlling,
To thee, source of Love and of Truth, and the source
Of Life in its endless unrolling,
Whom each may conceive in his way in his mind,
But the same in his heart, in his feelings, shall find,
To Thee, the Creator, to Thee, holding sway,
To Thee, now, we pray.

We turn to Thee now with no creed of a state,
With no dogmas to keep us apart;
Blind zeal now is hushed, and fanatical hate;
Now our faith is the faith of the heart.

With this faith that is true, unforced, and flies free,
Which all feel alike, we are turning to Thee;
We stand now, the sons of the whole human race,
In Thy holy place.

Thy creation was perfect and lovely, but men
Are divided, and war on each other;
Now peoples rend peoples like beasts in a den,
Now brother makes war on his brother;
Mysterious Power, whatever Thou art,
O hear now our prayer, true prayer from the heart:
O grant us Thy peace, O give peace once again
To the children of men!

We are sworn to strive on, we are sworn to the fight
Till mankind is as one; O sustain us;
O let us not fail, but be with us, O Might,
Let no walls of division restrain us.
Mysterious Power, now bless our endeavour,
Now strengthen our ardour, and let us, for ever,
Whoever attacks us, however they rave,
Be steadfast and brave.

We will hold our green banner on high now, unfurled,
A symbol of goodness, and, blessed
In our task by the Mystery ruling the world,
We shall come to the end of our quest.
The walls that divide us shall divide us no more;
They shall crack, they shall crash, they shall fall with a roar,
And love then and truth shall, all walls overthrown,
Come into their own.

Now onwards, all people, linked for e'er hand in hand,
Your weapons of peace burnished brightly!
From Islamite, Hebrew or from Christian land,
Each born of the Father Almighty.
We must never forget we serve man's highest cause,
Whatever besets us, without let, without pause,
Together, as brothers, to our goal we must press
To certain success.

Translation – Speech and last stanza of prayer, Paul Gubbins; First five stanzas of prayer,
Marjorie Boulton

As the Esperanto poet and novelist John Francis (1924–2012) noted, Zamenhof's poems stand comparison neither with great works of national literatures nor, indeed, with much of the poetry that so enriched Esperanto in subsequent decades. Zamenhof's poetry was, however, suited to purpose: rich in rhyme and metrical regularity, it offered early evidence of the potential of the language as a literary and poetic medium.

"La espero" ("The Hope"), published in 1893 by Anton Grabowski in *La Liro de la Esperantistoj* (*The Esperantists' Lyre*), has become the anthem of the Esperanto movement. Set to music by Félicien Menu de Ménil, it is sung at the start and close of formal Esperanto events, such as the annual universal congress. Some esperantists object to "La espero": they feel uncomfortable about the quasi-nationalist overtones of an anthem or the religiosity of a hymn. Others find its melody – a brisk, martial tune – awkward to sing.

The poem, however, pertinently expresses the ideals of the Esperanto movement: to bring together the peoples of the world not in enmity, via the sword, but in peace, via a common neutral language.

Moreover, it should be noted that many of its sentiments have passed into everyday language. Esperantists might refer to themselves as members of a "granda rondo familia" ("a large family circle"), while the house magazine of the Universal Esperanto Association contains a rubric on the work of esperantists entitled "nia diligenta kolegaro" ("our hardworking colleagues").

The first translation, which – unlike certain other English versions of "La espero" – is crafted to be sung to de Ménil's melody, was published in *La Brita Esperantisto* (*The British Esperantist*) in 1942. The second is a more recent, and previously unpublished, version.

Ludoviko Lazaro Zamenhof

La espero, *1893*

> En la mondon venis nova sento,
> tra la mondo iras forta voko;
> per flugiloj de facila vento
> nun de loko flugu ĝi al loko.
>
> Ne al glavo sangon soifanta
> ĝi la homan tiras familion:
> al la mond' eterne militanta
> ĝi promesas sanktan harmonion.
>
> Sub la sankta signo de l' espero
> kolektiĝas pacaj batalantoj,
> kaj rapide kreskas la afero
> per laboro de la esperantoj.

Forte staras muroj de miljaroj
inter la popoloj dividitaj;
sed dissaltos la obstinaj baroj,
per la sankta amo disbatitaj.

Sur neŭtrala lingva fundamento,
komprenante unu la alian,
la popoloj faros en konsento
unu grandan rondon familian.

Nia diligenta kolegaro
en laboro paca ne laciĝos,
ĝis la bela sonĝo de l' homaro
por eterna ben' efektiviĝos.

The Hope, *1893*

To the world has come a strange new glory,
Through the world a mighty voice is crying:
On the wings of every breeze the story
Now from place to place is swiftly flying.

Not with thirsty sword for blood desiring
It would draw earth's family together:
To a world towards war for aye aspiring
It will bring a holy peace forever.

'Neath the sacred sign of Hope's fair banner
Here are gathered hosts for peaceful fighting:
And the cause will grow in wondrous manner,
Hope and labour hand in hand uniting:

Strongly stand those age-old walls which sever
All the peoples fiercely rent asunder:
But the stubborn walls will fall for ever,
By Love's holy passion beaten under.

On a single neutral tongue foundation,
Understanding ev'ry race the other,
All the tribes of earth shall make one nation,
And no longer man shall hate his brother.

So our faithful band will toil and labour
Will not cease their peaceable endeavour,
Till the glorious dream – each man a neighbour –
Realised, shall bless the earth forever.

Translation – Janet Caw

The Hope, *1893*

Through the world a mighty voice is ringing,
And it speaks of reconciliation.
As it goes, for ever onward winging,
Borne on breezes over every nation.

In its words a promise is extended,
Not of swords that spill the blood of others,
But of time when, conflicts having ended,
All mankind at last will live as brothers.

Round the flag of hope there now assemble
Men of peace from every earthly region:
Underfoot the ground begins to tremble
With the strivings of this hopeful legion.

Walls that have for centuries divided
Land from land, and neighbour from his neighbours
Into dust will soon have all subsided
Through the force of love's relentless labours.

On the rock of trust and understanding,
Each and all one common language sharing,
Earth's rejoicing family are banding
Hand in hand, for one another caring.

Our determined army, still progressing
In their quest for peace, will never falter,
Till the dream becomes a holy blessing
Time itself has not the power to alter.

Translation – Terry Page

Zamenhof's poem "La vojo", published in *Lingvo Internacia* (*International Language*) in the edition of June/July 1896, is an emotional appeal to esperantists never to flag on the path to linguistic "glory" and universal acceptance of their language. As with "La espero", many of its lines are heard in everyday speech. For example, "Obstine antaŭen" ("Doggedly forwards") and "La nepoj vin benos" ("The grandchildren will bless you") tend now to be used with an irony unintended by Zamenhof, but nevertheless remain on the lips of every competent esperantist.

For the poet and writer Marjorie Boulton, the amphibrach metre of "La vojo" is unusual and attractive to an English ear. Its metre, as well as its "proverbial, folk-wisdom quality", was captured in a translation published in *Amerika Esperantisto* (*American Esperantist*) in 1910. American orthography and phrasing have been retained. The third line of the poem – in a more modern and literal prose translation than the one offered below – provides the title of this anthology: *Star in a Night Sky*. A five-pointed green star was adopted as the symbol of the Esperanto movement and, in photographs, is often seen pinned to the lapel or the dress of many a by-gone esperantist. It is still worn today but, as fashions in clothing change, and in an age more wary of symbols (and partly to avoid confusion with the red star of communism), it is now less prominent. Today the Universal Esperanto Association uses a more stylised design involving two inward facing and rounded letter Es, representing a globe.

Ludoviko Lazaro Zamenhof

La vojo, *1896*

Tra densa mallumo briletas la celo,
al kiu kuraĝe ni iras.
Simile al stelo en nokta ĉielo,
al ni la direkton ĝi diras.
Kaj nin ne timigas la noktaj fantomoj,
nek batoj de l' sortoj, nek mokoj de l' homoj,
ĉar klara kaj rekta kaj tre difinita
ĝi estas, la voj' elektita.

Nur rekte, kuraĝe kaj ne flankiĝante,
ni iru la vojon celitan!
Eĉ guto malgranda, konstante frapante,
traboras la monton granitan.
L' espero, l' obstino kaj la pacienco –
jen estas la signoj, per kies potenco
ni paŝo post paŝo, post longa laboro,
atingos la celon en gloro.

Ni semas kaj semas, neniam laciĝas,
pri l' tempoj estontaj pensante.
Cent semoj perdiĝas, mil semoj perdiĝas, –
ni semas kaj semas konstante.
"Ho, ĉesu!" mokante la homoj admonas, –
"Ne ĉesu, ne ĉesu!" en kor' al ni sonas:
"Obstine antaŭen! La nepoj vin benos,
se vi pacience eltenos".

Se longa sekeco aŭ ventoj subitaj
velkantajn foliojn deŝiras,
ni dankas la venton, kaj, repurigitaj,
ni forton pli freŝan akiras.
Ne mortos jam nia bravega anaro,
ĝin jam ne timigos la vento, nek staro,
obstine ĝi paŝas, provita, hardita,
al cel' unufoje signita!

Nur rekte, kuraĝe kaj ne flankiĝante
ni iru la vojon celitan!
Eĉ guto malgranda, konstante frapante,
traboras la monton granitan.
L' espero, l' obstino kaj la pacienco –
jen estas la signoj, per kies potenco
ni paŝo post paŝo, post longa laboro,
atingos la celon en gloro.

The Way, *1896*

Lo, through the thick darkness the goal ever gleameth
Toward which we so boldly are tending;
Like a star, in the firmament shining, it seemeth
To lighten the way we are wending:
The phantoms of darkness us never can frighten;
Mischances and mockeries serve but to brighten
The Way, strait and definite, we are pursuing,
And aid in the work we are doing.

Straight forward, with courage, nor veering nor stopping
Pursue we this Way of our own:
Ne'er faileth the water, by dropping and dropping,
To wear through a mountain of stone:
For Hope, and Persistence, and Patience together

Are watchwords efficient in all kinds of weather;
So, step after step – such is ever the story –
We'll come to the goal of our glory.

We scatter the seed: and the hope that we cherish
E'er brightens the way we are going;
Though seeds by the hundred and thousand may perish,
We never will cease from the sowing.
"Enough!" cry the mocking Philistines who meet us.
"No, never enough till the whole world shall greet us!
Then onward, and onward, and onward forever,
Till posterity bless our endeavor!"

Though drought and though tempest together may scatter,
Yea, wither the leaves on our trees, –
We thank the rough storm that doth bruise them and batter,
For strength thus they gain by degrees.
Our faithful co-workers no effort shall slacken,
Though cyclones assail us our progress to backen;
Persistently onward – tried, proven, devoted –
They march to the goal they have noted.

Straight forward, with courage, nor veering nor stopping
Pursue we this Way of our own:
Ne'er faileth the water, by dropping and dropping,
To wear through a mountain of stone:
For Hope, and Persistence, and Patience together
Are watchwords efficient in all kinds of weather;
So, step after step – such is ever the story –
We'll come to the goal of our glory.

Translation – D. O. S. Lowell

In the early years of Esperanto Zamenhof wrote not only original poems but also completed several translations, for instance of Shakespeare, Molière and Gogol, with the intention of demonstrating the literary potential of his language. Partly for this reason, but also to honour his father's memory, Zamenhof published in 1910 a collection of proverbs. This drew on work begun by his father, Mark, who had compiled a four-language anthology of proverbs taken from Russian, Polish, French and German sources. However, Mark died in 1907 with only half his anthology published.

The *Proverbaro esperanta* (*Collected Proverbs*) is one of the most significant early works in Esperanto. The critic Bernard Golden, writing in *La Ondo de Esperanto* (*The*

Esperanto Wave), 1995, 3–4, rejected the assertion that proverbs are outmoded and irrelevant. He noted their use in headlines and opening paragraphs in many Esperanto journals.

Zamenhof's *Proverbaro esperanta* contains 2,630 proverbs of which the following are a tiny sample. A literal version follows the translation.

Ludoviko Lazaro Zamenhof/Marko Zamenhof

Proverbaro esperanta (eltirajo), *1910*

1. Aliaj domoj, aliaj homoj.
2. Barbo potenca, sed kapo sensenca.
3. Certe, kiel duoble du kvar.
4. Ĉiu medalo du flankojn posedas.
5. De plendo kaj ploro ne foriĝas doloro.
6. Dirite, farite.
7. En la trijaŭda semajno.
8. Fari el muŝo elefanton.
9. Fino bona, ĉio bona.
10. Ĝi estas por mi volapukajo.
11. Hodiaŭ forto, morgaŭ morto.
12. Inter lupoj kriu lupe.
13. Kia ago, tia pago.
14. Kiu ne riskas, tiu ne gajnas.
15. Konsento konstruas, malpaco dividas.
16. Kun kiu vi festas, tia vi estas.
17. Lecionoj al profesoro estas vana laboro.
18. Mankas klapo en lia kapo.
19. Monto gravediĝis, muso naskiĝis.
20. Ne ŝovu nazon en fremdan vazon.
21. Pli da okuloj, pli da certeco.
22. Rapide – senvide.
23. Saĝa hundo post la vundo.
24. Sama gento, sama sento.
25. Simio al simio plaĉas pli ol ĉio.

Collected Proverbs (extract), *1910*

1. Other countries, other customs (Other homes, other people).
2. When age is in, the wit is out (A mighty beard, but a silly head).
3. It is as plain as a pikestaff (As certain as twice two is four).
4. There are two sides to every question (Every coin has two faces).
5. It is no use crying over spilt milk (There's no taking pain from trouble or tears).
6. No sooner said than done (Said, done).

7. In a month of Sundays (In a week of three Thursdays).
8. To make a mountain out of a molehill (To make a fly out of an elephant).
9. All's well that ends well (Ending good, everything good).
10. It's all Greek to me (It's all Volapük to me [a reference to the planned language published in 1879 by Johann Schleyer and successful until largely superseded by Esperanto eight years later]).
11. In the midst of life we are in death (Strong today, death tomorrow).
12. When in Rome, do as Rome does (Among wolves, howl as a wolf).
13. As you make your bed so you must lie in it (As the act, so the payment).
14. Nothing venture, nothing win (He who risks not, wins not).
15. United we stand, divided we fall (Consensus constructs, disagreement destroys).
16. A man is known by the company he keeps (With whom you party, that's who you are).
17. Don't teach a fish to swim (Teaching a professor is a task in vain).
18. He has a screw loose (He's missing a valve in his head).
19. Much ado about nothing (A hill with child bore but a mouse).
20. Keep your nose out of other people's business (Don't poke your nose into a strange vase).
21. Two heads are better than one (More eyes, more certainty).
22. To buy a pig in a poke (Quickly – blindly).
23. Once bitten, twice shy (Wise is the dog after the wound).
24. Blood is thicker than water (Same race, same feeling).
25. Birds of a feather flock together (A monkey likes a monkey better than anything).

Translation – Montagu C. Butler

One of the spirits Zamenhof hoped to unleash was the power of theatre. His wish was for a group of players to travel from town to town presenting plays in the new language and demonstrating, at the same time, model diction. Partly for this reason some of his earliest translations involve plays, including Shakespeare's *Hamlet* (1894), and later Gogol's *The Government Inspector* (1907) and Schiller's *The Robbers* (1908).

However, original Esperanto drama began to appear from 1905 and, in fact, flourished until the outbreak of the first world war. An early Esperanto drama was the three-act verse play *Ginevra* (*Guinevere*) written in 1913 by Edmond Privat. The play is based on the story of Arthur, Guinevere and Lancelot.

In 1925 the poet Kálmán Kalocsay wrote a prologue, published subsequently in the poetry collection *Streĉita kordo* (*Taut String*) (1931). In the prologue, Kalocsay not only captures the bustle of the theatre but also adds a panegyric to Esperanto as a language that can "blend" all nations. The reference to the "Rondo Familia" in the last line is drawn from the Esperanto anthem (see above) and is here translated not literally as "family round", or circle, but as the "round table of mankind" – a neat allusion to the theme of Privat's play. This translation is a free rendering of the original Esperanto.

Kálmán Kalocsay

Ginevra, *1931*

Prologo

Mi estas la prologo: bela rolo.
Paroli eble kontraŭ via volo!
Vi eble diros: Nun jen, la homaĉo
Nin tedos longe per sensenca klaĉo.
Jes, vi scivolas nun pri kantoj, dramo,
Frapantaj scenoj kaj kolorornamo,
Fraŭlin' amanta kaj hero' sentima:
Ne pri parolo proza, eĉ se rima.
Nu, tamen ĝojos vi, mi antaŭdiras,
Mi vin ĝojigos. – kiam mi foriras.

Interne, tie ĉi, post la kurteno,
Nun estas granda movo, kuro, peno,
En febro, treme batas ĉiu koro,
Kaj kvazaŭ tigro hurlas reĝisoro.
Ĉe la speguloj, laŭ misteraj leĝoj,
Naskiĝas jam la kavaliroj, reĝoj,
Intrigaj vangoj kaj reĝinoj dignaj,
Kastel' fariĝas el tabuloj lignaj,
Poetaj revoj, el la paĝoj palaj
Eliros baldaŭ, iĝos nun realaj.

Kaj kial estas tiu granda peno?
Ĉu nur por distri vin, ĝis la kurteno
Kunfalos kaj vi forrapidos? Ho ne!
Ja tiun distron, eble eĉ pli bone,
Vi trovus ankaŭ ie aliloke.
Vi ridas, ke mi ne fieras koke,
Ne fanfaronas per promeso brila
Pri prezentado nia "sensimila".
Ĉar tie ĉi la ludon de l' aktoroj
Kuntenas ne la provoj, nur la koroj.
Per koro metis ni ĉi tiujn brikojn,
Per koro faru ankaŭ vi kritikojn.

Do kial estas peno, movo, kuro?
Nu, ne ektimu! ankaŭ por plezuro.

Ni volus kapti vin por kelkaj horoj
Kaj vin kortuŝi tute, ĉar aktoroj
Ni estas. Sed ni volas ankaŭ plion.
Permesu tamen, ke mi diru tion
Ne rekte, sed per manier' oblikva;
Samkiel iam la poet' antikva
Alvokis pie iun el la Muzoj,
Nun, je komenco de niaj amuzoj
Kun pia koro kaj solenmiene
Al la Teatro ni ekvokas jene:

Teatro, kie formon ekricevas,
Palpeblan, tio, kion koro revas,
Kie vekiĝas el la velka morto
Kaj per flugiloj levas sin la Vorto,
Ho, ekflugigu, per deklam' kaj kanto,
La vortojn de la kara Esperanto.
Denove montru, ke ne nur naiva
Dezir' parolas pri la lingvo viva.
Sed oni povas per ĝi korojn ligi,
Ridi, ridigi, plori, kaj plorigi.
Kaj plej diversaj homoj, rasoj, gentoj
Solviĝas per ĝi en komunaj sentoj,
Kaj unu en la rido kaj la ploro,
Fariĝas ili unu en la koro.
Eĉ se por horoj – revo fantazia –
Fondiĝas nia Rondo Familia.

Guinevere, *1931*

Prologue

I am the prologue: what a role is mine,
To make you listen when you least incline!
Perhaps you'll whisper: What's this blighter at,
About to bore us with his pointless chat?
Yes, what you're wanting now is song and drama,
Coups de théâtre and vivid panorama,
Heroic gallantry and love sublime,
Not prosy prattle, even should it rhyme.
But you'll be happy, this I prophesy,
I'll make you happy – when I say goodbye.

Backstage, behind the curtain, picture now
Feet running, fingers working, furrowed brow;
Hearts are quailing, fears are soaring,
The director like a tiger roaring.
In dressing rooms, mysterious expert rites
Give birth to sceptered kings and armoured knights,
Alluring dimples, well-respected queens;
And towering castles grow from wooden scenes.
A poet's dreams start from the yellowed page
To take reality and, soon, the stage.

And what's the final object of it all?
Just to amuse you, till the curtain's fall?
Elsewhere you might find equal entertainment,
Even a higher level of attainment.
I'm no proud boasting cockerel, to swear
This is a show "unrivalled anywhere".
In this première, what unifies our parts
Is not precise rehearsal, but our hearts.
Our hearts did all the work; we hope that you
Will let your hearts contribute the review.

So why our frenzied fuss, our knocking knees?
Don't be alarmed! We also aim to please.
For a short while we want to be your captors
And touch your hearts sincerely – for we're actors.
But we want more; only I'd like to say
This in an indirect, a stylised way.
Just as an ancient bard had to invoke
One of the Muses, ere his powers awoke,
So, ere our play begins, I wish to be
A solemn suppliant of Melpomene.

O Theatre, where the dreams of heart win breath
And palpable shape, where words awake from death
And rise on wings, I beg, now launch away
What Esperanto's qualified to say!
Show once again 'tis no naïve desire
That stammers with this tongue of wind and fire.
It can bind hearts, laugh and move laughter, cry
And move to tears. All men beneath the sky,
All nations can be blended by its art,
Made one in smiles and tears, one in the heart.

If but for hours, if only in the mind,
Establish this Round Table of mankind!

Translation – Katelina Halo

Esperanto theatre, according to Kalocsay, can "bind hearts, laugh and move laughter". This undoubtedly lies at the heart of *Zam-Zam-Zamenhof*, a "three act perversion of events often told" ("triakta perversio de eventoj jam ofte rakontitaj"), which was published in 2006.

The play is a humorous biography of Zamenhof, from birth to death, engaged in battle with the enemies of Esperanto, here personified by the mafia, comprising an irregular verb and genders, who – in the play at least – give Zamenhof the idea for correlatives, a system of pronouns, adverbs and demonstrative adjectives akin to the partial regularity in English of largely archaic couplings such as *whence thence hence* or *whither thither hither* but much more finely elaborated in Esperanto.

As so often, of course, the comedy has a serious message: to indicate some of the problems which Zamenhof faced when writing his language and to demonstrate, by shifting the locus of the play to the present, the costs and inequalities involved in translation and interpretation (and thus a justification for Esperanto).

The following scenes are from the opening act. The Tweedledum and Tweedledee characters of Bialy and Stok derive their names from Zamenhof's birthplace, Bialystok, in Poland. The reference to a "keen bunch of buddies" is a free translation of a line from the Esperanto hymn (see above, this section); "nia diligenta kolegaro" translates literally as "our hardworking colleagues" or, in the hymn translation, "our faithful band".

Paul Gubbins

Zam-Zam-Zamenhof (eltirajo), *2006*

Kvina sceno. Strato en Bialystok; poste la studĉambro de Zamenhof.

Eniras la Ĵurnalo-Vendisto.

Vendisto Novajoj! Plej lastaj! Kolapsas la pola insurekcio! Legu ... legu! Poloj minacataj! Ĉie spionoj de la caro! Legu, kiel la rusa malamiko provas strangoli liberan esprimadon ...

Eniras la Rusa Soldato por silentigi la Vendisto.

Vendisto Legu, kiel la rusa malamiko provas sufoki liberan gazetaron ... aŭa!

Rusa soldato Faŭkon, tavariŝ ...

Rapide enkuras la Interpretisto, kiel kutime portanta kapaŭdilojn.

Interpretisto Jen fremda vorto ... kaj jen interpretisto, je via servo. Favorpreze, favorproze ...

Vendisto (*Malklare, ĉar silentigata de la Soldato*) For la interpretista hirudo ... venos, venkos Esperanto ...

Rusa soldato Faŭkon, ekskremento de kapitalista kulturaĉo! (*Al la Interpretisto*) Ankaŭ vi, kun la surkapa telefono ...

Vendisto Denove ... anakronismo!

Rusa soldato Kio ...? Mi arestas vin ... pro kontraŭdekreta uzo de tro longaj vortoj. For ...!

La Rusa soldato forpelas la Vendiston.

Interpretisto (*Al si, ĉirkaŭrigardante*) Ĉu venos Esperanto ...? Mi ne vidas iun Esperanton ... nur junulon, lernejanon, kiu proksimiĝas, gravmiene, serioze ...

Eniras Zamenhof, kiu direktas sin al la skribotablo.

Zamenhof Bonan tagon, sinjoro.

Interpretisto (*Elirante*) Bonan tagon, junul'.

La Interpretisto haltas ĉe la elirejo, turnas sin, kaj rigardas la junulon.

Interpretisto Brr. Mi ekfrostas. Strange ...

Eliras la Interpretisto. Zamenhof eksidas ĉe la tablo kaj komencas studi.

Zamenhof En 1874, havante 15 jarojn, kaj nun loĝante kun la gepatroj en la pola ĉefurbo, mi eniris la kvaran klason de la gimnazio varsovia por klasikaj studoj. La rusan lingvon kaj literaturon mi studis, kune kun la latina, la greka, la germana, la franca, historio, geografio, matematiko kaj natursciencoj. Mi diligente laboris kaj fieris miaj gepatroj.

Eniras Bialy kaj Stok; sekvas ilin Mama Zamenhof.

Zamenhof koncentriĝas pri siaj libroj.

Bialy Ludu kun ni, Ludoviko ...

Stok Venu ludi, Ludo ...

Bialy Venu ... piedbatu pilkon ...

Stok Piedbatu ruson ...

Bialy Ludo ne ludas ...

Stok Ludo nur studas ...

Bialy/Stok (*Moke*) Ludoviko, Studoviko ... Ludoviko, Studoviko ...

Mama Zamenhof forpelas la mokantojn kaj, tenere kisinte sian filon sur la kapon, eliras.

Zamenhof Eble jes. Eble ili pravis ... pli studoviko ol ludoviko. Tamen ... kion fari? Kiu alia ebleco, krom studi, por malriĉa judo en pola patrujo okupata de rusoj? Kaj plue ... restis mia projekto. Do, dum miaj samklasanoj ludis, mi revis ... revis pri mia lingvo ... kaj ne nur revis ... sed ekverkis. Mia helplingvo ... por helpi ne nur judon, polon kaj ruson, sed ĉiun ... ĉiun en la vasta mondo.

ZAMENHOF ekskribas, dum eniras la MAFIANOJ: NEREGU LAVERB, VIRA GENRO, INA GENRO kaj NEŬTRA GENRO. Ili ĉiuj aspektas minace, parolas per usona akĉento kaj maĉas gumon.

NEREGU (*Al la MAFIANOJ*) Jen ... ĉu vi aŭdas, geuloj? Helplingvon li verkas ...

VIRA/INA (*Ridante*) Helplingvon, ĉef' ... / Frenezul', ĉef' ...

NEŬTRA Ideo ne malbona ...

NEREGU (*Minace*) Neŭtra Genro ... langon ligu! Aŭ ĝin mi malligos ... trančile. Nu ... (*Al ZAMENHOF, kiu ne reagas*) al lo, Lo Lo.

VIRA/INA (*Ridante*) Lo Lo ... ŝercemul' vi estas / Lo Lo ... vera komediist'.

NEŬTRA Vi estus devinta kabaredumi, ĉef' ... ĉe la Verda Kato de Raymond Schwartz ...

NEREGU (*Minace*) Schwartz ...? Ne blasfemu, Neŭtra Genro, menciante la nomon de unu el la plej nigraj adeptoj de tiu ĉi arogantulo ... tiu ĉi Zamenhof ...

NEŬTRA Pardonon, ĉef' ... ne plu okazos.

NEREGU Do tiel estu. Aŭ mi neŭtrigos vin.

NEŬTRA (*Al si*) Sed mi jam estas neŭtrigita ...

NEREGU (*Al ZAMENHOF*) He ... Lo Lo!

ZAMENHOF (*Koncentriĝante pri siaj studoj*) Ts ... ts ... bonvole ... mi volas koncentriĝi ...

NEREGU (*Al la MAFIANOJ*) Ĉu vi aŭdis, geuloj? Li volas koncentriĝi.

VIRA/INA Koncentriĝi ... ha! / Neeble, ĉef' ...

NEREGU Lo Lo! Mi perdas paciencon ...

ZAMENHOF (*Suprenrigardante*) Ne nomu min ... (*Vidante la MAFIANOJN*) ... ho! Kiuj ...?

NEREGU Kolegoj viaj ni estas. Fakte ... lingvo-konsilantoj. Ĉu ne, geuloj?

VIRA/INA Kolegoj, jes ... / Konsilantoj, ĉef' ...

NEŬTRA Nu ... nur ĝis certa grado ...

NEREGU Neŭtra! Mi avertas vin ...

ZAMENHOF Mi petas vin ... ne kverelu. Ne ĉe mi. Jam estas tro da kverelado en la mondo. Pro tio mi verkas mian lingvon ... por ke ĉiu interkompreniĝu ... senpene, senĝene ...

NEŬTRA Brave ...! (*NEREGU minacege alrigardas lin*) Save ... save ni venis ... por savi vian projekton ...

ZAMENHOF Ho! Koran dankon, gesinjoroj. Sed savi ne necesas ... la projekto floras.

NEREGU Sed iom da helpo ... de kolegoj. Prezentu vin, geuloj!

VIRA Nu ... ni estas la gefratoj Genro. Jen mi ... Vira Genro ...

INA (*Deloge*) Kaj mi ... Ina Genro ...

NEŬTRA Kaj mi ... Neŭtra Genro.

ZAMENHOF Momenton ... Vira Genro, Ina Genro kaj Neŭtra Genro ...?

NEŬTRA Tiel. Kaj jen nia ĉef' ... por tiel diri, nia baptopatro ... Neregu.

ZAMENHOF Kio ...? Ĉefo, kiu ne regas ...? Jen bizarajo ...

NEREGU (*Kolere*) Neniu nomas min bizarajo, bub', kaj postvivas. (*Sin regante*) Pardonon ... pardonon ...

INA (*Eksidante sur la skribotablon de ZAMENHOF kaj ekkaresante lin*) Ulceron li havas, junul'. Sendube ... pro ulceroj vi ne suferas ... vi tro junas ... tro fortas ...

ZAMENHOF Sinjorino ... mi petas vin ...

INA Fraŭlino ...

ZAMENHOF Ne faru. Nur mia Mama rajtas tuŝi min ...

NEREGU (*Moke*) Nur mia Mama rajtas tuŝi min ... (*Sin regante*) He, he ...dolĉe, Ina. Li ja
tro junas ... ankoraŭ kontraŭleĝe tro junas ...

INA Tamen revi rajtas virin' ...

NEREGU Pardonu la diligentan kolegaron ...

ZAMENHOF (*Al si*) Hmm ... diligenta kolegaro. (*Skribante*) Eble iam utilos ...

NEREGU Fakte ... mia amiko Neŭtra Genro mise prezentis min ...

NEŬTRA Pardonon, ĉef' ... ne plu okazos ...

NEREGU Do ... Neregu Laverb. Ja baptopatro. Je via servo.

ZAMENHOF Baptopatro ...? Mi ne komprenas. Kaj ... neregula verbo ... genroj ...? Kiuj ...
kiuj volas min helpi? Ho, male, gesinjoroj ... ne estas spaco en mia lingvo por dia-
blajoj tiaj. Tute ne.

NEREGU Diablajoj ... ĉu vi aŭdas, geuloj?

VIRA/INA Aŭdas, ĉef' ... / Tutorele, ĉef' ...

NEŬTRA Nu, efektive ...

NEREGU Neŭtra Genro ... mi senpacienciĝas ...

NEŬTRA Pardonon, ĉef'.

VIRA/INA (*Moke*) Ne plu okazos, ĉef'.

ZAMENHOF Aŭskultu. Pro via helpo-propono mi elkore dankas. Sed mia lingvo estu
senescepta, regula ... sen neregulaj verboj ...

NEREGU Grava eraro, Ludoviko Lazaro ...

ZAMENHOF Sen genroj ...

VIRA Granda miso, bub' ...

INA (*Paŭte*) Tamen certe estos loko por ina genro, ĉu ne, karul'?

ZAMENHOF Certe ne ... certe ne por ina genro.

INA Ho ... se tiel vi traktas inojn, mi neniam neniel nenial nenie neniom volas asociiĝi
kun via jargonaĉo.

ZAMENHOF (*Al si*) Neniam neniel nenial ... korelativoj! (*Li ekskribas*) Perfekte ... mi vidas
tutan sistemon.

NEREGU Nun aŭskultu vi, Ludoviko Lazaro. Vi kreas lingvon ... bone. Sed lingvo nepre
havu neregulajn ... genrojn ... esceptojn ...

ZAMENHOF Ne, ne ... ekzemple ... unu litero, unu sono.

NEREGU Herezo plorinda ...

NEŬTRA Hipotezo esplorinda ...

NEREGU (*Kolerege*) Neŭtra Genro!

VIRA Lingvo sen ... nu, diablajoj ... ne estas lingvo. Imagu ... lingvo sen genroj ...

ZAMENHOF Jes ... la angla.

INA Genroj spicas la vivon, kara mia ... (*Petole, karesante*) samkiel mi povus spici la
vian ...

ZAMENHOF Ne ... ne tuŝu! Mi petas vin! Ho, ve ... mi provas serioze diskuti. Pensu ...
pensu pri verboj ... aparte la neregulaj ...

NEREGU (*Minace*) Nenio kontraŭ neregulaj verboj, ul' ...

ZAMENHOF Pardonon, sinjoro Laverb ... mi ne volas ofendi ...

NEREGU Ankaŭ mi ne ... koleg' ... amik'. Sed vidu ... tiu ĉi studado ... tiu ĉi lernado de fremdaj lingvoj ... nu, komprenu ... ĝi garantias publikan ordon ...

ZAMENHOF Kio ...?

NEREGU Jes ... tiom da gramatikaĵoj ... ĉio ĉi okupas homojn, Ludoviko Lazaro ... katenas ilin al iliaj libroj ... tiel ke ili ne eliras por krimi ... tumulti ... ribeli. Kaj sciu, Ludoviko Lazaro ... krimadon ... tumultadon ... ribeladon ni kontraŭas, ĉu ne, geuloj?

VIR/IN/ NEŬT Centelcente, ĉef' / Plenkore, ĉef' / Krimo ... ŝlimo, ĉef' ...

ZAMENHOF Sed tiom da laboro ... vana, senespera ... fortimigas homojn de lernado de fremdaj lingvoj ...

NEREGU Naivulo! Ĉu vere oni volas, ke oni lernu fremdajn lingvojn? Politikistoj, ekzemple ... ĉu ili volas, ke civitanoj dialogu ... ideojn interŝanĝu ... finfine malkovru, ke kunligas ilin pli da aferoj ol ilin dividas? Aŭskultu, Ludoviko Lazaro ... lerni fremdajn lingvojn skuas la mondordon ... kaj ni ne volas, ke skuiĝu la mondo. Neniel!

VIR/IN/ NEŬT (*Aplaŭdante*) Prave, ĉef' / Elokvente, ĉef' / Brile, ĉef' ...

ZAMENHOF Ankaŭ mi ne volas skui la mondon. Sed mi ja volas, ke ĝi interkompreniĝu. Facile, rekte, senĝene. Kaj do ... viajn ideojn ... vian tiel nomatan helpon ... mi plene rifuzas. Pro tio ... foriru ... tuj. (*Al INA*) Aparte vi, fraŭlino.

NEREGU Ne tiel hastu, Ludoviko Lazaro ...

INA (*Paŭtante, kaj lasante ZAMENHOF-on*) Lasu, ĉef'. Gejo li estas.

ZAMENHOF For ...for! Lasu min ... mi insistas!

NEREGU Vi forte bedaŭros, Ludoviko Lazaro. Forte bedaŭros!

ZAMENHOF Egale! For!

NEREGU Do venu, geuloj. Lasu lin ... lasu lin trankvile lingvumi. Sed sciu, Ludoviko Lazaro ... ni revenos. Ho, jes ... la diablajoj revenos. Do ... ciao!

Enkuras la INTERPRETISTO.

INTERPRETISTO Ciao ciao ciao ... nu, favorpreze, favorproze ...

NEREGU Nebuliĝu, ul'. Ni ne bezonas obscene salajratan lakeon por instrui al ni la lingvon de niaj prapatroj. (*Klakante per la fingroj, kvazaŭ ordonante*) Geuloj ...!

La MAFIANOJ ekbatas la INTERPRETISTON, kiu forkuras; ĉiuj krom NEREGU LAVERB kaj ZAMENHOF for.

NEREGU (*Minace*) Jen, Ludoviko Lazaro. Interpretu, kiel vi volas. Sed ne forgesu ... ni revenos. Ciao ...

Eliras NEREGU LAVERB. Dum momento ZAMENHOF restas elĉerpite ĉe la tablo, poste eliras.

Sesa sceno. Elekto-kampanjo ie en Eŭropo.

Eniras TELEVIDA RAPORTISTO; sekvas la EU-DEPUTITO-KANDIDATO. Spektas CIVITANOJ DE LA EU, kiuj laŭe reagas.

RAPORTISTO ... kaj do ni peras al vi plej lastajn informojn pri la elekto-kampanjo rilate la Eŭropan Parlamenton ... verŝajne la plej sensignifa evento de la jaro krom komitata kunsido de via landa Esperanto-asocio ... kaj ni starigas la demandon: Ĉu elektontoj vere interesiĝas pri tiu ĉi kampanjo? Ni transiru tien, kie la elektobatalo furzas ... (*Sin *korektante*) furiozas ...

Eliras la Raportisto; envenas Bialy kaj Stok.

KANDIDATO ... mi do urĝas, karaj gesinjoroj, voĉdonu por saĝeco ...

BIALY Stranga nomo por kandidato ...

STOK Ne stultumu ...

KANDIDATO ... voĉdonu por ekvilibro ...

STOK Ekvilibro ... jen la nomo ...

KANDIDATO ... por iu, kiu luktos kontraŭ la ekscesoj de la parlamento, la komisiono, la konsilio ...

Eniras la Ĵurnalo-Vendisto.

VENDISTO Plej laste! Plej laste! Ekscesoj en Bruselo! Miliono da eŭroj por subteni unu parlamentanon! Triono nur por tradukado kaj interpretado! Leviĝos impostoj! Legu!

Eliras Ĵurnalo-Vendisto.

BIALY Kio ...? Skandale! Miliono da eŭroj ... nur por unu deputito ...

STOK Kaj triono da ... por traduki, interpreti ...

BIALY Oj! Sinjoro Saĝeco!

STOK Oj! Sinjoro Ekvilibro!

BIALY Ĉu vi promesas ...

STOK ... lukti kontraŭ deputito-ekscesoj ...

BIALY ... tranĉi vian buĝeton ...

STOK ... enkondukante Esperanton?

BIALY/STOK Ĉu ...?

KANDIDATO Nu ... gesinjoroj ... geelektontoj ... nepras ŝpari monon ... jam ricevas rifuĝintoj senlaboruloj solpatrinoj tro el komuna kaso ... sed tondi interpretistan buĝeton ... nu ...

BIALY/STOK Hontinde! / Ŝokinde!

KANDIDATO Gravas memori, karaj elektontoj, ke en demokratio ĉiu havu la rajton sin esprimi en sia propra lingvo ...

BIALY Kio pri lingvoj minoritataj ... oficialaj ... la dana, la nederlanda?

STOK Kio pri lingvoj minoritataj ... neoficialaj ... la kimra, la gaela?

BIALY/STOK Neglektataj ...

KANDIDATO (*Nervoze*) Gekaraj ...

BIALY Por vi mi ne voĉdonos ... fripono ...

STOK Nek mi ... trompisto ...

KANDIDATO (*Eĉ pli nervoze*) Permesu, ke mi klarigu ...

BIALY (*Ritme*) Fri – po –no!

STOK (*Ritme*) Trom – pis – to!

BIALY/STOK (*Proksimiĝante al la Kandidato; minace*) Fri-pono! Trom-pis-to! Fri-po-no! Trom-pis-to!

KANDIDATO Helpu! Polico! Sekuristoj!

Eniras la Rusa Soldato.

Soldato Ĉesu! Aŭ arestitaj vi estos … (*Al la Kandidato*) ankaŭ vi, kiu incitas al tumulto … ĉu vi ne scias, ke ĉi tie ne permeseblas liberaj elektoj?

Bialy (*Elroliĝante*) Frenezulo, kiu ĉion fuŝas! Vi estas rusa, cara soldato … el la19a jarcento …

Stok (*Elroliĝante*) Prave. Ni ludas scenon en la Eŭropa Unio … en la 21a jarcento. Vi rompas etoson …

Soldato Laŭ la skripto … mi arestu kaj forpelu Bialy, Stok …

Stok Sed nur en antaŭa sceno …

Bialy … ni bialystokumis. Modernaj eŭropanoj ni nun estas.

Stok Pro manko de kompetentaj aktoroj en Esperantujo …

Bialy La reĝisoro ekspluatas nin …

Stok Ni devas ludi diversajn rolojn …

Soldato Ho … duoblaj roloj! Certe … arestindaj! Pro tio, ke vi duoble ludas … kontraŭ la aktora sindikato … forprenante panon el la buŝoj de senrolaj kolegoj …

Bialy Ni ne membras en sindikato …

Soldato Hontinde …

Stok Ne ekzistas sindikato por Esperantaj aktoroj …

Soldato Eĉ pli riproĉindaj. Do … for!

La Rusa soldato ekpelas Bialy kaj Stok for de la scenejo.

Kandidato Halt! Jen elektontoj …

Soldato Elektitoj … por mia karcero.

Kandidato Stultajo! Jen la Eŭropa Unio … ne la Soveta. En Eŭropo ni ne senpretekste arestas …

De malantaŭ la kulisoj aŭdeblas moka, akra ridado.

Kandidato (*Embarasite*) Faŭkon! (*Al la Soldato*) Kaj ni libere elektas …

Soldato Ĉu vere? Ĉu viajn prezidantojn vi elektas … prezidantojn de la komisiono? Almenaŭ en Sovetio prezidantojn la popolo elektis.

Kandidato Jes … per 99% de la voĉoj. Farse!

Soldato Pli bone ol per 0% … eĉ pli farse. Klare … nenion pri demokratio vi komprenas. Pro tio … arestita!

Kandidato Sed …

Soldato Neniuj sed-oj! Arestitoj … ekmarŝu! Unu du … unu du …

Kandidato, Bialy, Stok for.

Soldato (*Al la Publiko*) Plorinda teatrajo. Ĉio, kion mi faras, estas arestadi, forpeladi … ade, ade. Mi rezignos pri teatra kariero kaj dediĉos min al io pli komika. Mi fariĝos … redaktoro de Esperanta revuo.

La Rusa soldato eliras; same la Civitanoj.

Zam-Zam-Zamenhof (extract), *2006*

Scene five. A street in Bialystok; later Zamenhof's study.

Enter the NEWSPAPER-SELLER.

NEWS-SELLER Latest! Very latest! Polish uprising collapses! Read all about it! Poles threatened! Czarist spies everywhere! Read how the Russian foe tries to strangle free speech ...

Enter the RUSSIAN SOLDIER to silence the SELLER.

NEWS-SELLER Read how the Russian foe tries to gag a free press ... ouch!

SOLDIER Shut your gob, tovarish ...

Enter at speed the INTERPRETER, as usual wearing headphones.

INTERPRETER A foreign word ... and here I am, an interpreter, at your service. Fair price, fair prose ...

NEWS-SELLER (*Muted, because the SOLDIER is silencing him*) Away with this interpreter, this leach ... Esperanto's coming, conquering ...

SOLDIER Shut it, excrement of base capitalist culture! (*To the INTERPRETER*) You as well, you with the phone on your head ...

NEWS-SELLER Again ... an anachronism!

SOLDIER What ...? You're under arrest ... illegal use of words that are too long. Away with you ...

The SOLDIER removes the SELLER.

INTERPRETER (*To himself, looking round*) Esperanto coming? I can't see any Esperanto ... just a kid, a schoolboy, on his way, earnest, serious ...

Enter ZAMENHOF, heading for the desk.

ZAMENHOF Good day to you, sir.

INTERPRETER (*Exiting*) To you too, my lad.

The INTERPRETER stops at the exit, turns, and looks at the youth.

INTERPRETER Brr. I've suddenly come over all chilly. Odd ...

The INTERPRETER exits. ZAMENHOF sits at the table and begins studying.

ZAMENHOF In 1874, aged 15, and now living in the Polish capital with my parents, I began in the fourth class at the Warsaw Grammar School for Classical Studies. I learned Russian language and literature, Latin, Greek, German, French, history, geography, maths and science. I worked hard; my parents were proud.

Enter BIALY and STOK; MAMA ZAMENHOF follows. ZAMENHOF concentrates on his books.

BIALY Play with us, Ludoviko ...

STOK Come and play, Luddy ...

BIALY Come and kick a football...

STOK Kick a Russian ...

BIALY Luddy won't get muddy ...
STOK Luddy wants to study ...
BIALY/STOK (*Mocking*) Luddy, study ... Luddy, study ...

MAMA ZAMENHOF chases the scoffers away and, gently kissing her son on the head, exits.

ZAMENHOF Perhaps so. Perhaps they're right ... a swot. But ... what was to be done? What else, apart from study, for a poor Jewish boy in a Polish homeland occupied by Russians? And then ... there was my project. So, while my classmates were playing, I was dreaming ... dreaming about my language ... and not just dreaming, but writing. My auxiliary language ... to benefit not only Jew, Pole and Russian but everyone ... everyone in the whole, wide world.

ZAMENHOF begins writing, as the MAFIA enter: IRREGULAR VERB, GENDER HE, GENDER SHE and GENDER IT. They all look evil, speak with an American accent and chew gum.

IRREG. VERB (*To the MAFIA*) Hey ... hear that, guys? He's writing an auxiliary language ...
HE/SHE (*Laughing*) Auxiliary language, boss ... / Pretty darned crazy, boss ...
GENDER IT Not a bad idea ...
IRREG. VERB (*Threatening*) Gender It ... you watch your tongue. Or I might just have to lop it off ... so! Now ... (*To ZAMENHOF, who shows no reaction*) hello ... double el o ...
HE/SHE (*Laughing*) Double el o ... hey, drole, man / Double el o ... ain't you just the comic ...
GENDER IT Should be on stage, boss ... Raymond Schwartz's Green Cat cabaret ...
IRREG. VERB (*Threatening*) Schwartz ...? Wash your mouth, Gender It ... uttering the name of one of the most vile disciples of that upstart ... that Zamenhof ...
GENDER IT Sorry, boss ... won't happen again.
IRREG. VERB Make sure it don't. Or I'll chop off your whatnots.
GENDER IT (*To himself*) But I'm already ...
IRREG. VERB Hey ... double el o!
ZAMENHOF (*Concentrating on his studies*) Ssh ... ssh ... please ... I'm trying to concentrate ...
HE/SHE Concentrate ... ha! / One cool dude, boss ...
IRREG. VERB Double el o ... my patience is starting to wear a little bit thin ...
ZAMENHOF (*Looking up*) Don't call me ... (*Seeing the MAFIA*) ... oh! Who ...?
IRREG. VERB Partners of yours ... that's who we are. In fact ... language advisors. Ain't that right, guys?
HE/SHE Partners, yeah ... / Advisors, boss ...
GENDER IT Well ... only to a certain extent ...
IRREG. VERB It! I'm warning you ...
ZAMENHOF Please ... no quarrelling. Not here. There's already enough quarrelling in the world. That's why I'm writing my language ... so everyone can understand everyone else ... without pain, without strain ...
GENDER IT That's just swell ... (*IRREG gives him a menacing glance*) I mean ... it's well we're here ... to rescue your project.

ZAMENHOF Oh! Thank you very much. But it doesn't need rescuing ... the project's fine.

IRREG. VERB But a bit of help ... from partners. Introduce yourselves, guys.

GENDER HE Well ... we're the Genders. This is me ... Gender He ...

GENDER SHE (*Winsomely*) And me ... Gender She ...

GENDER IT And me ... Gender It.

ZAMENHOF Just a minute ... Genders He, She and It?

GENDER IT You got it. And this is our boss ... like, godfather ... Irregular.

ZAMENHOF What? An irregular boss? That's a bit weird.

IRREG. VERB (*Angry*) No one don't call me weird, kiddo, and lives to tell the tale. (*Collecting himself*) Hey ... sorry, sorry ...

Gender She (*Sitting on ZAMENHOF's desk and starting to caress him*) It's his ulcer, sweetie. Of course ... you don't have no ulcer ... you're too young ... too fit ...

ZAMENHOF Madam, please ...

GENDER SHE Miss ...

ZAMENHOF Please stop. Only my Mama is allowed to touch me ...

IRREG. VERB (*Mocking*) Only my Mama is allowed to touch me ... (*Collecting himself*) Okay, okay, Gender She. He's a bit on the young side ... probably still ain't legal ...

GENDER SHE But a gal might dream ...

IRREG. VERB Gotta apologise for this too keen bunch of buddies ...

ZAMENHOF (*To himself*) Hmm ... keen bunch of buddies. (*Writing*) Might come in useful ...

IRREG. VERB Actually ... my buddy Gender It hasn't introduced me proper ...

GENDER IT Sorry, boss ... won't happen again ...

IRREG. VERB So ... Irregular Verb. Yeah, a godfather. At your service.

ZAMENHOF Godfather ...? I'm not with you. And ... irregular verb ... genders ...? Who want to help me? Oh, on the contrary, good people ... there's no room in my language for diabolical things like that. No way.

IRREG. VERB Diabolical ... you get that, guys?

HE/SHE Get that, boss/Loud and clear, boss ...

GENDER IT Well, actually ...

IRREG. VERB Gender It ... I'm losing all patience ...

GENDER IT Sorry, boss.

HE/SHE (*Mocking*) Won't happen again, boss ...

ZAMENHOF Listen. I'm very grateful for your offer of help. But my language has to be without exceptions, regular ... no irregular verbs ...

IRREG. VERB Major error, Ludoviko Lazaro ...

ZAMENHOF No genders ...

GENDER HE Big mistake, kid ...

GENDER SHE (*Pouting*) But surely sweetie, you can find room for a feminine gender?

ZAMENHOF Certainly not ... certainly no feminine gender.

GENDER SHE Well, if that's how you treat the dames, I never nohow nowherefore nowhere noamountof want nothing to do with your stupid lingo.

ZAMENHOF (*To himself*) No-how, no-wherefore, no- ... correlatives! (*Starts writing*)

Perfect ... I can see a whole system ...

IRREG. VERB Now just you listen up, Ludoviko Lazaro. You're writing this language ... okay. But a language gotta have irregularities ... genders ... exceptions ...

ZAMENHOF No, no ... for instance ... one letter, one sound.

IRREG. VERB A heresy ... foul and low ...

GENDER IT A hypothesis ... worth a go ...

IRREG. VERB (*Furious*) Gender It!

GENDER HE A language with ... well, nothing diabolical ... ain't no language. Think about it ... a language without no genders ...

ZAMENHOF Yes. English.

GENDER SHE Genders add spice to life, my dear ... (*Playfully, stroking him*) just as I could add spice to yours ...

ZAMENHOF No ... don't touch me! Please! Oh, dear ... I'm trying to have a serious discussion. Think ... think about verbs ... especially irregular ones ...

IRREG. VERB (*Threateningly*) Nothing against irregular verbs, kid ...

ZAMENHOF Sorry, Mr Verb ... I don't want to offend ...

IRREG. VERB Nor me neither ... partner ... buddy. But look ... this studying ... this learning foreign languages ... I mean, see here ... it guarantees public order ...

ZAMENHOF What ...?

IRREG. VERB Yeah ... all this grammar shit ... gives a guy something to do, Ludoviko Lazaro ... chains him to his books ... so he ain't got no time to go out a-committing crime ... a-rioting ... rebelling. And, get this, Ludoviko Lazaro ... committing crime ... rioting ... rebelling ... we don't have no time for none of that, do we, guys?

GENDERS No time, boss / Right on, boss / Crime ... slime, boss ...

ZAMENHOF But all that work ... to no avail, pointless ... puts people off learning foreign languages ...

IRREG. VERB Simpleton! Do people really want us folk to be learning foreign languages? Politicians, for instance ... do they want folk talking ... swapping ideas ... getting to see we got more in common than what divides us? Listen up, Ludoviko Lazaro ... learning foreign languages ... it's too much of a shake up ... and we don't want no shake up. No way!

GENDERS (*Applauding*) Right on, boss / Well said, boss / Pure genius, boss ...

ZAMENHOF I don't want any shake up, either. But I do want people to be able to converse with each other. Easily, directly, with no fuss. And so ... these ideas of yours ... this so-called help ... I totally reject. So therefore ... off you go ... at once. (*To* GENDER SHE) Especially you, miss.

IRREG. VERB Not so fast, Ludoviko Lazaro ...

GENDER SHE (*Pouting, and letting go of* ZAMENHOF) Call it a day, boss. I reckon he's gay.

ZAMENHOF Go ...go! Just leave me ... I insist!

IRREG. VERB You'll regret this, Ludoviko Lazaro. Really regret it!

ZAMENHOF I don't care. Go!

IRREG. VERB Okay, come on, guys. Leave him ... leave him in peace to his lingo. But I'm telling you, Ludoviko Lazaro ... we'll be back. Oh, yes ... all this diabolical shit will be back. So … ciao!

The INTERPRETER *comes in, running.*

INTERPRETER Ciao ciao ciao … okay, fair price, fair prose …

IRREG. VERB Get lost, buddy. We don't need no stupid overpaid hireling to teach us the language of our forefathers. (*Clicking his fingers, as if giving an order*) Guys …!

The MAFIA *set about the* INTERPRETER, *who runs off; exit all except* IRREGULAR VERB *and* ZAMENHOF.

IRREG. VERB (*Threateningly*) There you got it, Ludoviko Lazaro. Read into it what you will. But remember … we'll be back. Ciao …

Exit IRREGULAR VERB. *For a moment* ZAMENHOF *sits, exhausted, at the table, before he too exits.*

Scene six. An election campaign somewhere in Europe.

Enter the TV REPORTER, *followed by the EU* ELECTION CANDIDATE. *They are watched by EU* CITIZENS, *who react appropriately to the following.*

REPORTER … and so we bring you the latest in the election campaign for the European Parliament … probably the least important event of the year apart from a committee meeting of your national Esperanto association … and we ask: Are voters really interested in this campaign? We go over to where the election battle is being fart … (*Correcting himself*) fought at its most intense …

Exit the REPORTER; *enter* BIALY *and* STOK.

CANDIDATE … so I urge you, ladies and gentlemen, to vote for wisdom …

BIALY Odd name for a candidate …

STOK Don't be silly …

CANDIDATE … to vote for fairness …

STOK Fairness … that's his name …

CANDIDATE … for someone who will fight the excesses of the parliament, the commission, the council …

Enter the NEWSPAPER SELLER.

SELLER Latest! Very latest! Excesses in Brussels! A million euros to support just one MEP! A third just for translation and interpreting! Taxes to be raised! Read all about it!

Exit the SELLER.

BIALY What …? Scandalous! A million euros … just for one MEP …

STOK And a third of that … for translating, interpreting …

BIALY Hoy! Mr Wisdom!

STOK Hoy! Mr Fairness!

BIALY Do you promise …

STOK … to fight against MEP excesses …

BIALY … cut your budget …

STOK … and introduce Esperanto?

BIALY/STOK Do you ...?

CANDIDATE Well ... ladies and gentlemen ... voters ... we need to save money ... refugees unemployed single mothers already receive too much from the communal pot ... but to cut the interpreting budget ... well ...

BIALY/STOK Shame!/Shocking!

CANDIDATE We need to remember, dear electors, that in a democracy everyone has the right to express himself in his own language ...

BIALY What about minority languages ... the official ones ... Danish, Dutch?

STOK What about minority languages ... the unofficial ones ... Welsh, Gaelic?

BIALY/STOK Ignored ...

CANDIDATE (*Nervously*) Good people ...

BIALY I'm not voting for you ... lying toad ...

STOK Nor me ... cheating rat ...

CANDIDATE (*Even more nervously*) If I could just explain ...

BIALY (*Chanting*) Ly-ing-toad!

STOK (*Chanting*) Cheat-ing-rat!

BIALY/STOK (*Approaching the CANDIDATE; threateningly*) Ly-ing-toad! Cheat-ing-rat! Ly-in-toad! Cheat-ing -rat!

CANDIDATE Help! Police! Security!

Enter the RUSSIAN SOLDIER.

SOLDIER Stop this! Or you'll be arrested ... (*To the CANDIDATE*) you too, who started this row ... are you not aware free elections are not allowed here?

BIALY (*Dropping the role*) You twit, always mucking things up! You're a Russian, tsarist soldier ... from the 19th century ...

STOK (*Dropping the role*) Quite right. We're playing a scene in the European Union ... in the 21st century. You're wrecking the illusion ...

SOLDIER According to the script ... I arrest Bialy and Stok and take them away ...

STOK But it's only in an earlier scene ...

BIALY ... that we're Bialy and Stok. Now we're playing modern Europeans.

STOK Because there are so few decent actors in Esperantoland ...

BIALY The director's exploiting us ...

STOK Making us play several parts ...

SOLDIER Ah! Doubling up on parts! Clearly ... arrestable offences. Because you're doubling up ... defying the actors' union ... taking bread from the mouths of out-of-work colleagues ...

BIALY We're not in the union ...

SOLDIER Disgusting ...

STOK There isn't a union for Esperanto actors ...

SOLDIER Even worse. Away with you!

The RUSSIAN SOLDIER removes BIALY and STOK.

CANDIDATE Stop! Those are voters ...

SOLDIER Voters ... I've just voted them into my cells.

CANDIDATE Fool! This is the European Union ... not the Soviet Union. We don't arrest people in Europe for no reason ...

Sardonic, bitter laughter from off-stage.

CANDIDATE (*Embarrassed*) Shut up! (*To the SOLDIER*) And we hold free elections ...

SOLDIER Do you, indeed? Do you elect your presidents ... your commission presidents? At least in the Soviet Union our presidents are elected by the people.

CANDIDATE Yes ... with 99% of the votes. Farcical!

SOLDIER Better than with 0% ... even more farcical. Obviously ... you've no idea about democracy. Therefore ... you're under arrest!

CANDIDATE What ...

SOLDIER No whats! You're under arrest. So ... quick march. One, two ... one, two ...

Exit CANDIDATE, BIALY, STOK.

SOLDIER (To the AUDIENCE) A pathetic play. All I get to do is arrest people and march them off ... time and time again. I'm going to give up acting and take up something more amusing. I'm going to ... edit an Esperanto magazine.

Exit the RUSSIAN SOLDIER; likewise the CITIZENS.

Translation – Paul Gubbins

One of the sharpest satires about Esperanto – and in similar spirit to *Zam-Zam-Zamenhof* – is by Izrael Lejzerowicz. *El la "Verda Biblio"* (*From the "Green Bible"*), published in 1935, remains his best-known work. Recitals or readings from it remain popular at Esperanto events for, apart from its comedic value, it teaches much about the origins and history of the language.

Izrael Lejzerowicz

El la "Verda Biblio", *1935*

ĈAPITRO 1

1. En la komenco la Senkorpa Mistero kreis Volapükon. 2. Kaj Volapük estis senforma kaj kaosa, kaj mallumo estis en ĝi. 3. Kaj la Senkorpa Mistero diris: Estu lumo; kaj fariĝis Esperanto. 4. Kaj la Spirito vidis Esperanton, ke ĝi estas bona: kaj la Spirito apartigis Esperanton de Volapük. 5. Kaj la Spirito nomis Esperanton Eterna Tago, kaj Volapükon nomis Nokto. Kaj estis vespero, kaj estis mateno – unu tago.

6. Kaj la Spirito diris: Estu firmajo en la lingvo. 7. Kaj la Spirito kreis tiun firmajon. 8. Kaj Li nomis la firmajon regula akcento. Kaj estis vespero, kaj estis mateno, la dua tago. 9. Kaj la Spirito diris: Kolektiĝu la reguloj gramatikaj en unu lokon, kaj aperu la firma grundo; kaj fariĝis tiel. Kaj la Spirito nomis la firman grundon Fundamento. Kaj la Spirito vidis, ke ĝi estas bona. 10. Kaj la Spirito diris: La Fundamento kreskigu verdajon, kiu naskas ĝojon, vortaron, kiu donas laŭ sia speco radikojn, kies semoj estas en ĝi mem, en la Fundamento. Kaj fariĝis tiel. 11. Kaj la Fundamento elkreskigis verdajon laŭ sia

speco: verdan lingvon kaj verdan movadon, vortaron kaj arbon, kiu havas radikojn, kies semo estas en ĝi mem, en la Fundamento. Kaj la Spirito vidis, ke ĝi estas bona. 12. Kaj estis vespero, kaj estis mateno, la tria tago.

13. Kaj la Spirito diris: Estu lumajo en la ĉiela firmajo, por apartigi Esperanton de mallumo. 14. Kaj ĝi estu lumajo por lumi super la tero; kaj fariĝis tiel. 15. Kaj la Spirito faris la grandan lumajon por regi la mondon. 16. Kaj la Spirito starigis ĝin sur la ĉiela firmajo, por ke ĝi lumu sur la teron. 17. Kaj la Spirito nomis la lumajon Verda Stelo. Kaj la Spirito vidis, ke ĝi estas bona. 18. Kaj estis vespero, kaj estis mateno, la kvara tago.

19. Kaj la Spirito diris: la vortaro aperigu moviĝantajon, vivajn estajojn kiuj fleksebligos la Lingvon. 20. Kaj la Spirito kreis afiksojn, kiujn aperigis la Vortaro, la sufiksojn kaj prefiksojn laŭ ilia speco. Kaj la Spirito vidis, ke ĝi estas bona. 21. Kaj la Spirito benis ilin dirante: Fruktu kaj multiĝu, kaj plenigu la vortaron. (Kaj tial afiksoj tiel multiĝas ĝis nun.) 22. Kaj estis vespero, kaj estis mateno, la kvina tago.

23. Kaj la Spirito diris: La vortaro aperigu vivajn estajojn, brutojn kaj vermojn. 24. Kaj la Spirito kreis la neologismojn kaj ĉiujn malfacilajn vortojn, laŭ ilia speco, por eterna turmento de la novaj verduloj. 25. Kaj la Spirito diris: Ni kreu potencan aferon, kiu respegulos nian internan potencon; kaj ĝi estu la akso de la lingvo kaj ĝi regu ĝian gramatikon. 26. Kaj la Spirito kreis la Akuzativon; en formo de la finajo N. Li kreis ĝin. 27. Kaj la Spirito diris: Fruktu kaj multiĝu kaj plenigu la verdan lingvon kaj regu super ĉiuj ceteraj reguloj de la Fundamento. (Kaj depost tiam ĉiuj verduloj uzas la akuzativon en troa abundo.) 28. Kaj la Spirito diris: Jen mi donis al vi ĉiujn regulojn de la Fundamento. Ĝi estu por vi sanktajo. Kaj fariĝis tiel. 29. Kaj la Spirito rigardis ĉion, kion Li kreis, kaj vidis, ke ĝi estas tre bona. Kaj estis vespero, kaj estis mateno. la sesa tago.

30. Kaj estis finitaj la Fundamento kaj Radikaro kaj ĉiuj aliaj apartenajoj. 31. Kaj la Spirito finis en la sepa tago sian laboron, kiun li faris, kaj li ripozis en la sepa tago de la tuta laboro, kiun li faris. 32. Kaj la Spirito benis la sepan tagon kaj sanktigis ĝin, ĉar en ĝi Li ripozis, legante la originalan literaturon, kiun Li faris kreante.

From the "Green Bible", *1935*

CHAPTER 1

1. In the beginning, the Incorporeal Mystery created Volapük. 2. And Volapük was without form and chaotic, and darkness was within it. 3. And the Incorporeal Mystery said: Let there be light; and there arose Esperanto. 4. And the Spirit saw Esperanto, that it was good: and the Spirit divided Esperanto from Volapük. 5. And the Spirit called Esperanto Eternal Day, and Volapük He called Night. And the evening and the morning were one day.

6. And the Spirit said: Let there be a fixed point in the language. 7. And the Spirit created that fixed point. 8. And the fixed point He called regular stress. And the evening and the morning were the second day.

9. And the Spirit said: Let the grammatical rules be gathered together unto one place, and let the firm ground appear, and it was so. And the Spirit called the firm ground the Foundation. And the Spirit saw that it was good. 10. And the Spirit said: Let the

Foundation bring forth greenery yielding joy, a dictionary which yields roots after its kind, whose seeds are within itself, in the Foundation. And it was so. 11. And the Foundation brought forth greenery after its kind: a green language and a green movement, a dictionary and a tree, which had roots, whose seed was within itself, in the Foundation. And the Spirit saw that it was good. 12. And the evening and the morning were the third day.

13. And the Spirit said: Let there be a light in the firmament of the heaven to divide Esperanto from darkness. 14. And let it be a light to shine upon the earth; and it was so. 15. And the Spirit made the great light to rule the world. 16. And the Spirit set it in the firmament of the heaven so that it might shine upon the earth. 17. And the Spirit named the light the Green Star. And the Spirit saw that it was good. 18. And the evening and the morning were the fourth day.

19. And the Spirit said: Let the dictionary bring forth moving things, living creatures which will make the language flexible. 20. And the Spirit created affixes, which the Dictionary brought forth, the suffixes and prefixes, after their kind. And the Spirit saw that it was good. 21. And the Spirit blessed them, saying: Be fruitful and multiply, and fill the dictionary. (And therefore affixes have multiplied unto this day.) 22. And the evening and the morning were the fifth day.

23. And the Spirit said: Let the dictionary bring forth living creatures, beasts and worms. 24. And the Spirit created neologisms and all manner of difficult words, after their kind, for the eternal torment of new green followers. 25. And the Spirit said: Let us create a powerful thing which will reflect our internal power; and let it be the axis of the language and let it have dominion over its grammar. 26. And the Spirit created the Accusative; in the form of the ending N created He it. 27. And the Spirit said: Be fruitful and multiply, and fill the green language and have dominion over all the other rules of the Foundation. (And since that time all green followers have used the accusative in excessive abundance.) 28. And the Spirit said: Behold, I have given you all the rules of the Foundation. Let it be for you a sacred thing. And it was so. 29. And the Spirit looked upon everything which He had created and saw that it was very good. And the evening and the morning were the sixth day.

30. And they were finished, the Foundation and the Collection of Roots and all other appurtenances. 31. And on the seventh day, the Spirit ended his work which he had made, and he rested on the seventh day from all the work which he had made. 32. And the Spirit blessed the seventh day and sanctified it, for on it He had rested, reading the original literature which He had made while creating.

Translation – Malcolm Jones

If esperantists are to produce satire, perform plays, let alone write them, or in fact use Esperanto to any satisfactory level, a high standard of linguistic competence is required. However, because of the apparent ease of Esperanto – no tricky noun genders, no troublesome irregular verbs, and so on – learners and, indeed, more advanced users, are sometimes tempted to cut corners when coming to terms with the language. Esperanto is something of a linguistic whore (though by no means as much as English): she is immediately attractive, alluring, easy-going, but her charms are deceptive and she has a fullness and subtlety that are not always immediately obvious.

For this reason many learners of the language are seduced after just a few hours of study to pen their first poem or attempt their first translation. The results, generally, are lamentable. While it may be possible to grasp the essentials of Esperanto in a fraction of the time required for any national language, and to apply it in basic conversation or correspondence, it nevertheless requires – and repays – careful study just as much as any other language. Sometimes, however, esperantists are complacent – content to buy in to the language for a low rate of return without investing extra time and effort for ultimately greater dividends.

Here, in a piece published in the house magazine *Esperanto* of the Universal Esperanto Association, in July/August 2010, the respected teacher Katalin Kováts urges esperantists to pay greater attention to the quality of their spoken and written language. Improvement can be achieved, she argues, through study and examination – which would also raise the profile and prestige of the language outside the Esperanto movement. The article also gives an idea of the range of Esperanto courses and events round the world.

Katalin Kováts

Pledo por la prestiĝa bona lingvo, *2010*

La alveno de somero ĉiam (almenaŭ en la norda hemisfero) signifas por la plimulto de la homoj finon de la lernojaro, finon de studoj, klasoj kaj aliaj lecionoj, taksadon de tutjara laboro, promesojn por la sekva periodo kaj sopiron je meritataj ferioj. La dumjare atenditaj ferioj allogas nin, esperantistojn, al vojaĝoj, ebligas al ni vizitojn de aliaj landoj, kursojn, renkontiĝojn, aktivan uzon de la lingvo. Ajna Esperanto-aranĝo estas ankaŭ mezuriĝo, eĉ se ne eksplicita, pri niaj lingvaj kapabloj.

Esperanto estas nia komunikilo, la ilo, per kiu ni rekreas al ni mondon por kompletigi kaj plibeligi la medion kie ni vivas. Por multaj Esperantujo estas oazo, kien oni eskapas, kie oni efektivigas duan vivon, revojn, transprenas duan personecon. La lingvo mem estas la baza kunligilo, ĉirkaŭ kiu konstruiĝis la socio, kaj pro tiu fakto ĝi havas gravan rolon en nia vivo, kaj devus ĝui apartan flegadon kaj atenton de ĉiu sia uzanto.

Kaj ĉar plej ofte ĝi ne estas nur ununura lingvo, kiun esperantisto uzas, oni devas kapti ĉiun okazon por progresi, pliboniĝi en ĝi, sisteme forigante eventualajn lingvouzajn malglataĵojn.

La plej multaj el ni ne denaske lernis Esperanton, pro tio, por atingi altnivelan lingvouzon, necesas konscia, sistema kaj kontrolata lernado. Eĉ por bonaj parolantoj eblas plibonigoj, bezonatas rimarkigo pri tipaj eraroj, faritaj pro nacilingvaj falsaj amikoj.

La erara lingvouzo estas kiel malsano, kontaĝa kaj venĝa. Forestanta akuzativo, mise uzataj vortkombinoj, malbone lokitaj adverboj, fuŝa prononco ktp povas gvidi al miskomprenoj, sed sendube formas ĉe la parolanto negativan bildon kaj ne lastkaze fariĝas imitota modelo por aliaj uzantoj de la lingvo.

Oni ofte diras, ke lingvo estas la sola afero, kiun valoras regi eĉ neperfekte. Sed tio neniam validas por la gepatra lingvo, sekve ne rilatu al nia lingvo, kiu devus preni same gravan pozicion en nia vivo. Se esperantisto havas duoblan vivon, li havu ankaŭ du lingvojn, sambone regatajn. Tio necesas por la bona kaj komforta enmovada funkciado. Nian amon al la lingvo nenio pruvas pli bone ol la agoj, kiujn ni faras per kaj por la lingvo. Kion ni faru por ke ĝi restu bela, la bona lingvo? La akcepto kaj apreco de Esperanto inter ekstermovaduloj grandskale dependas de tio, kiel ni mem rilatas al la lingvo, kian prestiĝon ni mem donas al ĝi.

Kiajn avantaĝojn ĝuas tiuj esperantistoj, kiuj bone regas la lingvon? Aŭ de la alia flanko vidate, ĉu gravas por ni ke la lingvonivelo de niaj instruistoj, gvidantoj kaj reprezentantoj (mondskale aŭ loknivele) estu modela kaj neriproĉebla?

Ĉu ni starigas kiel kondiĉon la neceson pruvi per atesto lingvajn kapablojn, kiam ni anoncas plenumotan movadan postenon? Bedaŭrinde ankoraŭ ne, kvankam ni ĝissange batalas por ke ekstermovadaj instancoj agnosku tiajn diplomojn, konsideru Esperanton moderna, viva kaj egalranga lingvo.

Sed fakte en tiu batalo ni jam havas sukceson. Esperanto estas akceptata en la Konsilio de Eŭropo, kiu permesis traduki ĝian bazan manlibron pri instruado kaj taksado. Tiu plurcentpaĝa fakverko, la Komuna Eŭropa Referenckadro (KER) en Esperanto estas listigita sur ĝia retejo.

La hungara ĉefa lingvoekzamena centro ITK, elirante el sia akreditigita sistemo, ellaboris kun esperantistoj kaj funkciigas kune kun UEA unulingvan ekzamensistemon pri Esperanto.

Jen, ni havas lingvopolitikan rekonon, ni havas ekzamensistemon kaj eblon akiri oficialajn (nemovadajn) atestilojn pri niaj lingvaj kapabloj en Esperanto. La sola problemo estas nur tio, ke la esperantistaro ŝajne ne sentas la bezonon tiel agnoskigi sian lingvon, ne opinias necese esti diplomita pri siaj Esperanto-konoj.

Ni ne havas landon kaj ŝtaton, ni ne havas propran eduksistemon, sed pro iu mistero, ni ne sufiĉe eluzas tiujn eblojn, kiujn, per superhoma agado, kelkaj esperantistoj kreis por ni en ŝtataj medioj kaj cirkonstancoj. La tradicia hungara Esperantofako ĉe ELTE jam malaperis, la interlingvistika fako en Poznań helpkrias por pliaj studentoj. Normale devus esti ni kiuj puŝas la institutojn ebligi al ni studeblojn pri Esperanto. Por la ekzameniĝo laŭ la KER-ekzamensistemo funkcianta de unu jaro la organizantoj devas postkuri la esperantistojn, ĉar tiuj ankoraŭ ne komprenas la gravecon de la unika eblo, la neceson pruvi al si mem kaj al la komunumo, ke jes ja ni havas kulturitajn homojn, regantojn de nia lingvo, kaj tion ni kapablas ankaŭ atesti per dokumento.

Bonŝance ĉiam estas ankaŭ esceptoj. Menciendas la plurdeko da junuloj, kiuj vidas eblon kariere, ankaŭ ekstermovade utiligi la diplomon aŭ sentas bezonon montri bonan ekzemplon; same kelkaj el niaj gvidantoj kaj eminentuloj kiel Ranieri Clerici, Seán Ó Riain, Duncan Charters, Mark Fettes, Kristin Tytgat, Mireille Grosjean, jam ekzameniĝintaj, aŭ ĉi-someraj kandidatoj kiel José Antonio Vergara, Nicola Minnaja, Nicolino Rossi, Fabrizio Pennacchietti, Romano Bolognesi, Carlo Bourlot, aliĝintoj al la novtipaj KER-ekzamenoj. Laŭ la nunaj administro kaj aliĝoj jarfine ni havos minimume

220–230 KER-diplomitojn, kiu cifero en si mem estas bela kaj alta, sed proporcie en la movado estas nur guto en maro.

Per tiu ĉi artikolo mi invitas nin ĉiujn dediĉi tempon por lingva memkontrolo kaj evoluigo de niaj lingvaj kapabloj. La ferioj estu niaj novtipaj lingvoekzercejoj kaj ekzamenejoj. Ni kaptu la okazojn paroli la lingvon, partopreni lingvokursojn, staĝojn kaj prelegojn.

Bonŝance, nuntempe multas tiaj okazoj, ĉar la plejmulto de la Esperanto-aranĝoj ofertas paralelajn kursprogramojn. Jen nur tiuj, kie okazas ankaŭ ekzamenoj: la usona NASK (trisemajna someruniversitata kursaro), la slovakia SES (renkontiĝo de lernu!-anoj), UK-kursoj en Kubo, la Itala Kongreso en Linjano, Torpedo en Herzberg, la Vegetarana kongreso en Indonezio, la jarfinaj aranĝoj en Germanio.

Ankaŭ niaj nevojaĝontaj samideanoj havas multajn eblojn por perfektigi sin legante, korespondante aŭ rete, ekzemple sur la paĝoj de www.lernu.net kaj en la nova retejo de www.edukado.net, kie troveblas multe da informoj ankaŭ pri la ekzamenoj.

Respondecan flegadon de nia lingvo kaj bonan perfektiĝon en ĝi deziras al vi Katalin Kováts, redaktoro de www.edukado.net, diplomita pri esperantologio en Budapeŝto.

A plea for quality, prestigious language, *2010*

For the majority of people the arrival of summer (at least in the northern hemisphere) means an end to the academic year, an end to study, classes and other lessons, an appraisal of the year's work, resolutions for what will follow and a desire for well-deserved holidays. Those holidays that we, as esperantists, have been waiting for all year turn our minds to travel, allow us to visit other countries and attend courses and other events, and actively use the language. Any kind of Esperanto event is also a measure, even if not explicitly stated, of our prowess in the language.

Esperanto is our means of communication, our tool, by which we recreate for ourselves a world to complete and embellish the environment in which we live. For many, Esperanto is an oasis to which they escape to realise a second life, dreams, and where they can assume a second persona. The language itself is the basic link that binds our society, and because of this it plays an important part in our life and ought to receive particular care and attention from each and every one of its users.

And, because it is probably not the only language an esperantist uses, every opportunity should be taken to make progress and to improve in it, systematically eradicating any possible glitches in using the language.

For the most part we are not native Esperanto speakers and, for that reason, to attain a high level of language proficiency, we need to study in a deliberate, systematic and structured way. Improvement is possible even for those who speak the language well, and attention needs to be drawn to typical errors arising from first language "false friends".

Erroneous use of language is like a disease, contagious and vengeful. A missing accusative, wrong lexical combinations, misplaced adverbs, poor pronunciation, etc., can all lead to misunderstandings, no doubt creating a negative impression of the speaker and, in the final instance, establishing a model to be emulated for other users of the language.

It is often said a language is the only thing worth mastering even imperfectly. But this is never true for one's native language and, therefore, should not be applied to our language which should assume a similarly important position in our lives. If an esperantist leads a double life, then he or she should have in addition two languages, mastered in equal measure. The smooth and efficient internal operation of our movement needs this. Nothing better proves our love of the language than the deeds we perform by it and for it. What should we do to ensure the language remains fine and of high quality? The acceptance and appreciation of Esperanto by people outside the movement depend to a large extent on how we ourselves relate to the language, on the measure of prestige we ourselves accord it.

What sort of advantages do those esperantists enjoy who have a good command of the language? Or, from the opposite point of view, does it matter for us that the language skills of our teachers, leaders and representatives (whether at international or local level) should be exemplary and beyond reproach?

Do we render a certificate of language ability a condition when we advertise a position to be filled within the movement? Unfortunately this is still not the case, even though we fight tooth and nail for institutions outside the movement to recognise such diplomas and to regard Esperanto as an up-to-date, living language and on a par with others.

But in fact in this fight we have already met with success. Esperanto is accepted in the Council of Europe which has allowed its basic handbook on teaching and assessment to be translated. This specialist volume of several hundred pages, the Common European Framework of Reference for Languages (CEFR) in Esperanto, is listed on its website.

The main Hungarian examination centre ITK, starting from its own system of accreditation, has developed with esperantists a single language examination system for Esperanto which it operates in conjunction with UEA [Universal Esperanto Association].

So, we have linguistic-political recognition; we have an examination system and the possibility of gaining official, external certificates of our language capabilities in Esperanto. The sole problem is simply that Esperanto speakers apparently feel no need to have their language recognised in this way and do not consider it necessary to receive a diploma for their Esperanto skills.

We do not have a land or country; we have no education system of our own; but for some unknown reason we fail sufficiently to exploit those various possibilities which a few esperantists, through superhuman effort, have created for us within national institutions and environments. The long-standing Hungarian Esperanto department at ELTE [Eötvös Loránd University] has already vanished, while the department of inter-linguistics in Poznań is crying out for more students. In normal circumstances it should be us pushing these establishments to create opportunities to study Esperanto. To find candidates for the CEFR examination system, in operation now for a year, organisers have had to chase up esperantists, who still fail to understand the importance of this unique opportunity and the need to prove to themselves and to the wider community that, yes indeed, we have people of learning, masters of the language, who can prove it on paper.

Fortunately there are always exceptions. Mention should be made of the dozens of young people who realise the possibility of career-advancement, not just within the movement, by making use of the diploma, or who feel the need to set a good example; likewise some of our leading lights and distinguished figures such as Ranieri Clerici, Seán Ó Riain, Duncan Charters, Mark Fettes, Kristin Tytgat and Mireille Grosjean, who have already taken the examination; or candidates at examination sessions this summer, such as José Antonio Vergara, Nicola Minnaja, Nicolino Rossi, Fabrizio Pennacchietti, Romano Bolognesi and Carlo Bourlot, who signed up for the new-style CEFR examinations. According to current statistics and applications we shall have at least 220–230 CEFR graduates: this figure in itself is all well and good but, in proportion to the movement as a whole, it is but a drop in the ocean.

Through this article I invite all of us to set aside time to evaluate the way we use our language and to develop our linguistic skills. Holidays should offer fresh scope for language exercises and examinations. We should seize the opportunity to speak the language, attend courses, residential sessions and lectures.

Fortunately there are many such opportunities, for the majority of Esperanto events offer parallel language programmes. Here are those which, in addition, hold examinations: NASK [North America Summer Courses], in the USA (a three-week university summer school course), the Slovak SES [Summer Esperanto Study] (a gathering of students of *lernu*!), courses at the universal congress in Cuba, the Italian congress in Lignano, Torpedo in Herzberg, the vegetarian congress in Indonesia, the new year events in Germany.

Furthermore, our non-travelling colleagues have plenty of opportunities for self-improvement by reading, or by correspondence via mail or internet, for instance on the pages of www.lernu.net and on the new website of www.edukado.net, where in addition there is a host of information about the examinations.

This is Katalin Kováts, editor of www.edukado.net and a graduate of esperantology in Budapest, hoping you will cultivate the language responsibly and achieve perfection in it.

Translation – Paul Gubbins

The Chinese Esperanto publication *El Popola Ĉinio* (From *The People's China*) has been in existence for over 60 years. Here, one of its staff writers, Alice Liu, describes its impact as well as that of Esperanto on her country.

Alice Liu

Esperanto en Ĉinio, *2012*

Komence de la 20-a jarcento Esperanto enkondukiĝis en Ĉinion kaj akiris subtenon de eminentaj intelektuloj kiaj Cai Yuanpei, Chen Duxiu, Lusin, Hujucz kaj Bakin. Dank' al ili Esperanto rapide disvastiĝis en Ĉinio kaj faris elstaran kontribuon al la socia evoluo. Unu el la plej rimarkindaj laboroj de fruaj ĉinaj esperantistoj estas ilia kontribuo al la kreo de ĉina fonetika alfabeto. Post naskiĝo de la Ĉina Popola Respubliko en 1949, ĝiaj gvidantoj alte taksas la rolon de Esperanto en internacia komuniko kaj energie subtenas Esperanto-movadon. La registaro establis ankaŭ Esperanto-Sekcion de Ĉina Radio Internacia krom esperanta gazeto *El Popola Ĉinio* kaj financas Ĉinan Esperanto-Ligon. Tiusence Ĉinio meritas la mondan modelon de apliko kaj disvastigo de Esperanto.

Naskita en la jaro 1950, *EPĈ* funkcias kiel ponto inter la ĉina kaj alilandaj popoloj. Pro siaj riĉaj enhavoj kaj bela aspekto ĝi estas ŝatata de diverslandaj legantoj kaj distribuitaj al 157 landoj kaj regionoj. Post kiam Ĉinio komencis la politikon de reformado kaj por-domalfermo ĝi ĉiuflanke kaj sukcese konigas al legantoj Esperanto-movadon ĉinan kaj internacian krom informon pri ĉina socio, kulturo, ekonomio kaj politiko. Pro plira-pidiĝo de la reformado kaj pordomalfermo kaj la ekonomia disvolvo la internacia kon-takto de Ĉinio fariĝas ĉiam pli ofta. *EPĈ* adaptis novan strategion por akomodiĝi al la nova situacio kaj kontentigi novajn postulojn de la legantoj. Hodiaŭ ĝi aperas rete kiu pli rapide atingas al legantoj. Ĉiaj enhavoj ampleksas preskaŭ ĉiujn aspektojn de la ĉina socio, inkluzive de politiko, ekonomio, edukado, kulturo, ĉiutaga vivo de la popolo kaj aliaj.

Estas simpla vero: senvalorajoj ne povas longe ekzisti. De la naskiĝo de la lingvo, sen-nombraj esperantistoj konvinkas per praktiko homojn pri ĝia valoro. *EPĈ* estas unu el la vivaj atestantoj de la valoro de Esperanto. Krome multaj ĉinaj esperantistoj sukcese faras negocojn grandajn aŭ malgrandajn sur variaj kampoj kun eksterlandaj esperantisto-komercistoj pere de Esperanto.

Esperanto in China, *2012*

Esperanto was introduced into China at the start of the 20th century and received the support of noted intellectuals such as Cai Yuanpei, Chen Duxiu, Lusin, Hujucz and Bakin. Thanks to them Esperanto spread rapidly throughout China and contributed in no small way to the social development of the country. One of the most remarkable achievements of early Chinese esperantists was their contribution to the creation of the Chinese phonetic alphabet. After the birth of the People's Republic of China in 1949 its leaders placed great weight on the role of Esperanto in international communications and fervently supported the Esperanto movement. Furthermore the government set up the Esperanto section of China Radio International as well as the magazine *El Popola Ĉinio* (*From The People's China*) and provided financial support for the Chinese Esperanto League. In this respect China serves as a model to the world with regard to the application and dissemination of Esperanto.

Dating from 1950, *El Popola Ĉinio* functions as a bridge between the Chinese people and those in other countries. Its rich content and impressive appearance make it popular with readers of various nationalities and it is distributed to 157 different countries and regions. After China began its reform and open door policies it widely and successfully informed readers not only about the Esperanto movement both in China and elsewhere but also about Chinese society, culture, economics and politics. As the pace of reform, the open door policy and economic development increases, Chinese contact with the international community becomes increasingly common. *El Popola Ĉinio* has chosen a fresh strategy to adapt to the new situation and to satisfy reader demands. These days it is published in electronic form which means it reaches readers more quickly. Its content covers almost all aspects of Chinese society, including politics, economics, education, culture, everyday life of the people, and more.

It is a simple truth: items which no longer hold any worth will not last. From the birth of the language, countless esperantists through their own example have convinced others of its worth. *El Popola Ĉinio* is one of the living testaments to the worth of Esperanto. In addition, many Chinese esperantists successfully conduct business in various fields, both small and large scale ,with overseas Esperanto traders by means of Esperanto.

Translation – Paul Gubbins

In the hands of those who intend good

A fault line runs through the Esperanto community which, while less visible today than in the past, still has the power to provoke debate and arouse passion. This is borne out by the five contributions in this section which span almost 90 years.

The fault line is that of neutrality. The established and mainstream community, taking its lead from its umbrella organisation, the Universal Esperanto Association, is staunchly neutral. In other words, it takes no side in strife or struggle, war or conflict, offering neither support nor praise.

Of course, as Zamenhof pointed out in the Boulogne Declaration, "anyone so minded can publish in or about this language any work he or she chooses, and can use the language for any possible purpose" (see page 28). Individual esperantists, therefore, can use the language for any cause they see fit, but – and this is significant – their action, or application of the language for a particular purpose, does not constitute official Esperanto policy.

The aims of UEA are clearly defined. The *Gvidlibro* (*Yearbook*) reminds members that UEA was established on 28 April 1908, and that, according to a 1980 statute, its function is fourfold: to spread the use of the international language Esperanto; to undertake to solve the language problem in international relations and to aid international communication; to help build links between peoples of different nations, race, sex, religion, politics or language; and to create among its members a strong feeling of solidarity and understanding and respect for other peoples. Nowhere is there any suggestion that UEA should adopt any political or ideological stance.

However, shortly after the first world war, it was felt that Esperanto would be a suitable medium to support the proletariat in its struggle against capitalism. If workers of the world were to unite, a common language would surely help. In 1921 Sennacieca Asocio Tutmonda (SAT) (World Non-National Association) was established with the statutory aim of harnessing Esperanto to the ambitions of the worldwide working class. SAT later claimed to be a cultural and educational, rather than a political organisation, but its non-neutral position is clear.

Today SAT continues to support generally left-wing, progressive causes. In January 2012 its website was proclaiming solidarity with a People's March to Rome in support of a "burgeoning worldwide revolutionary movement" ("naskiĝanta tutmonda revolucia movado") which would put human interests before economic or political ones. Such overtly political expressions are not found on the website of UEA – though, as the opinions of Detlev Blanke reveal (below), there are those in the Esperanto movement who believe the time has come to shed traditional neutrality.

Others, such as David Kelso (below), feel SAT should cast off its old-fashioned image and reshape itself for the present century. Continued use, for instance, of the greeting "kamarado" ("comrade"), does not appeal in an age when left-wing ideologies no longer command popular support and when even politicians of the so-called left occupy ground previously held by the centre or even the right of centre.

SAT peaked around 1930 when it claimed some 6,500 members in more than 40 countries. Membership is now much reduced, although the idea of a world without nations, without boundaries – united by a common language –remains attractive, perhaps subconsciously, to many esperantists.

One of the founders of SAT was Eugène Lanti, pseudonym of Eugène Adam. In the pamphlet *For la Neŭtralismon!* (*Away with Neutrality!*), published in 1922, Lanti clearly sets out his aims. Esperanto should be a tool for progressive, anti-capitalist elements of society. It should not be – as for many Esperanto speakers – an end in itself but, instead, it should be placed "in the hands of those who intend good".

Lanti also highlights the limitations – as he sees them – of Zamenhof's "homaranismo" (loosely translatable as "humanism"). By "homaranismo", for which there is no English equivalent, and suggesting more literally a sense of belonging to a human fellowship, Zamenhof hoped the peoples of the world might not only share a common, neutral language but also a common, neutral religion. The glossary to the pamphlet offers a four-point explanation of "sennaciismo" ("non-nationalism" or, as some prefer, like David Kelso, "a-nationalism").

Eugène Lanti

For la Neŭtralismon! (eltiraĵo), *1922*

Direktivo. – Kiu havas esploreman, sendogmecan spiriton, tiu senĉese konsideras la faktojn en ilia rilato kun la medio, la epoko, la cirkonstancoj kaj la senĉesa evoluado – mi preskaŭ dirus kun ilia estontpoveco. Plie, la esploranto devas observi kvazaŭ li estus ekstere de ĉio kaj samtempe ne forgesi, ke li ankaŭ iel estas aganto en la naskiĝado de la fenomenoj.

Laŭ tiu spirito mi intencas trastudi la demandon pri organizado de la esperanta movado en revoluciemaj medioj, en la postmilita, kriza, klasbatala periodo nuna. Mi ne pretendas alporti tute pretigitajn verojn. Se nur mi sukcesos veki la atenton kaj intereson de la Kamaradoj ĉiulandaj pri tiu problemo, mi konsideros, ke mia peno ne estis sen rezulto.

Nur rimedo. – La vivo estas batalado. Tiuj venkas kiuj konkorde, discipline, entuziasme militas laŭ plano funde studata kaj kiel eble plej simpla.

Ni estas sennacianoj, almenaŭ internaciistoj, nepre kontraŭkapitalistoj, mondling-vanoj, esperantistoj.

Tial ke ni estas sennacianoj, ni propagandas mondlingvon. Ĉar ni opinias, ke la esper-anta movado estas nun la plej taŭga forto por rapide triumfigi la ideon pri *Universala Lingvo,* ni propagandas esperanton. Ĝi estas por ni bezona ilo por trafi nian idealon. Esperanto ne estas la *celo* de nia agado, sed *nur rimedo* por atingi nian celon.

Se fi-komercistoj, militistoj, ĝendarmoj, juĝistoj, ekzekutistoj lernas kaj uzas esperan-ton, tio ne signifas, ke nia idealo baldaŭ realiĝos.

Por konvinkiĝi pri la praveco de tiu aserto, oni legu jenon, ĉerpitan el "Espero Katolika" (jan. 1921). Temas pri la 7a kongreso de la katolika esperantistaro:

"Dum tiu kongreso en Graz, oni devos fondi fortegan internacian armeon kontraŭ la potencoj de blinda renverso, kontraŭ la materialisma bolŝevismo, la danĝera anarkismo, la kontraŭ-eklezia agado de la framasonaro, ktp ..."

Tiel la katolikaro jam uzas esperanton por kontraŭstari nian agadon, por malhelpi nian liberigon.

Kiel alian pruvon, ke esperanto estas nur ilo, ne povas esti alio ol rimedo por bonaj aŭ malbonaj celoj mi aldiru:

Dum la milito, la germana registaro uzis esperanton por sia eksterlanda propagando. En Paris, la komitato "Por Francio per Esperanto" ricevis monon de la franca registaro por kontraŭagadi la germanan propagandon. Sekve esperanto estis uzata de registaroj por iliaj krimoj, hontindaj celoj.

Jen pruvite, ke internacia lingvo ne povas esti per *si mem* liberigilo; ĝi estas tia *nur en la manoj de liberigantoj.*

Burĝeca atmosfero. – Aliflanke, oni povas rimarki, ke la esperanta neŭtralismo nebuligas la vidon al klaskonscio. Kontakte kun la burĝoj la esperantistaj revolucianoj tendencas al dandismo, al emo pri nomkonigado kaj aliaj burĝecoj. Estas vere amuze – aŭ plorinde – konstati, ke la t. n. laboristaj grupoj neniam forgesas, en raportoj senditaj al la redak-cioj de esperantaj jurnaloj, meti la nomojn de la prezidanto, subprezidanto, kasisto, sub-kasisto, ktp., ktp.

Kredeble en la koro de ĉiu "laboristo" dorme kuŝas burĝa spirito.

Pro ĉiuj tiuj ĉi supre parolitaj motivoj estas nepre necese enŝovi en nia esperanta pro-pagando sanan spiriton. Ni zorgu, ke la movado por universala lingvo ne estu putrigota de la burĝecaj miasmoj en kiuj nun ĝi kreskas.

La sperto jam montris, ke la plej belaj inventaĵoj, kiam ili estas en la manoj de la kapi-talanoj, anstataŭ helpi al la liberigo de l' Homaro utilas al ĝia malfeliĉo. Sufiĉas nur citi unu ekzemplon: kiam la aviadiloj konkeris la ĉielon, multaj naivuloj diris, ke tiu grava progreso forstrekos la landlimojn. Nu, kion ni vidis dum la mondmilito? Tiujn mirindajn flugmaŝinojn la militistoj uzis por dissemi mortigilojn super prosperaj urboj. Infanoj, maljunuloj, malsanuloj estis mortigataj per la bomboj faligataj de la belaj aparatoj, inventitaj por malaperigi la landlimojn!

Ni do ĉesu esti naivuloj. Esperanto malhelpos la militon! Ne, tute ne, se ĝi estas uzata de la militokazigantoj. Por ke esperanto estu bonfara ni ĝin metu en la manojn de bonfarantoj.

Neniam ni malatentu pri la malbonfareco de la fiburĝaro kapitalana. Senĉese ni orientadu nian agadon cele al la renversiĝo de tiu potenco. Ni organizigu konforme al tiu neforgesinda direktivo.

Homaranismo. – Zamenhof mem komprenis, ke lingvo helpa ne sufiĉas por konduki la mondon al Paco. Tial li parolis pri "interna ideo" de esperanto, pri "homaranismo".

Kio estas tiu doktrino? Nur elpensaĵo de bonkora viro, de religia idealisto liberkreda:

"La homaranismo estas instruo, kiu, ne deŝirante la homon de lia natura patrujo, nek de lia lingvo, nek de lia religianaro, donas al li la eblon eviti ĝian malverecon kaj kontraŭparolojn en siaj naciareligiaj principoj kaj komunikiĝadi kun homoj de ĉiuj lingvoj kaj religioj sur fundamento neŭtrale homa, sur principoj de reciproka frateco, egaleco, kaj justeco".

Mankis al la aŭtoro de esperanto klara koncepto pri la senĉesa interbatalado ekzistanta, pli malpli akre, inter la sociaj klasoj. Li ne vidis, ke la militkaŭzoj kuŝas en la principoj mem, sur kiuj estas bazitaj la interhomaj rilatoj.

Tamen lia celo esence similis la nian. Li deziris unuigi la homojn en "grandan rondon familian". Sed toleremo pri religio, raso aŭ nacio, kaj ebleco interkompreniĝi ne sufiĉas por forigi malfratecon kaj estigi justecon. Kaj kie ne estas *Justeco*, tie latente kuŝas milito.

La homaranismo Zamenhofa povos nur kreski en socialisma mastrumado.

Por liberigi kaj pacigi la homaro bezonas renversi ĉiujn barojn inter la homoj.

Neebleco interkompreniĝi estas unu el la baroj. Esperanto estas *bezona* sed ne *sufiĉa* rimedo por liberigi la homojn. Ni jam vidis, ke ĝi eĉ povas malutili al ni en la servo de sklavigantoj. Konsekvence ni helpu meti la ilon *nur* en la manojn de niaj amikoj. – Deduktiĝas el tio, ke kontraŭkapitalistoj logike ne povas kunlaboradi kun iuj ajn esperantistoj.

Komence tiu kunlaborado povis esti utila. Tiam, temis ja pruvi, ke artefarita lingvo povas interkomprenigi la homojn; temis triumfigi la *ideon mem* pri lingvo helpa.

Sed jam farita estas la pruvo; ŝanĝiĝis la situacio; sekve nia agadmaniero ankaŭ devas ŝanĝiĝi.

Nune, kunagado estas logike akceptinda nur inter samcelanoj. Socialistoj, sindikatistoj, komunistoj, anarkistoj, unuvorte ĉiuj revolucianoj povas, devas kunigi por pli efike trudi la alprenon de esperanto al la revolucianaro.

Sennaciismo. – Kultura doktrino kies ĉefaj celoj estas: 1. Malaperigo de ĉiuj nacioj kaj ŝtatoj konsiderataj kiel sendependaj unuoj; 2. Mond-mastrumado kaj raciigo de la produktado laŭ sciencaj metodoj; 3. Unuecigo de ĉiuj mezuriloj kaj kalkuliloj; 4. Starigo de racie artefarita lingvo universala, uzota kiel la sola kulturlingvo.

Away with Neutrality! (extract), *1922*

Directive. – Anyone with an enquiring, non-dogmatic mind will invariably consider the facts in relation to their surroundings, times, circumstances and continuing development – I would almost add in relation to their future capability. Furthermore, the enquirer must observe these things as if from the outside and yet, at the same time, not forget that in some way he is also an agent in the creation of these phenomena.

Bearing this in mind I shall address myself to the question of the organisation of the Esperanto movement in revolutionary times, during this current critical period of class struggle. I do not claim to convey absolute truths. If I succeed only in getting the attention and interest of comrades in every country and turning them towards this problem, I shall consider my efforts worthwhile.

Merely a means. – Life is a constant battle. Those who are victorious are those who fight together, with discipline, with enthusiasm, and to a plan carefully put together and as simple as possible.

We are non-nationalist, very likely internationalist, totally opposed to capitalists, united in our world language, esperantists.

Because we are non-nationalist, we promote a world language. Because we believe the Esperanto movement is now the most suitable force to bring about the rapid success of the notion of a *universal language*, we promote Esperanto. For us it is the essential tool to achieve our ideal. Esperanto is *not the end in itself*, but *merely the means* to achieve that end.

If corrupt businessmen, the military, the police, judges, executioners, learn and use Esperanto, this does not mean our aims will soon be realised. To convince yourself of the truth of this, read the following, taken from "Catholic Hope" (January, 1921). It talks about the 7th congress of catholic esperantists:

"During this congress in Graz, we must establish a powerful international army to oppose the forces of blind subversion, materialistic bolshevism, insidious anarchy, the anti-church actions of freemasonry, etc. ..."

In this way catholics already use Esperanto to oppose our work and to hinder our liberation. As further proof that Esperanto is a mere tool, and can be nothing other than a means to achieve good or evil, let me add this:

During the war, the German government used Esperanto for external propaganda. In Paris, the committee "For France, via Esperanto" received money from the French government to rebuff the German propaganda. In this way Esperanto was used by governments for their criminal, shameful ends. Proof, therefore, that an international language cannot be *by itself* a tool of liberation: it becomes this *only in the hands of liberators.*

Bourgeois atmosphere. – On the other hand, it is obvious that Esperanto neutrality clouds our perspective on class consciousness. In their dealings with the bourgeoisie, Esperanto revolutionaries tend towards ostentation, status and other bourgeois traits. It truly makes you laugh – or cry – to note that so-called worker groups never omit from their reports to editors of Esperanto newspapers the names of the chairman, the vice chairman, the treasurer, the assistant treasurer, etc., etc.

Presumably a bourgeois spirit slumbers in the heart of every "worker".

For the reasons outlined above it is absolutely essential to inject into our Esperanto publicity a message that is clear and uncontaminated. We have to be careful lest the movement for a universal language be polluted by the bourgeois bile which currently feeds it.

Experience has already shown that the greatest inventions, when in the hands of capitalists, instead of aiding humanity's liberation, contribute to its woes. One example will suffice: when aeroplanes conquered the skies, people naïvely said this important symbol of progress would do away with national boundaries. And what did we see during the world war? The military employed these wonderful flying machines to deposit death on hitherto prosperous cities. Children, the elderly, the sick were killed by bombs dropped from these beautiful machines, invented to do away with boundaries!

Let's end this naïvety that Esperanto will help prevent war. No, no way, not if used by those who wage war. For Esperanto to be a force for good we must place it in the hands of those who intend good.

We must never lose sight of the evil intent of the corrupt capitalist bourgeoisie. We must constantly direct our efforts to overthrowing these forces. We must organise in accordance with this directive and hold it always at the forefront of our minds.

Humanism. – Zamenhof himself understood that an auxiliary language is not sufficient to bring the world to peace. For this reason he spoke about an "internal idea" of Esperanto and about "humanism".

What is this doctrine? Simply a concept of a well-intentioned man, of a free-thinking religious idealist:

"This humanism is a doctrine which, pulling a person neither from his natural homeland, nor from his language, nor from his religious allegiance, provides the opportunity to eschew untruths and contradictions in his national religious principles and to communicate with people of all languages and religions on a humanitarian and neutral basis, on principles of mutual brotherhood, equality and justice".

The author of Esperanto had no clear concept of the constant and generally bitter battle waged between the social classes. He failed to see that the origins of war rest on the very principles on which interpersonal relations are founded.

However in principle his aim was the same as ours. He wanted to bring people together in a "great family circle". But religious, racial or national tolerance, and the ability to communicate with one another, are not sufficient to set aside enmity and foster a sense of fairness. And, in the absence of *fairness*, lurks war.

Zamenhof's humanism can grow solely under socialist governance.

To liberate and bring peace to mankind we need to tear down all the barriers between people.

An inability to communicate is one of the barriers. Esperanto is a *necessary* but *insuf-*

ficient means to liberate mankind. We have already seen it can even hinder us in the service of those who enslave us. Therefore we must help place this tool *solely* in the hands of our friends. – From this it can be seen that, logically, anti-capitalists cannot go on working with absolutely every esperantist of every colour.

At the start, collaboration of this sort was useful. Then it was a question of proving that a planned language could help people understand each other, of making sure that the *idea itself* of an auxiliary language would triumph.

But this has now been proven and the situation has changed; therefore our tactics must change, too.

Logically, co-operation is acceptable only between those sharing the same goals. Socialists, trades unionists, communists, anarchists, in a single word revolutionaries, can and must combine more effectively to force those of a revolutionary persuasion to take up Esperanto.

Non-nationalism. – A cultural doctrine with the following principal aims: 1. Abolition of all nations and states as independent entities; 2. World governance and rationalisation of production on scientific lines; 3. Unification of all means of measurement and calculation; 4. Establishment of a rational, planned, universal language to be employed as the sole language of cultural exchange.

Translation – Paul Gubbins

The message from Danish revolutionary communists to the congress of Sennacieca Asocio Tutmonda (SAT) (Worldwide Non-Nationalist Association), held in Aarhus, Denmark, in 1947, reflects the aspirations of the non-nationalist movement in the post-war period. It was published in the Danish-language *Det Ny Arbejderblad* (*The New Workers' Newsletter*) which offered a rubric in the international language. The piece (slightly amended) appeared in the edition of 1 August 1947.

The language is typical of that used to address "klasbatalantoj" ("class-warriors") and can still be found today in non-neutral Esperanto publications. Nevertheless, in recent times, as the passage following this one indicates, attempts are being made to challenge the essentially conservative attitudes – and language – of the non-nationalist movement.

Det Ny Arbejderblad (The New Workers' Newsletter)

Saluto al la SAT-kongreso en Aarhus, *1947*

Laboristoj el la tuta mondo vojaĝis al Aarhus por interamikiĝi kaj fortigi la asocion de la sennaciecaj laboristoj. Ni havas komunan malamikon, la kapitalisman ekspluatadon, komunan celon, la socialismon, kaj komunan lingvon, la mondlingvon Esperanto. Estas esence por ĉiuj revoluciemaj movadoj, ke ili devas esti tutmondaj; sed la malsam-lingveco estas grava baro por la kompreno kaj kunlaboro; nur enkondukante mondlingvon, la movadoj de la diferencaj landoj kunfandiĝas al unu sama potenca sennacieca movado, kiu tute forigis la lingvajn barojn. Tiam ne nur la gvidantoj komprenas unuj la aliajn, sed ĉiu kamarado estas fariĝinta ero de samlingva komuneco, oni tute forigis la limojn inter la popoloj; ĉiuj homoj de la tuta mondo sentas kaj pensas sammaniere. La divido de la mondo inter diferencaj nacioj estas restajo de la pasinteco. Sed la SAT-movado konscias, ke ne sufiĉas kompreni unu la alian. SAT estas sennacieca revolucia mondorganizo kleriga, kiu batalas kontraŭ la subpremo, sendiference de kiu ajn nacio aŭ potenco ĝi venas, kaj kiu batalas por la kuniĝo de ĉiuj batalantoj por renversi la maljustan socion. En sia postmilita manifesto ĝi skribas: "La venkinto avideme ekspluatas la venkinton, ke tiu ĉi meditas pri venĝo kaj renkonkero de la perditajoj." Do jam en 1945 la SAT-gvidantaro denuncis ambaŭ flankojn de militintaj grandpotencoj kiel rabistoj kaj defendis la aferon de la ekspluatitaj laboristoj, speciale la kruele traktataj laboristoj germanaj.

Do jus post la milito SAT montris sian vivpotencon kaj revolucieman batalemon. SAT absolute ne estu partipolitika, sed ĝi ne estu senkolora kleriga asocio, sed batalantaro, kiu baraktos kontraŭ ĉia ekspluatado kaj subpremo fare de la kapitalistoj.

Tutkore salutante la laboristojn de la tuta mondo kunvenantaj en Aarhus, ni esperas, ke eblos konservi SAT kiel batalantan organizon, kaj ke ĝi ne estu ridinda kaj senpotenca organizo de popola fronto.

Bonvenaj al Aarhus, klasbatalantoj tutmondaj!

Proletoj ĉiulandaj, unuiĝu!

Revoluciaj komunistoj, Danio.

Message to the SAT Congress in Aarhus, *1947*

Workers from all over the world have travelled to Aarhus for the sake of reciprocal friendship and to strengthen their non-national workers' association. We have a common enemy, in capitalist exploitation; a common purpose, in socialism; and a common language, in the world language Esperanto. It is crucial for all revolutionary movements to be worldwide; but language differences are a significant bar to understanding and collaboration; by the simple expedient of introducing a world language all these movements in the various countries will merge into one equally powerful non-nationalist movement, which will have done away with linguistic barriers. Then not only leaders will understand each other but every comrade will have become a part of a single language community, with the divisions between them removed; everyone in the whole world will think and feel in the same way. Splitting the world into different nations is a relic of the past.

But the SAT-movement knows full well it is not enough for everyone to understand each other. SAT is a non-national worldwide educational organisation, fighting against oppression, irrespective of the country or power from which this emanates, and it fights to bring together all who struggle to overthrow this unjust society. It declared in its postwar manifesto: "The conqueror unashamedly exploits the conquered, who broods on revenge and regaining lost possessions." Thus in 1945 the leadership of SAT had already denounced as robbers the warring great powers, on both sides, and had defended the cause of exploited workers, especially those being so cruelly treated in Germany.

In this way, immediately after the war, SAT showed itself a force to be reckoned with and displayed its revolutionary zeal for the struggle ahead. In no way should SAT be beholden to any political party, but at the same time it should not be some spineless educational association, but a collection of people involved in this struggle who will fight any kind of exploitation and oppression on the part of the capitalists.

In offering this, our sincere message of support to the meeting of the workers of the world in Aarhus, we trust SAT will remain a fighting force and never allow itself to become a weak and pathetic organ of the popular front.

Class warriors of the world, welcome to Aarhus!

Workers of the world, unite!

Revolutionary Communists, Denmark.

Translation – Paul Gubbins

Esperanto experienced a sometimes troubled relationship with the socialist states of central and eastern Europe. In an extended essay, published in 2004, Detlev Blanke explored the proletarian Esperanto movement with its fundamental question how the language could engage in the "international battle for peace against the forces of imperialism and war." In the conclusion to the essay Blanke challenges the political neutrality that is a central tenet of the Universal Esperanto Association.

Detlev Blanke

Esperanto kaj socialismo? Konkludoj, *2004*

La eseo klopodis i.a. montri, ke ĉiam tra la historio la Esperanto-movado estis influita de konkretaj historiaj cirkonstancoj. Foje oni klopodas tion eviti per t.n. neŭtraleco. Foje oni klare substrekas la politikan utilon de Esperanto kaj ankaŭ devis akcepti kompromisojn. La diskuto pri neŭtraleco fariĝis aparte grava, kiam la gvidantoj de la movado – konsciaj pri la persekutoj, kiujn devis suferi la Esperanto movado – prave timis, ke unuflanka politika sinengaĝo nur povas malutili al la movado en regiona aŭ eĉ tutmonda skalo.

Aliflanke sterila neŭtraleco povus fariĝi grava bremso por la evoluo de la movado kaj eĉ dubindigi la humanisman mesaĝon de Zamenhof ...

Jam estas akceptite, ke la parolkomunumo de Esperanto estas kaj estu tiom bunta kiom la ĝenerala vivo, kvankam kun escepto de rasismo kaj klare faŝismaj kaj militarismaj tendencoj. En la nuna tempo oni devas sin demandi, ĉu la lingvo-komunumo ne devus pli forte engaĝi sin por klare necesaj nuntempaj alternativaj movadoj, aparte kun movadoj, kiuj agas kontraŭ la negativaj sekvoj de senbrida, laŭaserte nur merkate stirata, profitorientita kaj detrua globalismo (tutmondismo), kiu ankaŭ minacas la lingvo-ekologian pejzaĝon de la mondo, kiel la civilizon entute. Se la esperantistaro ne plue volas ŝrumpi, ĝi devas serĉi pli da kontaktoj al alternative pensantaj junaj engaĝiĝemaj homoj, kiuj ne nur insistas pri amuzo ("fun"). Tiam ĝi trovos novajn valorajn kunagantojn por siaj specifaj lingvo-politikaj celoj kaj krome povos kontribui al la solvo de aliaj monde gravaj problemoj.

Esperanto and Socialism? Conclusions, *2004*

The essay has attempted *inter alia* to show that invariably, throughout history, the Esperanto movement has been influenced by specific historical events. Sometimes people try to deny this by referring to so-called neutrality. Sometimes people stress the political value of Esperanto together with the need for compromise. The debate about neutrality becomes particularly acute when the leaders of the movement – conscious of the persecutions carried out against the Esperanto movement – correctly fear that one-sided political commitment could well damage the movement on a regional or even global scale.

On the other hand a sterile neutrality could become a powerful brake on the development of the movement and even call into question Zamenhof's humanitarian message ...

It is accepted that the Esperanto language community is, and should be, as colourful as life in general, albeit eschewing racism and patently fascist or militaristic tendencies. At the time of writing it needs to be asked whether the language community should not commit itself more strongly to those clearly needed alternative movements, particularly movements opposed to the negative consequences of unbridled, profit-oriented and destructive globalism (internationalism), unashamedly market-driven, which further threatens the linguistic ecology of the world, if not the whole of civilisation. If esperantists as a whole wish to reverse their decline, they must seek more contact with alternative-thinking and committed young people intent not just on "fun". Then they will find fresh and worthy activists to achieve their specific linguistic-political aims and, moreover, be able to contribute to the solution of other important global problems.

Translation – Paul Gubbins

In a piece specially written for this anthology the author traces the rise, fall and rise of Esperanto in socialist countries following the second world war.

Detlev Blanke

Esperanto en la eŭropaj socialismaj landoj, *2012*

Post persekutoj flanke de Hitler kaj Stalin (Lins, 1988) kaj la Dua Mondmilito la organizita Esperanto-movado inter 1945–1960 reaperis unue en Bulgario, Hungario, Jugoslavio kaj Pollando; post 1960 en Ĉeĥoslovakio (ĉeĥa kaj slovaka asocioj) kaj GDR; post 1970 en Sovetunio. Antaŭ 1989 mankis organizajoj en Albanio kaj Rumanio.

Aparte vigla, ŝtate subtenata Esperanto-vivo evoluis en Bulgario, Jugoslavio, Pollando kaj Hungario, kun malfruo ankaŭ en GDR kaj Ĉeĥoslovakio (i.a. profesiaj centroj kaj oficejoj, eldono de revuoj kaj literaturo, internaciaj kulturaj kaj turismaj aranĝoj, kursoj en lernejoj kaj universitatoj, fakaj aplikoj, sciencaj esploroj, radiofonio, pozicio en internaciaj organizajoj). Ĝis 1989 la landaj asocioj de Bulgario, Ĉeĥio kaj Slovakio, GDR, Hungario, Pollando kaj (malpli aktive) Sovetunio establis sistemon de kunlaboro (konsultiĝo), liveris pli ol 40% de la kolektivaj membroj al Universala Esperanto-Asocio. Aparte grandaj Universalaj Kongresoj okazis en Budapeŝto (1966, 1983), Sofio (1963), Varna/Bulgario (1978) kaj Varsovio (1959, 1987). Kongresoj okazis ankaŭ – parte post la malapero de socialismo – en Beogrado (1973), Pekino (1986, 2004), Havano (1990, 2010), Prago (1996), Zagrebo (2001), Vilno/Litovio (2005), Bjalistoko (2009) kaj en Hanojo (2012). Al la ŝtataj motivoj subteni Esperanton apartenis la uzeblo de Esperanto por internacia informado, kunlaboro en internaciaj organizajoj, influo de iamaj laboristaj esperantistoj fariĝintaj ŝtataj funkciuloj, krome lingvopolitikaj kaj sciencaj aspektoj. Agadlimojn (i.a. vojaĝlimigoj, valuto-manko, fiksitaj organizaj-formoj, diskut-tabuoj) la menciitaj asocioj nur post 1989 povis parte superi. Post 1989/1990 la movado en la eŭropaj reformlandoj relative rapide malfortiĝis pro subita manko de ŝtata subvencio, globaliĝo kun forta influo de la angla, novaj vojaĝeblecoj sen Esperanto, novaj prioritatoj (en profesioj, kleriĝo kaj ĉiutaga vivo) kaj falo de la vivnivelo (senlaboreco /nepagipoveco). Esperanto regajnadas poziciojn, aparte en Pollando, Hungario, Ĉeĥio, Slovakio kaj Kroatio, i.a. pro fortaj impulsoj de la elektronikaj komunikiloj.

Esperanto in the Socialist Countries of Europe, *2012*

Following the persecutions conducted by Hitler and Stalin (Lins, 1988) and after the second world war the formal Esperanto movement made its reappearance in the period 1945–1960 initially in Bulgaria, Hungary, Yugoslavia and Poland; after 1960 in Czechoslovakia (with both Czech and Slovak groups) and in the German Democratic Republic; after 1970 in the Soviet Union. Pre-1989 there were no Esperanto organisations in Albania and Romania. With state assistance, Esperanto society flourished especially in Bulgaria, Yugoslavia, Poland and Hungary and, a little later, in the German Democratic Republic and Czechoslovakia (through, among other things, professionally run centres and offices, publication of periodicals and books, international travel for culture and tourism, courses in schools and universities, specialist applications, scientific research, radio communications, and positioning in international organisations). By 1989 the national assocations in Bulgaria, the Czech Republic, Slovakia, the German Democratic Republic, Hungary, Poland and (less actively) the Soviet Union had established a system of collaboration (consultation) and furnished more than 40% of the entire membership of the Universal Esperanto Association. Particularly large universal congresses took place in Budapest (1966, 1983), Sofia (1963), Varna/Bulgaria (1978) and Warsaw (1959, 1987). In addition, congresses took place – partly after the disappearance of socialism – in Belgrade (1973), Beijing (1986, 2004), Havana (1990, 2010), Prague (1996), Zagreb (2001), Vilnius/Lithuania (2005), Bialystok (2009) and Hanoi

(2012). Among the reasons for state support for Esperanto were the use of Esperanto in international propaganda, collaboration in international organisations, the influence of former worker esperantists now in positions of responsibility in the state, as well as considerations of language policy and science. Before 1989 the aforementioned associations were able to overcome only partially their limitations (for instance restrictions on travel, lack of foreign currency, rigid organisational structures, discussion topics to be avoided). After 1989/1990 the Esperanto movement in the newly democratic countries suffered rapid decline because of the sudden loss of state subsidy, globalisation and the significant role of English, new opportunities for travel without the need for Esperanto, new priorities (in the professions, education and in everyday life), and a collapse in living standards (unemployment/lack of ready cash). Esperanto regained its position, particularly in Poland, Hungary, the Czech Republic, Slovakia and Croatia, partly as a result of the considerable influence of electronic means of communication.

Translation – Paul Gubbins

La Verda Proleto (*The Green Proletarian*) is the organ of the British section of Sennacieca Asocio Tutmonda (Worldwide Non-Nationalist Association). David Kelso, a former president of the British section of SAT, seeks to redefine the notion of class struggle and to widen the appeal of SAT to suit current times. The article was published in November, 2006.

David Kelso

Klasbatalo ...?, *2006*

Vorto sufiĉe ofta en la literaturo de SAT kaj sennaciismo, ĉu ne? Kion ĝi signifas, ĝuste? Batalado inter la klasoj, supozeble; pli precize, batalado de la nehavaj klasoj kontraŭ la (tro)havaj ... sed kio estas klaso? Vorto, kiun ni uzas tiom ofte, ke ni eĉ ne pensas pri ĝia ĝusta signifo.

Nu, la baza signifo de klaso estas kategorio aŭ speco, sed en tiu kunteksto oni uzas ĝin por aludi socian grupon, pli precize sociekonomian grupon. Multaj fakuloj rimarkis, ke videblas en ĉiuj grandaj socioj apartaj interesgrupoj. Estis Karlo Markso, kiu en la 19a jarcento plej science difinis kaj klarigis tiun fenomenon. Laŭ lia vidpunkto, la historio konsistas el pograda arigo de riĉo, kreata de multaj, en malmultaj manoj. Laŭ li la ĉefaj klasoj estas la proletaro, kiu kreas la riĉon, kaj la burĝaro, kiu posedas kaj ĝuas ĝin. Ne surprize, li juĝis tion nejusta kaj antaŭvidis perfortan renverson.

Post la tempo de Markso ni multon lernis pri la prahistorio, kiu ne konatis en lia tempo. Ĝis la malkovro de agrikulturo (antaŭ proks. 10000 jaroj, pli-malpli samtempe en okcidenta Azio, nuntempa Irako, kaj orienta Azio, nuntempa Ĉinio), homoj vivis en malgrandaj grupoj, en familioj de ne pli ol 50 (pro praktikaj kialoj de ĉasado kaj manĝoserĉado). En tiaj grupoj ne estis spaco por klasoj kaj la diferenco, rilate posedojn kaj potencon, inter ĉiuj estis eta. Malkovri agrikulturon kreis supergajnon, ĝis tiam ne konatan en la homa historio. Kompreneble, la pli potencaj homoj pli regis kaj ĝuis tiun supergajnon ol la aliaj; krome agrikulturo povis subteni multe pli grandan hom-nom-bron ol ĉasado: ekestis urbetoj (kiaj en la kristanisma biblio), en kiuj troviĝis riĉuloj kaj malriĉuloj. Dum jarmiloj la maniero vivi ne multe ŝanĝiĝis, ĝis la industria revolucio kreis ege pli grandajn supergajnojn kaj ebligis ege pli grandajn urbojn. Jen la mondo, kiun spertis kaj trafe analizis Markso.

Tamen la historio ne ruliĝis precize kiel antaŭvidis Markso. Ekde lia tempo ĝis, ni diru, la jaroj 1980aj, la diferenco inter la riĉularo kaj la cetera popolo fakte malpliiĝis, pro la strebado de sindikatoj, socialistoj kaj aliaj faktoroj. En la tempo de Markso, proks. 80% de la loĝantaro estis malriĉaj, 20% riĉaj; en la 1970aj jaroj oni povus diri, ke pli malpli 80% estis riĉetaj, kompare kun 20% malriĉaj. Ekde tiu tempo ŝajnas, ke la diferenco denove pligrandiĝas, sed ni estas ankoraŭ tro proksimaj por klare vidi la bildon.

Do, hodiaŭ ankoraŭ ekzistas suba klaso, sed treege malpli granda ol en la tempo de Markso. Pli grave, tamen, ĝi ne havas la potencialon, kiun havis la proletaro en la 19a jar-cento. En la tempo de Markso la proletaro estis ege multnombra kaj ne mankis tie tal-ento – ekz. Lanti mem, aŭ Keir Hardie. La multnombro kreis la laboristan movadon kaj la talentuloj donis gvidon. Hodiaŭ la malriĉuloj estas (relative) malmultaj kaj malabun-das talento – pro universala edukado kaj laborebloj. Kompreneble, inter la riĉetaj iuj estas malpli riĉetaj ol aliaj, sed mankas la fortega solidareco, kiu antaŭe ekzistis inter la multnombraj malriĉuloj.

Tamen la analizo de Markso ankoraŭ validas – en alia kunteksto. En la tuta mondo, proks. unu miliardo da homoj estas riĉetaj (inkl. nin!) dum ses miliardoj estas ege mal-riĉaj: bildo tre simila al tiu en Britio/Eŭropo dum la 19a jarcento. Kaj inter la ses miliar-doj ne mankas talento, inteligento, kreivo, gvidemo. Mankas nur organizo, honesta gvidado … kaj eble ideologio?

Mi proponus, do, ke se la termino "klasbatalo" validas hodiaŭ, ĝi multe pli validas por priskribi la maljustan dividon inter la havantoj en la mondo (ni) kaj la nehavantoj (la ses miliardoj), ol por priskribi la grumbladon de la riĉetaj kontraŭ la pli riĉaj. Se la tezo de Markso validis siatempe (kaj la plimulto da historiistoj dirus, ke plejparte jes), des pli ĝi validas hodiaŭ por klarigi kaj antaŭvidi la tutmondan dividon de riĉo, ĉu ne? Tamen la socialismaj movadoj de la riĉa mondo ŝajne pli interesiĝas pri grumblado ol pri tut-monda maljusto. Aliaj aktivas pri la granda skandalo: la "Tutmonda Socia Forumo" kaj ĝiaj aliancanoj.

Tradicie, SAT estas parto de la internacia laborista movado. Nia nomo, tamen, indikas, ke niaj interesoj etendiĝas pli vaste ol al la grumblado de riĉetaj laborantoj kon-traŭ riĉetaj posedantoj; ni interesiĝas, ĉu ne, pri maljusto ĉie en la mondo, ne nur en industriaj aŭ postindustriaj landoj, sed ankaŭ en landoj ankoraŭ senindustriaj, aŭ nove industriaj, kie la nova riĉo troviĝas en malmultaj manoj. Jen la diferenco inter movado sennacieca kaj tutmonda, unuflanke, kaj movado nacieca kaj sialanda, aliflanke.

Class Struggle ...?, *2006*

A phrase that crops up often enough in SAT and non-nationalist circles, isn't it? What exactly does it mean, though? Struggle between classes, presumably; more precisely, struggle by the have-nots against the haves ... but what exactly is a class? A word we use so often that we don't even think about its exact meaning.

Well, the basic meaning of class is a category or type, but in this context it is used to refer to a social group, specifically a socioeconomic group. Many scientists have noted that in all complex societies, distinct interest groups are evident; it was Karl Marx who, in the 19th century, most scientifically defined and explained this phenomenon. He argued that history is essentially a process of steady accumulation of wealth, created by the many, in the hands of the few. As he saw it, the main classes are the proletariat, who create the wealth, and the bourgeoisie who own it and enjoy it. Not surprisingly he saw this as unjust and foresaw a violent change.

Since Marx's day we have learned a lot about pre-history that wasn't known in his time. Until the invention of agriculture (about 10,000 years ago, more or less simultaneously in west Asia, in what is now Iraq, and east Asia, now China), people lived in small groups, in extended families of not more than 50 (for practical reasons to do with hunting and food-gathering). In such groups there is little possibility of classes and differences in property and power were small. The invention of agriculture created a surplus, something unknown in human history until that time. Not surprisingly, the more powerful controlled and enjoyed this surplus more than others; also, agriculture could support bigger groups of people than could hunting and gathering: villages/small towns came into existence (as described in the judeo-christian bible) in which were to be found rich people and poor people. For thousands of years the way of life did not change dramatically, until the industrial revolution, which created far greater surpluses and made possible far bigger towns/cities. That was the world that Marx knew and analysed.

However, history hasn't turned out quite as Marx foresaw. From his time until, let's say, the 1980s, the difference between the rich and the rest of the population (in industrialised countries, that is) actually decreased, because of the efforts of trades unions, the labour movement and other factors. In Marx's time, about 80% of the population were poor, compared with the rich 20%; in the 1970s, you could say (give or take) that 80% were comfortably off, compared with the poor 20%. Since then, it looks as though the difference has been growing again, although it's early days to get a really clear view.

So, today, there is still an under-class, but far smaller than in Marx's day. More significantly, though: it doesn't have the potential that the proletariat had in the 19th century. In Marx's day the proletariat was very numerous and there was no lack of talent among it – for example, Lanti himself, or Keir Hardie. The masses created the labour movement and the gifted ones gave leadership. Today the poor are (relatively) fewer in number and among them talent is (relatively) scarce – because of wider education and employment opportunities. Obviously, among the affluent some are better-off than others, but there is no longer that powerful solidarity which once existed among the masses of the poor.

Nevertheless, Marx's analysis is still valid – in another context. In the world as a whole, about one billion are reasonably well-off (including us!) while six billion are very poor: a picture very similar to that in Britain/Europe in the 19th century. And among the six billion, there is no lack of talent, intelligence, creativity, leadership. All that is lacking is organisation, honest leadership ... and perhaps an ideology?

I would argue then, that if the expression "class struggle" has any validity today, it is to describe the gulf between the world's haves (us) and the have-nots (the six billion), rather than to describe the muttering of the less well-off against the better-off. If Marx's thesis was valid in his day (and the majority of historians would agree that, for the most part, it was), then it is all the more valid today to explain and predict the worldwide distribution of wealth, is it not? However, the socialist movements of the developed world seem more interested in merely grumbling than in global injustice. It's left to others to agitate about the greater scandal: the World Social Forum and its allies.

Traditionally, SAT has been part of the international labour movement. Our name, however, suggests that our interests extend beyond the grumbling of reasonably affluent employees against reasonably affluent employers; we are interested, surely, in injustice throughout the world, not only in industrial or post-industrial countries, but also in countries as yet only semi-industrialised or newly industrialised, where the new wealth is concentrated in the hands of the few.

That's the difference between a worldwide a-national movement, on the one hand, and a nationally-minded, inward-looking movement on the other.

Translation – David Kelso

People with people

"We meet not as Frenchmen with Englishmen, Russians with Poles, but as people with people": the words of Zamenhof at the first significant international gathering of Esperanto speakers that took place in Boulogne-sur-Mer in 1905.

This section looks at some of the very different people affected in one way or another by Esperanto – the nobly born, the more humble, the writers and, indeed, some of their fictitious creations.

The majority of the hundreds of thousands of people touched in some way by Esperanto over the last 125 years were commoners. Although intended for users in all walks of life, the language met with far more enthusiasm among ordinary people, including intellectuals, than among wealthy and titled classes or crowned heads of state. Access to language learning and travel are a prerogative of leisured and moneyed people: they are less likely to perceive a need for an international language to open doors which, to them, lie already open.

Possibly the only monarch to have used Esperanto, albeit slightly, was the first queen of Romania, known popularly as Carmen Sylva. Vasile Albu wrote this gushing account of the queen's life, which appeared in *Debrecena Bulteno* (*Debrecen Bulletin*), no. 89, in August 1995. The translator points out that the dates are unreliable owing to differences between the Julian and Gregorian calendars. Moreover the coronation took place in May, not March.

Vasile Albu

Carmen Sylva: reĝino, verkistino, esperantistino, *1995*

Elizabeta (Paulina Elizabeta Otilia Luiza) princino de Wied, la unua reĝino de Rumanio, laborema, amema al homoj, klera kaj talenta, estas konata en la literatura mondo sub pseŭdonimo Carmen Sylva (carmen = kanto, silva = arbaro, en la latina). Ŝi naskiĝis la 29an de decembro 1843 en la urbeto Neuwied, Kastelo Monrepos, apud Rejno, en la bela Rejnlando, kiun ŝi amis kaj prikantis dum la tuta vivo. Ŝiaj gepatroj, princo Herman de Wied kaj princino Maria de Nassau, donis al la malgranda princino apartan edukon, kiu konsistis el sinreteno kaj konscienca plenumo de la devoj, uzante la mondon de la rakontoj kiel animan ripozon. Tiel, en la juneco, Carmen Sylva distingiĝis kiel vivulo de tute aparta anima strukturo.

La 15an de novembro 1869 Carmen Sylva edziniĝis al princo Karolo de Hohenzollern, reganta princo de Rumanio, kaj post la sendependeca milito en la jaroj 1877–1878 ŝi iĝis reĝino la 10an de marto 1881. La 2an de marto 1916, en la modesta reĝa palaco de Bukareŝto, forpasis Carmen Sylva.

La granda doloro pro la morto de ŝia sola filino, la malgrandeta trijara Maria, en aprilo 1874, kreis en la animo de Carmen Sylva neplenigitan senton de patrineco, en kiu ŝi trovis grandan impulson por la homama kaj kultura agado, per fondado de karitataj institutoj kaj societoj, kiel la maljunulejo "Elizabeta", la blindulejo "Vatra Luminoasă" (Luma Hejmo), la societoj por la malriĉuloj "Pâinea Zilnică" (Ĉiutaga Pano), "Munca" (La Laboro) kaj aliaj. Dum la sendependeca milito ŝi ameme flegis militvunditojn, por kio ŝi estas nomita "la patrino de la vunditoj".

Okaze de ŝia edziniĝo, la protestanta pastro Lohmann alparolis laŭ biblia versaĵo: "Mi iros, kien ci iros, kaj restos, kie ci restos; cia popolo estas ankaŭ mia popolo; cia Dio estas ankaŭ mia Dio; mi mortos, kie ci mortos, kaj mi tie volas esti enterigota." Carmen Sylva fidele sekvis tiun ĉi solenan promeson dum sia tuta vivo. Flanke de ŝia edzo de tiam komenciĝis la vera tasko de ŝia vivo tute sinofere al la feliĉo de ŝia popolo, per tiom da faroj, kiuj alportis al ŝi la firman amon de ĉiuj regatoj. Ŝi havis multan amon al la rumana lando, la rumana popolo, ŝi skribis la rakontojn "Peleŝo" kaj la legendojn "El la jarcento", ne nur per la skribilo, sed ankaŭ per la koro, kaj la rumanan nacian kostumon ŝi rehono- rigis kaj fiere portis okaze de la festoj. Grandan ĝojon ŝi havis en 1906 okaze de la jubilea ekspozicio, kiam miloj da rumanaj kamparanoj el Transilvanio kaj Bukovino (provincoj ne apartenintaj tiam al Rumanio) vizitis la reĝan familion en Sinaia. La duan tagon poste ŝi diris: "Hieraŭ estis la plej granda tago en mia vivo, ĉar mi sentis la ĝojon de Moseo el la biblio. Moseo ne atingis la Promesitan Teron, sed vidis ĝin, ankaŭ mi vidis la Sanktan Teron." Poste ŝi diris: "Iam, fremdulo demandis min, kial ni konstruis la kastelon Peleŝo tiom proksime ĉe la landlimo. Mi respondis al li: De kie vi scias, ke estos ĉiam landlimo?"

Krom reĝino, ankaŭ fama verkistino estis Carmen Sylva. Sub tiu ĉi pseŭdonimo ŝi publikigis plurajn volumojn de romanoj, noveloj, rakontoj, poemoj, teatraĵoj kaj precipe tradukojn el la rumana, germana kaj aliaj lingvoj.

Sed por ni, esperantistoj, grava estas la fakto, ke la bona reĝino Elizabeta, kaj la fama verkistino Carmen Sylva, estis ankaŭ esperantistino, la unua reĝino-esperantistino. Ŝi estis favora al Esperanto, tuj kiam ŝi estis informita pri tiu ĉi internacia lingvo, pri ĝia nobla celo, kaj ekde la fino de 1908 ŝi permesis la instruadon en la blindulejo "Vatra Luminoasă", kies patronino ŝi estis. En la jaro 1909 Carmen Sylva komencis lerni Esperanton, kaj la 3an de aŭgusto 1909, kiam ŝi akceptis la partoprenantojn de la Unua Rumana Esperanto-Kongreso en la kastelo Peleŝo, en Sinaia, al la demandoj ŝi respondis per esperantaj frazeroj. La 12an de septembro de la sama jaro, respondinte al la letero de d-ro G. Robin, prezidanto de la Rumana Esperanto-Societo (RES), ŝi akceptis preni la RES-on sub sian protektadon kaj donis al ĝi la rajton de tradukado de siaj verkoj. Okaze de la 8-a Universala Kongreso de Esperanto, kiu okazis en la jaro 1912 en Krakovo, Pollando (tiam Aŭstrio-Hungario), Carmen Sylva dediĉis al d-ro Zamenhof sian portreton kun propra subskribo.

La esperantigitaj verkoj de Carmen Sylva, pri kiuj ĝis hodiaŭ mi havas informojn, estas:

1. "La vizio de la poeto (Urbo por la Geblinduloj)", esperantigita de Kasimir Eucharist el la angla originalo, kiu aperis en *Daily Mail* (Londono), kaj publikigita en la jaro 1909 de Centra Angla Esperantistejo (Londono); ĝi estas presita ankaŭ en la rumana lingvo. En la seppaĝa verketo Carmen Sylva image vidas la maljunan roman poeton Ovidio antaŭrigardantan la estontecon kaj vidantan tie la "urbo por la geblinduloj" – Vatra Luminoasă – kiun ŝi mem fondis kaj pagis la tutajn elspezojn por ĝi.

2. "Dragomira" estas dupaĝa rakonteto, publikigita en la *Rumana Esperantisto* en la jaro 1910, tradukita de Karolo Devoucoux. La verko estas historia rakonteto, kie oni skribas pri du rumanaj gefratoj, Pârvu kaj Dragomira, kaptitaj de Krim-Giraj, estro de tartaroj, kaj hazarde, dank' al Dia helpo, ili sukcesas liberiĝi. Kun dankemo li konstruis la monaĥejon "Dragomira".

3. "La plej malĝoja tago de la jaro" estas tripaĝa rakonteto publikigita en la revuo *Danubo* en la jaro 1910, tradukita el la germana lingvo de la blindulo Prezenti Levi. Carmen Sylva diras en tiu ĉi rakonteto, ke "alvenos dum la jaro la tago, kiu restas tra la tuta vivo kiel boranta sufero, ĉar la cirkonstancoj malhelpas, ke ĝi estus ĝojiga." Tiu tago estis la kristnasko, la kristnaskvespero kaj la kristnaskfesto, kiam, precipe post la morto de sia filino Maria, vidinte la belajn kaj gajajn geknabojn, kiuj ĝojege ricevas donacojn de ŝi, kaj bedaŭre pensinte pri la fakto, ke ŝi ne plu povas havi infanojn, ŝi elŝiris larmojn el siaj okuloj.

4. "Peleŝo", malgranda rakonteto publikigita en la 2-a numero de la *Rumana Gazeto Esperantista* en la jaro 1909, tradukita el la rumana lingvo de Toma B. Aburel. Tie oni parolas pri la belega rivereto Peleŝo, en la montaro Karpatoj, proksime al la monaĥejo "Sinaia", apud kiu oni konstruis la reĝan kastelon "Peleŝo", en kies ĉirkaŭajoj naskiĝis la hodiaŭa urbo Sinaia.

5. "Sufero", kvarpaĝa fabelo rimarkinda pro la beleco kaj stilo, tradukita de d-ro Siegfried Lederer el la germana versio (originalo) "Leiden" (suferoj), el la libro *Leidens-Erdengang (La pilgrimado de Sufero sur la tero)* kaj publikigita de Heckners Verlag, Wolfenbüttel, Germanio. El la esperanta versio ĝi estas tradukita al 18 lingvoj; la libreton kun ses tradukoj (angla, franca, hispana, itala, pola, rumana) eldonis la sama eldonejo Heckner. En la fabelo, la Sufero, poezie transfigurita kiel juna, pala knabino, pilgrimas en la mondo, ĉie alportinte suferon; ĝia pilgrimado tamen havas harmonian finiĝon.

Carmen Sylva: Queen, Author, Esperantist, *1995*

Elizabeth (Elizabeth Pauline Ottilie Luise), Princess of Wied, the first queen of Romania – hard-working, fond of people, well-educated and talented – was known in literary circles as Carmen Sylva, a pseudonym from the Latin *carmen*, meaning *song*, and *silva*, meaning *wood*. She was born on the 29th of December 1843 in the castle of Monrepos in the small town of Neuwied on the Rhine, in the beautiful Rhineland she loved and extolled throughout her life. Her parents, Prince Hermann of Wied and Princess Marie of Nassau, gave the little princess a rather unusual upbringing, encouraging self-restraint and a scrupulous attention to duty, soothing her spirit with tales from the world of make-believe. As a result, in her youth Carmen Sylva was recognised as possessing a unique psychological make-up.

On the 15th of November 1869 Carmen Sylva married the reigning prince of Romania, Charles of Hohenzollern-Sigmaringen. She was crowned queen on the 10th of March 1881, following the war of independence of 1877–1878. On the 2nd of March 1916, in the modest royal palace in Bucharest, Carmen Sylva passed away.

The deep pain felt by Carmen Sylva following the death of her only daughter, little three-year-old Maria, in April 1874 gave rise to an unfulfilled sense of motherhood. This spurred a strong drive to undertake humanitarian and cultural works through the founding of charitable institutions and societies for social betterment, such as the old people's home "Elizabeth", the home for the blind "Vatra Luminoasă" (The Home of Light), societies for the poor, such as "Pâinea Zilnică" (Daily Bread), "Munca" (Work), and others. During the war of independence she lovingly took care of the war-wounded, for which she earned the name "the mother of the wounded".

On the occasion of her marriage, the protestant clergyman Lohmann alluded to the biblical verse: "Whither thou goest, I will go; and where thou lodgest, I will lodge; thy people shall be my people, and thy God, my God; where thou diest, will I die, and there will I be buried." Carmen Sylva followed this solemn promise faithfully throughout her life. From the moment she stood by her husband's side the true task of her life began, as she dedicated herself utterly to the well-being of her people through a succession of social works, which brought her their steadfast love.

She greatly loved Romania and the Romanian people, not only with her heart but also with her pen: she wrote fairy-tales and legends "Fairy-tales from the Peleş" and "Through the Centuries", and she made the Romanian national costume honourable again by proudly wearing it on festive occasions. She was overjoyed when thousands of Romanian country folk from Transylvania and Bukovina (provinces not then belonging to Romania) visited the royal family in Sinaia in 1906 for the jubilee exhibition. The next day she remarked: "Yesterday was the greatest day of my life, because I felt the joy the biblical Moses felt. Moses never reached the Promised Land, but he saw it; and I too have seen the Holy Land." Later she said: "Once, a stranger asked me why we built Peleş Castle so close to the border. I replied: How do you know there will always be a border there?"

Not only was Carmen Sylva a queen, but she was also a famous author who had several volumes of novels, short stories, folktales, poems, plays and, above all, translations from the Romanian, German, and other languages, published under this pen-name.

But for the esperantists among us, the fact that the good queen Elizabeth and the famous authoress Carmen Sylva was also an esperantist – the first queen-esperantist – is of great importance. She looked favourably on Esperanto from the moment she heard about the international language and its noble aim, and from the end of 1908 onwards she gave permission for it to be taught in the home for the blind, "Vatra Luminoasă", whose patron she was. In the year 1909 Carmen Sylva began to learn Esperanto, and on the 3rd of August 1909, when she welcomed members of the first Romanian Esperanto Congress into Peleş Castle in Sinaia, she replied to questions with phrases in Esperanto. On the 12th of September in that same year, having replied to a letter from Dr G. Robin, president of the Romanian Esperanto Society (RES), she agreed to take RES under her protection, and gave it the right to translate her literary works. On the occasion of the 8th Universal Congress of Esperanto, which took place in the year 1912 in Krakow, Poland (then part of the Austro-Hungarian empire), Carmen Sylva gave a signed portrait of herself to Dr Zamenhof.

Works of Carmen Sylva translated into Esperanto, of which I am aware, are:

1. "The Poet's Vision (A City for the Blind)" appeared in the *Daily Mail* and was translated into Esperanto from the English original by Kasimir Eucharist and published in 1909 by the Central English Esperanto Office (London); it was also printed in Romanian. In the seven-page brochure, Carmen Sylva imaginatively depicts the Roman poet Ovid at the end of his life looking to the future and seeing a city for the blind – Vatra Luminoasă – which she herself founded and financially supported.

2. "Dragomira" is a two-page short story, translated by Karl Devoucoux and published in the *Romanian Esperantist* in 1910. The historical short story tells of two Romanian siblings, Pârvu and Dragomira, who, captured by Krim-Giraj, leader of the Tartars, manage to escape by good fortune and with divine help. As a sign of their gratitude, they built the monastery of Dragomira.

3. "The Unhappiest Day of the Year" is a three-page short-story translated from the German by Prezenti Levy, who was blind, and published in the journal *Danube* in 1910. In this short story Carmen Sylva writes that "there comes a day in the year which remains a gnawing sufferance throughout your entire life because circumstances conspired to prevent it from being a happy day". That day is Christmas, Christmas Eve and the Christmas celebrations, which drew tears from Carmen Sylva's eyes, especially in the years following the death of her little daughter Maria. It was at this time she would see the joy with which the fine-looking and happy boys and girls received her gifts, and she would reflect sorrowfully that she could no longer have children of her own.

4. "Peleş" – a short tale translated from the Romanian by Toma B. Aburel, published in the second issue of the *Romanian Esperantist Gazette* in 1909. The story tells of the lovely Peleş rivulet in the Carpathian Mountains, close to the monastery of Sinaia, and adjacent to the palace of Peleş, and in whose vicinity arose the modern town of Sinaia.

5. "Suffering", a four-page fable remarkable for its beauty and style, translated from the German original *Leidens-Erdengang* by Dr Siegfried Lederer and published by

Heckners Verlag, Wolfenbüttel (Germany). The story was subsequently translated from Esperanto into 18 languages; the booklet with six translations (English, French, Spanish, Italian, Polish, Romanian) was issued by the same publisher, Heckner. In the fable, suffering is poetically portrayed as a pale girl on a pilgrimage throughout the world, everywhere carrying suffering; her pilgrimage, however, has a happy ending.

Translation – Angela Tellier

People discover Esperanto in many different ways – some might even say Esperanto discovered them. Many people today learn of Esperanto – and, indeed, learn the language itself – via the internet. At the turn of the last century it was very different.

This account, a talk by the pioneering Romanian esperantist Henriko Fischer-Galati at the 4th Universal Congress of Esperanto in Dresden, Germany, in 1908, became one of the best known and persuasive arguments for taking up the new language. Several versions exist, with various embellishments. The translation is based on a variant, published in June 1998 in a literary supplement to *Esperanto USA*, with the title "Sixteen vs. One".

The Key to Esperanto, the booklet mentioned by Fischer-Galati, later included the text of his talk. Andreo Cseh (1895–1979), the indefatigable and inspirational Esperanto teacher, claimed in an obituary of Fischer-Galati (*La Praktiko*, April 1960) that "thousands and thousands" of people ("miloj kaj miloj") were won over to the international language after reading his story.

Henriko Fischer-Galati

Kiel mi fariĝis esperantisto, *1908*

Anstataŭ longe paroli al vi pri Esperanto, mi deziras mallonge rakonti, kiel mi fariĝis esperantisto. El tio vi vidos, kial oni devas fariĝi esperantisto. En la jaro 1902, komencante vojaĝon al la Oriento, mi sidis en la manĝvagono de trajno, kiu portis min de Bukareŝto al la havena urbo Konstanco ĉe la Nigra Maro. Tie mi rimarkis unu sinjoron, kiu sensukcese penadis klarigi ion al la kelnero. Ĉi tiu uzis sian tutan lingvoscion, parolante rumane, serbe, turke, bulgare kaj ruse. Sed vane! La fremdulo ne komprenis lin. Tiam mi alpaŝis helpeme – krom la rumana lingvo mi parolas ankoraŭ sep aliajn lingvojn – kaj mi demandis germane, france, angle, itale, hungare, poste eĉ hispane kaj greke, ĉu mi povus lin iel helpi. Ĉio estis vana! El ĉi tiuj 12 lingvoj la fremdulo komprenis neniun.

En tiu momento mi rememoris pri gazetartikolo, kiun mi antaŭ kelka tempo skeptike legis, kaj mi demandis: "Ĉu vi parolas esperante?" Kun ĝojkrio respondis la fremdulo: "Jes, mi parolas!" Kaj li daŭrigis en lingvo, kiun mi mem ne komprenis tiam, ĉar per tiu unu frazo estis elĉerpita mia tuta Esperanto-scio. Kiam la fremdulo tion rimarkis, li tuj trovis la solvon. Li ŝovis en mian manon unu malgrandan libreton en la angla lingvo, la tiel nomatan Esperanto-ŝlosilon, kiu estas eldonita en preskaŭ ĉiu lingvo. Ĉi tiu eta libro, pezanta nur kvin gramojn, entenas la tutan gramatikon de Esperanto kun vortareto. Kaj nun komenciĝis la lernado. Kiam post dek horoj ni revidis nin sur la ferdeko de la vaporŝipo, survoje al Konstantinoplo, ni jam sukcesis sufiĉe bone interkompreniĝi per Esperanto. Mi eksciis tiam, ke mia kunvojaĝanto estas svedo kaj parolas kvar lingvojn: la svedan, norvegan, danan kaj finnan. Do ni kune, la fremdulo, la kelnero kaj mi, parolis entute 16 lingvojn kaj tamen ne povis kompreni unu la alian!

De tiu tago mi estas fervora esperantisto kaj, se tiutempe mi estis eble la sola esperantisto en mia lando, hodiaŭ mi staras antaŭ vi kiel reprezentanto de 700 rumanaj adeptoj de la internacia lingvo, kiu certe triumfos, ĉar ĝi estas necesega, kiel mi tion klopodis al vi pruvi per la rakonto de ĉi tiu malgranda okazintajo.

How I Became an Esperantist, *1908*

Instead of giving you a long talk about Esperanto, I want to give you a short one about how I became an esperantist. You'll see from this why it's vital to become an esperantist. In 1902, at the start of a trip to the east, I was sitting in the restaurant car of a train taking me from Bucharest to the port of Constanza on the Black Sea. In the carriage I noticed a gentleman trying vainly to explain something to the waiter, who was trying all the languages he knew, speaking Romanian, Serbian, Turkish, Bulgarian and Russian. To no avail! The foreign gentleman did not understand him. Trying to be of assistance – apart from Romanian I speak a further seven languages – I went up and asked in German, French, English, Italian and Hungarian, then in Spanish and Greek, if I could be of any help. Again, to no avail! The foreign gentleman understood none of these 12 languages.

At that point I remembered a newspaper article I'd read with some skepticism a short while before, and I asked: "Ĉu vi parolas esperante?" ["Do you speak Esperanto?"]. Giving a cry of delight the gentleman replied: "Jes, mi parolas!" ["Yes, I do!"]. And he carried on in a language of which, at the time, I had no understanding, for with my one phrase my entire Esperanto knowledge was exhausted. When the foreign gentleman realised this, he solved the problem immediately. He thrust into my hand a tiny booklet in English, the so-called Key to Esperanto, which is published in almost every language. This tiny book, weighing just five grams, contains the entire grammar of Esperanto as well as a small dictionary. And so I began learning. When, ten hours later, we came across each other again on the deck of the steamer taking us to Constantinople, we could make ourselves understood using Esperanto. It was then I found out that my fellow traveller was a Swede who spoke four languages: Swedish, Norwegian, Danish and Finnish. So together, the three of us, the foreign gentleman, the waiter and I, spoke a total of 16 languages and yet still couldn't make ourselves understood!

From that day on I've been a passionate esperantist and, if at that time I was perhaps the only esperantist in my country, now I stand before you representing 700 Romanian converts to the international language, which is certain to triumph, since it is absolutely essential, as I've attempted to show by recounting this one small event.

Translation – Miko Sloper/Paul Gubbins

Neither biography nor autobiography are particularly well represented, at least in quantity, in Esperanto writing. A characteristic of prominent esperantists is their lack of prominence: apart from appearing at congresses, leading scholars and writers – with one or two exceptions – prefer to study and to promote the language rather than themselves.

A former president of the Esperanto Association of Britain, Stephen Thompson, used to tell the tale that he met by chance a man who lived in the Scottish town of Dollar, home of William Auld, the first Esperanto candidate for the Nobel Prize in Literature. "Do you know," Thompson asked, "that you live in the same town as William Auld, one of the most distinguished esperantists in the world?" "Never heard of him," the man replied.

Celebrity culture, therefore, apart from the adulation accorded in the past to the "maestro" Zamenhof (adulation, it must be said, which Zamenhof never sought), is largely unknown. Perhaps this is why there are so few autobiographies.

A welcome exception is the recent autobiography by the journalist Stefan Maul. The book provides an insight into growing up in post-war Europe and to significant Esperanto events in the second half of the twentieth century.

The following extracts describe how Maul, educated in a Roman Catholic seminary, takes his first tentative steps into the world of Esperanto. He describes how he became an esperantist and recounts some of his early experiences of Esperanto congresses – nerve-wracking moments that will strike a chord with any first-time participant at an international Esperanto gathering.

Three references in the second extract require explanation. The people in the bus who "crocodiled" were committing what is perceived as a sin, a definite no-no, in Esperanto circles: they were using their national language when, among fellow esperantists, they ought to have been using the international language. The origins of "krokodili" (literally "to crocodile") are obscure. The idea might relate to the innovative Esperanto teacher Andreo Cseh, who used toy animals as teaching aids, or it might have been used by a Parisian taxi driver in the 1930s to refer to noisy entrants to the café where he was attempting to converse in Esperanto.

"Delegate" is the name given to an individual member of the Universal Esperanto Association who represents the association in his or her town. The delegate responds to queries from overseas esperantists about any specialism or particular interest he or she has.

The "passport service" Maul mentions is a convenient and relatively inexpensive way for esperantists to visit other countries. Its members offer accommodation in their homes – generally for a short period of time and at no or minimal cost – which in turn entitles them to receive a similar service.

Stefan Maul

El verva vivo ĵurnalista (eltiraĵo), *2005*

En 1957 aparte tedis min la instruprogramo gimnazia, kaj por forigi mian enuon, mi voris librojn. Kiam en fikcia romano mi legis, ke la protagonisto flue parolas Esperanton, ĉar tiun lingvon ĉie en la mondo oni uzas por internaciaj rilatoj, mi memoris, ke Inge rakontis al ni pri tiu lingvo. Ĉu ne estus amuze kaj multe pli agrable lerni ĝin anstataŭ parkerigi komplikajn konjugaciojn kaj deklinaciojn kaj esceptojn de esceptoj de mortaj lingvoj?

Mi skribis al mia iama instruistino kaj demandis, ĉu ŝia patro povas helpi min realigi tiun planon. Mallonge poste de Ludwig Haydn mi ricevis libreton "Esperanto-Schnell-Kurs" (rapidkurso). Ekscitite mi esploris ĝin kaj tuj estis fascinita: kia grandioza sistemo kompare al aliaj lernataj lingvoj! Tuj estis klare: mi lernas Esperanton. La kurso konsistis el dek lecionoj. Do mi decidis studi ĉiun tagon unu lecionon, tiel ke ene de malpli ol du semajnoj mi finos la kurson.

Sed, ho ve! Jam la duan tagon unu el la subdirektoroj de l' seminario, kiujn oni nomis prefektoj, malkovris la libreton kaj miajn skribajn ekzercojn en tirkesto de mia skribtablo kaj denuncis min ĉe la direktoro: anstataŭ koncentriĝi je lernejaj fakoj, li studas tiun stultan Esperanton! Ni devas malpermesi al li! La direktoro tamen, kiu ja favoris min, admonis sed ne malpermesis mian ŝatokupon. Li ne havus konvinkajn argumentojn por la verdikto de l' prefekto, ĉar li konis miajn bonajn lernejajn notojn. Do li toleris mian deflankiĝon, kondiĉe ke ne suferos mia gimnazia kariero.

* * *

Do en somero 1958 mi trajnas al Vieno. La unuan fojon mi vidas tiun urbegon, novaj impresoj abundas. Varme akceptas min la onklino de panjo kaj ŝia filino, kiujn mi tute ne konis antaŭe. La filino, aminda kaj vigla virino iom pli juna ol mia patrino, volonte ĉiĉeronas. La duan aŭ trian tagon mi sole vizitas la kongreson de Internacia Katolika Unuiĝo Esperantista (IKUE). Heziteme kaj mute mi eniras la kongresejon. Aŭtodidakto la unuan fojon aŭdas homojn paroli Esperanton – kaj elreviĝas: mi komprenas preskaŭ nenion. Tamen estas interesa sperto, ĉar mi ja vidas kaj aŭdas, ke homoj el diversaj landoj senprobleme konversacias kaj diskutas en la lingvo internacia, eĉ se mi ne perceptas ĉion, kion ili diras. Tiam, cetere, mi ekkonas viglan aŭstran aktivulon, faman Walter Mudrak, kun kiu poste dum multaj jaroj mi havos amikajn rilatojn.

Sed mi spertas ankaŭ jam unu avantaĝon el multaj, kiuj karakterizas la Esperanto-movadon: helpemon. Juna virino Luise rimarkis miajn problemojn de unuafoja kongresano kaj alparolas min. Ŝi venis kun buskaravano el Munkeno; kiam ŝi aŭdas, ke mi volas daŭrigi mian vojaĝon al UK en Majenco, ŝi proponas al mi senpage kunveturi ĝis Munkeno en la buso. Komprenble mi tuj akceptas. Plian gravan sperton mi akiras: en la buso oni ne parolas Esperanton sed nur krokodilas. En Munkeno mi rajtas tranokti en la hejmo de ŝia familio – la patro estas UEA-delegito, la patrino ne tiel bone scias

Esperanton, sed varme gastigas la malriĉan junulon, ankaŭ sen Pasporta Servo. Tiu ĉi kontakto, cetere, dum mia posta vivo ludos gravan rolon.

Post la elreviĝo en Vieno, ne tre entuziasme mi trajnis al Majenco, kie en la stacidomo mi prenas mian biciklon senditan el Wunsiedel. En la kampadejo de l' junulara programo mi evitas paroli kun aliaj, preferas observi. Kun grandaj hezito kaj rezervemo mi iras al la kongresejo por solena malfermo. Abundaj novaj impresoj preskaŭ sufokas min: kiom da plej diversaj homoj, parte kun strangaj vestoj kaj nekutimaj aspektoj, ĉiuj vigle interparolas, ĝojas, ridas, brakumas, kisas unu la alian. Tute nova, perturba mondo, ekscita, iel ekzotika medio por knabo ĝis nun protektita en provincurbeta familio kaj fermita katolika kolegio!

From a Journalist's Lively Life (extract), *2005*

By 1957 I was finding the curriculum at the grammar school particularly tedious, and to dispel my boredom I was getting through books at an enormous rate. When I read in a novel the protagonist spoke fluent Esperanto, and this language was used throughout the world for international relations, I remembered that Inge had told me about it. Wouldn't it be fun, I thought, and far more enjoyable, to learn about this rather than committing to memory conjugations and declensions and exceptions to exceptions in dead languages?

I wrote to my former teacher and asked whether her father could help me with my idea. A short while later Ludwig Haydn sent me a booklet "Esperanto-Schnell-Kurs" (quick course). I examined it with excitement and was intrigued right from the start: what a marvellous system compared with other languages I was learning! From that moment my mind was made up: I'm learning Esperanto. The course comprised ten lessons. I decided to study a lesson a day, and in that way I'd have finished the course in less than two weeks.

But, disaster! After just two days one of the deputy directors of the seminary, known as prefects, discovered the booklet and my written exercises in a drawer of my desk and reported me to the director: instead of concentrating on his schoolwork he's studying this stupid Esperanto! This cannot be allowed to go on! However, I was one of the director's favourites: he told me off but didn't stop me carrying on with my hobby. There were no convincing arguments he could produce to support the prefect's views, because he knew I was getting good marks in my schoolwork. So he turned a blind eye to my nonconformity on condition this had no ill effect on my school career.

* * *

So in the summer of 1958 I took the train to Vienna. I was seeing the city for the first time and I was overwhelmed with all the sights. My mum's aunt and her daughter, neither of whom I'd met before, made me very welcome. The daughter, a delightful and energetic woman a little younger than my mother, readily acted as my guide. On the second or third day I went by myself to the congress of the International Union of Catholic

Esperantists (IUCE). I slipped shyly and quietly into the congress building. For the very first time this self-taught esperantist was hearing Esperanto spoken – and what a disappointment: I understood next to nothing. All the same, it was an interesting experience, for I was seeing and hearing people from different countries talking and exchanging views in the international language, even though I couldn't follow everything they were saying. Then, in addition, I got to know a spirited and celebrated Austrian esperantist, Walter Mudrak, with whom subsequently I remained in touch for many years.

But I experienced yet another of the many positive features that characterise the Esperanto movement: a willingness to help. A young woman, Luise, noticed my awkwardness as a first-time visitor to the congress and took me under her wing. She'd travelled by bus with a group from Munich, and when she heard I was intending to go on to the universal congress in Mainz she suggested I return with them on the bus, free of charge, as far as Munich. Obviously, there and then, I accepted. In so doing I learned something else that was important: they didn't speak Esperanto on the bus but "crocodiled". In Munich I was able to stay overnight with her family – her father was a UEA-delegate and, even though her mother's Esperanto was not as good, she made the impecunious youth very welcome in her home, even without the passport service. What's more, this contact with these people was to play an important part in my later life.

After my disappointment in Vienna I boarded the train, with no great enthusiasm, for Mainz, where I picked up my bike sent from Wunsiedel. At the campsite where the youth programme was held I avoided speaking to others, choosing merely to watch. It was with some hesitation and reluctance I took myself off to the main congress for the formal opening ceremony. Here I could scarcely catch my breath for the dozens of new impressions: so many of the most varied people, some of odd appearance and wearing strange clothes, all merrily chatting away, having fun, laughing, embracing, kissing one another. A totally new and unsettling world, an exciting, slightly exotic environment for a boy who, up to now, had led a sheltered life in a small-town provincial family and in a closed catholic college!

Translation – Paul Gubbins

As the writer of the previous piece found, Esperanto has a way of getting under the skin of those who learn it. The following account, from a Nepalese student, will be familiar to many Esperanto speakers who find themselves drawn to the language, its institutions, its life. The piece was reproduced in 2011 in a special edition of the magazine *Templo* (*Temple*), containing tributes to this capable, enthusiastic young woman who died aged just 26.

Apsana Giri

Esperanto nun fariĝis nedisigebla parto de mia vivo, *2011*

Antaŭ kvin jaroj, dum vizito al la hejmo de mia amiko Kanĉan, li demandis min: "Ĉu vi volas lerni novan lingvon?" Mi ne estis certa sed mi fine konsentis lerni ĝin, ĉar la kurso okazis nur unufoje en semajno. En la sekvanta sabato mi iris al la oficejo de Nepala Esperanto-Asocio en Thamel por kolekti informon pri la lingvo, kiu estis tute fremda por mi. Jen mi eksciis pri Esperanto.

Kiam mi komencis lerni Esperanton, mi nur volis okupon por pasigi miajn liberajn tagojn. Ju pli mi lernis la lingvon, des pli mi interesiĝis pri ĝi. Nia instruisto, s-ro Bharat Ghimire, per sia ĉarma personeco, faciligis nian lernadon. Finfine, kiam mi vidis klaran bildon pri la internacia lingvo, mi celis dediĉi min al la Esperanto-movado. La ideo pri la internacia lingvo sen iu baro ensemis en mi novan energion por disvastigi la lingvon inter nepalaj gejunuloj.

Esperanto helpis min koni diversajn homojn, kiuj senlace kaj senprofite laboras por komuna idealo. Kaj la Internacia Himalaja Renkontiĝo, kiu okazas en ĉiu dua jaro, ankaŭ donis al mi ŝancon renkonti esperantistojn el diversaj landoj. Mi daŭrigis mian Esperantan vivon kaj estis do elektita kiel la kasistino de Nepalo Esperanto-Junulara Organizo (NEJO) antaŭ du jaroj.

En 2005 mi profitis la ŝancon reprezenti NEJO-n dum la IJK en Zakopane, Pollando, kun du miaj amikoj. En la kongresejo la neimagebla etoso absorbis min – la amaso da homoj, el diversaj anguloj de la mondo, kiuj parolis la saman lingvon, kvazaŭ ili apartenus al unu granda familio. Mi spertis internacian kulturon, kaj Esperantajn amikecon kaj vivon, dum mia restado en Pollando. Mi revenis al Nepalo kun forta deziro por pli labori kun samideanoj kaj pli altiri la intereson de gejunuloj al la internacia lingvo.

Unu monaton post mia reveno al Nepalo okazis la 4-a Azia Kongreso en Katmando. Estis taŭga okazo por ni kiel gastigantoj montri la nepalan vivon al la tuta mondo. Ĉiuj gejunuloj senlace laboris dum du monatoj por sukcesigi la kongreson, kaj kiam la kongreso finiĝis, ni havis novan sperton kaj spiriton. Ni daŭrigis nian kurson eĉ post la kongreso kaj ankaŭ kunvenis ĉiusabate por ekzerci nin en la lingvo kaj diskuti pri la rolo de gejunuloj en la nepala Esperanto-movado.

En nia nacia kongreso ĉi-jare, mi estis elektita kiel la prezidantino de NEJO kaj bonŝance mi estas invitita por partopreni en la 92-a UK en Jokohamo. Estos tute nova sperto por mi partopreni en UK kun esperantistoj de tiom da landoj. Mi nun planas daŭrigi mian laboron en la Esperanta mondo, bonigi mian lingvon kaj interesi junulojn ne nur de mia lando sed ankaŭ de landoj, kie mi vojaĝos.

Jen mia vivo ŝanĝiĝis en multaj aspektoj, post kiam mi lernis Esperanton. Ĝi donis al mi novajn amikojn, novajn spertojn kaj novan esperon. Esperanto nun fariĝis nedisigebla parto de mia vivo.

Esperanto: An Inseparable Part of my Life, *2011*

Five years ago, while visiting my friend Kanchan, he asked me: "Do you want to learn a new language?" I wasn't sure but eventually I said I would because the course was only once a week. The following Saturday I went to the office of the Nepal Esperanto Association in Thamel to get information on the language which I knew nothing about. That was how I found out about Esperanto.

When I started learning Esperanto I only wanted something to fill in time when I wasn't working. The more I learned the language, the more interested I became. Our teacher, Mr Bharat Ghimire, made learning a pleasure because of his easy manner. Eventually, when I had a clear picture of the international language, I decided to devote myself to the Esperanto movement. The idea of the international language with no barriers encouraged me to spread the language among young people in Nepal.

Esperanto has helped me get to know all sorts of people who work tirelessly, for no money, for this common good. And the International Himalayan Gathering, taking place every second year, gave me the chance to meet Esperanto speakers from different countries. I continued with my Esperanto life and so, two years ago, was elected treasurer of the Nepal Esperanto Youth Organisation (NEJO).

In 2005 I was able to profit from the chance to represent NEJO at the International Youth Congress in Zakopane, Poland, together with two of my friends. The incredible atmosphere in the congress took my breath away – all those people, from all over the world, speaking the same language, as if one huge family. While in Poland I was able to get a feel for international culture as well as Esperanto friendship and life. I returned to Nepal with a strong desire to do more work with esperantists and to raise interest in the international language among young people.

A month after my return to Nepal the 4th Asian Congress was held in Katmandhu. It was a wonderful opportunity for us, as hosts, to show the world the Nepalese way of life. All the young people worked without stopping for two months to ensure the success of the congress, and when it was over we had gained fresh knowledge and motivation. Even after the congress we carried on with our course and met every Saturday to practise the language and discuss the role of young people in the Nepalese Esperanto movement.

At this year's national congress I was elected president of NEJO and luckily I'm invited to take part in the 92nd Universal Congress in Yokohama. It will be a completely new experience for me to take part in a universal congress with Esperanto speakers from so many countries. I now plan to continue my work in the Esperanto world, improve my language and raise interest among young people not only from my own country but from others where I go travelling.

This is how my life has changed, in so many ways, since I learned Esperanto. It's brought me new friends, new experiences and new hope. Esperanto has now become an inseparable part of my life.

Translation – Paul Gubbins

Although the Esperanto calendar is full of congresses, meetings, seminars, courses and other gatherings – esperantists claim there is not a day in the year without some sort of Esperanto event somewhere in the world – it is still possible for individual esperantists to feel isolated, particularly if there is no other speaker in their area. In recent years the internet has done much to dispel this isolation: email, blogs, discussion groups and "virtual" online meetings bring esperantists together on a daily basis in ways unimaginable to Zamenhof.

Nevertheless, despite such activity, the market for Esperanto products, especially books and magazines, is small in relation to similar markets in countries where major national languages are spoken. Furthermore that market is diffuse. Esperanto speakers are scattered across continents which makes it difficult for writers to meet their public, to stage readings, to perform plays. The annual universal congress, however, offers a suitable platform, as well as other international cultural events.

Probably, therefore, all writers in Esperanto experience their own form of isolation and feel – with Kálmán Kalocsay – that they are a "poeto sen popolo" ("poet without a people"). Esperanto, Kalocsay writes, is but a "weak and powerless" language which, nevertheless, through its purity, its sweetness of song, offers consolation to a bitter world. Doubtless this sentiment nourishes Esperanto writers, too, and encourages them to continue to develop Kalocsay's "orphan" ("orfa") language which, it should be said, in the 88 years since the poem was penned, has turned into a strapping and sturdy soul.

Mentioned in the poem are Kabe, an outstanding early Esperanto stylist who turned his back on the language (and gave rise to the verb "kabei", "to betray"), and the Czech poet Stanislav Schulhof (1864-1919).

The poem dates from 1924 and was published in the anthology *Strečita kordo* (*Taut String*) in 1931. The translation appeared in *La Brita Esperantisto* (*The British Esperantist*) in the edition of January/February 1998.

Kálmán Kalocsay

En amara horo (parto), *1924*

> Poeto sen popolo, ho animprema scio,
> Ke surdas la oreloj por ĉiu mia voko ...
> Forsonos senresone la plora melodio,
> Kiel ŝirita kordo en forlasita loko.
>
> Ĉu plu projekti, fidi kaj revi malgrandknabe,
> Kaj meti mozaikon el la lingveroj splitaj,
> Aŭ jeti for el mano la plumon, kiel Kabe,
> Kaj eksilenti – patro de versoj abortitaj?
>
> Pli oportune estus kaj certe pli prudente:
> La vanajn sapvezikojn plu ne flugigi blove,

Kaj ektirinte ŝultrojn feliĉindiferente,
La "Kanton de la Sklavo" ne kanti plu Schulhofe.

Sed kien iri? Kie troviĝas idealo,
Sur kiu mi ne vidus malican ekrikanon,
En kies altartukon, freneze, post batalo,
Neniu adoranto jam viŝis sangan manon?

Ho, jen vi, Esperanto! Ne glora kaj fiera,
Nur orfa, senpotenca, senforta, senmatura,
Svenema kaj senhelpa kaj – eble – senespera,
Sed nobla, blanka, klara kaj senmakule pura.

Mi konas vin. Enkore vi kantis najtingale
En nokto de la mondo. Vi kiel povis trili!
Vin oni ne aŭskultis, buĉadis sin "reale" ...
Ĉu ŝtopu mi l' orelojn por ilin eksimili?

Ne! En la kor' plusonu la kanto dolĉetrila,
Ho, kantu birdo eta, senforta, kara, kara!
Vi estu mia bela mensogo sorĉebrila,
Vi estu la konsolo en nia mond' amara!

In Bitter Hour (part), *1924*

Poet without a people, oh despair
That every ear is deaf to my address ...
The plaintive tune fades muted on the air
Like a snapped lutestring in the wilderness.

Better to plan and dream with childlike yearning,
Lay a mosaic of verbal chips and chimes,
Or else, like Kabe, my vocation spurning,
Fall silent – father of aborted rhymes?

It would be more convenient, make more sense,
To stop this blowing bubbles in the air,
And, shrugging shoulders with indifference,
The "Song of the Slave" with Schulhof cease to share.

But whither then? Where find a worthy cause
Whereon no diabolic grin expands,

Whose altar-cloth has not, in battle's pause,
Been used for wiping blood off someone's hands?

Oh, Esperanto! You're not grand and proud,
But only weak and powerless, immature,
Helpless and – maybe – hopeless, maybe cowed,
But noble, white and clear, and wholly pure.

I know you well. Like nightingale you filled
My heart in dark of night with wondrous song!
They listened not, in reason's name got killed ...
Should I stop up my ears, and join the throng?

No! Let your sweetly trilling song be heard,
Sing, dear, dear tiny bird, in jubilation!
Be you my splendid and beguiling word,
To this our bitter world bring consolation.

Translation – William Auld

The theme of isolation is picked up by another poet in the form of an apology by a self-confessed wayward son to his mother. There is a suggestion in the opening stanza that being an esperantist leads to shame and disappointment. The esperantist as outsider, an oddity, a freak: a feeling experienced at some time or another by most speakers of the international language. All the same, as the poet indicates in the closing lines, even wayward sons are not without honour.

Today the "otherness" associated with Esperanto is vanishing, as more and more people learn about the language and accept it for what it is: at the very least, ignoring any cultural achievements, a means of communication for a diaspora of like-minded people.

The poem and its translation were published in *La Brita Esperantisto* (*The British Esperantist*) in the September/October edition of 1992.

Timothy Brian Carr

Filo kaj patrino, *1992*

Sen leĝedzino, idoj aŭ posteno,
al moroj tradiciaj malbonvola,
mi estis, panjo, embarasa ĝeno
– Esperantisto kaj verdulo fola.

Tro ofte mi tumultis ĉe l' kameno,
aŭ lasis vin por vojoj, glasoj sola.

Post via longa, pli ol nobla peno
jen maljunaĝo tute senkonsola.

La ventoj, ondoj nasku filon tian!
Ne rajtas li al amo de patrino,
al milda, simpla kaj prudenta sino.

Li nur demandas la patrinon pian:
Ĉu la Madonon Kristo desapontis?
Ĉu ŝi pri ribelulo foje hontis?

A Son and a Mother, *1992*

Unmarried, childless and without employment,
opposed to empty custom and tradition,
I brought to you, dear mother, pain and torment,
– an Esperantist! high on verdant mission!

Too often I disturbed the peaceful fireside,
or left you for convivial glass or journey.
Thus was your noble effort in his springtime
left unrewarded by your winter nursling.

You storms and tides give birth to such another;
let him not bask in motherly affection;
let him not claim the gentle, wise protection.

But only let him question now his mother:
Did Jesus disappoint the sweet Madonna?
Did she believe the rebel brought dishonour?

Translation – Karolina Gilmore

Not all writers turn inwards, seeking to analyse their relationship with Esperanto. Many look outwards to find inspiration in the language itself and in the wider Esperanto movement. One of the most popular and frequently reissued stories is "Kiel Mihok instruis angle" ("How Mihok taught 'English'"), in which the soldier Mihok fools everyone as he passes Esperanto off as English – and eventually wins a convert to the international language. The tale, with its shades of *The Good Soldier Schwejk*, is a gentle satire against the more zealous propagandists of Esperanto.

The stream of words Mihok produces when asked to explain the article in the *London News* is drawn from the Esperanto anthem (see page 40). An extract from work by the Esperanto pioneer, Edmond Privat, mentioned below, appears on page 137. The green star in the final sentence refers to the Esperanto symbol.

The story was published in the collection *Dancu, marionetoj!* (*Dance, Marionettes!*) in 1927. The translation was published in 1991.

Julio Baghy

Kiel Mihok instruis angle, *1927*

Leŭtenanto Petroff singarde, iom post iom, ŝovis la kapon el sub la lana kovrilo, ĉirkaŭrigardis. Hela taglumo en la ĉambro. Ekstere sennuba ĉielo. Verŝajne frosto. Li rigardis la termometron. La enĉambra temperaturo estis dekkvin gradoj super la nulo.

– Brrr! Nur dekkvin gradoj … Ekstere estas certe minus dudek kvin …

Aperis antaŭ li la ekzercejo. Liaj dentoj ekklaketis. Li jetis rigardon al la senfajra forno, alian rigardon al la poŝhorloĝo, vigle tiktakanta sur la apudlita ŝranketo kaj poste, kovrante sin per la lantukego li kuntiriĝis kiel piktuŝita raŭpo sub brasikfolio.

– Ankoraŭ tro frue … estus bone dormeti iom! – kaj por provi tion li forte fermis la okulojn.

Senbrue, kiel la ombro, ŝtelis sin en la ĉambron lia servisto Miĥaelo Mihok, pala stangostatura militkaptito. Sub la dekstra brako li premis al si faskon da ligno, sub la maldekstra – pajlajon en malnova gazeto, kaj en la manoj li tenis grandan samovaron. Li penadis paŝadi laŭeble senbrue kaj piedpinte. Ĉe ĉiu paŝknaro, glastinto, kulerfalo, seĝrenverso li time kaj respektplene palpebrumis al la lito, kie sub la kovrilo, kvazaŭ minace, montetiĝis la grasa kaj nenomebla parto de la sinjoro leŭtenanto.

Miĥaelo Mihok jam laŭnature estis timema, servema kaj ĝentila. La servemon kaj ĝentilecon li bone profitigis en sia civila profesio. Li estis tajlorlaboristo en provinca urbeto. Sed li ankaŭ estis timema. Precipe li timis leŭtenanton Petroff, kiun li konis nur de tri tagoj. Ho, kiaj tri tagoj! Vera malfeliĉo, ke oni komandis lin ĉi tien! Escepte kelkajn frazojn li ne komprenis la rusan lingvon. Bonvole li klopodis plenumi la dezirojn, sed la timo ofte paralizis liajn kapablojn. Ne mirinde, ĉar leŭtenanto Petroff estis fortika, grasa, bizonstatura kaj havis leonvoĉon. Certe li devas esti kruela tigro – pensis Mihok.

Ĉiumatene kaj ĉiuvespere ili havis konversacion. Tiaj eĉ pli firmigis lian opinion. Petroff klarigis ĉion per man- kaj piedgestoj, per mimiko kaj diversaj akrobatajoj por komprenigi sin kaj dume aŭdigis leonvoĉon. Mihok streĉis sian atenton, igis ekfunkcii sian etan fantazion por diveni la signifojn de tiuj misteraj manovroj, kiujn faris kun plena energio kaj fervoro la leŭtenanta moŝto. Tamen sinsekvaj miskomprenoj maldolĉigis lian vivon. Nu kaj tiuj turmentaj kapdoloroj, kiuj sekvis la atentostreĉon!? Ankaŭ tio estis iom pli ol nenio.

Sed kial ne lernis Mihok la rusan lingvon? Pro du kaŭzoj. Unue, ĝis nun li nur *vidis* la rusojn, sed *ne vivis* inter ili; due, ĉar li vere ne havis lingvistan talenton. Krom tiuj du estis ankoraŭ tria. Li estis revemulo. Tiu ĉi revemo instigis lin lerni Esperanton. Oni instruis tion en la militkaptitejo. Li do komencis kaj finlernis ĝin. Oni ne povu diri hejme, ke dum longa foresto li ne profitis ion pli utilan ol tiu malbenita nazkataro, kiun li nepetite ricevis en la subteraj barakoj de Tockeo. Tiu ĉi lingvoscio estis triumfo por li, ĉar malgraŭ penoj kaj elspezoj li ne kapablis lerni fremdan lingvon. La mono ĉiam formigris kaj lia cerbo nur nigris. Sed nun eĉ lia revemo havis freŝan nutraĵon. Li posedas lingvon, kiu egalvaloras ĉiujn, ĉar ĝi estas parolata ĉie, kvankam ne de ĉiu. Sed tio estas pretera bagatelaĵo. Li sentis sin grava persono, pioniro de kulturmovado kaj en sia revo li jam fondis la "In-Tu-As-Es-Ta-He"-n (Internacia Tutmonda Asocio de Esperantistaj Tajlorhelpantoj) kun speciala insigno: verda stelo, trapikita per pinglo kaj kudrilo. Li estos la prezidanto kaj tiam li provos sendanĝere svati la manojn de Rozinjo. Ho Rozinjo, Rozinjo, belega modpupforma filino de kruela majstro, kiu ofte mezuris la ulnon al lia dorso dum la lernojaroj, se vi konjektus la dolĉan sekreton de Mihok, tiam vi certe ne turmentus la patran koron per ĉiutaga "neniu edzinigas min ... mi devas fariĝi maljuna fraŭlino kun papago kaj kun dekduo da katetoj". Pri la kruela majstro, kaj precipe pri la ulno subite venis ideo, kiun Mihok dorlote vartis en si. Li konsideris sin martiro de tiu ĉi movado. Ĉu ne estis martireco suferi vangofrapojn de kolonelo pro la kvinpinta stelo? Certe jes. La vangofrapoj koncernis verŝajne la *kvinpinton* kaj ne la *koloron*, sed tiaj bagateloj ne gravas. Martiro estos la edzo de la belega modpupforma Rozinjo ... Tia vireto estis Miĥaelo Mihok.

Sed nun la neforpelebla realeco devigis lin servi ĉe tiu ĉi bizonstatura leonvoĉa leŭtenanto, kiu ĉiutage torturas lin per misteraj gestoj, grimacoj, nekompreneblaj akrobataĵoj. Hja, tia estas la sorto!

Li faris fajron en la forno, starigis la samovaron antaŭ ĝin, alĝustigis tubeton, kies finon li metis en la aperturon de la forno. Tie estis forta aertiro. Poste li pretigis ĉion por la sinlavado de la leŭtenanta moŝto; malplenan sitelon, sapon kaj glason da akvo.

Dume leŭtenanto Petroff transdonis sin al la kutima frumatena meditado pri la vivo, pri variado de ŝancoj. Antaŭ unu jaro en Petrograd li fiere paradis en sia nova uniformo sub fenestroj de bela vidvino de tiea komercisto. Li havis esperon kaj imponajn pagonojn, sed venis la revolucio kaj la vidvinon kune kun la kapitalo edzinigis prudenta komisaro. Liaj esperoj kaj pagonoj falis en la koton kaj la sinsekvaj bataloj pelis lin ĝis la ekstrema oriento. La pagonojn li denove havis, sed kia vivo?! Brrr! Li estas ja pacema kiel ... kiel tajloreto kaj tamen ĉi tie ... en la "inĝeniera bataliono ..." Ĉe tiu vorto li ekmiris. Kial oni nomas ĝin "inĝeniera"? Eĉ unu inĝeniero ne troviĝas inter la oficiroj. Profesie li estas ja simpla dentisto, eĉ ne doktoro ... La kapitano estas notario, la ... eble la kolonelo? Ne! Tute ne! Li havas kolbasfabrikon en Udinsk ... Kial "bataliono"? Tridek ses oficiroj, kunpelitaj de revoluciaj ventegoj, jam estas bataliono? La soldataro konsistas el kvin dungitaj ĥinoj. Ili flegas ok mizerajn ĉevalojn en la staloj kaj ĉiumatene tiras du kanonojn sur la ekzercejon. Krome estas pli ol kvardek komanditaj militkaptitoj por servi ilin kaj kuiri nemanĝeblajojn por la oficiraj stomakoj ... Bah, kia vivo? Pli profite estus eltiradi la dentojn de pacemaj veantoj en Petrograd ol ĉi tie tremadi por la propra vivo kaj ĉiutage prepariĝi por subitaj atakoj de bolŝevikoj ... Kion fari? Jes, rifuĝi, sed kiel kaj kien?... Kaj ĉi tiuj dungitaj ĥinoj kaj komanditaj militkaptitoj eble ...

Mihok plenumis sian taskon. Ĉio estis en ordo. Li paŝis al la lito, delikate tuŝis la leŭtenantan moŝton. Delikate, sed ne en feliĉa momento. La vigla fantazio de Petroff jus skizis teruran situacion, en kiu la ruzaj ĥinoj kun la militkaptitoj konspiris kontraŭ la oficiroj. Kiam Mihok ektuŝis lin, ĝuste en tiu momento li vidis sin trapikita de sia servisto. La tuŝon li sentis kaj por sin defendi kaptante la revolveron el sub la kusenoj li salte leviĝis kun domskua krio. La malfeliĉa Mihok pro teruro faligis la tason da teo, mortpale humile palpebrumis jen al la danĝera ilo, tenata kontraŭ lia brusto, jen al la terurtaŭzita mieno de la leŭtenanto.

Longminuta paŭzo. Petroff vidante la tremantan kapon de Mihok tuj embarasiĝis. Li sentis honton kaj, por kaŝi ĝin, laŭte ekridis. Mihok pensante, ke ridi estas devo, kiam la mastro ridas, ankaŭ li altrudis mucidan rideton je siaj kurbiĝintaj lipoj. Lia mieno similis al tiu de citron-glutanto, kiu volas ŝajnigi, ke la citrono estas mieldolĉa. Petroff nun plengorĝe kaj sincere ridegis, ĵetis la revolveron sur la liton, rigardis la termometron. Ĝi montris dudek kvin gradojn.

– *Haroŝo!* (Bone!) – li diris kaj enlitiĝis.

Mihok kun tremantaj manoj kolektis la rompitaĵojn, zorge forbalais la splitojn, por ke ili ne vundu la piedojn de la leŭtenanta moŝto, pretigis teon en la glason kaj el respektinda distanco proponis ĝin.

– *Gospodin … eto ĉaj … ĉaj … pitj!* (Sinjoro, jen, teo, tetrinku!).

– *Nu, haroŝo … blagodarju vas …* (Nu, bone, mi dankas).

Petroff trinkis, Mihok staris ĉe la forno. Kun premegita koro li pripensis la jus forpasintan terurajon. Lia timemo vestis la estontecon en nigran funebron, ĉar li estis nun tute konvinkita, ke la sinjoro leŭtenanto estas tigro.

Dum la tetrinko Petroff projektis kelkajn planojn por la rifuĝo. Malagrable estus kuŝi traborite per kuglo, tiradi dentojn estus pli prudente. El la planoj taŭgis neniu. Hazarde lia rigardo trafis Mihok-on, dancanta je unu piedo al la alia kaj hundokule observante liajn movojn, kaj nova ideo venis, facile efektivigebla. Onidire la militkaptitoj baldaŭ hejmeniros. Estus bone vojaĝi kun ili en Eŭropon. Bedaŭrinde krom la rusa li ne konas alian lingvon. Nu li devas lerni! Sed de kiu? Memkompreneble de Mihok. Li estas eŭropano, aspektas inteligenta, li *nepre* devas scii kelkajn lingvojn. Tiu ĉi nepre tuj fariĝis lia fiksa ideo.

– *Herr Mihok … govoritje pa germanski?* (Sinjoro Mihok, ĉu vi parolas germane?) – li komencis leonvoĉe.

Mihok ektremis. Li komprenis nenion krom la vorto "germanski". Verŝajne la leŭtenanta moŝto bonvolis interesiĝi ĉu li *vidis jam germanon?* Li vidis ja. Kion fari? Eble ne estas kulpo vidi germanon kaj humiltone li informis la tigronaturan sinjoron.

– *Da!* (Jes!)

– *Nu haroŝo … i pa francuski?* (Nu bone kaj france?)

Mihok iom pripensis la demandon, esploris en siaj memoroj. Kie li vidis francon? Ah, jes! En la modgazetoj ĉe lia majstro. Certe tiuj bildoj figuris francojn, ĉar la gazeto venis el Parizo.

– *Da, da!* – li respondis post ioma konsidero.

– *I toje pa angliski?* (Kaj ankaŭ angle?)

Mihok embarasiĝis. Nun jam li tute ne komprenis la leŭtenantan moŝton, sed por daŭra pripensado li ne havis tempon, ĉar okuloj kvazaŭ trapikis lin. Li rapidis do respondi.

– *Dadada!*

– *Ĉto dadada?* (Kio jesjesjes?)

– *Niĉevo!* (Nenio!)

– *Ĉto niĉevo?*

– *Niĉevo dadadada njet!* (Nenio jesjesjesjes ne!)

La sensenca respondo pruvis, ke Mihok miskomprenis lin, sed tamen Petroff pensis, ke eŭropano *nepre* devas paroli tiujn lingvojn. Mihok aspektas inteligenta, estas eŭropano, li do parolas tiujn lingvojn. Petroff provis alimaniere komprenigi sin. Li montradis al diversaj objektoj de la ĉambro kaj leonvoĉe demandis, pensante, ke la tono plialtigita helpas en la interpretado.

– *Pa germansk ... pa francuski ... pa angliski?*

Mihok iom post iom ekkomprenis pri kio temas kaj tiam elbalbutis la lastan frazon de sia rusa lingvoprovizo.

– *Ja nje znaju!* (Mi ne scias!)

Leŭtenanto Petroff ne volis kredi je siaj oreloj, eble li malbone aŭdis. La konsterniĝo kvazaŭ tondris en lia voĉo.

– *Ĉto vi nje znajtje?* (Kion vi ne scias?)

Pizograndaj ŝvitgutoj aperis ĉe la tempioj de Mihok. Li pensis, ke tiu ĉi terura homo certe mortpafos lin, se li ne scias ĉion, kio estas postulata. La malesperiga situacio donis al li genian ideon, kiu savos lian vivon almenaŭ por la momento. Kiam Petroff persistis plu en montrado kaj demandado, volante scii germane la vorton *seĝo* tiam li senhezite respondis.

– Das seĝungen.

– *Pa francuski?*

– Le sej.

– *I pa angliski?*

– The siĝ.

Petroff estis kontenta, sed por tute konvinkiĝi li komencis novan provon montrante tra la fenestro al tureto, kiu staris sur la ekzercejo de la urba fajrobrigado.

– *Nu, Herr Mihok, pa germanski?*

– Der turung.

– *Pa francuski?*

– La Eiffel.

– *Pa angliski?*

– Krevu tuj, se mi scias! – eligis la amareco el Mihok.

– Krevutuj ... *Da, da, da ... oĉĉĉen interesni* (tre interese!) ... Krevutuj ...

La apetito de Petroff ĉiumomente pliiĝis por la fremdaj lingvoj. Li decidis formanĝi ilin. Per gestoj, grimacoj kaj akrobatajoj li tuj klarigis al Mihok, ke li devos ĉe ĉiu sunleviĝo preni libron kaj instrui lin, kaj Mihok komprenis, ke li devas la sunon forŝteli de la ĉielo, meti ĝin en la Biblion kaj per la Sankta Libro li devos kelkfoje bati la kapon de la leŭtenanta moŝto. Sed kiel li kuraĝus fari tion? Bati la kapon de la sinjoro leŭtenanto?!

Petroff ellitiĝis, lavis sin per plenbuŝo da akvo kaj post la finvestado li amike frapetadis la ŝultrojn de Mihok, kiu preskaŭ terenfalis pro tiu ĉi intimaĵo. Kiam Petroff estis ekster la domo, li surgenue, kiel bona katoliko, promesis dekduon da kandeloj al Sankta Antonio, se li forkondukos lin sana kaj nekripligita el la manoj de tiu ĉi tigronatura sinjoro.

La tagoj pasis. Ĉiu mateno alportis sian kvarlingvan torturon. Petroff demandis, Mihok respondis kaj ĉe la finó li promesis ĉiam unu dekduon da kandeloj.

Iun tagon Petroff surprizis lin, ke li decidis lerni nur la anglan lingvon kaj li jam aĉetis kajeron, krajonon por noti ĉion necesan. Mihok sentis batadi la koron en sia gorĝo. Kion fari? Ĝis nun estis facile, ĉar la leŭtenanta moŝto nenion notis kaj forgesis ĉion ĝis la alia mateno. La kajero kaj krajono malebligas la devigatan trompon. Li decidis konfesi, ke lia angla scio egalas la nulon, sed en la lasta momento rigardante la bizonstaturan leŭtenanton li rememoris pri la revolvero kaj rezignis. Venu, kio devas veni! Ankoraŭ kelkaj funtoj da kandeloj pli aŭ malpli al Sankta Antonio ne multon diferencos kaj li sisteme komencis instrui *Esperanton* nomante ĝin *angla* lingvo.

Petroff montriĝis entuziasma anglofilo. Li diligente lernis ĉie: en la kazerno, sur la ekzercejo, en la oficira manĝejo, en la intima ĉambreto de ... sed tio ne apartenas al tiu ĉi historio.

Foje dum promeno li rimarkis ilustritan revuon, kuŝantan sur la trotuaro. Kelkaj ĉifitaj folioj de la malnova "The London News". La titolo frapis lian atenton.

– Londono estas metropolo en Anglujo – li komencis konkludadi – tio estas certa. Nun ĉar la titolo diras "London", pli ol verŝajne la gazeto venis el London kaj se ĝi venis el London, sekve ĝi estas angla gazeto. Nu, ni kontrolu nin!

Li levis la foliojn, singarde glatigis ilin kaj provis legi kelkajn liniojn. Li ne komprenis. Iom ekscitite li rigardis ĉiujn paĝojn kun la espero, ke li trovos almenaŭ unu kompreneblan frazeton. Ne, ne kaj ne! Pro diablo, kiel povas okazi, ke eĉ vorteton li ne komprenis.

Konsternite li rapidis hejmen. Certe Mihok povos klarigi la kialon. Mihok estis puriganta liajn botojn kaj silente malbenadis la ciron, kiu bezonas tiom da kraĉoj. En Eŭropo oni purigas botojn per lakkremo kaj ne devas elsputadi la pulmon por fari la botojn spegulbrilaj. Petroff ekhaltis antaŭ li, iom hezitis kaj fine metis la foliojn antaŭ la nazon de Mihok.

– Kijo estas tijo ĉi?

Mihok iom indiferente rigardis la foliojn.

– Verŝajne gazeto.

Petroff eksplodis. – Nje verŝajnje, sed tutje certje ... Sed kija, dijru Mihok, kija gazeto?

Mihok eklevis la ŝultrojn, gapis al la folioj, kiujn Petroff minace svingis antaŭ lia nazo.

– Mi ne scias, – konfesis sincere Mihok.

– Vi nje scijas, Mihok, nje scijas? – kriis Petroff kaj kunfrapis la manojn. – Angla gazeto, Mihok, angla gazeto ... Nun vi scijas.

Sub la haŭto de Mihok la frostotremo komencis kaŝludon.

– Ne diru, sinjoro leŭtenanto ... ĉu vere?

– Sed jes, mi djiras ... angla gazeto ... Legu! The-London-nje-vs ... Mi ne komprenjis eĉ vorton ... Legu!

Mihok transprenis la foliojn, rigardis ilin kun terurstreĉitaj okuloj, sed post momento maŝinrapide fluis vortotorento el lia buŝo.

– Enlamondonvenisnovasento … tralamondoirasfortavoko … perflugilojdefacilavento …

Ĉe Petroff admiro sekvis la koleron kaj dubon.

– Vi scijas legi. Tutje bonje vi scijas legi! Kijel, ke mi nje scijas?

– Vi forgesis verŝajne, sinjoro leŭtenanto, ke la angloj ne tiel skribas, kiel ili parolas. Ekzemple, ili diras: "Bonan matenon, sinjoro" kaj ili skribas "The Szentantalkam, segits meg!" (hungare: Sanktantonĉjo helpu min!) Ĉu vi komprenas? – kaj por konvinki la miregantan leŭtenanton pri sia pravo li serĉis inter la ilustrinojn unu, kiu figuris ekzotikan tribestron kaj anstataŭ la subbilda teksto li komencis legi la *Historion de Homaro* el lernolibro de E. Privat. Tion li sciis parkere kaj la teksto, se iom lame, tamen taŭgis: "Kiam la maljuna reĝo de Persujo mortis, lia filo, la juna princo Zemir eksidis sur la tronon …"

Petroff kontentigite foriris. De tiu tago Mihok skrupule atentis la horizonton, ĉu ia anglo ne aperos por renversi ĉion? Tiuokaze la leŭtenanta moŝto certe ekspedos lin afrankite al la alia mondo … eble sen kapo. Ĉiutage li promesis novan dekduon da kandeloj kaj pasis longaj monatoj sen notinda okazintajo.

Petroff jam bonege parolis la *anglan* lingvon kaj ankaŭ Mihok rekonis en sia leŭtenanto la ĝeneralan bonkorecon de la rusoj kaj flameman entuziasmon por belo kaj bono. Li decidis konfesi sian kulpon, se venos bona okazo.

Okazo venis, sed ne bona, ĉar homo projektas, Dio direktas. Ĵus kiam li ne estis preparita por eventualajoj, venis hejmen Petroff kun fremda rusa oficiro. La malfeliĉa Mihok sentis sian kuraĝon paralizita kiel en la unuaj tagoj.

– Mihok, parolu kun tiu ĉi sinjoro, sed tuj! – komencis Petroff kaj lia voĉo tremis pro la retenitaj koleroj kaj indigno. Li asertas, ke li parolas angle … Parolu kun li angle … *Tiun* anglan lingvon mi ne komprenas.

La haroj stariĝis sur la kapo de Mihok. Nu Sankta Antonĉjo nun helpu – li komencis preĝi en si, – kvintalon da kandeloj mi bruligos por vi post hejmreveno. Li klare vidis, ke nun la pentvoĉa konfeso neniel utilos. Se li komencis ĉi tiun altruditan tragikomedion, li devas finludi ĝin. Nur la impertinenteco povas helpi kaj Antonĉjo. Riskante ĉion je unu kubjeto li ŝajnigis trankvilon.

– Kie kaj de kiu lernis la sinjoro tiun ĉi anglan lingvon?

– Ĉi tie, de soldato el la amerika armeo.

– Ah, jes! – Mihok plenblovis sin. La timo, kiel multajn, faris lin aŭdaca en la minutoj de danĝero. Li mem ne konjektis, ke tiom da kuraĝo nestas en li. Kun rideto li daŭrigis. – La sinjoro lernis la *amerikan dialekton* de la angla lingvo, dum ni parolas la *klasikan* lingvon de la *londona aristokrataro*. Jen la diferenco … Je mia Dio, mi tre ŝatus paroli ankaŭ tiun lingvon, sed mi pensis, oni devas scii unue la klasikan, la aristokratan, kaj poste la popolan … ĉu ne, leŭtenanta moŝto?

La kolero de Petroff vaporiĝis, forflugis kaj eĉ aprobe li balancis la kapon. Tre imponis al li la aludo pri aristokrataj. Li interpretis la vortojn de Mihok, sed la fremda oficiro dube ridetis kaj faris demandon. Petroff tradukis.

– Kie oni povas uzi ĉi tiun lingvon ekster la aristokrataj kvartaloj de London, se la popolo parolas alian lingvon?

En Mihok vekiĝis la propagandisto.

– Ĉie! En ĉiu lando de la mondo! Eĉ en tiu ĉi urbo!! Ĉu vi ne volas kredi? Mi pruvos tion. Bonvolu veni kun mi dimanĉe en la urbon kaj konvinkiĝu, kiu valoras pli: via amerika dialekto aŭ nia klasika angla lingvo?

Petroff denove interpretis kaj ili decidis, ke dimanĉe triope vizitos la urbon.

Mihok sincere ĝojis, sentis sin pli facila, ĉar li estis sur la plej bona vojo malkaŝi ĉion sen fiasko. En la urbo estis granda societo, kie ĉiudimanĉe amase kunvenis babiladi la esperantistoj. Vera internacia societo: germanoj, bulgaroj, turkoj, hungaroj, japanoj el la diverslandaj armeoj; ĉarmaj virinoj, agrablaj viroj el la urbo mem.

Mihok zorge preparis sin por la publika konfeso. Ĉe la pordego de la domo ankoraŭ unu funto da kandeloj kaj Mihok kondukis sian leŭtenanton kaj la fremdan oficiron en la societon. Ilin surprizis la diversnacieco kaj tiu amika intimeco, kiu kvazaŭ sklavigis la vizitantojn. Mihok prezentis ilin al ĉiu ĉeestanto aparte.

– Jen turko, alparolu lin! Jen polo, alparolu ŝin! Jen ĥino, alparolu lin! Jen japano, alparolu lin!

Petroff havis kapturnon pro feliĉo, ke li komprenis ĉiujn kaj estis komprenata de ĉiuj. Male lia akompanato, ĉar escepte du amerikanajn soldatojn neniu komprenis lian "dialekton". Li estis devigata rekoni, ke la "aristokrata" angla lingvo superas la popolan.

Kaj Mihok en solena silento publike konfesis sian kulpon, petis indulgon de leŭtenanto Petroff, kiu pro ia neklarigebla sento forgesis pri ĉio ĉirkaŭ si kaj kun vera rusa flamemo li ĉirkaŭprenis sian serviston, kisis trifoje lian buŝon por sigeli la fratecon ... Tiel instruis Mihok la anglan lingvon kaj tiel fariĝis Petroff entuziasma samideano.

Tamen la fino de ĉi tiu historio ne estas tre kontentiga. Mihok, kiel bona katoliko, du jarojn laboris por la kandeloj, promesitaj al Sankta Antonio kaj dum tiu tempo la belegan modpupforman Rozinjon edzinigis lia kolego. Tiam li riproĉis iomete Sanktan Antonĉjon, sed kiu scias, ĉu ne la sanktulo savis lin el tiu infero, en kiun la alia falis. Ni scias nur, ke Mihok restis sola kun la revo "fondi la In-Tu-As-Es-Ta-He"-n kun speciala insigno: verda stelo, trapikita per pinglo kaj kudrilo.

How Mihok Taught "English", *1927*

Cautiously, little by little, Lieutenant Petroff raised his head from under the blanket and looked around. Bright daylight in the room. Clear sky outside. Presumably frost. He looked at the thermometer. The temperature in the room was fifteen degrees above zero.

– Brrr! Only fifteen degrees ... It'll be minus twenty-five outside ...

He pictured the parade ground. His teeth chattered. He cast a glance at the unlit stove, another at his watch, noisily ticking away on the bedside cupboard, and then, pulling the thick blanket over him, he curled up like a caterpillar, being prodded, under a cabbage leaf.

– Still too early ... may as well have a bit of a doze! – and in an attempt to do so he shut his eyes tight.

Noiselessly, like a shadow, his servant, Michael Mihok, crept into the room. He was a prisoner of war, pale and thin as a lath. Under his right arm he pressed a bundle of wood – under the left some straw rolled in an old newspaper, and in his hands he held a large samovar. He made every effort to tread quietly, on tiptoe. Every time a board creaked, a glass clinked, a spoon fell or a chair overturned, he blinked timidly and apologetically towards the bed where, almost threateningly, the Lieutenant Sir's plump and unmentionable posterior loomed under the blanket.

Michael Mihok was naturally timid, obsequious and polite. His servility and politeness served him well in civil life. He was employed by a tailor in a small country town. But he was also timid. He was particularly afraid of Lieutenant Petroff whom he had known only three days. Oh! Such three days! It was a real stroke of bad luck being sent to this place! Apart from a few phrases he knew no Russian. He did his very best to do what was required, but fear dulled his capabilities. Hardly surprising, because Lieutenant Petroff was brawny, fat, big as a bison and roared like a lion. He'll be as cruel as a tiger, he must be – thought Mihok. Each morning and each evening they talked. This served even more to confirm his opinion. Petroff illustrated everything by gestures of hand and foot, by mime and various contortions, to make himself understood, roaring all the while like a lion. Mihok concentrated hard, exercising his limited imagination to grasp the meaning of these mysterious movements performed by the Lieutenant Sir with such energy and spirit. All the same, misunderstanding compounded by more misunderstanding was souring his life. And what about those dreadful headaches from all that concentration!? Not something to be taken lightly.

But why didn't Mihok learn Russian? For two reasons. Firstly, up to now, he had only *seen* Russians, not *lived* among them; secondly, because he really had no linguistic talent. Apart from these there was a third. He was a dreamer. His dream inspired him to learn Esperanto. This was one of the things taught in the prisoner of war camp. So he had started and had learned it thoroughly. This way, at home, they should not be able to say, after his long absence, that he had acquired nothing more useful than that wretched nasal catarrh which, uninvited, he had picked up in the underground shelters of Tockeo. This conquest of a language was a triumph for him because neither effort nor expense had enabled him to learn a foreign language. His purse was lighter but his brain no brighter. But now even his dreams had something fresh on which to feed. He had a language the equal of all because it was spoken everywhere, although not by everyone. However, that was a side issue. He felt he was someone of importance, a pioneer of a new culture, and in his dreams he had already founded the I.W.A.E.T.A. (the International Worldwide Association of Esperantist Tailors' Assistants) with its own special badge of a green star pierced by a pin and a needle. He would be its president, and then he could safely aspire to the hand of Rosie. Oh! Rosie, Rosie, with the lovely curves of a tailor's dummy, daughter of that cruel master who so often laid his yardstick across the back of his apprentice, did you but guess Mihok's cherished secret, you would cease to wring your father's heart with a daily: "No one will marry me … I shall end up an old maid with a parrot and a dozen cats." Thinking about his cruel master, and in particular about his yardstick, an idea struck Mihok which he nurtured tenderly. He felt he was a martyr for this movement. Was it not martyrdom to be slapped in the face by a colonel because of the five-pointed green star? Of course it was. It was the *five points*, apparently, that provoked the slaps, and not the *colour*, but such trifles were of no consequence. The husband of the beautiful Rosie with the lovely curves of a tailor's dummy would be a martyr … That was the kind of man that Michael Mihok was.

But now an inescapable reality forced him to wait on this bison-built, lion-tongued lieutenant who daily tormented him with mysterious gestures, grimaces and incomprehensible contortions. Ah! Just his luck!

He lit the stove, placed the samovar in front of it, adjusted its tube, putting the open end through the aperture in the stove. There was a good draught. Then he got everything ready for the Lieutenant Sir's toilet: an empty bucket, soap and a glass of water.

Meanwhile, Lieutenant Petroff was indulging in his usual early morning meditation on life, on the vicissitudes of fortune. A year before, in Petrograd, he had swaggered proudly in his new uniform beneath the windows of a rich merchant's beautiful widow. He had expectations and substantial revenues, but then came the revolution, and a calculating commissar married the widow together with her fortune. His expectations and his revenues were trampled into the mud, whereupon a succession of battles forced him to the Far East. He had now recovered his revenues, but what sort of a life was this?! Brrr! He was really as peace-loving as … as a little tailor and yet here he was … in the "engineering battalion …" The words set him wondering. Why had they called it "engineering"? There was not a single engineer among the officers. He himself was just a dentist, not even a doctor … The captain was a lawyer, the … perhaps the colonel? No! Definitely not! He owned a sausage factory in Udinsk … Why "battalion"? Do thirty-six officers, driven together by revolutionary storms, make a battalion? The other ranks consisted of five Chinese mercenaries. They looked after eight wretched horses in the stables and every morning dragged two guns onto the parade ground. In addition forty or more prisoners of war had been detailed as servants to cook all sorts of unpalatable fare for the officers' stomachs … Bah! What a life! It would be more profitable to pull the teeth of pacifist grumblers in Petrograd than tremble here for one's very life in constant readiness for bolshevist attacks … But what could he do? Yes, get out, but how and where to? … And then perhaps these Chinese mercenaries and prisoners of war …

Mihok had finished his task. Everything was ready. He went to the bed and gently prodded the Lieutenant Sir. Gently, but not at an opportune moment. Petroff's vivid imagination had just pictured a terrifying situation in which the cunning Chinese had plotted with the prisoners against the officers. At the very moment Mihok touched him he saw himself stabbed by his servant. He felt the prod and, snatching his revolver from under his pillow, he started up suddenly with a roof-raising roar. The wretched Mihok was so terrified that he dropped the cup of tea he was carrying and, cringing and deathly pale, blinked first at the deadly weapon pointed at his breast and then at the terror-twisted face of the lieutenant.

A lengthy pause. Seeing Mihok's quivering countenance before him, Petroff was immediately ashamed. He was embarrassed and, to hide it, burst out laughing. Thinking he ought to laugh when his master laughed, Mihok managed a sickly smile on his curled lips. His expression was that of someone sucking a lemon and pretending it was sweet as honey. Now Petroff roared with uncontrolled and genuine laughter, dropped the revolver on the bed and looked at the thermometer. It showed twenty-five degrees.

– *Harosho!* (Good!) – he said, and got back into bed.

Mihok picked up the broken pieces with trembling hands, carefully swept away the splinters so the Lieutenant Sir's feet would not be hurt, poured tea into the glass, and offered it from a respectful distance.

– *Gospodin … eto chai … chai … pitj!* (Sir, here, tea, drink tea!)

– *Nu, harosho … blagodarju vas …* (Fine, good, thank you.)

Petroff drank, Mihok stood by the stove. With pounding heart he thought about the dreadful event he had just experienced. Fear draped the future in funereal garb, for he was now totally convinced the Lieutenant Sir was a tiger.

Petroff, drinking his tea, was thinking of plans to escape. To fall bored with a bullet hole would be disagreeable; extracting teeth would be a far more sensible occupation. But none of the schemes was suitable. Then his glance strayed idly to Mihok, balancing first on one foot, then on the other, observing with canine eyes his movements, and a new idea occurred to him which would be easy to implement. He had heard that the prisoners of war would soon be going home. It would be good to go with them to Europe. Unfortunately, he knew no other language than Russian. Very well, he must learn one! But from whom? From Mihok, of course! He was European, looked intelligent and must *necessarily* therefore know several languages. This *necessarily* immediately became a firm conviction.

– *Herr Mihok … govoritye pa germanski?* (Do you speak German?), he began roaring.

Mihok trembled. He understood nothing but the word "germanski". Presumably the Lieutenant Sir wanted to know whether he had ever seen a German. Of course he had. So what? There was nothing wrong in seeing a German, so he humbly replied to the tigerlike man:

– *Da!* (Yes).

– *Nu harosho … i pa francuski?* (That's good … and French?)

Mihok pondered the question, searched his memory. Where had he seen a Frenchman? Ah, yes! In his master's fashion magazines. Of course the pictures in them must have been of Frenchmen because they came from Paris.

– *Da, da!* he replied after a little thought.

– *I toye pa angliski?* (And also English?).

Now Mihok was baffled. He was totally unable to understand the Lieutenant Sir, but there was no time for reflection with those eyes seeming to pierce right through him. So he hastily replied.

– *Dadada!*

– *Chto dadada?* (What yesyesyes?).

– *Nichevo!* (Nothing).

– *Chto nichevo?*

– *Nichevo dadada nyet!* (Nothing yesyesyes no!).

The nonsensical reply proved that Mihok had misunderstood him, but Petroff continued to think a European must necessarily speak those languages. Mihok looked intelligent, was a European, so he spoke those languages. Petroff tried other ways of making himself understood. He pointed to various objects in the room and roared his questions, believing that raising his voice helped interpretation.

– *Pa germanski ... pa francuski ... pa angliski?*

Little by little Mihok began to understand what he meant and then stammered the last phrase in his Russian vocabulary.

– *Ya ne znayu!* (I don't know).

Lieutenant Petroff would not believe his ears, perhaps he had not heard properly. His shock thundered out in his voice.

– *Chto vi nye znaytye?* (What don't you know?).

Beads of sweat the size of peas formed at Mihok's temples. He was thinking this ferocious man would undoubtedly shoot him if he failed to know everything demanded of him. This desperate situation sparked a brilliant idea that might yet save his life, at least for the moment. When Petroff persisted in his pointing and asking, wanting to know the German for "chair", he replied without hesitation.

– Das sedgungen.

– *Pa francuski?*

– Le sedge.

– *I pa angliski?*

– The sidge.

Petroff was pleased, but for greater certainty, he began again, pointing out of the window at a small tower which stood on the exercise ground of the municipal fire brigade.

– *Nu, Herr Mihok, pa germanski?*

– Der turung.

– *Pa franciski?*

– La Eiffel.

– *Pa angliski?*

– Hanged if I know! – cried Mihok in bitter exasperation.

– Hangdify ... *Da, da, da ... ochen interesni!* (very interesting) ... Hangdify ...

Petroff's appetite for foreign languages increased every minute. He decided he must totally devour them. By gestures, grimaces and contortions he explained to Mihok that every morning at sunrise he must pick up a book and teach him; and Mihok understood that he must steal the sun from the sky, put it inside the Bible, and then, with the Holy Book, repeatedly hit the Lieutenant Sir on the head. But how would he dare to do that? To hit the Lieutenant Sir on the head?

Petroff got out of bed, washed himself with a mouthful of water, and when he was dressed gave a friendly pat on the shoulder to Mihok, who almost collapsed as a result of this familiarity. When Petroff had left the house, he knelt down like a good catholic and promised a dozen candles to St Anthony if he would rescue him safe and sound out of the clutches of this tiger-like man.

The days went by. Every morning brought its four-language torment. Petroff asked,

Mihok replied, and after each lesson he always promised another dozen candles.

One day Petroff surprised him by saying that he had decided to learn only English, and to keep proper notes he had bought an exercise book and pencil. Mihok's heart missed a beat. What should he do? So far it had been easy, because the Lieutenant Sir had noted nothing and by the next morning forgotten everything. With exercise book and pencil the deception he had been forced to practise would no longer work. He decided to confess that his knowledge of English was nil, but at the last moment, looking at the bison-framed lieutenant and remembering the revolver, he abandoned the idea. What must be, must be! A few more pounds of candles, more or less, to St Anthony would not break him. And so he began systematically to teach *Esperanto*, calling it *English*.

Petroff became an enthusiastic anglophile. He studied assiduously everywhere; in the barracks, on the parade ground, in the officers' mess, in the cosy little parlour of a certain ... but that has nothing to do with this story.

One day, while out walking, he noticed an illustrated paper lying on the pavement. A few crumpled pages of an old copy of the *London News*. The title attracted his attention.

– London's a city in England – he reasoned – that's a fact. Now, because the title says "London" it's more than likely this paper came from London, and if it came from London, then it's an English paper. So we'll put ourselves to the test!

He picked up the sheets, carefully smoothed them out, and tried to read a few lines. He could not understand them. Rather agitated, he looked at all the pages, hoping to find at least one little sentence he could understand. No, no and no again! The devil! How was it he couldn't understand a single word?

Full of dismay, he hurried home. Of course, Mihok could tell him the reason. He found Mihok polishing his boots and silently cursing the blacking which needed so much spit. In Europe they use a lacquer and don't have to cough up their lungs to get a shine like a mirror. Petroff stopped in front of him, hesitated a moment, and then thrust the pages under his nose.

– Vot eez zees? – he said, in somewhat imperfect Esperanto.

Mihok glanced casually at the pages.

– Looks like a newspaper – he said, similarly in Esperanto.

Petroff exploded – Not look like but defiantly eez ... but of vot kind, Mihok, of vot kind of newzpaper eez? Mihok shrugged his shoulders and stared stupidly at the papers which Petroff waved threateningly in front of him.

– I don't know – he admitted frankly.

– You not know, Mihok, not know? – yelled Petroff beating his hands together. – Eengleesh newzpaper, Mihok, Eengleesh newzpaper ... Now you know!

Icy shivers ran up and down Mihok's spine.

– You don't say, Lieutenant Sir ... is it really?

– But yes, I do say ... Eengleesh newzpaper ... Read! The-London-nye-uz ... Not single vord I understand ... Read!

Mihok took the pages and stared at them with terror-stricken eyes, but after a moment words poured from his lips with machine-like rapidity.

– Enlamondonvenisnovasento ... tralamondoirasfortavoko ... perflugilojde-facilavento ...

Petroff's anger and doubt gave way to admiration.

– You can read. Very good you can read! Vy I not can read?

– You seem to have forgotten, Lieutenant Sir, that the English don't write the way they speak. For example they say: "Good morning, sir", but they write: "The Szentantalkam, segits meg!" (Hungarian for St Anthony, help me!). Do you understand? – and to convince the astonished lieutenant he was right he found a picture in the paper of an eastern potentate and, instead of the text beneath it, began to recite *The History of Mankind* from E. Privat's textbook. He knew it by heart and the text, although imperfectly, fitted well enough: "When the old king of Persia died, his son Zemir ascended the throne ..."

Petroff, satisfied, went out. From that day onwards Mihok carefully scanned the horizon lest some Englishman appear who might upset everything. If that happened the Lieutenant Sir would certainly despatch him, post paid, into the other world ... possibly without his head. Every day he promised another dozen candles, and long months went by without incident.

By this time Petroff spoke "English" very well, and Mihok had discerned in his lieutenant the general kindliness of the Russians and a passionate enthusiasm for beauty and goodness. He decided to confess his deception if a suitable opportunity arose.

An opportunity came, but not a suitable one, for man proposes, God disposes. Just when he was prepared to take the plunge, Petroff came home with an unfamiliar Russian officer. The unfortunate Mihok felt his courage freeze just as in the early days.

– Mihok, talk to this man, straight away! – Petroff began, and his voice trembled with the anger and indignation he was trying to control. He claims to speak English ... Talk to him in English. I don't understand the kind of English he speaks.

Mihok's hair stood on end. St.Anthony, help me now – he prayed silently – I'll light a whole hundredweight of candles for you when I get home. It was plain to see a penitent explanation would be no use now. As he had begun this unwanted tragi-comedy, so he must now play it to the end. Only cheek, and St Anthony, could help him now. Risking everything on a single throw of the dice, he assumed an air of confidence.

– Where and from whom did the gentleman learn his English?

– Here, and from a soldier in the American army.

– Ah, yes! – Mihok thrust out his chest. Fear, as often to others, made him bold in the face of danger. He never imagined he had so much courage. With a smile he went on. – The gentleman has learned the *American dialect* of the English language, while we speak the *classical language* of the *London aristocracy*. That's the difference. Good heavens, I'd love to speak his language, too, but I think one ought to speak the classical, the aristocratic language first, and then the common speech ... don't you think so, Lieutenant Sir?

Petroff's anger evaporated, took wing, and he even nodded approvingly. The mention of the aristocracy impressed him mightily. He interpreted what Mihok had said, but the stranger smiled dubiously and asked a question. Petroff translated.

– Where can this language be used outside the aristocratic districts of London, if the people speak another language?

The spirit of the propagandist in Mihok was aroused.

– Everywhere! In every country of the world! Even in this town! Don't you believe me? I'll prove it. If you come with me to town on Sunday I'll show you which is more useful: your American dialect or our classical English.

Petroff again interpreted and they decided, the three of them, to go to town on Sunday.

Mihok was delighted, and felt much eased, for he had found the best way to explain everything without it all ending in tears. There was a large social circle in town in which a substantial number of esperantists met every Sunday to chat. It was a truly international society: Germans, Bulgarians, Turks, Hungarians, Japanese, all from the armies of the various nations; together with truly charming women and sympathetic men from the town itself.

Mihok made careful preparation for his public confession. At the doors of the building, another pound of candles; and then Mihok led his lieutenant and the new officer into the gathering. They were surprised by the mixture of nationalities and were captivated by the friendliness which prevailed. Mihok introduced them to everyone in turn.

– This is a Turk, speak to him! This is a Pole, speak to her! This is a Chinaman, speak to him! This is a Japanese, speak to him!

Petroff was beside himself with delight that he was able to understand everyone and that everyone understood him. His companion was less comfortable for, with the exception of two American soldiers, nobody understood his "dialect".

He had to acknowledge that the "aristocratic" English was superior to his variety. Then Mihok, amid attentive silence, publicly confessed to his deception and begged the forgiveness of Lieutenant Petroff who, for some inexplicable reason, forgot everything else around him, embraced his servant with true Russian fervour and kissed him three times on the mouth to seal eternal brotherhood ... And that is how Mihok taught "English" and how Petroff became an enthusiastic esperantist.

However, the end of this story is not entirely satisfactory. Mihok, as a good catholic, had to work two years for the candles he had promised St Anthony, and during that time beautiful Rosie, with the contours of a tailor's dummy, was married to his fellow assistant. He blamed St Anthony a little for that but, who knows, St Anthony may have saved him from the hell into which the other fell. We know only that Mihok remained alone with his dream of founding the I.W.A.E.T.A. with its special badge: a green star pierced by a pin and a needle.

Translation – H. W Allen-Smith

Louis Beaucaire uses a fictitious place, Berryvale (Bervalo), for a series of sometimes scurrilous satires on the Esperanto movement. The stories in *El la vivo de bervala sen-*

taŭgulo (*The Life of a Berryvale Ne'er-do-well*) remain as popular with esperantists today as they did when published in 1974.

The theme is similar to Baghy's "Kiel Mihok instruis angle" ("How Mihok Taught 'English'"), although expressed more cruelly and, indeed, crudely. It touches on the perennial concern of the Esperanto movement (shared, it must be said, with dozens of other organisations): how to bring in new and younger members to ensure continuity and development.

The tale contains many references to Esperanto culture and society: the universal congress, the principal annual gathering of Esperanto speakers held in a different country each year; the "stelo" ("star"), a common currency taking its name from the green star symbol of Esperanto and at one time used among esperantists; "Not with thirsty sword for blood desiring" a line from the Esperanto anthem (see page 40); Marjorie Boulton (see page 166) and Jean Forge (see page 278) are noted Esperanto writers; and the cathedral of St Untouchable refers to the *Fundamento* (*Foundation*), regarded as untouchable ("netuŝebla") or unalterable, in which Zamenhof in 1905 set out the principles on which Esperanto is founded (see page 22).

Louis Beaucaire

Kiel mi organizis seksatencon por la propagando de Esperanto, *1974*

Dum la Kongreso en Vieno la tiea ŝtatestro alparolis la ĉeestantojn en Esperanto. Neniu nacia gazetara agentejo menciis tiun gravegan, distrumpetindan sciigon. Aĉa, misa, fuŝa propagando! Jes ja, mi scias, "kritiki estas facile, fari malfacile". Ni bezonus kelkajn milionojn da steloj, por aperigi anoncojn en la gazetoj. Bedaŭrinde milionojn ni ne posedas. Kion fari, por ke jurnalistoj interesiĝu pri Esperanto?

La redakcioj ĝenerale kalkulas kun la gusto, pli ofte kun la malnoblaj instinktoj de la legantaro al sango kaj sekso. Ankaŭ la *Lumturo de Bervalo* aŭ la *Bervalaj Vesperaj Novajoj* konstante frapas la okulojn kaj la cerbojn per grandliteraj titoloj:

VIDVO STRANGOLIS BOPATRINON PER TIES KORSETLAĈOJ
EKSKLUZIVAJ RIVELOJ PRI LA "NOKTOFESTOJ" DE LA BARONINO
ŜI TRATRANĈIS LA GORĜON DE LA MALFIDELULO

("Sur nia foto vi vidas grandan sangomakulon meze de la lito de la murdinta sakristianino")

Ha! la ĉielo volu, ke ankaŭ al Esperanto la gazetistoj iafoje dediĉu tiom da tipografia lukso! La bezono de sensaciaj artikoloj komprenble ne rajtigas la samideanojn tro ofte buĉi prezidanton aŭ sekretarion de esperantista grupo, eĉ se kelkaj estas jam kadukaj kaj facile anstataŭigeblaj. Ne, ne, al tio ni ne strebu, "Ne al glavo sangon soifanta ..."

Remaĉante tiujn grizajn ideojn pri la malfacileco ĝui la favorojn de la gazetaro, mi eltrovis skandaleton danĝeran por neniu, sed taŭgan por allogi jurnalistojn. Mi rakontos ĝin al vi. Se vi volos mem provi ĝin en via urbo, mia sperto certe helpos vin plenumi ĝin pli sukcese ol mi.

Se vi jam vizitis nian urbon, vi eble konas la Esperantistan Bervalan Librejon ĉe la angulo de la Marjorie-Boulton-strato kaj de la Jean-Forge-strato, malantaŭ la katedralo

Sankta Netuŝebleco. Ĉar la esperantistoj ne estas legema popolo, la Esperantista Bervala Librejo ne aspektas tre pompa en tiu malriĉa kvartalo, sed la estrino, s-ino Flora, estas bela, ĉarma, klera, serioza 30-jarulino. La kompatinda s-ino Flora ne povis antaŭscii, ke ŝi ludos gravan rolon en mia propaganda projekto.

Se oni pagas multekostan anoncon tekstantan ekzemple: VIZITU LA ESPERAN-TISTAN BERVALAN LIBREJON neniu atentas ĝin. Male, se oni telefonas al reporteroj: "Tuj venu al la Esperantista Bervala Librejo. Ĝia estrino estis jus perfortita de kliento", ĉiuj algalopas kun pretaj notlibroj kaj kodakoj, kaj, jam en la vesperaj eldonoj de la lokaj gazetoj, oni havas senkostajn propagandajn artikolojn:

SEKSATENCO EN LA ESPERANTISTA BERVALA LIBREJO

"Fian agon faris nekonata junulo al nia samurbanino s-ino Flora, direktorino de la fama Esperantista Bervala Librejo, kiu dediĉis sian vivon al la disvastigo de la miranda internacia lingvo Esperanto ..."

("Sur nia foto s-ino Flora, kun ŝirita korsajo")

Mi petas vin, ne rapidu rimarkigi al mi, ke seksatenco estas preskaŭ tiel grava krimo, kiel murdo. Unue lasu min klarigi mian planon:

A) S-ino Flora ne estu perfortita, sed nur ekperfortata.[1]

B) S-ino Flora konas min, ĉar mi estas bona kliento de la Esperantista Bervala Librejo. Mi do elektu fremdan ekperfortonton.

C) Ĉe la pseŭdokrimo mi aperu nur kvazaŭ hazarda atestanto, kiu savas la preskaŭan viktimon, lasos al la atencinto sufiĉe da tempo por forkuri, telefonos al la polico kaj tamtame alvokas alvokos intervjuistojn de la gazetaro kaj de la televido. Se iu vera kliento envenus, tio ne ĝenus. Male. Estus du atestantoj. Sed, kiel vi ja scias, la esperantistoj ne estas legema popolo ...

La plej malfacila ero de la plano restis la punkto B. Sed mi estis sufiĉe bonŝanca, ĉar ĝuste tiam min vizitis Joĉjo, juna samideano el Borlando, kiu intencis loĝi ĉe mi dum kelkaj tagoj. La afero entuziasmigis Joĉjon, li deklaris sin preta partopreni en la propaganda seksatenco, kaj post studado de ĉiuj detaloj ni ekagis.

La 7an de junio je la 10a Joĉjo eniris en la librejon. Sur la trotuaro, apud la katedralo, mi atendis, ke la viktimo krios, por interveni. Mi ne povis konjekti, ke sablero paralizos la zorge ŝmiritan radetaron de nia plano.

Kiel mi poste eksciis de Joĉjo, la "sablero" pezis 230 funtojn kaj estis la 56-jara onklino de s-ino Flora. Ŝi provizore dejoris en la librejo anstataŭ la malsaneta nevino. Vidante la diklipan rideton, ombratan de nigraj liparoj, kaj la afablan strabadon de la grasulino, Joĉjo opiniis, ke mia priskribo de s-ino Flora ne tute kongruas kun la realajo. Sed ne estis tempo por senutila cerbumado. Unue la plano. Kaj konforme al la direktivo Joĉjo demandis: "Sinjorino, cu vi povus montri al mi la Fundamenton?"

La imponega karna turo malrapide pivotis kaj klinis sin super amason da polvaj broŝuroj. Joĉjo fermis la okulojn antaŭ la amplekso de la atakendajo. Sed, murmurante: "Antaŭen! Por Esperanto!", li laŭplane metis la dekstran manon sur la vastan postajon kaj liberigis per la maldekstra mano sian atakilon. Jam de multaj jaroj la onklino ne sentis tiel

---

1. Por la legantoj ne konantaj la nuancojn de la *Plena Gramatiko*, tio estas nur "komenco de daŭranta ago sen rezulto".

agrablan viran tuŝon. Interrompante la serĉadon al la Fundamento, ŝi turnis sian duoblan, dubeman rigardon al la juna kliento. Jes, evidente ŝin li avidas. Ŝin! Zamenhof diris en sia *Proverbaro*: "Okazon kaptu ĉe l' kapo, ĉar la vosto estas glita". Ŝi do abrupte kaptis la kapon kaj malaperigis la viran buŝon sub siajn lipharojn. Poste ŝi apogis sin dorse al la vendotablo kaj suprenlevis la jupojn kun invita mieno.

La eksmoda tolajo kaj la kotonaj ŝtrumpoj pene retenantaj la tremetadon de la femura gelatenaĵo igis Joĉjon pensi, ke eĉ por Esperanto sinofero iafoje estas troa, kaj li ŝtele rigardis al la pordo, indignante, ke la esperantistoj vere ne estas legema popolo. Per unu okulo la onklino observis lian kapon, dum la alia okulo konstatis heziton ankaŭ en la glita parto menciita de la proverbo. Per kubuto ŝi forbalais de la vendotablo stakon da libroj ĵus liveritaj de UEA,[2] kaj, ne atentante la averton de Zamenhof, ŝi kaptis la okazon ĉe l' vosto, opiniante ĝuste ties glitecon oportuna. Malgraŭ la baraktoj de Joĉjo, la potenca onklino renversis lin sur la vendotablon, translevis siajn 230 funtojn al lia nivelo kaj zorgis per helpa mano pri sukcesa kluĉo en la labirinto de la subjuparo.

Dume, malpacience paŝante kaj repaŝante malantaŭ la Sankta Netuŝebleco, mi atendis virinan krion, por ludi mian rolon de atestanto. Je la 10a kaj kvarono mi decidis interveni, kaj, estinginte mian cigaredon, mi transiris la straton kaj puŝis la pordon de la librejo.

Antaŭ la neatendita spektaklo mi restis sur la sojlo kun la klinko en la mano kaj kun konsterno en la okuloj. Komence mi ne vidis Joĉjon. La tutan butikon plenigis blanka, giganta, minaca, grasa paro da gluteegoj, kiuj ondadis super la vendotablo. El sub tiu monto da skuiĝanta karno apenaŭ elvidiĝis la kruroj de la perfortata junulo, implikitaj ĉe la maleoloj de lia mallevita pantalono kaj kunpremitaj sub kolosa pista, muela movado.

Kiam la monstra karakolantino komencis plengorĝe heni kaj ululi, mi fermis la pordon kaj reiris hejmen ridante, ridegante, tenante mian ventron per ambaŭ manoj, perdante la spiron pro gajegeco kaj balbutante al ĉiuj mirantaj pasantoj, ke ili lernu la internacian lingvon, fonton de feliĉo.

Vespere Joĉjo prenis sian valizon, insultante min kaj jurante, ke li neniam revenos al Bervalo.

Dum la sekvantaj semajnoj, kun esperantistaj esperantaj sentoj, la onklino de s-ino Flora ofte anstataŭis sian nevinon en la librejo, kaj ŝi certe rakontis sian travivaĵon al samaĝaj amikinoj ("Mi konfidas tion al vi, sed gardu la sekreton"), ĉar de tiu tempo tri kvaronoj de nia esperantista grupo konsistas el maljunaj fraŭlinoj.

How I Organised a Sexual Assault to Promote Esperanto, *1974*

During the universal congress in Vienna the head of state in that country addressed the participants in Esperanto. This highly significant fact, which should have been shouted from the rooftops, was mentioned by not one of the national news agencies. What a lamentable, pathetic and botched opportunity for publicity! Oh, yes, I know, "many will

2. Tute hazarde temis pri *Paŝoj al plena posedo*.

moan, while few will do." We'd need several million *steloj* to put adverts in the papers. The trouble is we don't have millions. What can we do to get journalists interested in Esperanto?

In general, editorial departments pander to readers' taste, or rather baser instincts, for blood and sex. The *Berryvale Lighthouse* and the *Berryvale Evening News* are no exception and constantly assail the eye and brain with huge-letter headlines:

WIDOWER STRANGLES MOTHER-IN-LAW WITH HER BODICE STRAPS
EXCLUSIVE – BARONESS'S "NOCTURNAL ROMPS" REVEALED
WOMAN CUTS LOVE-RAT'S THROAT
("Pictured: the huge blood stain in the middle of the bed of the murderous lady sacristan")

Ha! If newspapermen would only devote as much typographical panache to Esperanto! Not, of course, that the need for sensational articles gives licence to esperantists to go round butchering an Esperanto club chairman or secretary, even though some are decrepit and easily replaceable. No, no, let's not go down that path. "Not with thirsty sword for blood desiring …"

Mulling over these murky ideas about the difficulty of currying favour with the press, I came up with a mildly scandalous stunt of no risk to anyone but well-conceived to attract journalists. I'll let you in on it. If you want to try it yourself in your town, my experience will no doubt help you achieve it more successfully than I did.

If you've ever visited our town, you probably know the Berryvale Esperantist Bookshop at the corner of Marjorie Boulton Street and Jean Forge Street, behind the cathedral of St Untouchable. Since esperantists are not a people much given to reading, the Berryvale Esperantist Bookshop does not particularly stand out in this poor part of town, but the manageress, Madame Flora, is a winsome, pretty, cultured and serious lady aged 30. Poor Madame Flora could have no inkling that she would play an important part in my publicity campaign.

If you pay for an expensive advert such as this: VISIT THE BERRYVALE ESPERANTIST BOOKSHOP no one will pay any attention. On the other hand, if you ring reporters and say: "Get over at once to the Berryvale Esperantist Bookshop. A customer has just attacked the the manageress", they'll come running, notebooks and cameras at the ready, and by the evening editions of the local papers you'll have a story brimming with free publicity:

SEX ASSAULT AT THE BERRYVALE ESPERANTIST BOOKSHOP

"An unknown young man carried out a vicious attack on one of our townswomen, Madame Flora, boss of the famous Berryvale Esperantist Bookshop, who has devoted her life to spreading the word about the wonderful international language Esperanto …" ("Pictured: Madame Flora, with ripped bodice)"

Please, don't all rush to tell me a sexual assault is an offence almost as serious as murder. First, let me explain my plan:

A) Madame Flora is not to be assaulted, merely about to be assaulted.[1]

B) Madame Flora knows me, for I am a good customer of the Berryvale Esperantist Bookshop. I need therefore select an unknown assailant.

C) I shall appear on the scene of this bogus crime in the guise of a casual witness, who will save the intended victim, give the attacker sufficient time to run off, phone the police and then ring round newspaper and TV reporters. If a genuine customer comes in, no matter. On the contrary. There'd be two witnesses. But, as I've already said, esperantists are not a people much given to reading ...

The most tricky part of the plan was point B. But I was in luck, because Jack was staying with me at the time, a young esperantist from Boreland who planned to remain a couple of days. Jack was all for the idea, saying he was more than happy to take part in the sex assault stunt, and, after studying every detail, we put the plan into action.

On the 7th of June, at 10 o'clock, Jack went into the bookshop. I was waiting on the pavement, outside the cathedral, for the victim to scream, at which point I would intervene. I had no idea that a grain of sand would bring the carefully oiled cogs of our plan to a halt.

As I found out later from Jack, the "grain of sand" weighed 230 lbs and was the 56-year-old aunt of Madame Flora. She was working temporarily in the shop instead of her niece, who was sick. Seeing the plump-lipped smile, shadowed by a black moustache, and the merry squint in the eyes of this tub of lard, Jack thought my description of Madame Flora did not quite correspond to reality. However, there was no time for idle reflection. The plan was all. And, in accordance with instructions, Jack asked: "Madame, could you show me the Foundation?"

The wondrous tower of flesh slowly revolved to pore over a pile of dusty catalogues. Jack shut his eyes at the magnitude of the task before him. But, muttering: "Forwards! For Esperanto!", and in accordance with what had been agreed, he placed his right hand on the enormous rear and, with his left, freed his weapon. Not for years had the aunt experienced so thrilling a touch from a man. Breaking from her hunt for the Foundation, she turned her doubting double vision on the young man. Yes, it was obvious he wanted her. Her! Zamenhof says in his *Collected Proverbs*: "Seize chance by the head, for slippery is the tail". And so in a trice she seized the head and buried the manly mouth beneath her moustache. Then she propped herself with her back to the counter and, invitingly, lifted her skirts.

The old-fashioned draperies and cotton stockings, barely restraining the thighs of quivering jelly, made Jack think that self-sacrifice, even for Esperanto, was sometimes a little excessive, and he stole a glance at the door, annoyed that esperantists are a people not much given to reading. With one eye the aunt was observing his head, while with the other she was noting similar hesitation in the slippery part mentioned in the proverb. With her elbow she swept from the counter a pile of books freshly arrived from UEA[2] and, ignoring Zamenhof's warning, seized chance by the tail, believing its very slipperiness most opportune. In spite of Jack's struggling, the aunt applied all her might to upend him on the counter, transfer her 230 lbs down to his level and, with a helping

1. For readers unfamiliar with the nuances of the *Complete Grammar*, this is merely the "beginning of a continuous deed without conclusion".

2. By chance *Steps to Complete Possession* [a much reprinted textbook by William Auld].

hand, engineer a successful union in the labyrinth of her undergarments.

Meanwhile, anxiously pacing up and down behind St Untouchable's, I was listening out for a female cry so I could go and play my part as witness. At a quarter past ten I decided to get stuck in and, putting out my cigarette, I crossed the street and pushed open the door of the shop.

Faced with the unexpected sight I remained rooted to the threshold, the door handle in my hand and horror in my eyes. At first I could not see Jack. The entire shop was filled with a huge, white, menacing, flabby pair of enormous buttocks heaving up and down above the counter. From underneath this quaking flesh could just be seen the legs of the violated youth, trapped with his trousers round his ankles and squashed beneath a gigantic grinding, milling movement. As soon as the monstrous, prancing paramour began neighing and braying at the top of her voice, I shut the door and returned home, grinning, laughing, clutching my belly with both hands, breathless with mirth, and stammering to every puzzled passer-by that they should learn Esperanto, source of all joy.

That evening Jack took his suitcase, called me every name under the sun, and swore never to return to Berryvale.

In the following weeks, with feelings of hope characteristic of all esperantists, Madame Flora's aunt often stood in for her niece in the bookshop, and no doubt related her experience to friends of a similar age ("I can tell you, but keep it to yourself"), because from that time on three quarters of our Esperanto group were old maids.

Translation – Paul Gubbins

Esperantists, like members of any community, are keen to celebrate and commemorate those who have contributed to the movement. Over 1,000 statues, plaques, roads and other monuments – in 54 countries – dedicated in some way to Esperanto have been documented: the figure dates from 1997 and the number is growing. As the following account shows, these monuments are to be found not just on land but also in water.

The report was published in August 2010 in the on-line journal *Libera Folio* (*Free Sheet*). This was founded in 2003 by István Ertl and Kalle Kniivilä to "shed light on current developments [in the Esperanto world] in sober and critical manner" ("sobre kaj kritike prilumi aktualajn evoluojn"). It offers an independent, often divergent and sometimes controversial voice in contrast to that of the Universal Esperanto Association (UEA) and the Esperanto "establishment".

Mentioned in the report are esperantists Vasili Eroshenko who, although blind from an early age, used Esperanto to travel the world, teaching and writing; and Antoni Grabowski, a pioneer of the language and a noted translator.

Libera Folio

Langlet, Lenino kaj Zamenhof iĝis submaraj najbaroj, *2010*

La kapo de la konata sveda Esperanto-pioniro Valdemar Langlet en julio estis lokita sur la fundo de Nigra maro apud Jalto, proksime al la kapoj de Lenino, Vasilij Eroŝenko kaj Ludoviko Zamenhof. Temas pri skulptajoj en submara muzeo, pri kies lasta akirajo loka jurnalo *Jaltinskij Kurjer* raportis en duonpaĝa artikolo. La muzeo estiĝis en 1992, kiam loka plonĝisto post la disfalo de Sovetio decidis dronigi Leninon.

Valdemar Langlet naskiĝis en 1872, en 1891 fondis la duan Esperanto-klubon en la mondo, kaj estis la unua prezidanto de Sveda Esperanto-Federacio en 1906–09. Li estis konata jurnalisto, kaj interalie verkis librojn pri siaj longaj vojaĝoj en Rusio kaj Hungario.

Ekde 1932 li laboris kiel lektoro pri la sveda lingvo ĉe la universitato de Budapeŝto, kie li restis ankaŭ dum la dua mondmilito. Kune kun sia edzino Nina Langlet (originale Borovko, filino de la rusia Esperanto-pioniro Nikolaj Borovko) li sub la protekto de la sveda ruĝa kruco iniciatis laboron por savi milojn da judoj kaj aliajn homojn, kiujn la nazioj persekutis. Nina Langlet poste verkis libron pri la help-agado.

La submara muzeo apud la urbo Jalto en Krimeo, suda Ukrainio, situas dek du metrojn sub la surfaco, kaj dekomence havis du subakvajn "salonojn", el kiuj la unua estis dediĉita al la gvidantoj de la rusia revolucio de 1917, kaj la dua konsistis el bustoj de klasikaj verkistoj kaj artistoj.

La muzeo estiĝis, kiam Vladimir Borumenskij post la disfalo de Sovetio decidis dronigi Leninon.

"La 25-an de aŭgusto 1992 en nia subakva taglibro ni notis: 'Uljanov – sen reveno'. Mi starigis lin kun la vizaĝo direktita al la okcidento. Estas loko ankaŭ por Hitlero. La kultura sekcio de la muzeo estiĝis hazarde, unue mi vidis buston de Betoveno en bazaro, kaj aĉetis ĝin. Poste aperis Ĉajkovskij, Jesenin. Ili neŭtraligas la bolŝevikojn," rakontis Vladimir Borumenskij en intervjuo.

En la jaro 2008 laŭ propono de loka Esperanto-klubo estis fondita tria sekcio de la muzeo, dediĉita al pioniroj de la Esperanto-movado. Tiam sub la akvo estis starigitaj bustoj de Ludoviko Zamenhof kaj de Vasilij Eroŝenko.

La tria busto de la Esperanto-sekcio havas almenaŭ malrektan ligon al la urbo Jalto, ĉar la patro de Nina Langlet, Nikolaj Borovko, estis la fondinto kaj la unua direktoro de la Jalta urba biblioteko. Jefim Zajdman, aktivulo de la loka Esperanto-klubo, en intervjuo de la gazeto *Jaltinskij Kurjer*, rakontas, ke oni unue planis rezigni pri busto de Langlet, ĉar mankis la bezonata profila foto.

"Oni jam decidis anstataŭ busto fari portreton sur marmora plato, sed tiam el Hungario venis informo, ke baldaŭ parto de la Danuba kajo en Budapeŝto estos nomita honore al Valdemar kaj Nina Langlet. Lige kun tio hungaraj esperantistoj helpis trovi la bezonatan foton, kaj la buston kreis la konata ukraina skulptisto Igor Lisenko."

La busto de Valdemar Langlet estis lokita sur la fundo de la maro dum "Internaciaj Esperanto-Tagnoktoj" en la komenco de julio, helpe de la germana esperantisto kaj plonĝisto Eric Rademacher. Dum sekva Esperanto-aranĝo en Jalto oni planas dronigi buston de Antoni Grabowski.

Langlet, Lenin and Zamenhof Become Underwater Neighbours, *2010*

In July the head of the famous Swedish pioneer esperantist Valdemar Langlet was placed at the bottom of the Black Sea at Yalta, close to the heads of Lenin, Vasili Eroshenko and Ludoviko Zamenhof. All of them are sculptures in an underwater museum, whose latest acquisition is the subject of a half-page article in the local newspaper *Jaltinsky Kurier*. The museum was created in 1992, after the Soviet Union had fallen apart and a young diver decided he would "drown" Lenin.

Valdemar Langlet was born in 1872. In 1891 he founded the world's second-ever Esperanto club and was the first president of the Swedish Esperanto Federation from 1906 to 1909. Langlet was a well-known journalist whose writings include books about his extensive travels in Russia and Hungary.

From 1932 onwards he worked as a lecturer in Swedish at the University of Budapest, where he remained also during the second world war. He and his wife Nina Langlet (née Borovko, daughter of the Russian pioneer esperantist Nikolai Borovko) set up a scheme under the protection of the Swedish Red Cross to rescue thousands of Jews and other people persecuted by the Nazis. Nina Langlet later wrote a book about this rescue mission.

The underwater museum at the town of Jalta in the Crimea in southern Ukraine is twelve metres below the surface and originally had two underwater "halls," one of which was dedicated to the leaders of the Russian revolution of 1917; the other contained busts of classical authors and artists.

The museum came about when Vladimir Borumenski decided to drown Lenin following the collapse of the Soviet Union.

On the 25th August 1992 we noted: 'Ulyanov – no return' in our underwater diary. I stood him with his face towards the west. There's a place for Hitler as well. The cultural section of the museum came about by chance when I saw a bust of Beethoven in a market and bought it. Later Tchaikovsky appeared, and Yesenin. They're there to neutralise the Bolsheviks," said Vladimir Borumenski in an interview.

In 2008 at the suggestion of a local Esperanto club a third section of the museum was founded, dedicated to pioneers of the Esperanto movement. Busts of Ludoviko Zamenhof and Vasili Eroshenko were then erected under the water.

The third bust in the Esperanto section has at least an indirect link to the town of Jalta, as Nina Langlet's father Nikolai Borovko was the founder and first director of the Jalta municipal library.

Speaking to the newspaper *Jaltinsky Kurier*, local Esperanto club activist Yefim Zaidman said that originally they had not intended to include a bust of Langlet as no profile photo of him was available.

"We had already decided to make a portrait on a marble plaque, but then we heard from Hungary that a part of the Danube quayside would soon be named in honour of Valdemar and Nina Langlet. Because of this, Hungarian esperantists were able to help us find the photo we needed, and the bust was created by the famous Ukrainian sculptor Igor Lisenko."

The bust of Valdemar Langlet was placed on the sea bed during "Esperanto Days and Nights" at the beginning of July with the assistance of the German esperantist and diver Eric Rademacher. There are plans to submerge a bust of Antoni Grabowski at a forthcoming Esperanto event in Jalta.

Translation – Jack Warren

The world beyond Esperanto provides as much inspiration, fascination and study for speakers of the international language as their own language community. Often Esperanto provides a bridge between peoples of different language and national backgrounds, as the following report reveals.

The writer, Hori Yasuo, uses email to send regular reports in Esperanto to recipients round the world. His accounts offer an insight into everyday life in Japan and reveal sometimes how ordinary people are affected by extraordinary events – in this case the 2011 tsunami and the damage caused to the Fukushima nuclear reactor.

These email messages, in common with Esperanto reportage in general, offer a unique perspective on the world. It is not a question of – for instance – a British foreign correspondent reporting on overseas events from a British perspective, and perhaps relying on filtered and possibly distorted translated or interepreted material, but a Japanese speaker reporting on Japanese events by means of a common, neutral language. Middlemen are excluded – an opportunity which world media, rooted in national language reportage, have yet to discover. The report is dated 25 October 2011.

Hori Yasuo

Toohoku-kongreso, *2011*

La 22an–23an de oktobro okazis la 52a Toohoku-Esperanto-Kongreso en la varmfontejo Iizaka en la urbo Fukuŝima. Mi timis, ke pro la radioaktiveco ne venos multaj homoj, sed same kiel en antaŭaj jaroj, preskaŭ 50 homoj ĉeestis kaj 30 homoj morale aliĝis.

Mi prezidis la simpozion "Esperante pacon por protekti vivon kaj vivadon", en kiu reprezentantoj de la kvar gubernioj de Toohoku raportis kaj poste ni diskutis. Kiel mian finan saluton, mi prezentis leteron de juna esperantistino, kiu skribis al mi: "En la socio, al kiu mankas espero, mi sentas min pli kaj pli maltrankvila, sed ĉar mi vivas en tia socio, pli klare vidiĝis al mi vere valoraj aferoj. Unu el tiuj estas Esperanto. Ĉi-foje mi multfoje kaj insiste diradas al mi, ke mi serioze lernu Esperanton. Por vivi konservante vere valorajn aferojn trezore, Esperanto donos al mi multajn ŝlosilojn. Mi volas agadi por Esperanto per Esperanto kiel vi."

Profitante tiun kongreson, mi vizitis la urbon Iŭaki, kiu situas ĝuste sude de la nukleaj centraloj n-roj 1 kaj 2. Mi tranoktis la 23an de oktobro en la hotelo antaŭ la stacidomo

Iŭaki. Je la 8a, la 24an, kiam mi forlasis la hotelon, mi demandis la dejorantinon, kiom da radioaktiveco oni kutime detektas en la urbo, kaj ŝia respondo estis: "Ĉi tie estas surprize malalta. Nur 0.12 mikro-sivertoj". Tiu respondo estis surprizo al mi, ĉar en mia urbo Maebaŝi, ĉirkaŭ 200 kilometrojn fore de la centralo, la cifero estas kutime 0.03 mikrosivertoj, kaj ŝi diras, ke tiu cifero estas surprize malalta. Tamen ŝi estis prava. En la jurnalo de tiu tago mi trovis jenan statistikon:

La urbo Fukuŝima (ĉe la urbodomo): 1.11 mikro-sivertoj
La urbo Nihonmacu (ĉe la urbodomo): 0.84
La urbo Koorijama (ĉe la urbodomo): 0.89.

Kaj en la radiuso de 20 kilometroj:

La urbo Hirono (en Futacu-numa): 0.62
La urbo Naraha (en Macudate): 1.45
Antaŭa urbodomo de Tomioka: 3.69
La nuklea centro: 6.50
La urbo Futaba (ĉe Jamada): 27.66
La urbo Namie (ĉe la centra parko): 1.19.

Je la 8a, per taksio mi ekiris al la marbordo, kie staras la hotelo Kanpo-no-jado. Laŭ la mapo pri damaĝoj de la cunamo, ĉirkaŭ la hotelo estis brune kolorigita, kio signifas, ke la cunamo envenis en tiun distrikton, sed jam la hotelo funkcias, kaj en la kampoj ĉirkaŭ ĝi restis stumpoj de rizplantoj, tial la damaĝoj estas ne tiel grandaj. Nur la digo laŭ la marbordo estis difektita.

Mi revenis al la stacidomo de Iŭaki, kaj poste mi prenis la trajnon de 10:49 al la urbo Hirono, kiu, ĝis la 30a de septembro, estis fermita al la loĝantoj pro densa radioaktiveco. Tiu trajnlinio estas nomata Ĵooban-linio, grava linio, kiu ligas Tokion kaj la regionon Toohoku, sed ĉar ĝi kuras apud la du nukleaj centraloj, la linio interrompiĝis inter la suda stacio Hirono en la gubernio Fukuŝima kaj la fora, norda stacio Ŭatari en la gubernio Mijagi. La stacio Hirono estas la plej proksima al la damaĝita centralo de Fukuŝima n-ro 1.

En la trajno troviĝis, komence, ĉirkaŭ 20 homoj, kaj fine, kiam ĝi atingis la urbon Hirono je 11:14, nur ĉirkaŭ 10 homoj, inter kiuj estis du turistoj, kelkaj viroj bone vestitaj eble el Tokio kaj maljunulino kun lernantino. Antaŭ la stacidomo atendis minibuso kun la nomŝildo de la elektra kompanio Toshiba kaj aŭtomobilo, en kiujn tiuj viroj eniris. Atendis du taksioj, kaj mi ekveturis en la unua.

Mi veturis laŭ la ŝoseo n-ro 6. Dume la ŝoforo klarigis diversajn aferojn: "Eble la forteco de radioaktiveco estas unu mikro-siverto ĉi tie, tamen estis senutile maltrankviliĝi pro tio, ĉar ni ne povas ŝanĝi la situacion. Ĉiuj loĝejoj kaj apartamentoj estis luitaj de TEPCO, por ke ĝi loĝigu laboristojn por la riparado. El 5 500 urbanoj, revenis nur 300, tial la urbo estas kvazaŭ morta. Lernejoj malfermiĝos en la venonta jaro".

La taksio proksimiĝis al la granda krucvojo, kie staris kelkaj policanoj vestitaj blanke kontraŭ radioaktiveco aŭ kontraŭ pluvo. Ili mansigne ordonis al la ŝoforo reveni la saman vojon. Mi haltigis la taksion kaj fotis ilin. Apude kelkaj homoj sarkis la trotuaron. Poste ni iris al J-Vilaĝo situanta en la urboj Naraha kaj Hirono, fondinta en 1997 kiel sporta instalajo fare de la gubernio Fukuŝima kaj TEPCO. Por subaĉeti koron de la loĝantoj, ĉiuj elektraj kompanioj tre bonkore kaj malavare konstruigis similajn konstruajojn tutlande kaj tiu ĉi estis la modela instalajo de tiaj korsubaĉetadoj. Ĝi estis ankaŭ la unua nacia trejncentro de piedpilko, sed nun oni uzas ĝin kiel stacion por la riparado de la nuklea centralo.

Enirinte en la terenon, ni vidis multegajn aŭtomobilojn, inter kiuj estis levmaŝinoj kaj aliaj kamionoj. La ŝoforo klarigis: "Tiu ĉi tereno estis piedpilkejo bele gazonita, sed nun ferplanke kovrita, kaj la konstruajo fore videbla estas nun uzata kiel stacio por riparado." Ni proksimiĝis al la konstruajo. Antaŭ la pordo staris gardistoj, kaj ni ne povis halti. Ĉe la ŝtuparo mi vidis tri laboristojn, kiuj ŝajnis al mi pli ol 50-jaraj. La ŝoforo diris: "Jes, multaj estas maljunaj. Oni diras, ke inter la laboristoj troviĝas eksaj mafianoj kun timiga tatuo". El la taksifenestro mi faris kelkajn fotojn kaj revenis.

Mi ne revenis rekte al la stacidomo, sed mi eltaksiiĝis en la loĝkvartalo laŭ la marbordo. Laŭ la malvasta strato viciĝis domoj, sed ĉiuj estis detruitaj de la cunamo kaj la duono de tiuj estis jam malkonstruita. Kelkaj domoj estis forlasitaj en la sama stato, kiam okazis la cunamo. Laŭ la marbordo restas pinarbaro, do mi opinias, ke la ondoj ne estis tiel fortaj kiel en la urbo Rikuzen-Takada, kie la arbaro tute malaperis. Mi malĝoje paŝis inter tiuj domoj. Inter tiu strato kaj la stacidomo estis rizkampoj, sed inundite nun kreskas herbaĉoj kun flavaj floroj.

Mi prenis la trajnon de 12:49 al la urbo Iŭaki. En tiu trajno denove estis tiu virino kun lernantino. Mi havis intereson pri ili kaj alparolis. Ŝi estis loĝanto de la urbo Naraha, la najbara urbo de Hirono. Jen ŝia rakonto:

"Mia domo situas 200 metrojn ene de la malpermesita distrikto. Kiam mi rajtis reveni hejmen portempe dum du horoj, mi revenis, sed la domo estis plena de netolereble malbona odoro de ŝimo. Troviĝis fendo en la tegmento, kaj tra ĝi akvo engutis en la domon. Eble post unu jaro la domo fariĝos denove loĝebla.

"Post la akcidento ni, la loĝantoj de la urbo Hirono, rifuĝis al la urbo Aizu, la montara urbo de Fukuŝima, ĉar la du urboj estas ĝemelaj. Ni plendis pro tio, kial ni devis rifuĝi en tiun montaran lokon, sed poste ni trovis, ke ni estas feliĉaj, ĉar tiuj, kiuj rifuĝis al najbaraj urboj, certe elmetiĝis al radioaktiveco transportata de ventoj. Mi poste forkuris al Tokio, sed nun mi loĝas en la urbo Iŭaki kun tri genepoj. Mia filino devas labori en alia urbo, kien ŝia kompanio translokiĝis. Mi laboris en manĝejo en mia urbo, sed nun estas senlabora. Ĉiun tagon mi prizorgas miajn genepojn. Ĉi tiu nepino estas la plej juna kaj bazlernejanino. Ŝi volas reveni al sia lernejo, sed jam tiu ne eblos.

"Al kiom da radioaktiveco ni elmetiĝis? Mi supozas, ke el la centralo certe eliĝis radioaktiveco, kvankam TEPCO ĉiam diris, ke tio ne okazas. Neniu scias pri tio, ĉar antaŭe neniu mezuris radioaktivecon en la urbo. Mia amikino, kiu loĝis tuj apud la centralo, diris, ke pecetoj el la eksplodo pluvis sur ŝin, kiam okazis la akcidento. Terura afero.

"Hodiaŭ mi akompanis mian nepinon por vidi nian hejmon, ne de proksime, sed de fore. Por tiuj genepoj, mi devas strebi per mia tuta forto."

El la stacidomo Iŭaki la virino kaj ŝia nepino paŝis foren en la senhoman urbon. Mi prenis la trajnon de la 15:40 kaj revenis hejmen je la 21a. Dume mi purigis miajn intestojn per alkoholajo kaj hejme mi purigis min en banejo.

The Tohoku Congress, 2011

On the 22nd and 23rd of October the 52nd Tohoku Esperanto Congress took place at the Iizaka thermal spa in Fukushima. I was worried that not many people would turn up, because of the radiation, but as in previous years almost 50 people attended, while 30 sent their apologies.

I chaired the symposium "Hope and peace to protect living and life", in which we received reports from representatives of the four administrative districts of Tohoku and which afterwards we discussed. In my final address I read out a letter from a young female esperantist who had written to me: "In this society lacking hope I find myself more and more uncomfortable, but because I live in such a society things with real value become increasingly apparent. One of these is Esperanto. This time I tell myself, repeatedly and insistently, that I must learn Esperanto seriously. Esperanto gives me so many ways to look after and to treasure those things in life that are truly worthwhile. I want to work with Esperanto for Esperanto like you do."

I took advantage of the congress to visit Iwaki, just south of the nuclear power plants 1 and 2. I spent the night of the 23rd of October in the hotel opposite the station at Iwaki. At 8 o'clock, on the 24th, on leaving the hotel, I asked the receptionist how much radiation was normally found in the town and she told me: "Around here it's surprisingly low. Only 0.12 microsieverts". Her answer came as a surprise to me, because in my town of Maebashi, about 200 kilometres from the reactor, the figure is usually 0.03 microsieverts, and she said the figure was surprisingly low. But she was right. In the paper that day I found the following statistics:

Fukushima (at the town hall): 1.11 microsieverts
Nihonmatsu (at the town hall): 0.84
Koriyama (at the town hall): 0.89.

And in a radius of 20 kilometres:

Hirono (in Futatsunama): 0.62
Naraha (in Matsudate): 1.45
Former town hall of Tomioka: 3.69
The nuclear power plant: 6.50
Futaba (at Yamada): 27.66
Namie (at the central park): 1.19.

At 8 o'clock I took a taxi to the coast to the spot where the hotel Kanponoyado stands. According to the map showing damage from the tsunami the area round the hotel is coloured brown, which means the tsunami swept across this area. The hotel, however, is in operation again, and in the surrounding fields the stumps of rice plants indicate the damage was not too extensive. Only the earthwork along the coast was damaged.

I returned to Iwaki station and afterwards took the 10.49 train to Hirono which, up until September 30, had been closed to its inhabitants because of high levels of radiation. This stretch of railway is known as the Joban-line, an important link between Tokyo and the area of Tohoku. Because it runs past the two nuclear power plants it was closed between Hirono South Station in the administrative district of Fukushima and the further, northern station of Watari in the district of Miyagi. Hirono station is the nearest to the damaged number one power plant at Fukushima.

At the start of journey there were about 20 people in the train but finally, when we got to Hirono at 11.14, there were only about 10, among them two tourists, several smartly dressed men, possibly from Tokyo, and an elderly lady accompanying a schoolgirl. Standing in front of the station was a minibus bearing the name of the electricity company Toshiba and a car which the men got into. There were also two taxis and I set off in the first.

I travelled via highway 6. During the journey the driver told me several things: "It's quite possible the strength of the radiation here is one microsievert but there's no point getting all het up about it because there's nothing we can do. All the houses and flats round here have been rented by TEPCO [translator's note: Tokyo Electric Power Company] to house the workers engaged in the repairs. Only 300 people out of a population of 5,500 have come back and that's why the town's pretty well dead. Next year the schools will be reopening".

The taxi came to a large crossroads where several policemen were standing, dressed in white as protection against the radiation or the rain. They gestured to the driver to return the same way he'd come. I got the taxi to stop and I took a photograph of them. Next to them several people were raking the pavement.

After that we went to J-village in the townships of Naraha and Hirono which was opened in 1997 by the administrative district of Fukushima and TEPCO as a sports and leisure complex. To worm their way into residents' hearts, all the electricity companies across the land kindly and generously built such places, and this one became the model for all such efforts to bribe their way to popularity. It was also the principal football training centre, but it's currently used as a base for repairing the power plant.

Entering the grounds a huge number of cars were visible and, among them, cranes and other trucks. The taxi driver explained: "This was where the football pitch was, with its splendid turf, but it's now covered with iron sheeting, while the building over there in the distance is being used as a repair centre". We went closer to the building. There were guards on the gate and we couldn't stop. On the steps I saw three workers who all seemed to me to be over 50. The driver said: "Yes, there's a lot of them who are getting on a bit. They say there are ex-mafia types among the workers who have this terrifying tattoo". I took several pictures through the taxi window and then turned back.

I didn't return directly to the station but left the taxi in the residential area on the coast. There were houses lining the narrow street but all had been destroyed by the tsunami and half of them had already been knocked down. Some of the houses had been left in the same state they were when the tsunami struck. A pine forest along the coast remained and so I guessed the waves there were not as powerful as in Rikuzen-Takada, where the forest had completely disappeared. With sadness I walked among these homes. There were rice fields between this street and the station but, after the floods, the only thing growing there were weeds with yellow flowers.

I took the 12.49 train to Iwaki. On the train I saw the woman with the schoolgirl again. I was interested in them and struck up a conversation. She used to live in Naraha, the neighbouring town to Hirono. Here's what she told me:

"My house is 200 metres inside the exclusion zone. When I was allowed to return home for two hours, I went back but the house was full of an unbearable stench of mould. There was a crack in the roof and water had got into the house. Perhaps in a year or so the house will be habitable again.

"After the accident we, the inhabitants of Hirono, took shelter in Aizu, in the hills near Fukushima, because our towns are twinned. We complained about the fact we had to seek refuge in the hills but afterwards we found we'd been lucky, because those who'd sought shelter in neighbouring towns were no doubt exposed to radiation that was carried on the wind. Then I went to Tokyo but now I'm living in Iwaki with three grandchildren. My daughter has to work in another town where her firm has relocated. I used to work in a canteen in my town but now I'm unemployed. So every day I look after my grandchildren. This is my granddaughter who's the youngest and in primary school. She wants to go back to her school but that's not possible.

"How much radiation have we been exposed to? I suppose we must have been exposed to some from the power plant, though TEPCO keeps on saying this wasn't the case. No one knows, because before no one in the town ever measured radioactivity. My friend, who lived right next door to the plant, said bits from the explosion were raining down on her when the accident took place. A dreadful business.

"Today I'm taking my granddaughter to see our home, not from up close but from a distance. I want to do whatever I can for these grandchildren."

The woman and her granddaughter walked out of the station at Iwaki into the deserted town.

I took the 15.40 train and got home at 9. On the way I cleaned my insides with a stiff drink and, on reaching home, my outsides with a good bath.

Translation – Paul Gubbins

A world towards war for aye aspiring

The title of this section is taken from the Esperanto anthem (see page 40). It reflects the naive belief – or hope – that a common, neutral language might represent a small but significant step in helping peoples perpetually at war ("eterne militanta") to understand their differences. Lanti and others pooh-poohed the idea and today it would be a brave esperantist who would seriously suggest this as a reason for learning the language.

Despite the neutrality of the mainstream Esperanto movement war and conflict inevitably left their mark on it. In the first world war Esperanto speakers, operating from their neutral base in Switzerland, came perhaps as near as any time in the history of the movement to realising Zamenhof's hope, expressed in the anthem, that the international language might bring "holy peace", or "harmony" ("sankta harmonio"), to the warring factions. As Edmond Privat recorded, the neutral Esperanto movement served as a conduit for correspondence between ordinary people in the countries divided by war.

Both world wars, however, set back the Esperanto cause. Inevitably for, when people are dying in far-off fields, when bombs are raining from the sky, there are priorities other than language-learning. Survival, for example. Furthermore, while some esperantists sought conflict – in the Spanish civil war – in other instances conflict sought them. As Ulrich Lins has documented, Esperanto speakers, including members of Zamenhof's family, were despatched to concentration camps for using the language of its Jewish originator.

The cost of war could be counted not just in lives but in the social and cultural development of Esperanto. The number of original Esperanto plays written during the four years of the first world war was less than half the number written in the preceding four. Between 1939 and 1948 just three original plays can be traced.

Strife and conflict, and not just the two world wars, have affected Esperanto in other ways. As with other literatures, they have inspired powerful and moving fictional accounts of hardship and heroism, cruelty and courage. And unfulfilled love.

Raymond Schwartz set his 1963 novel *Kiel akvo de l' rivero* (*As Water of the River*) in the period before the first world war. The story centres on a French Romeo and a German Juliet. Pierre, living in Berlin, has made friends and fallen in love. The advent of war forces him to leave and return to France. The extract below touches on the moment when Pierre realises he can no longer stay in his Berlin lodgings with his affable hosts, the Geists, and their son Hugo.

The novel not only depicts nationalism, the cruelty of war, and their effect on ordinary lives, but also contains, subtextually, a plea – a recurrent Esperanto theme – for harmony and understanding between different nationalities and peoples.

The interwoven strands of friendship and romance, militarism and conflict, would make a successful film.

Raymond Schwartz

Kiel akvo de l' rivero (eltirajo), *1963*

La atmosfero estis premanta, tiun vesperon, en la manĝoĉambro ĉe Geist. Dum ĉiuj, krom Hugo, kolektiĝis ĉirkaŭ la tablo, Minna, kiu estis malsuprenkurinta pro iu komisio, revenis tremetanta pro indigno, preskaŭ ploranta. "Kia impertinenteco!" Ŝi rakontis, per hastaj nekoheraj frazoj, pri la nekredebla konduto de tiu Guste Sähmisch, tie malsupre, en la fromaĝbutiko. "Ankoraŭ estas iuj, diris tiu persono, kiuj kaŝas spionojn ĉe si. Bela skandalo, ŝi diris, tiu persono, kaj parolis pri junuloj, kiuj volas ridindigi germanajn knabinojn kaj ke oni forbrulos ĉiujn spiononestojn." Plej ĝene estis por Minna, ke tiam sinjorino Stecken sin turnis al ŝi por riproĉi al ŝi, ke io tia estas dum la nunaj tempoj perfido kontraŭ la patrujo.

"Bone, Minna, bone, nenion timu!" sinjoro Geist konsolis sian servistinon, "sidu senzorge en via kuirejo. Tiuj personoj ne estas respondecaj pri siaj paroloj."

La silento pezis sur ĉiuj. Ĝi ŝajnis eterna. Konsterno legiĝis el ĉiuj okuloj. Tiam Pierre parolis: "Nun mi devas forlasi vin. Morgaŭ matene mi forveturos."

Ankoraŭ silento.

"Nu, eble ankoraŭ ne estas tiel urĝe," opiniis sinjoro Geist.

Ĉiuj komprenis, ke tio estas nur banala ĝentilecformulo. Ĉiuj sciis, ke la decido de Pierre povas esti nur aprobita. Sinjoro Geist diris: "Kia domaĝo, ke via restado ĉe ni devas interrompiĝi tiel subite! Sed neniu rajtas vin reteni. Ni komprenas, ke vi deziras, kiel eble plej baldaŭ, retroviĝi ĉe viaj gepatroj dum la nunaj cirkonstancoj."

Hugo enkuris kun vesperjurnalo kaj sciigis ekscitite: "Francaj avangardistoj invadis la germanan teritorion. Sen militdeklaro!"

Pierre ne volis kredi. Pala li ekkriis: "Neeble!" Hugo respondis seke kaj tranĉe: "Ĉi tie presite! Neniu dubo plu ebla!"

Sinjorino Geist sopiris: "Ah! Dio mia! Kiel tio finiĝos?"

Sinjoro Geist prenis la jurnalon el la manoj de Hugo. Avide li trarigardis ĝin. Subite li levis la okulojn al Pierre.

"Malbone por vi, Pierre. La pasejoj ĉe la landlimoj estas fermitaj. Oni ne plu povas transiri. Kion fari?"

Pierre ne respondis. Li dronis en pensokirliĝo. Li ektremetis. Sinjoro Geist supozis, ke temas pri nur provizora decido.

"Oni ne povas teni la landlimon daŭre fermita, ĉar ja ankoraŭ ne estas milito."

"Ĉiuokaze," opiniis Pierre, "mi ekveturos morgaŭ matene. Ĝis Metz mi povos facile alveni. Mi havas amikojn kaj parencojn ne malproksime de tiu urbo. Ankaŭ mian fraton. Mi devas iri."

"Jes, tio estas saĝa decido."

As Water of the River (extract), *1963*

In the Geists' dining room that evening the atmosphere was oppressive. While all except Hugo had gathered round the table, Minna, who had run downstairs on some errand, returned trembling with indignation, almost in tears. "What sauce!" She told them, in hasty, incoherent phrases, about the incredible behaviour of that Guste Sähmisch, down in the cheese shop. "The woman was saying there are still people hiding spies in their homes. A fine thing that is, for the woman to come out with, and saying there are young fellows wanting to have their fun with German girls and that spies' nests will be burned out." It had been most difficult for Minna that Mrs Stecken had then turned to her to tick her off, saying that sort of thing these days constituted treason against the fatherland.

"It's all right, Minna, don't be afraid!" Mr Geist comforted his maid. "You sit in your kitchen and don't worry. People like that don't know what they're saying."

The silence weighed on everyone. It seemed to last for ever. Consternation could be read in everyone's eyes. Then Pierre spoke: "The time's come when I've got to leave you. I'm setting off in the morning."

Further silence.

"Well, perhaps it's not quite come to that," suggested Mr Geist. Everyone understood these words were mere politeness. Everyone knew Pierre's decision could only meet with approval. Mr Geist said: "What a pity you've to break off your stay with us so suddenly! But no one's any right to detain you. We can well understand that, in the present circumstances, you want to be back with your parents as soon as possible."

Hugo rushed in with the evening paper and told them excitedly: "French advance forces have invaded Germany. And with no declaration of war!"

Pierre refused to believe it. "Impossible!" he exclaimed, ashen-faced. Hugo's answer was dry and to the point: "It says so here! There can be no doubt!"

Mrs Geist sighed: "Oh! My goodness! How's it all going to end?"

Mr Geist took the paper from Hugo's hands. He looked through it eagerly. Suddenly he looked up at Pierre.

"That's bad, Pierre. The border crossings have been closed. No one can get through any more. What are you going to do?"

Pierre didn't answer. His thoughts were in turmoil. He began to tremble. Mr Geist said he thought the closure was just temporary. "They can't keep the border closed for ever, because we're not at war."

"Whatever," Pierre said, "I shall set off tomorrow morning. I'll easily make it as far as Metz. I've friends and relatives just near there. Including my brother. I have to go."

"Yes. A wise decision."

Translation – Malcolm Jones

The first world war severely checked the development of Esperanto. Like Pierre, in the novel by Schwartz, many young men, including esperantists, were called up for military service and found themselves on opposing sides in the trenches. After the war, those fortunate enough to return home faced more immediate concerns, such as earning a living, than international communication.

Nevertheless, during the war, Esperanto played its part in bringing together families and others torn apart by the fighting. The role of Esperanto in those troubled times was documented by the journalist and historian Edmond Privat.

Quoted in the following chapter from Privat's *Historio de la lingvo Esperanto* (*History of the Esperanto Language*) is Hector Hodler (Switzerland, 1887–1920), a journalist and son of the Swiss painter Ferdinand Hodler. Hector co-founded in 1908 the Universal Esperanto Association and became editor of its house-magazine *Esperanto* (still published today).

Edmond Privat

Dum la milito (1914–1917), *1927*

Trimil sepcent esperantistoj enskribiĝis por la Deka Universalo Kongreso en Parizo en 1914, inter ili 2500 eksterlandanoj. Giganta palaco Gaumont estis luita kaj ornamita per verdaj flagoj. La salutparolo de sinjoro Painlevé estis preta. La organizo estis modele preparita.

Karavanoj de Rusoj, Germanoj, Angloj jam forvojaĝis, kiam eksplodis la eǔropa milito. Alveninte en Parizon la 1-an de Aǔgusto, la fremdaj esperantistoj vidis ekscititajn popolamasojn, ĝeneralan mobilizon, ŝirajn adiaǔojn de patrinoj kaj edzinoj al forirantaj viroj. La karavanoj reprenis mem la vagonarojn en granda urĝo. Sed ne ĉiuj povis. Kelkaj malfeliĉaj fremduloj estis internitaj en civilkaptitejoj. La ceteraj haltiĝis survoje aǔ revenis hejmen, multaj por forveturi siavice al la batalkampoj.

D-ro Zamenhof, haltigita en Köln, rapidis al la rusa landlimo, trovis ĝin fermita, reveturis Berlinon kaj devis entrepreni la longan vojaĝon tra Svedujo – Finnlando – Peterburgo por reatingi la hejmon en Varsovio. Sovaĝa kanonado kaj malamaj kantoj eksonis anstataǔ la espera himno. Diplomataj intrigoj kaj imperialistaj ambicioj jetis tutan Eǔropon en ĥaosan buĉadon. Malhela ondego dronis la noblan revon de la esperantistoj sub frakasa ŝaǔmo.

Dum monatoj oni sciis nenion unu pri aliaj. Tamen la flameto ne estingiĝis. En savita teranguleto, meze de l' ventego, la UEA-oficejo restis malfermita en neǔtrala Svislando. Post ses monatoj da silento la gazeto "Esperanto" reaperis en Januaro 1915. Hodler donis novajojn. Li estis organizinta servon por transsendo de familiaj korespondajoj inter malamikaj landoj. Kompreneble ĉiu politika aŭ militista aludo estis severe malpermesita. Leteroj devis alveni malfermite al UEA en Genève, kiu transsendis ilin al la dezirata lando kun eventuala traduko en ties lingvo laŭ neceso. Franca patrino skribis al filo en Germanujo. Aŭstria knabino al fianĉo en Anglujo. Kortuŝaj korespondajoj, homaj amoj, doloroj, mizeroj, esperoj trapasis la UEA-oficejon, kie multaj lokaj gesamideanoj helpis. Du aŭ tricent leteroj alvenis kaj resendiĝis ĉiutage. Tiamaniere ioman helpon en homaj suferoj povis alporti Esperanto kaj ĝia organizo. La faritaj servoj atingis 200000.

Sed Hodler faris pli. Per sia gazeto li memorigis la esperantistojn, ke ili estas homoj. "Ni havas la devon ne forgesi", li skribis en nobla artikolo "Super" (Esperanto, la 5-an de Januaro 1915). "Flanke de niaj simpatioj, ni havas devojn, kiujn al ni trudas nia esperantisteco ... devo kredi, ke neniu popolo havas la monopolon de la civilizeco, de la kulturo aŭ de la humaneco ... Devo kredi, ke neniu popolo entute havas la monopolon de la barbareco, perfideco aŭ stulteco ... Devo konservi prudenton eĉ meze de la premigaj influoj de la popolamasoj ... La parolo estas nun al la kanono, sed ne eterne daŭros ĝia blekado. Kiam centmiloj da homoj kuŝos en la bataltomboj kaj la ruinoj ĉe la venkintoj kaj venkitoj atestos pri la teknikaj pli ol pri la moralaj progresoj de nia civilizeco, tiam oni alvenos al iu solvo, kaj tiam, malgraŭ ĉio, la internaciaj rilatoj denove ligiĝos, ĉar super la nacioj estas tamen io ... Se sur la nunaj ruinoj ni volas konstrui novan domon, oni bezonos tiujn laboristojn, kiujn ne timigos la malfacilajoj de la rekonstruado ... Ni esperantistoj estu la embrio de tiuj elitoj. Por inde plenumi nian taskon, ni konservu nian idealon kaj ne lasu nin subpremi de la malespero aŭ de bedaŭro."

El ambaŭflankaj tranĉeoj venis al Hodler emociaj aproboj de homoj kunsentantaj apud la morto kaj danĝero. Ho ve, la listoj de "Niaj mortintoj" pli kaj pli longiĝis. Ankaŭ la milito mem. Tamen la kroniko montris, ke la movado ne mortis. En aliaj kontinentoj ĝi daŭris ageme, en Brazilio, en Usono, en Aŭstralio, en Ekstrem-Oriento. En Aŭgusto 1915 eĉ okazis en San Francisko la Dekunua kongreso, kompreneble pli amerika ol universala. El Eŭropo partoprenis neniu delegito krom rusa vojaĝanto, sed kelkcentoj da esperantistoj el Kanado kaj Usono tie kunvenis dum la Pacifika Ekspozicio. Ĉefe temis pri: Kiel reorganizi la fortojn de la esperantistaro post la fino de la eŭropa milito? La kongreso voĉdonis deziresprimon, ke UEA tion entreprenu sin turnante al ĉiuj naciaj societoj el sia sidejo en ekstermilita Svislando. En Eŭropo estis kursoj en preskaŭ ĉiuj landoj, neŭtralaj aŭ militantaj, sed kompreneble malpli multaj ol antaŭe. Kiam la gazeto "Esperanto" ne povis plu eniri aŭ trapasi kelkajn landojn, Hodler presigis raportojn de UEA, kiujn li dissendis en formo de broŝuretoj kun novajoj pri ĉiaj naciaj movadoj.

En kelkaj landoj, interalie en Germanujo kaj Francujo, aperis militaj propagandiloj en Esperanto pravigantaj la nacian vidpunkton. Kelkfoje registara subteno, alifoje la privataj iniciatoj tion ebligis.

Pli interesa estis la disvastigo de vera Esperantismo en la militkaptitejoj. Kiam sinjoro Justin Godart, honora membro de UEA en Lyon, estis ŝtata subsekretario de la saneca fako en 1916, li cirkulere rekomendis al la militistaj flegistoj la lernon de Esperanto kaj mendis por disdono 10000 ekzemplerojn de la lernlibreto Bayol Esperanto-Ruĝa Kruco. Aliflanke la Tutmonda Komitato de YMCA disdonis milojn da Esperanto-lernolibretoj al militkaptitoj en diversaj landoj.

Tiuj malfeliĉaj junuloj, enfermitaj kiel brutaro inter bariloj, sopiris je ia interesa allo-gajo, kiu forgesigas malsaton kaj hejmosopiron. Hodler rekomendis al delegitoj de UEA viziti tiujn lokojn se permeso ebliĝas kaj vidi ĉu ne troviĝas iu perdita samideano. En diversaj lokoj ili faris tion kaj ĝoja interfratiĝo okazis. En aliaj tiaj malliberejoj, unu sola kaptito instruis la lingvon al centoj da ceteraj, kiuj kopiis vortojn kaj regulojn unuj de aliaj. Tio interalie okazis en Siberio, kie japanaj generaloj eĉ subtenis tiun lernadon. Esperantistaj rondoj fondiĝis. Oni kantis la himnon kaj gaje interparolis la lingvon inter plej-diversgentanoj.

En tia perdita malproksima loko, la hungara poeto Julio Baghy verkis iujn el siaj plej belaj poemoj. Tie atingis lin la malĝojiga novajo pri la morto de d-ro Zamenhof pro kor-malsano (14. Aprilo 1917):

> La famon ne brue,
> Nur poste malfrue,
> Simile al eĥo de mortkrio
> Mallonga sciigo alportis:
> "La Majstro mortis".

Tiu mallonga sciigo trafis iam kaj plorigis homojn en ĉiuj plej malproksimaj anguloj de la mondo. Jam delonge ili aŭdis nenion pri la movado. Ĉu ĝi vivas ankoraŭ? Ĉu ne? Ĉu dronis ankaŭ tiu nobla espero de l' homaro sub la malhelaj ondegoj de l' buĉa teruro? Jen mortis la fondinto, la inspiranto de miloj. Kio estos post li? Ĉu homa verko disbloviĝos al ĉiuj ventoj de forgeso, aŭ ĉu la spirito lasos ian subteran semon potencan je eterna vivo kaj iam refloronta konsole tra la mondo mizera?

During the War (1914–1917), *1927*

Three thousand seven hundred esperantists enrolled for the 10th Universal Congress in Paris in 1914, including 2500 foreigners. The huge Gaumont Palace was hired and dec-orated with green flags. Mr Painlevé's welcoming speech was prepared. It was a model of organisation.

Parties of Russians, Germans and English had already set off when war in Europe broke out. When they arrived in Paris on the 1st of August the foreign esperantists found excited crowds of people, a general mobilisation, heart-rending farewells from mothers and wives to their departing men. The parties of esperantists returned to their trains in great urgency. But not everyone could. Some unfortunate foreigners were interned in civil holding areas. Others were stopped on the way or made it back home, only to take their turn in setting off for the battlefields.

Dr Zamenhof, stopped in Cologne, hastened to the Russian border, found it closed, returned to Berlin and was forced to undertake the long journey via Sweden, Finland and St Petersburg to regain his home in Warsaw. Murderous gunfire and songs of hate rang out instead of the anthem of hope. Diplomatic intrigue and imperialist ambition had thrown the whole of Europe to unbridled butchery. The noble esperantist dream was drowned in a huge dark wave of crashing foam.

For months esperantists knew nothing of one another. However, the tiny flame was not extinguished. In a safe spot, in the middle of the gale, the UEA office remained open in neutral Switzerland. After six months of silence the magazine "Esperanto" reappeared in January 1915. Hodler was distributing news. He had organised a service to send domestic correspondence between enemy countries. Naturally, any political or military reference was strictly prohibited. Letters had to arrive unsealed at UEA in Geneva, to be dispatched to the target country perhaps, if necessary, with a translation into the relevant language. A French mother wrote to a son in Germany. An Austrian girl wrote to her fiancé in England. Heartwarming correspondence, tales of human love, pain, misery and hope passed through the UEA office, with the assistance of many local esperantists. Two or three hundred letters arrived and were dispatched every day. In this way Esperanto and its organisation was able to offer some small help in just one area of human suffering. Services rendered in this manner numbered some 200,000.

But Hodler did more. Through his magazine he reminded esperantists they were human beings. "It is our duty not to forget," he wrote in a spirited article "Above" (Esperanto, 5th January 1915) "Apart from our allegiances, we have duties which our membership of the Esperanto community imposes upon us ... A duty to believe that no one race or people has the monopoly on civilisation, on culture or on humanity ... A duty to believe that no one race or people has a monopoly on barbarity, treachery or stupidity ... A duty to remain prudent even when surround by the pressure and the posturing of the mobs ... It is the cannon now that speaks, but its bark will not last for ever. When hundreds of thousands of people lie in the graves of the battlefields, and the ruins surrounding both victors and vanquished testify to the technical rather than the moral progress of our civilisation, then we shall find a solution, and then, despite everything, international relations shall again bind us, because there is something over and above nations ... If we wish to build a new house on the existing ruins, we shall need those workers undaunted by the difficulties of reconstruction ... Let us, esperantists, be those elites in embryo. To be worthy of realising our task, we must preserve our ideal and not allow ourselves to be worn down by despair or regret."

Approval, often emotional, came back to Hodler from people in the trenches on both sides, facing death and danger, but in agreement. Alas, the lists of "our dead" grew longer and longer, as did the war itself. However, history shows the movement did not die. On other continents it continued to be active, in Brazil, in the USA, in Australia, in the Far East. In August 1915, in San Francisco, the 11th congress even took place, naturally more American than universal. No delegate from Europe was present except a traveller from Russia, but several hundred people from Canada and the USA gathered there during the Pacific Exhibition. The main topic was: How do we refocus the strengths of the Esperanto community after cessation of the war in Europe? The congress, via a vote, expressed its wish that UEA, from its headquarters in Switzerland, beyond the war, assume responsibility for this, but drawing on every national society. In Europe there were language courses in almost every country, neutral or combatant, but naturally fewer than before. When the magazine "Esperanto" could no longer go into or pass through certain countries, Hodler had the UEA reports printed and issued in the form of pamphlets with news about every national movement.

In some countries, including Germany and France, leaflets appeared in Esperanto containing military propaganda, in support of the national point of view. This was made possible sometimes through government support, at other times through private endeavour.

Of more interest was the spread of a real sense of Esperanto in prisoner of war camps. When Mr Justin Godart, an honorary member of UEA in Lyon, was made undersecretary of state to the Department of Health in 1916, he circulated a recommendation to army nursing staff to learn Esperanto and ordered for distribution 10,000 copies of Captain Bayol's handbook "Esperanto-Red Cross". On the other hand the International Committee of the YMCA issued thousands of introductory Esperanto-leaflets to prisoners of war in various countries.

Those unfortunate young men, herded and fenced like cattle, yearned for some sort of interest to distract them from their hunger and homesickness. Hodler recommended that UEA delegates visit these places, if permission could be obtained, and see if there were not some lost adherent to the cause. They did so, in various places, and a joyous reunion would take place. In other such camps a single prisoner would teach the language to hundreds of others, who then copied the words and rules from each other. This occurred among other places in Siberia, where Japanese generals even supported this form of learning. Esperanto circles sprang up. People sang the anthem and happily conversed in the language with others from the most varied ethnic backgrounds.

In just such a desolate and distant place, the Hungarian poet Julio Baghy wrote some of his most beautiful poems. It was here that the harrowing news reached him of the death, from heart disease, of Zamenhof (April 14th 1917):

> A message but brief,
> Of belated grief,
> Echoing death's distant cry.
> And so it is said:
> "The Maestro is dead".

At some point everyone learned this news which caused great lamentation in the most far-flung corners of the world. For a long time people had heard nothing about the movement. Was it still going, or not? Had, too, this noble hope of humanity drowned in the dark breakers of butchery and terror? The founder, the inspirer of thousands, was dead. What would succeed him? Would a work of man be scattered on the winds of forgetfulness, or would its spirit leave in the soil a seed charged with eternal life, to flower again at some point and offer succour throughout a world laid low by misery?

Translation – Jennifer Bishop

Shortly after the start of the first world war, British esperantists contributed to a Red Cross fund which enabled them to send an ambulance – appropriately named Esperanto No. 1 – to northern France and Belgium. The then secretary of the Esperanto Association of Britain, Harald Clegg, accompanied the ambulance overseas and served for some six weeks with the Belgian Red Cross. In a report from the front he urges British esperantists to contribute generously to the Red Cross fund so that Esperanto No. 2 "will soon join us here". There is no indication a second ambulance was sent.

In this report, published in *The British Esperantist* in April 1915, Clegg describes some of his experiences at the front.

Harald Clegg

En angulo de l' milito, *1915*

Feliĉa Anglujo, kiu ankoraŭ ne vidis la mizerojn de la nuna tragedio. Estas tute kontraŭe en la malgranda parto de l' tero nuntempe en posedo de l' belgoj, ĉar tio ne estas bombardita, estas forlasita al la militistoj. Tie funkciadas la ambulanco "Esperanto No. 1", kies spertojn mi jam priskribis en nia lasta numero.

Jen kelkaj bildoj de la scenoj, en kiuj nia ambulanco figuras:

Estas mateno tre venta kaj malvarma, ni devas iri al Dunkirk kun medicinistoj kaj por serĉi flegistinojn. Koto kaj vojtruoj ĉie (mi jam de longe malesperis pri purigo de la aŭtomobilo). Malrapida progreso pro tio, ke la vojo estas mallarĝa, kaj troviĝas sur ĝi granda nombro da soldatoj, belgoj, francoj, araboj, morokanoj kaj eĉ negroj el Kongolando: militaj vagonoj de ĉiu speco, kanonoj, ankaŭ pafiloj (*mitrailleuses*) tirataj ĉiu per du hundoj. Subite ni aŭdas "Halte là" kaj antaŭ ni staras gardisto kun minacanta mieno (kaj bajoneto). Estas necese diri la pasvorton. Ni denove ekiras kaj trapasas vilaĝon, kie estas stacidomo. Ankoraŭ amaso da soldatoj. Ni vidas ankaŭ kelkajn rifuĝantojn, virojn, virinojn kaj infanojn kun siaj posedaĵoj volvitaj en tolo aŭ eĉ simple kunligitaj per ŝnuro. Ili atendas vagonaron por porti ilin suden, ĉar iliaj hejmoj estas neteneblaj. Doloriga spektaklo! Preter la vilaĝo la vojo estas rekta, kaj ni povas iri pli rapide. Sur unu flanko estas la kanalo kaj ni vidas tie amerikanan naĝantan hospitalon, tre praktikan rimedon por trakti la vunditojn kaj samtempe ilin transporti. Sur la kanalo estas anglaj ŝipetoj kun kanonoj, kaj mi estas tre kontenta rekoni la gajajn vizaĝojn de anglaj maristoj. Fine Dunkirk, interesa urbo kun malnovaj domoj, kurbaj stratetoj kaj grandaj dokoj.

Mi leviĝas je la 8a, matenmanĝas kaj demandas, ĉu estas laboro por nia ambulanco. Ne, do mi estas libera por iri en la aŭtomobilejon por atenti la maŝinon. Subite mi aŭdas pafon, sed mi ne atentas, ĉar tio estas ordinara afero. Tamen mi aŭdas ankoraŭ pafadon kaj mi elkuras por esplori. Ĉiuj rigardas supren (mi ankaŭ) kaj mi vidas tre alte aeroplanon. Estas kruco de speciala desegno, pentrita sur la suba parto, kaj estas facile rekoni ĝian naciecon. Ĉirkaŭ ĝi je diversaj distancoj estas blankaj buloj da fulmo. Estas la ŝrapnelo, kiun oni pafas kontraŭ ĝi. Ni aŭdas la sonon de la eksplodoj, sed nenio trafas ĝin, kaj ĝi sendifekte ĉirkaŭflugas. Sur la tero tamen estas alia afero, ĉar la aviadisto faligas bombojn kaj kelkaj homoj estas mortigitaj aŭ vunditaj. Nun en la sudo aperas du aliaj aeroplanoj. Ankaŭ la malamiko vidas ilin , kaj diskrete forflugas. Ili estas belgaj.

Nia ambulanco staras antaŭ la pordo de la hospitalo, ĉar ni devas porti vunditajn soldatojn al la plej proksima stacidomo. Ĉio estas preta, la benkoj por la sidantoj kaj la portiloj por la kuŝantoj. Jen venas kvin: ili povas marŝi, sed kelkaj nur per la helpo de servistoj. Ĉe unu mankas kruro, la dua ŝajne perdis brakon, kaj la kapo de la tria preskaŭ ne estas videbla kaŭze de bandaĝoj. Ili estas junuloj kun agrablaj vizaĝoj, kaj oni povas diri, ke korpe ili *estis* tre bonaj specimenoj de homoj kaj indaj je kiu ajn raso. Mi min demandas, kiu diablo ordonis ilian nunan staton. Tamen ili estas gajaj kaj ridas kaj ŝercas. La teruroj, kiujn ili spertis, povas detrui nek la kuraĝon nek la spiriton de tiuj herooj. Ili eniras pene la ambulancon, kaj oni disdonas ĉokoladon kaj cigaredojn kun bondeziroj. La du aliaj soldatoj estas pli grave vunditaj: unu estas belga, la alia germana. Ili kuŝas sur la portiloj, zorge kaj varme kovritaj. Ambaŭ estas palaj, kaj unu ŝajne dormas. Kio estos ilia sorto? Ni malrapide aliras la stacidomon, kie la vunditoj estas transdonitaj por daŭrigi la kuracadon en aliaj pli oportunaj urboj.

"Je la dua horo estu preta por iri al al fronto." Bone, ĉio estos preta. Je la dirita horo "Esperanto No. 1" kaj alia ambulanco ekiras, ĉar por tiaj ekskursoj oni veturas duope. La pluvo falas verŝe, kaj sur la vojoj akvo kuras kiel rivero. Tamen tio estas pli agrabla ol dika koto, kiu kaŭzas subitajn flankglitojn. Duonvoje io okazas por plifeliĉigi nin. Kotŝirmilo sur la antaŭo komencas malfiksiĝi, kaj rompita ŝraŭbo necesigas ĝin demeti. Do, antaŭen sen ŝirmilo, kaj necesas teni la buŝon kaj okulojn fermitaj! Ni trapasas Oost Dunkerque kaj alvenas al Nieuport, kie estas dometo, kiun oni aranĝas kiel hospitalon por soldatoj el la tranĉeoj.

In a Corner of the War, *1915*

Fortunate England, still knowing nothing of the miseries of the present tragedy. It's a different story in this tiny bit of land currently under Belgian occupation: there's no shelling but the area is entirely in the hands of the military. This is where the ambulance "Esperanto No. 1" is operating, which I wrote about in the previous edition of our publication.

Here are a few impressions of scenes in which our ambulance is playing its part:

It's a cold and windy morning, we have to take some medics to Dunkirk to find nurses. Mud and potholes everywhere (I've long since given up trying to keep the vehicle clean). Slow progress because the road's narrow and chock-a-block with soldiers, Belgians, French, Arabs, Moroccans and even Congolese negroes: army lorries of every kind, field guns as well as small arms (*mitrailleuses*) each pulled by two dogs. Suddenly we hear "Halte là" and before us is a guard looking threatening (and with a bayonet). We have to give him the password. We set off again and go through a village where there's a station. We see some refugees, men, women, children with their belongings wrapped in a sheet or simply tied up with string. They're waiting for a train to take them south because they cannot keep their homes any longer. A pitiful sight! Beyond the village the road runs straight and we can go a bit faster. On one side there's the Channel and we see an American hospital ship, a very practical way to treat the injured and at the same time transport them. In the Channel are English ships, small ones, armed, and I'm very pleased to see the smiling faces of the English sailors. Dunkirk at last, an interesting town with old houses, twisting streets and huge docks.

I rise at 8, breakfast, and enquire if there's anything for our ambulance to do. No, so I'm free to go to the garage and work on the vehicle. Suddenly I hear a shot but pay no attention, because it's a common sound. However I hear more shooting and run out to see what's happening. Everyone's looking up (including me) and high above I see an aeroplane. There's a cross, drawn in a particular way, on the underside, and it's easy to see what country it belongs to. Around it, at varying distances, are white puffs of smoke. That's the shrapnel being fired at it. We hear the sound of the explosions but nothing hits it, and it continues to fly round undamaged. It's a different matter on the ground, though, because the aviator is dropping bombs, and several people are killed or wounded. Then two other aeroplanes appear in the south. The enemy sees them as well and sensibly flies away. They're Belgians.

Our ambulance is at the door of the hospital, for we're to take injured soldiers to the nearest station. Everything's ready, including benches for those who can sit and stretchers for those needing to lie down. Five come out: they can walk, but some only with assistance. One's missing a leg, another seems to have lost an arm, and a third person's head can hardly be seen because of all the bandages. They're pleasant looking youngsters and you could say that physically they were once fine specimens of humanity, of which any race would be proud. I wonder what evil spirit has reduced them to this. All the same, they are merry and laugh and joke. The horrors they have been through can destroy neither the courage nor the spirit of these heroes. They board the ambulance with difficulty and we give them chocolate and cigarettes as a token of our good wishes. The two other soldiers are more seriously wounded: one is Belgian, the other German. They lie, warm and carefully covered, on the stretchers. Both are pale, and one seems to be sleeping. What will become of them? We make our way slowly to the station, where the wounded are handed over to continue their treatment in other and more appropriate places.

"Be ready at 2 to go to the front." Fine, everything will be ready. At the appointed hour "Esperanto No. 1" and another ambulance set off, for on ventures like this we travel in pairs. It's pouring with rain and the water is turning the roads into a river. This is better, though, than the thick mud which can have us off the road. Halfway there something happens to cheer us no end. One of the front mudguards starts to work loose and, because of a broken screw, we have to remove it. So, onwards without a mudguard, and with our mouth and eyes tight shut. We go through Oost Dunkerque and arrive in Nieuport, where a small house is serving as a hospital for soldiers from the trenches.

Translation – Paul Gubbins

War, conflict and Esperanto are intertwined in the life of Hasegawa Teru, who wrote under the name Verda Majo (Green May). When she was forced to leave her teacher training college in Japan, because of involvement in left-wing activities, as well as Esperanto, she moved in 1937 to Shanghai – with her Chinese husband – and became involved in the struggle to liberate China from Japanese oppression.

The following extract gives a flavour of her experiences. The Lugouqiao-incident, mentioned in the text, was a battle between Chinese and Japanese forces which began the second Sino-Japanese war (1937–45). The writings of Verda Majo were collected and published in 1982.

Hasegawa Teru (Verda Majo)

Verkoj de Verda Majo (eltirajo), *malfruaj 1930aj/fruaj 1940aj jaroj*

Dank' al la verdaj amikoj Ŝanhajo estis ne tute fremda urbo por mi. Verdire, neniu el ni povis sufiĉe bone manipuli nian lingvon. Bedaŭrinda afero, sed ŝajnis al mi ke tio ne estas grava. Kelkfoje mi kun kamaradino I promenis straton proksime de ŜEL. Ŝi parolis ĉine, kaj mi esperante. Mi apenaŭ komprenis ke ŝi estas filino de feŭdeca granda familio kaj tiu cirkonstanco donas al ŝi diversajn suferojn. Mi ne scias kion kaj kiom el miaj vortoj la kamaradino komprenis. Tamen ĉiufoje ni intime parolis senĉese, trairis kaj revenis la straton ne volante tuj adiaŭi.

Kamaradino L, 19-jara laboristino, antaŭe estis en ŝpinfabriko kaj maldungita pro partopreno al striko. Tiam ŝi ne havis okupon kaj kunloĝis kun amato, ankaŭ esperantisto. Li donis al ŝi monate 6 dolarojn por manĝi, ĉar li mem gajnis tre malmulte da mono instruante laboristojn en vespera lernejo. Manĝi monaton per 6 dolaroj! Kiel malfacile, kvankam la prezo ne estis alta. Ŝi konfesis al mi, ke ŝi ne povas preni eĉ minimuman nutrajon por subteni la sanon. Tamen ŝi estis ĉiam gaja kaj parolema. Ŝi klarigis al mi, kiel japanaj kapitalistoj ekspluatas kaj turmentas ĉinajn laboristojn, tre ekscitite kaj torente, neniom konsiderante ke mi ne komprenas ŝian ŝanhajan dialekton. Poste ŝi trovis laborlokon en granda eldonejo, kiu pagas al ŝi 16 dolarojn por monato. Fine de tiu monato ŝi kun brila mieno venis al mi kaj diris: – Hodiaŭ mi regalos vin. Ja je la unua fojo! – Ŝi kunprenis min straten al restoracio negranda sed pureta. Tie ĉiu el ni manĝis tason da fritita vermiĉelo kaj da rizkaĉo kun anasaĵ-pecoj. Ŝi klinis la buston kaj el dekstra ŝtrumpo prenis 10-dolaran monpaperon, kiun ŝi fiere metis sur la kelneran manon. Mi ne scias kiom da restmono oni redonis al ŝi. Mi tre domaĝis ke ŝi tiel konsumis pro mi kristalon de l' ŝvitoj. Sed ŝi estis eksterordinare gaja, kaj ankaŭ mi.

Por ĉinaj laboristoj, same kiel por japanaj, malfacile estas ellerni Esperanton, unue pro malalta nivelo de ilia edukiteco kaj due pro malsameco de Esperanto kaj la nacia lingvo. Krome en Ĉinio, kies socia situacio estas tute speciala, junuloj laboristaj kaj inteligentaj emas sin jeti en ŝtormon de pli aktualaj bataloj ol resti sub verda stelo. Do oni ne rajtas riproĉi ĉinajn samideanojn pro la relativa malalto de iliaj lingvaj teknikoj.

La 13an de aŭgusto kanonado rekte skuis Ŝanhajon, kiu jam estis maltrankviligata kaj ekscitata de Lugouqiao-evento. Konkorde al tiu bruo ekmuĝis la urbanoj inkluzive esperantistojn. "For japanan imperiismon!" "Liberigu la ĉinan nacion!" – kaj nu, "Per Esperanto por liberigo de Ĉinio!"

Deko da spertaj malnovaj kamaradoj spite diversajn malfacilojn efektivigis reeldonadon de Ĉinio Hurlas, kiu ĉesis aperi jam unu-du jarojn. La unua numero estis hektografita, kaj la dua presita. La tria? – Ej, la milita situacio estis jam tro urĝa.

Por ĝi mi verkis, netigis per mia skribmaŝino iliajn manuskriptojn, kaj korektis preserarojn. Kiel mi esprimis tiutempe en "Letero al Japanaj Esperantistoj", "Kunlabori por Ĉinio Hurlas por mi ne signifas simple, ke unu fremda esperantisto provizas sian mizeran teknikon por presigi maldikan gazeton. Kiam mi prenas plumon, en mi ekbolas arda sango pro premata justo, ekflamas fajra indigno kontraŭ la bruta malamiko. Mi sentas ĝojon: mi estas kun la ĉina popolo!"

Dank' al Esperanto mi ne estis tute fremda en Ŝanhajo nek indiferenta en la milito, kvankam tiam mi ne povis publike partopreni la ĉinan reziston kontraŭ la japanaj invadistoj.

Works of Green May (extract), *late 1930s/early 1940s*

Thanks to Esperanto friends Shanghai did not come across to me as a totally foreign city. All the same, none of us had a particularly good grasp of our language. This was unfortunate, though it didn't strike me as a particular problem. Sometimes I would walk down a street near the Shanghai Esperanto League with comrade I. She would speak Chinese, and I would speak Esperanto. I was given to understand she was the daughter of an important feudal family, a situation which caused her considerable distress. I don't know what or how much of my conversation the comrade understood. However, on every occasion, we spoke intimately, without let, and walked up and down the street, not wanting to part.

Comrade L, a 19-year-old worker, had previously been in a textile mill and sacked because she had gone on strike. Following this she was out of work and lived with a lover, who was also an esperantist. Every month he gave her 6 dollars for food, because he earned very little himself teaching workers in night school. Fancy having to feed yourself on 6 dollars a month! How difficult, even though the cost of food wasn't high. She told me she couldn't afford even basic foods to keep healthy. However she was always bright and chatty. She explained to me, very excitedly and in a torrent of words, never thinking I might not be able to understand her Shanghai dialect, how Japanese capitalists exploit Chinese workers and make their lives a misery. Afterwards she found a job in a large publishing house which paid 16 dollars a month. At the end of that month she came to me beaming all over her face and said: – Today it's my treat. The very first time! – She escorted me onto the street and took me to a small but suitably respectable restaurant. There each of us had a bowl of fried noodles and then rice with pieces of duck. She bent down and took from her right stocking a 10-dollar note, which she proudly thrust into the waiter's hand. I don't know how much change he gave her. I thought it a shame she'd had to shed so many beads of perspiration just for me. But she was extraordinarily happy, and I was too.

It's difficult for Chinese workers, as for Japanese, to learn Esperanto well, firstly because of their low level of education and secondly because of the disparity between Esperanto and their national language. Furthermore, in China, where the social situation is altogether different, young workers who are intelligent prefer to pitch themselves into the melee of more pressing battles than remain beneath the green star. We shouldn't therefore hold it against Chinese esperantists that their skill in the language is relatively poor.

On August 13 Shanghai, already nervous and apprehensive following the Lugouqiao incident, was shaken by shelling. City folk, including esperantists, echoing the din, began to make their own noise.

"Down with Japanese imperialism!" "Freedom for the Chinese nation!" – and, well, "Freedom for China with Esperanto!"

A dozen capable and long-standing comrades, despite various difficulties, again began to publish *China Roars*, which had ceased to appear a couple of years before. The first edition was duplicated with a jellygraph, the second printed. The third? – Come on, the military situation was more urgent.

I wrote for this publication, tidied up its manuscripts on my typewriter, corrected printing errors. As I said at the time in "A Letter to Japanese Esperantists", "Working for *China Roars* means more to me than just some foreign esperantist supplying limited skills to help print a slim newspaper. When I pick up my pen my blood begins to boil on account of justice suppressed, and a white hot rage against the inhuman foe starts to consume me. I am ecstatic: I am with the Chinese people!"

Thanks to Esperanto I am neither a complete foreigner in Shanghai nor indifferent to the war, though in this regard I cannot publicly participate in the Chinese resistance against the Japanese invader.

Translation – Paul Gubbins

The 1930s were tumultuous times. Fighting was taking place not only between Japan and China but also in Spain – a prelude to the wider conflict that began in 1939.

Esperanto speakers were involved in various roles in the Spanish Civil War of 1936–1939. A Bulgarian participant, Nikola Mladenov, writing in *Bulgara Esperantisto* (*Bulgarian Esperantist*) in February 1987, relates how translations from Esperanto helped publicise events in Spain. He also notes that out of 500 Bulgarian volunteers who fought in Spain 15 were esperantists. Many of them, he writes, died in the war and were buried in Spanish soil.

Nikola Mladenov

La Hispana Civitana Milito (eltirajo), *1987*

Jam antaŭ la eksplodo de la Hispana Civitana Milito, mi havis viglan korespondadon kun hispanaj kamaradoj-esperantistoj. Estis ricevita unu afiŝo kun bildo, kiu prezentis laboristan manifestacion kaj horloĝon sur la standardo, kiu montris dekduan horon sen kvin minutoj. Kaj tiuj kvin minutoj finiĝis ĝuste la 19an de julio 1936. La 20an de la sama monato aperis "La Informa Bulteno" – la unua hispana informilo esperantlingva pri la revoluciaj okazintajoj. Nur post du-tri tagoj mi ricevis ĝin en Sofio. Mi ĉesigis mian laboron kaj dum la tago kaj la tutan nokton tradukis, kun iom da helpo de alia kamarado. La sekvan tagon mi transdonis la tradukon al la redakcio de la ĉiutaga jurnalo "Nova Kambana" kaj oni bone profitis ĝin kaj samtempe propagandis la batalon de la hispana proletaro. Per tio ni ankaŭ de ĉi tie provis helpi al la hispanaj batalantoj. Tiu agado decide influis, ke ankaŭ bulgaroj direktiĝu al Hispanio. Dum tiu komenca periodo oni ekiniciatis specialan bataltaĉmenton de esperantistoj, kie mi kredis, ke estas ankaŭ mia loko. Sed poste tiu decido estis nuligita, laŭ la konsilo de iu milita specialisto. Kaj jen anstataŭ en la esperantista, mi eniris en hispanan taĉmenton kun iu esperantisto. Dum la unuaj momentoj nur Esperanto peris mian interkomprenadon kun la estroj de ĉiuj taĉmentoj.

Kiam dum oktobro 1936 estis organizitaj la Internaciaj Brigadoj, en la komenco oni organizis esperantan komisionon por faciligi la lingvan problemon. En tiu komisiono partoprenis la fama hispana generalo Julio Mangada kaj same la fama publicisto kaj verkisto, generalo Ljudvig Ren. Tiu komisiono eldonis kelkajn esperantajn informojn. Sed, pro la granda nombro de la francaj volontuloj kaj ankaŭ pro la granda nombro de la intelektuloj, kiuj scipovis la francan lingvon, oni akceptis la francan, sed post iom da tempo oni komprenis, ke estas preferinda la hispana kaj oni elektis la hispanan lingvon. En la Internaciaj Brigadoj troviĝis pluraj esperantistoj el diversaj landoj, sed estante en diversaj taĉmentoj de la poste Hispana Popola Armeo, oni ne povis kontakti, krom en tute raraj kaj hazardaj okazoj.

Iom pli poste ekaperis en Esperanto nova gazeto, ankaŭ presforma – "Popola Fronto" (P.F.). Ankaŭ ĝi estis disvastigata tra la tuta mondo, inter la esperantistaro, same kiel la "Informa Bulteno", kiu estis redaktata de mia korespondanto Albert Mas, kaj P.F. redaktis la konata esperantisto Hernandez. El tiuj gazetoj pluraj esperantistoj tradukadis, ĉiu laŭ siaj gusto kaj prijuĝo, artikolojn en siajn naciajn lingvojn kaj tiel oni helpadis kaj propagandis la hispanan respublikon kaj la batalon de la proletoj por pli bona vivo kaj justeco.

Al "Popola Fronto" kunlaboradis ankaŭ nia publicisto, verkisto kaj komunisto Trifon Ĥristovski.

Ankaŭ la katalunia registaro (Generalitato) eldonis dum certa tempo stencilita sian bultenon en Esperanto. Eble el ĝi oni ankaŭ tradukadis en diversajn naciajn lingvojn kaj gazetojn.

En diversaj okazoj mi renkontiĝis persone kun pluraj esperantistoj el diversaj landoj: germanoj, nederlandano, portugaloj, kubanoj, panamiano, svedo, jugoslavoj, k.a. Tutkomprenebe plej multajn esperantistojn mi renkontadis inter la hispanoj. En la koncentrejoj en Francio oni gvidis kelkajn esperantajn kursojn.

La memoro jam paligis la vizaĝojn kaj forviŝis la nomojn de multaj esperantistoj-kun-batalantoj, sed la koro neniam forgesos la internacian fratecon kaj solidarecon kaj ĉiam sonos en miaj oreloj la flamaj vortoj de la kanto pri la ruĝa standardo de la revolucio!

The Spanish Civil War (extract), *1987*

Even before the outbreak of the Spanish Civil War I was engaged in vigorous correspondence with Spanish esperantist-comrades. A poster had been received showing a workers' demonstration with a flag and on it a clock set at five to 12. Those five minutes ran out precisely on July 19, 1936. On the 20th of that month "The Information Bulletin" appeared – the first Spanish information sheet in Esperanto about the revolutionary events taking place. I received it just two or three days later in Sofia. I abandoned my work and during the day and the whole of the night set about translating it, with a little assistance from another comrade. The following day I gave the translation to the newsdesk of the daily paper "Nova Kambana" where they made good use of it to publicise the struggle of the Spanish working class. In this way even we, over here, were able to help those fighting in Spain. It also had a direct influence on encouraging Bulgarians to go to Spain. During this early phase a special fighting detachment of esperantists was started and I felt this was where my place should be. Later, on the advice of a military expert, this idea was cancelled. And so it was that, instead of joining an esperantist detachment, I joined a Spanish one, in the company of another esperantist. At the beginning it was purely through Esperanto that I communicated with the leaders of these detachments.

When the International Brigades were organised in October 1936 a commission of Esperanto speakers was set up at the start to ease the language problem. Serving on this commission were the famous Spanish general Julio Mangada and the equally celebrated general, publicist and writer Ludwig Renn. The commission published several information documents in Esperanto. However, because of the large number of French volunteers and of intellectuals who spoke French, this was the language adopted. After a short time, though, it was realised Spanish was preferable and this language began to be used. There were several esperantists from various countries in the International Brigades but, because they were serving in different detachments of what was to become the Spanish People's Army, contact with them was infrequent and only came about by chance.

Somewhat later a new newspaper was published in Esperanto, properly printed – "Popular Front" (P.F.). This too was distributed among esperantists throughout the entire world, as was the "Information Bulletin", edited by my correspondent Albert Mas. The well-known esperantist Hernandez edited P.F. Several esperantists, in accordance with their own particular taste and inclination, would translate articles from these publications into their national languages, in this way supporting and publicising the Spanish republic as well as the working class in its struggle for a better life and for justice.

One of the contributors to "Popular Front" was our propagandist, writer and communist Trifon Hristovski.

For a while the bulletin of the Catalan government (Generalitat) was published, in stencil form, in Esperanto. Quite possibly material from this, too, was translated into national languages and newspapers.

On several occasions I met in person esperantists from various countries: Germans, a Dutchman, Portuguese, Cubans, a Panamanian, a Swede, Yugoslavs, and others. Obviously the majority of esperantists I met were Spanish. Several Esperanto courses were run in the concentration camps in France.

Memory has faded the faces and erased the names of many of my fellow esperantist fighters, but the spirit of international fraternity and solidarity will live on in my heart, while my ears will ring for ever with the rousing words of the song about the red flag of revolution!

Translation – Paul Gubbins

While some esperantists, such as Mladenov, stalked conflict, others had less choice. Conflict stalked them – and with disastrous personal consequences.

One of the most scholarly – and, at the same time, compelling – books about Esperanto is the study by historian Ulrich Lins: *La danĝera lingvo: Studo pri la persekutoj kontraŭ Esperanto* (*The Dangerous Language: Studies in the Persecution of Esperanto*). In the book, initially published in German in 1988, Lins describes the treatment of esperantists and their language at the hands of Hitler and Stalin, as well as others in countries of the far east.

The following extract, from a chapter entitled "Esperanto – a language and nothing more?", illustrates the attitude of authorities in Nazi Germany to Esperanto and explains why it was considered a danger: not only was it internationalist (and the work of a Jew) but also, more threateningly, it was perceived as a vehicle for zionist domination.

A sample from the writings of Lanti, mentioned below, and the significance of Sennacieca Asocio Tutmonda (SAT), can be found on page 75.

Ulrich Lins

La danĝera lingvo (eltirajo), *1988*

Kian instruon, do, liveras studo de la aktoj de la sekreta ŝtata polico? Unuarigarde, oni povas konkludi, ke GEA estis malpermesita, ĉar malgraŭ sia adaptiĝo ĝi restis penetrita per kontraŭreĝimaj elementoj.

Ne estas dubo, ke dum la tuta daŭro de la Tria Regno okazis kontraŭfaŝisma rezistado de esperantistoj, precipe laboristaj. Grandparte malaperis, pro la komuna malamiko, la kontraŭeco inter GLEA kaj SEA, sed plej aktivaj en la organizado de rezistado helpe de Esperanto montriĝis la komunistoj. Dum la unuaj jaroj de la nazia reĝimo, membroj de GLEA okazigis konspirajn kursojn kaj disvastigis inter siaj eksterlandaj kamaradoj informojn pri la situacio en Germanio, kiuj kelkfoje estis kaŝitaj sub la eksterajo de reklamilo, ekzemple por la kremo NIVEA. Inverse, tradukoj el la eksterlanda laborista Esperanto-gazetaro servis kiel instrumaterialo en nelaŭleĝaj kontraŭnaziaj celoj. Ankaŭ la revuoj de SAT de 1933 ĝis 1935 estis plenaj de aŭtentikaj raportoj de germanaj kamaradoj pri la nazia teroro; ŝajnas cetere, ke tiuj ĝenerale pentris pli realecan bildon de la situacio, ol la komunistaj PEK-bultenoj. Laboristaj esperantistoj ne nur konservis inter si kontakton per sekretaj renkontiĝoj en privataj loĝejoj, eĉ en banejoj kaj arbaroj, sed ankaŭ disponigis sin por kurieraj servoj, transportante ilegalan literaturon de Ĉeĥoslovakio al Saksio aŭ de Ruhr-regiono al Nederlando; en Hamburgo maristoj kontrabandis al lokaj esperantistoj kontraŭnaziajn broŝurojn. Esperanto helpis ankaŭ por ebligi al politikaj persekutatoj la fuĝon al eksterlando. Multaj laboristaj esperantistoj tamen iĝis viktimoj de la reĝimo: Longa estas la listo de tiuj, kiuj, parte dum pluraj jaroj, suferis en malliberejoj kaj koncentrejoj. En la koncentrejo Hohenstein la instruisto Schubert pro troaj torturoj mortigis sin, kaj Theodor Stöterau, la fondinto de laborista Esperanto-grupo en Bremerhaven, el la kvina etaĝo de la tribunalo, kiu kondamnis lin al sesjara malliber
eco, jetis sin al la morto. Tre aktiva komunista esperantisto en Frankfurto apud Majno, Herbert Haupt, arestita jam en 1933, estis mortpafita verŝajne en kelo. Murditaj estis ankaŭ Willi Frŭndt el Grabow kaj la sarlanda komunisto Willi Herrmann.

Ankaŭ en koncentrejoj laboristoj plue instruis Esperanton, se tio eblis, kvankam ŝajnas, ke tiaj kursoj pli kaj pli servis ĉefe kiel kaŝa forumo por politikaj diskutoj. Entute, kun la paso de la jaroj la eblecoj labori por la disvastigo de Esperanto reduktiĝis al minimumo. Ekzemple, el berlina grupo de GLEA evoluis antifaŝisma rezista grupo, kiu sukcesis transvivi ĝis 1944; ĝian kernon formis esperantistoj, sed iom post iom aliĝis al ĝi por konspira laboro kontraŭ la reĝimo ĉiam pli da novaj homoj, kiuj ne povis utiligi Esperanton kaj eĉ ne sciis ĝin.

Kiom la rezistado de laboristaj esperantistoj tuŝis GEA? Kiel entute ili rilatis al la "neŭtraluloj" sub la kondiĉoj de faŝismo? La SATanoj estis en junio 1933 rememorigitaj de sia gvidanto Lanti pri konsilo jam donita en aŭgusto 1929 al membroj en landoj, kie SAT estis malpermesita: Lanti konsilis, ke, "kie niaj anoj ne povas kolektiĝi sub nian ruĝan flagon, tie ili devas ŝirmi sin per la nure verda; ili devas partopreni la neŭtralan, burĝan, eĉ faŝistan esperantan movadon". Kvankam Lanti celis unuavice la kondiĉojn de agado en landoj de "blanka teroro", kiuj – malsame kiel hitlera Germanio – ne estis principe malamikaj al la neŭtrala Esperanto-movado, parto de la germanaj SAT-anoj certe sekvis lian konsilon kaj aliĝis al GEA "por havi kontakton kaj ne perdi nian lingvoscion". Sed kontraŭ grandskala infiltriĝo de GEA per socialistoj kaj komunistoj parolas ĉefe la jenaj faktoj: Unue, GEA mem pro singardemo apenaŭ emis toleri amasan aliĝadon de personoj pli frue konataj kiel anoj de laborista organizaĵo; due, tiuj, kiuj sekvis la alvokon de Lanti, estis admonataj de SAT ne agi politike en la kadro de la neŭtrala asocio; trie, inter la SAT-anoj leviĝis ankaŭ la kritiko, ke Lanti "forgesis, ke esp. movado en Germanio ne plu estas 'neŭtrala', sed faŝisma", kaj ke al tia movado "aliĝo nia ne eblas". Decidaj rezistantoj do ne povis konsideri GEA taŭga forumo por sia agado.

Kontraŭ konkludo, ke GEA estis malpermesita, ĉar ĝi ne sukcesis liberigi sin al membroj malamikaj al la reĝimo, sin altrudas ankoraŭ alia konsidero, nome ke Heydrich intence trogravigis la ekziston de marksistaj elementoj en la germana Esperanto-movado, ĉar tiamaniere li esperis pli rapide atingi sian bazan celon, al kiu la konservativa burokratio (kaj, ŝajne, eĉ la Ministerio de Propagando) ankoraŭ malinklinis: komplete frakasi la tutan Esperanto-movadon. Heydrich, kiun obsedis la imago pri kontraŭgermana konspiro de la tutmonda judaro, estis per siaj agentoj sendube bone informita pri la interna strukturo de GEA kaj pri la mentaleco de ĝiaj plejparte nepolitikemaj membroj. Ĉu agis en ĝi pli-malpli granda nombro de marksistoj aŭ ne, tio apenaŭ povis esence influi lian bazan konvinkon, ke Esperanto estas eltrovaĵo de judo, subtenata de judoj kaj sekve ekstermenda. Por li ĉiuj aktivaj esperantistoj kvazaŭ nature estis malamikoj de la ŝtato, ĉar nur tiaj povas interesiĝi, kiel li skribis en junio 1935, "pri la propagando, tute superflua kaj el nacieca vidpunkto akre rifuzenda, de universala lingvo por la homoj de ĉiuj popoloj kaj rasoj". La insistadon de Heydrich pri detruo de la Esperanto-movado oni povas konsideri cetere konsistiga ero en lukto por plifortigita pozicio de Gestapo kaj SS en la ŝtato: Sian celon Himmler kaj Heydrich atingis, la 17an de junio 1936, per la starigo de la institucio *Reichsführer SS und Chef der Deutschen Polizei*. Tri tagojn poste estis dekretita la definitiva malapero de GEA.

Ke Heydrich celis ekstermi Esperanton mem, ne nur malebligi ĝian utiligon por politikaj strebadoj ne konformaj al la naziismo, plej klare vidiĝas el interna raporto de dekunu tajpitaj paĝoj de la 8a de junio 1940, kompilita de *Reichssicherheitshauptamt* (Regna Ĉefoficejo por Sekureco, ekde oktobro 1939 la centro de Sekureca Polico kaj Sekureca Servo), kiu resumas la ideologian pozicion de la nazioj en rilato kun Esperanto. Enkonduke, oni legas pri la estiĝo de Esperanto la jenon:

> El cionisma movado (Ĥaveve Cion [misskribo de Ĥovevej Cion]) devenas la pola judo *Zamenhof*, siatempe okulkuracisto en Varsovio. Li strebis realigi la judan mondregnon laŭ la profeta eldiro de Jesaja 2, 2–4, do pacregnon sub juda gvidado. Ĉiuj popoloj estis libervole submetiĝontaj al la judaro. Tiu celo estis atingota per "paca" trapenetrado kaj malkomponado de la mastraj popoloj. Kiel rimedoj servis al *Zamenhof* senbrida pacifismo, nova religio iniciatita de li, homaranismo, kiel antaŭŝtupo al juda religio kaj la universala lingvo "Esperanto" inventita de li, kiu pere de sama legaĵo por la homoj de ĉiuj popoloj, koloroj kaj klimatoj, pere de samaj eduko, idealoj, konvinkoj kaj celadoj iom post iom estis kondukonta al ĝenerala kaĉo de popoloj.
>
> Ĉiuj tri celadoj kune, ne nur la propagando por universala lingvo, konsistigas la esperantismon, kiu de post ĉ. 1905 ludas la rolon de helpa armilo de la judaro.
>
> Kiel specialaj rimedoj estis antaŭvidataj i.a.: Internacia gazetaro, unue parte, poste tute en Esperanto; internacia literaturo; internaciaj laborperado kaj loĝlibereco.

Daŭrigante, la dokumento analizas tra naziaj okulvitroj la evoluon de Esperanto en la Respubliko de Weimar.

> Ĝuste en la epoko post 1918 la esperantismo povis tre bone enradikiĝi en Germanio. La maldekstraj partioj kaj rondoj utiligis la artefaritan lingvon "Esperanto". La gvidado de preskaŭ ĉiuj Esperanto-asocioj troviĝis en la manoj de judoj kaj framasonoj. La sistem-epokaj registaroj tre akcelis tiun lingvon, ĉar ĝi tre propagandis en sia literaturo la ideojn de marksismo kaj komunismo, estante bonega internacia organo de

la mondinterfratiga ideo de tiuj mondkonceptoj, kiujn utiligis la judo por la atingo de sia celo – mondregado.

Post tio, apenaŭ mirigas, ke eĉ la adaptiĝema GEA ne trovis indulgon. Eĉ se malmultaj naciemaj homoj volis akceli kaj disvastigi Esperanton "en senco utila al la ŝtato" – daŭrigas la dokumento – la spertoj montris, ke tio estas "tute erara kredo". Malgraŭ la samdirektiĝo, eĉ politike fidindaj gvidantoj de Esperanto-organizajoj ne povis malhelpi agadon en iliaj vicoj malamikan al la ŝtato, ĉar granda parto de la membraro devenas el la laboristaro, kiu ne sciis profesie uzi la lingvon, "sed utiligis ĝin por sia ilegala politika agado". Tia politika influo al la germanaj esperantistoj estas atribuata ankaŭ al Universala Esperanto-Asocio, kvankam la dokumento – relative korekte – difinas ĝin "internacia unuiĝo de burĝ-liberalisma karaktero por neŭtrala apliko de Esperanto sur la kampo de turismo ktp."

The Dangerous Language (extract), *1988*

So what can one learn from studying the archives of the state secret police? At first sight, one can conclude that GEA [German Esperanto Association] was banned because, despite attempting to conform, it remained infiltrated by opponents of the regime.

There is no doubt that, throughout the entire period of the Third Reich, there was anti-fascist resistance from esperantists, especially those from the working class. Faced with the common enemy, GLEA [German Workers' Esperanto Association] and SEA [Socialist Esperanto Association] to a large extent overcame their differences, but those who were most active in using Esperanto to organise their resistance were the communists. During the first years of the Nazi regime, GLEA members ran underground courses and distributed among their foreign comrades information about the situation in Germany, sometimes under the guise of advertisements for, say, Nivea cream. Conversely, translations from the proletarian Esperanto press outside the country served as teaching material in illegal anti-Nazi cells. The SAT periodicals from 1933 to 1935 were also full of authentic reports by German comrades about the Nazi terror; furthermore, it seems that generally these painted a more realistic picture of the situation than the communist PEK [Proletarian Esperanto Correspondent] newsletters. Worker esperantists not only maintained contact with each other through secret meetings in private homes, even in bath-houses and forests, but they also acted as couriers, transporting illegal literature from Czechoslovakia to Saxony, or from the Ruhr to the Netherlands; in Hamburg, sailors smuggled anti-Nazi brochures to local esperantists. Esperanto also helped to enable the politically persecuted to flee abroad. However, many worker Esperantists fell victim to the regime: the list is long of those who suffered in prisons and concentration camps, some for several years. In the Hohenstein concentration camp, the teacher Schubert killed himself because of excessive torture, and Theodor Stöterau, the founder of the workers' Esperanto group in Bremerhaven, threw himself to his death from the fifth floor of the court which had condemned him to six years in prison. A very active communist esperantist in Frankfurt (Main), Herbert

Haupt, arrested as early as 1933, was shot dead, apparently in a cellar. Willi Fründt from Grabow and the Saarland communist Willi Herrmann were also murdered.

Workers continued to teach Esperanto in a concentration camp if it was possible, although it seems that increasingly such courses served mainly as a secret forum for political discussion. Overall, as time passed, the opportunities to work for the spread of Esperanto shrank to a minimum. For example, out of a Berlin GLEA group developed an antifascist resistance group, which managed to survive until 1944; its core comprised esperantists, but gradually new people joined it to conspire against the regime, but they were unable to use Esperanto, and had no knowledge of it.

How much did the resistance of worker Esperantists affect GEA? What was their relationship, under conditions of fascism, to the "neutral elements"? The members of SAT were reminded by their leader, Lanti, in June 1933 about the advice already given in August 1929 to members in countries where SAT was banned: Lanti advised that "where our members cannot assemble under our red flag, they must protect themselves simply with the green one; they must participate in the neutral, bourgeois, even fascist Esperanto movement." Although Lanti was targeting principally the parameters for action in countries of the "white terror", which – unlike Hitler's Germany – were not in principle opposed to the neutral Esperanto movement, SAT members certainly followed his advice and joined GEA "in order to have contact and not to lose our knowledge of the language." But the following facts speak against any large-scale infiltration of GEA by socialists and communists: firstly, GEA itself, acting cautiously, was hardly inclined to tolerate mass membership of persons known earlier as members of a workers' organisation; secondly, those who followed Lanti's appeal were warned by SAT not to act politically within the framework of a neutral association; thirdly, criticism was also raised among SAT members that Lanti "had forgotten that the Esperanto movement in Germany was no longer 'neutral' but fascist", and that "our joining such a movement is impossible." So, determined members of the resistance could not consider GEA an appropriate forum for their activity.

Against the conclusion that GEA was banned because it had failed to free itself of members hostile to the regime, there appears another consideration, namely that Heydrich intentionally exaggerated the existence of Marxist elements in the German Esperanto movement in the hope of reaching his basic aim more quickly, to which the conservative bureaucracy (and, apparently, even the Propaganda Ministry) were disinclined: to smash totally the entire Esperanto movement. Heydrich, obsessed by the idea of an anti-German conspiracy by world-wide Jewry, was doubtless well informed by his agents about the internal structure of GEA and the mentality of its mainly apolitical members. Whether or not a sizeable number of Marxists were active in it could hardly have any significant influence on his basic conviction that Esperanto was invented by a Jew, supported by Jews, and therefore had to be wiped out. For him, all active esperantists were as if by nature enemies of the state, because only such people could be interested, as he wrote in June 1935, "in the utterly superfluous and, from a nationalistic point of view, entirely refutable propaganda about a language for people of all nations and races." One can further consider Heydrich's insistence on the destruction of the

Esperanto movement a constituent part in the struggle for a strengthened place for the Gestapo and the SS within the state. Himmler and Heydrich achieved their aim on the 17th of June, 1936, by the setting up of the institution *Reichsführer SS und Chef der Deutschen Polizei*. Three days later, it was decreed unequivocally that GEA should disappear.

That Heydrich was aiming to exterminate Esperanto itself, and not just prevent its use for political activities which did not conform to Nazism, is seen most clearly in an internal report of eleven typed pages from June 8th, 1940, compiled by the *Reichssicherheitshauptamt* (the Reich Security Head Office, from October 1939 the centre for the Security Police and the Security Service), which summarises the ideological stance of the Nazis in relation to Esperanto. In the introduction, the following can be read about Esperanto's origin:

> The Polish Jew *Zamenhof*, at one time an oculist in Warsaw, came from a Zionist movement (Haveve Cion [typing error for Hovevej Cion]). He strove to realise the Jewish kingdom of the world, following the declaration of the prophet Isaiah 2, 2–4, in other words a kingdom of peace under Jewish leadership. All peoples were to subjugate themselves voluntarily to the Jews. That aim was to be reached by "peaceful" penetration and dismantling of the ruling peoples. Zamenhof's means to achieve this were unbridled pacifism; a new religion started by him, "homaranismo", as a first step to Jewish religion; and the universal language "Esperanto" invented by him, which by means of the same reading material for people of all nations, colours and climates, by means of the same education, ideals, convictions and aims, would gradually lead to a general mishmash of nations.
>
> All three aims together, not just the propaganda for a universal language, constitute esperantism, which from about 1905 has played the role of an auxiliary weapon for the Jews.
>
> Among particular means expected to be employed were: an international press, at first partly, later wholly in Esperanto; international literature; international employment provision and freedom of residence.

Later, the document analyses through Nazi-tinted spectacles the development of Esperanto in the Weimar Republic.

> Precisely in the period after 1918, esperantism was able to take strong root in Germany. The left-wing parties and groups made use of the artificial language "Esperanto". The leadership of almost all Esperanto associations was in the hands of Jews and freemasons. The governments of the period positively promoted this language, because in its literature it propagated the ideas of Marxism and communism, being itself an excellent organ for the idea of international brotherhood contained in those world views, which the Jew used in order to reach his aim – world domination.

After that, it is hardly surprising that even the flexible GEA failed to find favour. Even if a few nationalistic people wanted to advance and promote Esperanto "in a manner useful to the state" – the document continues – experience showed this was an "entirely erroneous belief". Despite the similarity in their points of view, even politically reliable leaders of Esperanto organisations could not prevent activity within their ranks that was hostile to the state, since a large part of the membership came from the working class, who were unable to use the language professionally, "but employed it for their illegal political activities." Political influence of this kind on German esperantists is attributed also to the Universal Esperanto Association, although the document – relatively correctly – defines it as "an international union of bourgeois-liberal character for the neutral application of Esperanto in the sphere of tourism, etc."

Translation – Malcolm Jones

This poem needs no introduction. It was published in *La Praktiko* (*The Practice*) in the May/June issue of 1948. Various English translations exist but the version below received a commendation in the *Times* Stephen Spender prize for poetry translation in 2007.

Leen Deij

Al la juda foririnto, *1948*

Li fermis la kofron, manpremis – adiaŭ!
Sen ia protesto li iris ... Hodiaŭ
mi tion komprenas; li povis nur miri,
ke mi, la kristano, lin lasis foriri.

Kun kapo klinita la kofron li portis.
Li iris la vojon al Auschwitz kaj mortis
sen ia protesto ... Li povis nur miri,
ke mi, la kristano, lin lasis foriri.

Kaj iam la filo kun filo parolos,
kaj tiu demandos, la veron li volos.
La mia silentos ... kaj povos nur miri,
ke mi, la kristano, lin lasis foriri.

Ni sentis kompaton kaj monon kolektis,
dum kelkaj el ni la infanojn protektis.
Sed Auschwitz *ekzistis*! Nu, kion plu diri?
Ke mi kaj ke vi ... ni lin lasis foriri.

To the Jew Who Walked Away, *1948*

He closed the suitcase lid, he shook my hand,
And said farewell, and could not understand.

He made no protest – what was there to say?
And I, the Christian, let him walk away.

With head bowed low, his suitcase at his side,
He took the road to Auschwitz, where he died
Without a protest. What was there to say?
And I, the Christian, let him walk away.

One day, his son – suppose his son should live –
Will look for answers, which my son can't give.
He'll turn to me, and I shall have to say
That I, the Christian, let him walk away.

And some will say: "We did the best we could,
Gave money, sheltered children ..." Well and good.
Yet Auschwitz *happened* – all that we can say
Is: "You and I – we – let him walk away."

Translation – Elizabeth Stanley

The following two stories serve as a reminder that the effects of war live on well after the event itself.

"Ekslibriso" ("Bookplate") was published in the news and current affairs magazine *Monato* (*Month*) in the August/September edition 2010.

Lode Van de Velde

Ekslibriso, *2010*

Dima revenis hejmen, kontenta pri sia nova libro, libro, kiu ŝanĝos lian vivon. Post formeto de siaj jako kaj ŝuoj, li tuj iris al sia laborĉambro, kiu simple odoris je libroj: novaj kaj malnovaj libroj vice kaj etaĝe tronis de la planko ĝis la plafono, pretaj por tuja konsulto aŭ tralego, sed plejparte senlaboraj.

Sur la ligna skribotablo apud la fenestro staris skribmaŝino kaj apud paperfaskoj ujo kun skribiloj. Aliflanke de la biblioteko, granda staranta pendolhorloĝo senlace indikis la tempon. La libroŝrankoj ie-tie estis ornamitaj per statueto, skatoleto aŭ simila objekto.

Dima eksidis en la leda fotelo kaj el tirkesto prenis skatoleton kun malgrandaj, sed belaj paperslipoj: cento da identaj ekslibrisoj. Sur la slipoj staris lia denaska nomo Dima Perković en bele ornamitaj literoj kun sub ĝi bildo de multkolora papilio, sidanta sur paĝo de malfermita libro. Tute sube troviĝis lia adreso en Zagrebo. Li zorge gluis la slipeton en la libron kaj refermis ĝin por meti sur faskon kun kelkaj aliaj libroj. El la sama tirkesto, li prenis kajeron, malfermis ĝin ĉe la paĝosigno kaj enskribis la plej gravajn datumojn de la nova libro: "Kie papilioj flugas" – aŭtoro – urbo – jaro – ISBN.

La libron li ne legos, ĉar li jam konas la enhavon. Anstataŭe, li kunportos la libron al sia propra butiko: librobrokantejo en la centro de Zagrebo. Tie, li denove vendos la libron, prefere al iu turisto, sed kompreneble ankaŭ al iu ajn interesato.

Dima estis 45-jara, mezstatura viro kun ĝentila mieno; ĉiam tre afabla, sed samtempe iom distanca kaj fermita. Liaj haroj havis la saman brunan koloron kiel liaj okuloj. En sia librejo, li ĉiumatene legis la ĵurnalon, foje murmurante komentojn, foje ridetante, sed kutime sufiĉe serioze kaj koncentrite. Poste li solvis la krucvortenigmon, ĝenerale kun malmulte da peno, fojfoje konsultante vortaron aŭ atlason de proksima breto.

La libro, kiun Dima tiun tagon kunportis, restis 4 semajnojn en la montrofenestro; fine li metis ĝin en la bretaron inter aliaj romanoj. Pasis monato, du monatoj, foje iu foliumis la verkon, remetis ĝin, prenis alian libron, revenis al la unua kaj tiel plu. Pasis preskaŭ jaro, dum kiu Dima aĉetis kaj vendis aliajn librojn, iujn kun ekslibriso, aliajn sen. Finfine iu virino tamen aĉetis la libron por legi dum sia vojaĝo, kune kun kelkaj aliaj libroj. Ŝi fakte loĝas en Germanio, eksciis Dima, sed ŝi havas parencojn apud Zagrebo, do ŝi profitas de la okazo havigi al si legajojn en sia propra lingvo, ĉar malfacile akireblajn eksterlande. Dima bele pakis la librojn en tipe helbruna papero kaj ŝovis ĉion en plastan sakon kun la adreso kaj emblemo de sia vendejo.

En la trajno hejmen tamen, la virino endormiĝis legante la libron – ne ĉar ĝi estis mal-interesa, sed pro la ritma ĉukĉuk-sono de la lokomotivo, la kdengkdeng-bruo de la radoj sur la reloj kaj la komforta seĝo en trankvila kupeo. Kiam la trajno alvenis en Frankfurto, kie ŝi devis ŝanĝi, ŝi ŝoke vekiĝis, rapide prenis siajn jakon, mansakon kaj valizon kaj hastis eksteren … sen la libro. La trajno rapide poste pluveturis, kun la libro ankoraŭ en la dorsposŝo de la seĝo antaŭ ŝi. Foje iuj pasaĝeroj rigardis ĝin, iu eĉ trafoliumis ĝin, sed sen interesiĝo pro la "stranga lingvaĵo" kun ĝiaj strangaj haĉekoj kaj akcentoj. En la trajnrem-izo, purigisto kunportis la libron por meti ĝin ĉe la aliaj forgesitajoj. Neniu venis por peti ĝin, do oni portis ĝin kun aliaj libroj al proksima brokantejo por havi iom da kromen-spezoj. Kaj tie ĝi denove atendis aĉetonton. Relative rapide ĉi-foje tamen, vojaĝanto pre-nis ĝin … estis nur malmultaj kroataj libroj tie aĉeteblaj, kaj la vendisto konis siajn klientojn kaj atentigis ilin pri la nove alvenintaj libroj.

La koncerna viro komplete legis la libron; parte dum vojaĝo, la ceteron li hejme tralegis. Tiu ĉi viro, Vlado, loĝas apud Amsterdamo kaj havas amikinon, ankaŭ de kroata deveno, kiun li foje vizitas. Estis por ambaŭ ĉiam ege agrable ne nur povi paroli en la denaska lingvo, sed ankaŭ pri aferoj, kiuj koncernas la hejmlandon kaj kiujn aliaj ofte ne povas kompreni. Dum unu el ŝiaj vizitoj, li donacis al ŝi la libron, kiun li aĉetis en Germanio, ĉar li sciis, ke ĝi plaĉos al ŝi. Kaj efektive: Mila tuj ŝategis ĝin, ĉar temis pri papilioj – nu, almenaŭ la titolo enhavis la vorton, do ŝi estis jam tre pozitiva pri ĝi kaj kontenta. De ĉiam ŝi amas papiliojn kaj intertempe kolektis multajn objektojn en sia hejmo kun tiu motivo.

Ŝi gaje malfermis la libron kaj ne povis ne rimarki la belan gluajon en ĝi: ekslibriso kun papilio sidanta sur malferma libro … kaj kiam ŝi legis la nomon super la bildo, ŝi preskaŭ svenis: Dima Perković. Dum du-tri sekundoj ŝi ne spiris, kaj Vlado konfuzite ektimis pri ŝia sano. Tiam Mila larme ekrakontis al li pri sia amiko el junaĝo: "Ĵus antaŭ la milito ni estis najbaroj. Mi estis eble 15-jara knabino, kiu adoris sekvi papiliojn; Dima kutime sidis ekstere legante. Iun tagon ni kune sidis malantaŭe en la ĝardeno, babilante kiel ni ofte faris. Subite, sen ia signo, estiĝis silento, dum ni rigardis unu la alian, alproksimiĝis kaj donis mallongan kison. Ni longe restis tie, manon-en-mano ... sed tiun nokton eksplodis la milito, kaj mia familio fuĝis eksterlanden."

Unu semajnon poste en Zagrebo.

"... mia patro estis forvokita por militservi, nia domo estis ruinigita, do ni loĝis ie en keloj, havis tre malmultajn manĝaĵojn kaj ĉiam la samajn, poste venis nutraĵpakaĵoj senditaj per usonaj aviadiloj, do ni manĝis el tio, sed panjo malsaniĝis, kaj mi devis iri al orfejo, kie mi poste aŭdis, ke nek panjo, nek paĉjo ĝisvivis. La tutan tempon, mi pensis pri vi, Mila, kaj nia unusola kiso. En la bunkroj en la mallumo, vi estis tie, kaj ankaŭ poste, ĉiam kiam mi vidis papilion, mi pensis pri vi!"

"Post la milito, mi provis trovi vin. Mi multe serĉis ĉiufoje, kiam mi estis en Kroatio, sed neniu en la vilaĝo sciis, kien vi iris."

"Jes, ankaŭ mi. Mi ne sciis, kien vi iris, kaj plie, mi estis sendita al alia familio, kiu adoptis min kaj ankaŭ ŝanĝis mian nomon."

"Ha, tial mi ne trovis vin en la telefonlibro de Zagrebo!"

"Jes, kaj tial mi komencis fari ekslibrisojn kun mia vera nomo, kun papilio en la desegno, kiu reprezentu vin, kaj libro por mi. Mi aĉetadis librojn pri papilioj, engluis ekslibrison kaj denove vendis ilin, foje postlasis en trajno, eksterlande kaj tiel plu ... en la espero, ke ĝi atingos vin. Mi scias, ke estas tre idealisme kaj eble naive, sed tamen."

"Ho Dima, sed kiel vi sukcesis daŭrigi tiel longe?"

"Ha, Mila, oni neniam forgesas sian unuan amon!"

"Ho, Dima, kara, kara Dima! Mi bedaŭras, pardonpetas, sed post kiam mi ne trovis vin - mi eĉ ne sciis, ĉu vi entute ankoraŭ vivas, kaj en tiu alia lando, kien oni portis min, kun ĝia tute alia vivmaniero, mi edziniĝis kaj havas infanon."

"Pri tio ne zorgu, Mila. Mi estas sufiĉe matura por scii, ke tio povis okazi. Eĉ estis verŝajne. Mi ĝojegas, ke vi estas viva kaj feliĉa! La nescio por mi estis pli terura ol iu ajn novaĵo, kiom ajn malbona. Nun mi estas liberigita kaj povas daŭrigi mian vivon."

Kiam je tagmezo la kanono de la turo Lotrščak pafis, kiel ĝi ĉiutage ekzakte je la 12a horo faras, Dima fermis sian vendejon kaj promenis kun Mila manon-en-mano al restoracieto por tagmanĝi, kiel unufoje ĉiujare ekde tiam. Post la forpaso de sia nederlanda edzo, Mila reiris al Kroatio kaj ekloĝis kun Dima. La lastajn jarojn de sia vivo ili tute agrable pasigis kune.

Bookplate, *2010*

Dima came home pleased with the new book which was to change his life. After removing his jacket and shoes he went straight to his study, which simply reeked of books: books new and old, towering, in rows and stacks from floor to ceiling, ready for immediate consultation or reading, but mostly remaining untouched.

On the wooden desk by the window stood a typewriter and, next to some piles of paper, a mug containing pens. On the other side of the library a large long-case clock, tireless, kept time. The bookcases were enhanced here and there with a figurine, a small box or a similar object.

Dima sat down in the leather armchair, opened a drawer and took out a little box of small but attractive slips of paper: a hundred identical bookplates. The slips bore the name with which he had entered the world, Dima Perković, in beautifully decorated letters; below this was a picture of a multicoloured butterfly sitting on a page of an open book. Right at the bottom was his Zagreb address. Carefully he stuck the slip of paper into the book and closed it again to put it on a pile with a number of other books. From the same drawer he took a notebook, opened it at the marked page and entered the most important details of the new book: *Where Butterflies Wing Their Way* – author – town – year – ISBN.

He would not read the book, for he already knew what it contained. Instead, he would take the book to his own shop: a secondhand bookstore in the centre of Zagreb. There he would sell the book again, preferably to some tourist, but also of course to anyone else who was interested.

Dima was a 45-year-old man of medium build with a kindly expression; always very obliging, yet at the same time somewhat distant and reserved. His hair had the same brown colour as his eyes. In his bookshop he read the newspaper every day, sometimes muttering comments, sometimes smiling, but usually with a degree of seriousness and concentration. Then he would do the crossword, generally with little effort, from time to time consulting a dictionary or atlas from a shelf next to him.

The book Dima took with him that day stayed in his shop window for four weeks; in the end he put it on one of the shelves among other novels. A month went by; two months; every so often someone would leaf through the book, put it back, take another book, return to the first one, and so on. Almost a year passed, during which Dima bought and sold more books, some with bookplates and some without. Finally a woman did buy the book to read on her journey, along with several others. She told Dima she actually lived in Germany, but had relatives near Zagreb, so she would make the most of the chance to get some reading matter in her own language as this would be difficult to obtain abroad. Dima wrapped the book attractively in his usual light-brown paper and pushed everything into a plastic bag bearing the address and logo of his shop.

In the train home, however, the woman fell asleep over the book – not because it was uninteresting, but because of the rhythmic chuffing of the engine, the clackety-clack of the wheels on the rails and the comfortable seat in a quiet compartment. When the train arrived in Frankfurt, where she had to change, she awoke with a start, quickly grabbing her jacket, handbag and case, and rushed out … without the book. The train quickly continued on its way with the book still in the back pocket of the seat in front.

Occasionally one or two passengers looked at it; someone even leafed through it but, on seeing the "weird lingo" with its funny-looking accents and V-shaped diacritics, lost interest. In the carriage shed a cleaner removed the book to put it with the other lost items. Nobody came to claim it, so it was taken with other books to a nearby secondhand shop, so as to make a little extra money. And here once again it awaited a purchaser. This time, however, it was taken relatively quickly by a traveller … there were few Croatian books on sale there, and the owner of the shop knew his customers and pointed out to them any books that had recently arrived.

The man in question read the entire book, partly during a journey and the remainder at home. This man, called Vlado, lived near Amsterdam and had a lady friend, also of Croatian origin, whom he used to visit. They were always both very pleased to talk not only in their native tongue but also of things to do with their homeland, which other people as often as not would be unable to understand. On one of his visits he made her a present of the book he had bought in Germany, as he knew she would like it. And he was right: Mila loved it as soon as she saw it was about butterflies – well, at least the title contained the word, so she immediately felt well-disposed towards it and was pleased. She had always loved butterflies and, over the years, had collected at home dozens of ornaments with this motif.

Blithely opening the book she could not fail to notice the beautiful slip of paper inside: a bookplate with a butterfly sitting on an open book … and when she read the name above the picture, she almost fainted: Dima Perković. For two or three seconds she was unable to breathe and Vlado, at a loss, began to fear for her health. Tearfully Mila then began to tell him about the friend from her youth. "We were neighbours, just before the war. I was a girl of about 15 who loved chasing butterflies; Dima used to sit outside, reading. One day we were sitting together in the garden at the back, chatting as we often did. Suddenly, with no warning, there was a silence, and we looked at each other, drew close and, just for a moment, kissed. We stayed there ages, hand in hand … but that night war broke out, and my family fled abroad."

A week later in Zagreb.

" … my father was called up for military service, our house was in ruins, we were living everywhere and nowhere in cellars, we'd very little food, always the same things; then food parcels got sent from American planes, so we ate from these, but mum fell ill and I had to go to an orphanage, which is where I heard afterwards neither mum nor dad had survived. The whole time I was thinking about you, Mila, and our one and only kiss. In the bunkers in the dark you were there, and also, afterwards, every time I saw a butterfly, I thought of you."

"After the war I tried to find you, I searched high and low every time I was in Croatia, but no one in the village knew where you'd gone."

"Same with me, yes. I'd no idea where you'd gone and, besides, they sent me to another family who adopted me and changed my name as well."

"Ah, that's why I couldn't find you in the Zagreb phone book."

"Yes, and that's why I started to make bookplates with my real name on, with a butterfly in the design to stand for you, and a book for me. I kept on buying books about butterflies, stuck the bookplates in and sold them again, sometimes leaving them in a train, abroad and so on … hoping one of them would reach you. I know it was very idealistic and naïve, but still …"

"But, Dima, what made you go on doing this for so long?"

"Aha, Mila, you never forget your first love."

"Dima, dear, beloved Dima! I'm sorry, I apologise, but when I didn't find you – I didn't even know if you were still alive, and in that other country where they took me, with its totally different way of life, I got married, and I have a child."

"That's okay, Mila. I'm sufficiently adult to know that might be what happened. Indeed, was highly likely. I'm just so delighted you're alive and well. For me, not knowing is more terrible than any news, however bad. Now I feel free and I can get on with my life."

When, at midday, the cannon in the Lotršćak tower was fired, as it is every day at exactly 12 o'clock, Dima closed his shop and walked hand in hand with Mila to a little restaurant to have lunch, as they have done once every year since then. After the death of her Dutch husband, Mila returned to Croatia and moved in with Dima. They spent the last years of their lives most happily together.

Translation – Jack Warren

In contrast to the previous story, with its "happy ending", this laconic tale, set on a Baltic island, deals with social ostracism following a wartime relationship. The story was published in the collection *Vizaĝoj (Faces)* in 2010.

Sten Johansson

Pordo al la maro, *2010*

Sur deklivo malsupre de la preĝejo aro da dometoj premas sin unu al la alia, ŝultro ĉe ŝultro, laŭlonge de la strato. Ili estas diverskolore stukitaj, havas pordojn el malhela ligno, kaj laŭ la sokloj floras alteoj. En la fenestroj videblas pelargonioj inter kroĉtrikitaj kurtenoj. La domoj dense subtenas unu la alian. Oni facile pensus, ke ankaŭ iliaj loĝantoj faras tion.

Dorsflanke ĉiuj domoj havas abunde verdajn ĝardenetojn. Tiuj plenas de perenoj, minimumaj legombedoj kaj berarbustoj. Apude staras budoj kaj iuloke kunikla kaĝo. Ĉiu havas sian lignan pordeton, kiu kondukas eksteren al pado laŭlonge de la marborda klifo. El la ĝardenoj oni vidas parton de la markolo. Transakve videblas la ĉeftera bordo, krom kiam pluvas aŭ nebulas.

En tia ĝardeno kun pordo al la maro maljuna virino ofte staras sub pirarbeto, kiu jam longe bezonus tondadon. Ŝi gapas al la maro kvazaŭ atendante, ke iu malaperinto revenu piede, marŝante supren laŭ la deklivo de la haveno, kun sia marista sako surŝultre.

La kvina de majo estas la Tago de Liberiĝo. Vespere ŝi iras ducent metrojn ĝis la placo. Ĝi estas la plej malgranda placo en la plej malgranda urbo de ĉi tiu landeto. Jen sur la pavimo antaŭ la urbodomo la urbanoj metas brulantajn kandeletojn en granda cirklo.

Ankaŭ ŝi alportas kandeleton, kiun ŝi ekbruligas per unu el la aliaj, kaj metas iuloken, kie estas interspaco en la lumanta rondo. Poste ŝi staras dum kelka tempo kaj silente kontemplas la brulantajn kandelojn, dum la printempa vespero senhaste krepuskiĝas. Ŝi parolas kun neniu kaj neniu alparolas ŝin. Nun tamen neniu piedpremas ŝian kandeleton, kiam ŝi alturnas la dorson por foriri. Ne plu restas multaj el tiuj, kiuj spertis la aferon.

Poste ŝi staras dum iom da tempo ĉe sia ĝardena kradpordo, rigardante al la malluma maro. Kelkaj lumaj punktoj moviĝas transe. Supozeble ili estas aŭtoj. Lanternoj de barkoj malofte videblas ĉi-sezone. Somere la maro ĉi tie plenas de veloj. Sed komence de majo ne, kaj precipe ne en la vespera krepusko.

Sub la klifo situas tendumejo. Somere ĝi plenas de homoj. Familioj kun infanoj, kiuj laŭte krias ludante kaj kurante tien-reen. Tiam de temp' al tempo iu familio aŭ juna paro promenas sur la pado ekster ŝia ĝardena pordo. Juna sunbrunigita viro kun nuda brako ĉirkaŭ juna sunbrunigita virino kun nudaj ŝultroj.

Ankaŭ li estis juna kaj sunbrunigita, kaj li metis sian fortan brakon ĉirkaŭ ŝin. Kaj ŝi estis juna, tamen ne tiel bruna. Kaj neniam ŝi iris kun nudaj ŝultroj.

Kelkaj el la preterirantoj venas el tie for. Ŝi daŭre bone komprenas la lingvon. Sed ili babilas nur pri etajoj. Kion ili faris hodiaŭ, kion ili planas por morgaŭ. Ŝajne ili vivas plene en la nuno. Ili ne povas helpi ŝin klarigi, kio okazis, aŭ kial li malaperis.

Tiam ŝia patrino kutime staradis gvatante ĉe la ĝardena pordo. Ne al la maro, sed al la strando. Là patrino faris tion por ekvidi ŝin, por konstati, ĉu ŝi revenas hejmen sola aŭ kun li.

Søren neniam staris gvatante. Se li estis hejme, li sidis legante iun hektografitan folion en formato de bildkarto. Konvena por rapide kaŝiĝi enpoŝe. Aŭ li sidis kun orelo premita al la radio-ricevilo, aŭskultante malpermesitan novajelsendon de BBC.

Li estis du jarojn pli juna, tamen li volis decidi pri ŝi. Kiun ŝi rajtis renkonti kaj kiun ne. Vidinte ŝin promeni sur la moleo kun Reinhold, Søren volis vergi ŝin. Sed tiam la patrino intervenis. Ne estis tasko de pli juna frato, eduki sian fratinon. Efektive tio estis tasko de la patro, sed li jam de ok jaroj estis mortinta. Li dronis, kiel tiom da fiŝistoj. Kaj la patrino ne havis forton malpermesi. Ŝi povis nur admoni, peti ŝin pripensi kion ŝi faras. Pripensi, kio okazos estonte.

Sed ĝuste tio ne eblis, kiam ŝi estis kun Reinhold. Tiam ekzistis neniu estonteco, nur granda nuno.

Ankaŭ Søren multe parolis pri la estonteco. Pri iu tempo, kiam oni jetos ilin en la maron. Kaj sendube ĝuste tion li provis fari; li atakis Reinhold por jeti lin maren. Tio fiaskis. Neniu el ili estis jetita en la maron, sed Søren restis surstrande, pafmortigita per la armea pistolo de Reinhold. Al Søren venis neniu estonteco. Nur tombo en la preĝeja tombejo, tie super la borda klifo. Tombo rigardanta la maron. Ankaŭ Reinhold malaperis. Venis aliaj al la dometo, kie nun jam restis nur patrino kaj filino. Oni pridemandis ilin, sed nek ŝi nek la patrino sciis, kion Søren planis. Kaj ĉiuj hektografitaj novajbultenoj estis zorge bruligitaj. Ili do elturniĝis. Se eblas nomi tion elturniĝi. Entombigi dekokjaran filon kaj fraton.

Sed la najbaroj sciis ĉion. Ĉiuj sciis, kio okazis. Kion Søren provis fari, kaj kial. Kion ŝi faris kun Reinhold. Ĉion, kion ili sciis, kaj ĉiun flustran klaĉajon oni konservis por la estonteco. Kaj iutage alvenis la estonteco. La kvinan de majo. Tiam la kamaradoj de Søren decidis, kio estas vera kaj malvera, kion ŝi faris kaj ne faris. Kaj kion meritas tiaj inoj, kiel ŝi.

Tio neniam iĝis afero de la polico. Nenio iĝis afero de la polico. Tio ne necesis. Ĉiuj sciis ĉion, eĉ sen tio. Kaj la dometo en vico de aliaj dometoj ne plu apogis sin al la najbaroj. Ĝi estis premata inter ili. Ĝi kunpremiĝis kaj ŝrumpis, iĝis la plej malgranda domo en la plej malgranda urbo de ĉi tiu landeto.

Ŝi restis en la dometo. Ŝia patrino ŝrumpis, baldaŭ iĝis la plej malgranda patrino de la lando, kaj fine estis enterigita en la tombejo. Sed ŝi mem restis. La haroj denove elkreskis, sed la buŝo rigidiĝis kaj la okuloj iĝis evitemaj. Eble ŝi devintus foriri de ĉi tie. Forvojaĝi al lia lando, serĉi lin. Sed intervenis la tomboj de Søren kaj de la patrino super la klifo.

De temp' al tempo ŝi supreniras kaj metas kandeleton ankaŭ tie, surtombe. Poste ŝi iras sur la pado laŭ la klifa rando, malsupren al sia ĝardena krądpordo. Ŝi malfermas kaj eniras, restas momenton, rigardas al la maro. Kompreneble ŝi scias, ke neniu revenos de tie. Stari ĉi tie atendante estas nura kutimo. Stari ĉi tie ĉe pordo al la maro estas io, kio restis en ŝi, dum ŝi atendis la estontecon.

Gateway to the Sea, *2010*

On a hillside, below the church, the road is lined by a row of cottages, huddled together, shoulder to shoulder. The rendering on each is of a different colour, their doors are of a dark wood, and mallows bloom at their base. Geraniums can be seen in their windows, between net curtains. The houses draw on each other for support, intimately. Nothing would be simpler than believing their inhabitants do, too.

To the rear, each house boasts a small but lush and verdant garden. These brim with perennials, simple vegetable patches, and fruit bushes. Next to them are trestle tables and, in some cases, a rabbit hutch. Each garden has its own wooden gate leading onto a path running along the cliff next to the sea. From the gardens part of the channel can be seen. Across the water the mainland is visible, except in rain or mist.

Often, in a garden such as this, with a gateway onto the sea, an old woman stands beneath a small pear tree, for some time in need of pruning. She gazes at the sea, as if waiting for someone long gone to retrace his steps to her, walking up the hill from the harbour, his sailor's kitbag over his shoulder.

The fifth of May is the Day of Liberation. In the evening she walks the two hundred yards to the square. It's the smallest square in the smallest town in this tiny country. Here, on the paved area in front of the town hall, the people place tiny, burning candles, in a huge circle. She too carries a candle, which she lights, from one of the others, and places in a gap in this circle of light. Then she stands for a while, silently contemplating the burning candles, as the spring evening slowly turns to dusk. She talks to no one and no one talks to her. At least now no one crushes her little candle as soon as she turns her back to leave. There are not many left now who lived through what happened.

Afterwards she stands for a while at her garden gate, looking out over the dark sea. Across, on the other side, are points of light that move. Presumably these are cars. Ships' lights are rarely seen at this time of year. In the summer the sea round here is filled with sails. But not at the beginning of May, and especially not at dusk.

Beneath the cliff is a campsite. In the summer it is filled with people. Families with children, who shout and scream as they play, running up and down. Then, sometimes, a family or a young couple walk the path beyond her garden gate. A young, sun-tanned man with his bare arm round a young, sun-tanned woman, with bare shoulders.

He, too, was young and sun-tanned, and round her he put his sturdy arm. And she was young, though not as tanned. And she never went about with bare shoulders.

Some of those walking past come from where he came. She still has a good grasp of the language. But they talk only of insignificant things. What they did that day, what they plan to do the next. They live entirely, it seems, in the present. They can't help her explain what happened, or why he disappeared.

Those were the times her mother would stand at the garden gate, watching. Not the sea, but the beach. Her mother would do this to catch a glimpse of her, see whether she would return home alone or with him.

Søren never stood watching. If he was at home, he would sit reading some hectographed sheet in the form of a postcard. Useful for quick concealment in a pocket. Or he would sit with an ear pressed to the radio receiver, listening to an illegal news bulletin from the BBC.

He was two years younger, but wanted to make her decisions for her. Whom she might meet, whom not. Seeing her walking out on the breakwater with Reinhold, Søren wanted to get the birch to her. But then her mother intervened. It was not for a younger brother to raise his sister. Clearly, that was the job of the father, but he'd been dead eight years. Drowned, like so many of the fishermen. And her mother did not have the strength to stop her. She could only implore, ask her to think about what she was doing. Think about what would happen in the future.

But that was precisely what she was unable to do when she was with Reinhold. Then there was no future, just an enormous present.

Søren, too, spoke a lot about the future. About the time when the whole lot of them would be thrown into the sea. And, without doubt, that's what he tried to do; he attacked Reinhold to throw him into the sea. It didn't work. Neither of them was thrown into the sea, but Søren stayed on the beach, shot dead with Reinhold's military pistol. There was no future for Søren. Only a grave in the church cemetery, there, above the cliff. A grave gazing at the sea.

Reinhold, too, disappeared. Others came to the cottage, where now only a mother and daughter remained. Questions were asked, but neither she nor her mother could say what Søren had in mind. And all the hectographed newsletters were carefully burned. So they were off the hook. If you can call it off the hook. Burying an eighteen-year-old son and brother.

But the neighbours knew everything. Everyone knew what had happened. What

Søren had tried to do, and why. What she had been up to with Reinhold. Everything they knew, and every whispered piece of gossip they saved for the future. And one day the future arrived. The fifth of May. Then Søren's friends decided what was true, what was false, what she had done and not done. And what women like her deserve.

It was never a matter for the police. Nothing was a matter for the police. It wasn't necessary. Everyone knew everything, even without all that. And the cottage in the row of other cottages no longer drew on the support of its neighbours. It was squeezed between them. It was squashed and shrank, became the smallest house in the smallest town in this tiny country.

She stayed in the cottage. Her mother shrank, soon became the smallest mother in the country, and was eventually buried in the cemetery. As for her, she stayed. Her hair grew back again, but her mouth hardened and her eyes avoided the gaze of others. Perhaps she should have left. Gone away to his country, looked for him. But the graves of Søren and of her mother, above the cliff, held her back.

From time to time she goes up there to place a small candle on the graves. Afterwards she walks the path on the cliff edge, down to her garden gate. She opens it and goes in, pauses for a moment, looking at the sea. From there, of course, she knows no one will return. Standing here, waiting, is just habit. Standing here, at her gateway onto the sea, is something that remains within her, while waiting for the future.

Translation – Paul Gubbins

The final days of the second world war set the scene for the one-act play *Liberiĝo* (*Release*), by Marjorie Boulton. This is no mere historical drama, however. The inhumanity it depicts remains – sadly – as real today as when the play was published in 1959. *Liberiĝo* contains no direct reference to Esperanto, and yet this is a profoundly esperantic play: in the face of intolerance, injustice, barbarity, the tiny voice of hope will not be silenced.

The play was published in *Virino ĉe la landlimo* (*Woman at the Border*), arguably the best collection of original Esperanto drama from the pen of one writer. The anthology contains tragedy and comedy, verse drama and prose drama, and illustrates Boulton's mastery of theatrical technique as well as her profound humanity.

Marjorie Boulton
Liberiĝo, *1959*

Unuakta tragedio

Personoj:
MARIJA STOJIĈ, proks. 30-jara
NADA VANEK, proks. 25-jara

ZDENKA LEVAR, proks. 18-jara
LJUDMILA LEVAR, proks. 13-jara
DRAGOMIR SEKULIĆ, proks. 30-jara
MIRKO ZIC, proks. 30-jara
JOSIP HRIBAR, proks. 25-jara
IVO LOGAR, proks. 20-jara
GABRIJEL REBOV, proks. 15-jara
HEINRICH LORENZ, proks. 35-jara

Tempo: Dum la lastaj tagoj de la Naciliberiga Milito en Jugoslavio.

Sceno: Ĉe la pordo de kampara dometo ie en Jugoslavio: simpla pura dometo, malriĉa sed agrabla; kelkaj floroj apud la pordo. Kuglotruoj en la muro. Apud la pordo MARIJA STOJIĆ sidas sur benko. Ŝi portas kamparaninan kostumon. Iam ŝi estis bela; nun ŝi restas iom bela, sed suferego lasis siajn postsignojn sur ŝia vizaĝo, kaj ŝia hararo estas frue duongriziĝinta. Ŝi estas tute kripla ĉe la piedoj kaj kruroj. NADA VANEK venas el la domo kun du kudrajoj, kaj, sidiĝinte sur la benko, donas unu el ili al MARIJA. Ili komencas kudri.

MARIJA Dankon, kara Nada. Vere mi tre ĝojas revidi la ĉielon kaj la florojn ... kaj jen, Nada, muŝo! Mi preskaŭ forgesis, ke muŝoj havas flugilojn ...

NADA Ĉu la muŝo ĝenas vin, Marija? Ĉu mi mortigu ĝin por vi?

MARIJA Ne, ne, Nada! vi miskomprenas. Ne mortigu ion ajn por mi. Vidu, tiu muŝo havas flugilojn kaj krurojn. Ĝi povas flugi, kuri, danci en la libera aero ... Kiel la vivo estas mirinda, Nada! Mi volas vivi ... jes, mi ankoraŭ volas vivi ...

NADA Kaj ni vivos, Marija; ni vivos. Baldaŭ nun la lastaj nazioj kaj faŝistoj estos for, kaj denove ni havos nian propran landon, niajn proprajn regantojn. La murdoj, la sklav-igoj, la rabado, la torturoj ĉesos. Ni estos ni denove.

MARIJA (*Feliĉe*) Jes. La suno brilas ... kaj la muŝoj libere dancas en la sunlumo ...

NADA Kaj, Marija ... ĉu vi vidas la eblon de ia ajn feliĉo por vi mem ... kun viaj memoroj ...?

MARIJA Jes. Iam feliĉon. Mia popolo estos libera ... kaj eble ni vidos pli bonan vivon ... eble la nova Jugoslavio povos trovi ian taŭgan laboron por kriplulino ... precipe por militkriplulino ...

NADA Eble oni kompensos vin.

MARIJA Eble, eble; sed dinaroj ne pagas krurojn kaj sangon kaj virinecon! Sed mi vivos ... mi flaras esperon en la aero. Kaj vi, Nada; vi ja ne estas stumpa hompeco kiel mi; sed vi havas viajn memorojn pri la nazioj ...

NADA Jes, sed plej bone, peni forgesi. Ni ĉiuj devos multon forgesi por ne freneziĝi. Dank' al Dio, ke mi ne naskis infanon. Eble mi eĉ edziniĝos iam ... kiam mi povos venki mian abomenon ... ne ĉiuj viroj estas tiaj, ĉu?

MARIJA Nepre ne. Vi estu feliĉa, Nada; vi rajtas. Vi trovu por vi ian karan, bonkoran viron, kiu havas homan komprenemon ... iun kiel tiun kuraciston el Beogrado... kaj eble vi forgesos tiujn monstrojn ... Ĉu iu venas?

NADA Jes, la fratinoj Levar.

MARIJA Ĉiam, kiam mi rigardas etan Ljudmila'n, mi ĝojas, ĉar ni sukcese kaŝis tiujn junulinojn; ili devas forgesi nur timon kaj malsaton …

ZDENKA LEVAR kaj LJUDMILA LEVAR alvenas. Ili estas tre ekscititaj kaj ĝojplenaj. Oni emfazu la junecon de LJUDMILA.

ZDENKA Ho, Marija sidas ekstere!

NADA Bonan, Zdenka, bonan, Ljudmila. Jes, mi sukcesis helpi ŝin al la pordo. Estis terura trenlaboro, ĉar ŝi tute ne povas stari eĉ; sed valoris la penon!

ZDENKA (*Kisante MARIJA'n*) Kara Marija, mi tiel ĝojas vidi vin en la sunlumo. Plifortiĝu rapide!

LJUDMILA (*Kisante MARIJA'n*) Vi devos resaniĝi tuj nun, Marija, por marŝi kaj … kaj por danci! Ĉio estos tiel mirinde bela! Pretiĝu por danci en la stratoj!

MARIJA (*Kun melankolia rideto*) Mi faros laŭ miaj plej bonaj ebloj, kara eta Ljudmila. Sed mi ne tro promesos …

ZDENKA (*Emociita*) Kara Marija, ni ĉiuj tre amas vin! Vi oferis vin por savi aliajn; la vilaĝo neniam forgesos! Sed,Marija, jen belegaj novaĵoj! Ni sukcesis trafi la liberan radion – tutan elsendaĵon, Marija, kapitulacoj ĉie! La nazioj estas vere venkitaj; la lastaj tagoj jam alvenis!

NADA Ne tro laŭte, Zdenka; ili ankoraŭ nestas kelkloke, ne malproksime; sed kia ĝojo!

ZDENKA Nia propra lando! Niaj propraj homoj regos nin! Ni kreskigos nian propran maizon; ni melkos niajn proprajn bovinojn! Oni ŝajne kaptas naziojn kaj perfidulojn ĉie! Ili forkuras, detruante, mortigante; sed ili ja forkuras! Baldaŭ ĉio estos finita!

MARIJA Kaj la vera vivo komenciĝos! – Mi preskaŭ povas denove ekkredi pri la ekzisto de Dio!

Bruo ekstere.

NADA Kio estas tio? (*LJUDMILA kuras por rigardi*)

ZDENKA Mi ne scias kion fari! Mi volas kanti … sed tiel malmultaj restas en la vilaĝo por kanti … mi volas ridegi … kaj mi volas ploregi …

MARIJA (*Kiam LJUDMILA revenas*) Ĉu sekure, Ljudmila?

LJUDMILA Jes, jes! Partizanoj! Niaj liberigantoj! Kelkaj nur –kvar, kvin. Ili venas al ni.

NADA Ni bonvenigu ilin. Boteleto restas.

La PARTIZANOJ envenas: DRAGOMIR SEKULIĈ la ĉefo, forta homo, bonkora kaj klera, sed nun duone bestigita per suferoj; MIRKO ZIC, pli kruda, kamparano; JOSIP HRIBAR, simpla homo, tre forta; IVO LOGAR, nervfrakasita, hezitema malfortulo, tre suferinta kaj jam ĉe la rando de frenezo; GABRIJEL REBOV, 15-jara knabo.

DRAGOMIR Kamaradinoj, ni bezonas ion por manĝi.

MARIJA Panon kaj ovojn ni havas. Malmulto cetera restas.

DRAGOMIR Sufiĉos. Kaj akvon por lavi nin.

MARIJA Tre facile.

ZDENKA Mi iros al la puto. (*Foriras*)

IVO Ĉu vi estas vundita?

MARIJA Jes; sed la vivo estos pli bela nun.

DRAGOMIR Multe pli bela. Jes, kamaradino, venas la fino de la suferoj; ni kreos pli justan socion; ni kreos progreseman, pacan landon ...

NADA Mi ne komprenas tion ... ni estas simplaj kamparaninoj ... sed se vi forĉasis la naziojn, vi ĉiam estos bonvenaj ĉe ni.

LJUDMILA, entuziasma kaj emociita, ĉirkaŭbrakas JOSIP-on

LJUDMILA Ho partizanaj kamaradoj, kiom ni ŝuldas al vi! Kiom ni ĝojas vidi vin! Mi helpos kuiri grandegan ovajon por vi!

JOSIP (*Ridas kaj kisas ŝin*) Hej! bona knabino! (*ZDENKA revenas kun granda akvokruĉo*) LJUDMILA Ho franjo, franjo, mi ne scias kion fari, mi estas tiel feliĉa!

JOSIP (*Ridante kisas ZDENKA'n*) Kaj la fratinon, ĉu? Hej, permesu!

MIRKO Bonega ideo! (*Li volas kisi NADA'n, ridante. Ŝi krias proteston kaj kovras la vizaĝon*) Ej, ĉu vi estas tro pruda por doni bonvenigan kison al viro, kiu riskis sian vivon por savi vin?

NADA Ne tuŝu min! Ne tuŝu min! Mi petegas!

MARIJA (*Urĝe*) Lasu ŝin, mi petas, kamarado; mi klarigos poste.

DRAGOMIR Diable! ni ne bezonas lecionojn pri konduto pere de civiluloj, kiuj ne riskis!

MIRKO (*Eksplode*) Ni ne tuŝu vin, ĉu? Kaj kial ne? Ĉu ni ne estas sufiĉe bonaj por vi? Ivo, jen virino – venu kun mi! Virino bonfaros al vi, vi ne plu restos sendorma ... venu!

Li kaj IVO fortrenas NADA'n, kiu kriegas preskaŭ nehome.

NADA Ne! Ne! Ne! Ne denove!

MARIJA Kuru, Ljudmila, kuru, Zdenka! Mi konas tiun humoron! For, for!

JOSIP Kaj jen por mi! (*Postkuras ZDENKA'n, kiu forkuras, LJUDMILA forkuras, krieganta*) GABRIJEL Ĉu mi rajtas?

DRAGOMIR Jes, jes ... ĉio licas ... kaptu ... vi meritas ... vi bone batalis ... Vi stultulinoj! Tiuj aferoj ne okazus, se vi estus pli ĝentilaj al viaj savintoj! – Kaj vi, kun tiu lernejestrina mieno ... ĉu vi ne havas decan bonvenon por mi?

MARIJA Ŝi mortu tuj! Dio permesu, ke ŝi mortu tuj!

DRAGOMIR Kaj vi ... (*Li komencas forŝiri ŝiajn vestajojn en subita besta amoro*) MARIJA Vi bezonas virinon, ĉu ne, kamarado?

DRAGOMIR (*Moke*) Vi estas pli inteligenta ol mi kredis!

MARIJA Serĉu aliloke, kamarado; ĉe mi vi ne trovos tion, kion vi deziras. (*DRAGOMIR lasas ŝin*)

DRAGOMIR Kion vi diras?

MARIJA La nazioj venis antaŭ vi. Ni sopiregis vian alvenon, kamarado. La partizanoj ... niaj liberigontoj ... niaj savontoj ... kaj jen vi venas, kamarado ... kiel bestoj ... mi ne plu estas virino, kamarado. La nazioj brulvundis min, tranĉis min, torturis min ... Levu mian jupon, se vi volas. (*DRAGOMIR hezitas*) Jes, vi rajtas levi mian jupon; nur partizano rajtus ... vi volis antaŭ momento, ĉu ne? (*DRAGOMIR heziteme kaj respekteme levas parton de ŝia jupo, kaj vidas la malsupran parton de kripligitaj, multe bandaĝitaj kruroj*) Jes; la nazioj frakasis ĉiujn ostojn en miaj gamboj, forbrulis mian virinecon, jetis min sur sterkejon por morti ... miaj amikinoj savis min, sed oni diras, ke mi neniam plu marŝos ... Sed mi vivas ... kaj hodiaŭ, mi ĝojis pro la sunlumo, kaj ĉar baldaŭ ni estos ... liberaj.

DRAGOMIR (*Malfacile*) Pardonu min.

MARIJA Volonte.

DRAGOMIR Milito estas tia. Ho ve! Mi antaŭe vidis tiajn frenezojn, tiajn bestigojn ... Ho ve! Kaj nun mi mem bestiĝas ... Iam ni eĉ promesis ĉastecon dum la milito. Sed finfine oni eksplodas.

MARIJA Vi estas la ĉefo, ĉu ne?

DRAGOMIR Jes.

MARIJA Ĉu vi povas savi la aliajn?

DRAGOMIR Mi ne scias; mi povas peni. (*Li intencas forkuri, sed subite MIRKO kaj IVO revenas; IVO perdis la mensan ekvilibron*)

MIRKO (*Sincere konsternita*) La ino ... la ino ... tuj mortis.

DRAGOMIR Kio?

MIRKO Ŝi baraktis ... ni fortrenis ŝin ... al la kampo ... ŝi, ŝi havis ian pendajon ... sur la kolĉeno ... iel ŝi portis ĝin al la buŝo ... konvulsiis ... falis ...

DRAGOMIR Ĉu certe morta?

MIRKO Mi bone konas la morton.

MARIJA Kuracisto el Beogrado rifuĝis ĉi tie dum kelkaj monatoj. Estis li, kiu flegis min kaj savis mian vivon. Mi petegis al li, multfoje, ke li donu al ni ion ... por ke tiaj aferoj ne reokazu ... kaj poste ni ĉiam portis. (*Montras sian propran kolĉenon kaj pendajon*) Ni portas la morton super la koro. Mi ne scias, kio estas ... mi estas neklera ... sed tiu kuracisto komprenis nian bezonon.

MIRKO Sed kial mortigi sin? Ĉu tiaj aferoj tiel gravas?

MARIJA La nazioj seksperfortis ŝin. Multaj nazioj. Ŝi eĉ ne certas pri la kalkulo.

MIRKO Ĉefo, donu al mi taskon, tuj!

DRAGOMIR (*Angore*) Savu la aliajn! Ho ve, kio ni iĝis? Kiaj ni estas?

MIRKO forkuras, IVO eksploregas freneze.

IVO Kamarado Sekuliĉ, mortpafu min tuj! Mi volis esti viro! Mi volis gustumi virinon! Mi kaptis virinon! Kaj ŝi mortigis sin en miaj brakoj! Mortigu min tuj, mi petegas! Mi ne plu rajtas vivi! Mi ne plu volas vivi!

DRAGOMIR ĉirkaŭbrakas lin kaj tenas lin forte.

DRAGOMIR Ivo, mia Ivo.

IVO Patreto, pardonu min. Mi ne sciis, kion mi faras!

DRAGOMIR (*Pli aŭtoritate, sed ĉiam milde*) Ivo, vi estas nur dudekjara; Mirko kaj Josip kaj mi estas multe pli aĝaj, kaj ni volis fari same. Jes, Ivo, eĉ mi, dum blinda kruela momento. Ivo, mi ordonas al vi, savu la aliajn, se vi povas. Ho ve! kio ni iĝas? (*Ivo foriras, DRAGOMIR ĉirkaŭrigardas*) Kio okazas? – Bonan novajon! Mi vidas la alian plenaĝulinon. Ŝi savas sin!

MARIJA Zdenka ...

DRAGOMIR Jes, ŝi savas sin ... sur la monteto ... Josip stumblis ... jes, jen Mirko postkuras lin ... ŝi miskomprenas, kuregas ... ne, nun ŝi komprenas; ili pardonpetas ...

MARIJA Kaj la knabino! Ljudmila estas dektrijara! Ĉu la liberiga armeo seksperfortas infanojn?

DRAGOMIR Gabrijel ĉasis ŝin ... ho ve, li estas preskaŭ infano mem. Dekkvinjara. Jen Ivo kuras post li ... ili estas tre bonaj amikoj ... eble ĉio iros bone ... Eble niaj infanoj komencos kunludi nature ... Tiu rekrutigo el la lernejo estas abomena neceso! Sed eble vi povas kompreni ... kiel vi nomiĝas, kamaradino?

MARIJA Marija Stojiĉ.

DRAGOMIR Dragomir Sekuliĉ (*Sidiĝas apud ŝi*) Marija, vi suferis preskaŭ preter la limo de la homa suferkapablo; ĉu vi povas pardoni min?

MARIJA Jes.

DRAGOMIR Vi eble scias ... kiel longa suferado bestigas la homojn. Iam mi estis ĉefo inter dudek kamaradoj; nun kvin restas. Mi vidis virinojn torturitajn preskaŭ same kiel vi. La nazioj mortigis mian panjon. (*MARIJA simpatie prenas lian manon*) Jes, mi mem vidis la kadavron de mia panjo; tute sangruĝan ... kiel senvaloran viandon en la rubejo de la buĉisto ... Mi neniam vidos mian panjon plu. Marija, ĉu vi komprenas?

MARIJA Jes.

DRAGOMIR Ĉu vi iam ajn mortigis homon?

MARIJA Ne.

DRAGOMIR Mi, jes. Mortigi unu homon estas ege malfacile. Vomajo en la gorĝo, rigidaj manoj, kortamburado. Mortigi la duan, la dekduan, la dudekan ... nenio! Kaj oni ekapetitas ... oni sonĝas sange. Ĉu vi komprenas? Oni vekiĝas kredante, ke sango plenigas la okulojn. Oni flaras sangon en rozoj kaj ruĝaj pomoj kaj ruĝa vino. Mia amiko Ivo kelkfoje levas la manon por forviŝi sangon el la okuloj; mi ĉiam timis tiun geston, kaj nun li estas duonfreneza. Kaj virinoj! Virinoj estas molaj, estas dolĉaj, odoras patrinece ... kaj donas magian forgeson ... dum longa tempo ni ne proksimiĝis al virinoj, kaj vi ... vi kvazaŭ senekvilibrigis min ... Kaj mi neniam plu vidos mian panjon.

Krioj ekstere.

MARIJA Ljudmila!

DRAGOMIR Ne.

MIRKO, IVO, JOSIP kaj GABRIJEL revenas. Ili trenas HEINRICH Lorenz, kies manojn ili jam ligis. HEINRICH portas nazian uniformon, preferinde altrangan.

JOSIP Vidu, ĉefo, ni kaptis iun!

MARIJA La knabineto ... ĉu la knabineto estas sekura ...?

GABRIJEL Kia knabineto? – Ho, jes. Mi forgesis ŝin. Mi ĉasis ŝin, kaj kuglo subite maltrafis min per nur duonmetro!

MIRKO Ŝi estas nun kun la fratino.

MARIJA Dank' al Dio!

DRAGOMIR Kaj ĉu tiu estas la kaŝpafisto?

MIRKO Ne; la kuglo venis el alia direkto; aliaj ŝajne restas.

DRAGOMIR Nazio altranga ... eble plej prudente mortpafi lin tuj. (*MARIJA falas svene*)

IVO La virino!

Josip Ho, la virino mortas. (*Iras al ŝi*) Ne, svenas.

Dragomir Gabrijel, helpu min. Akvon. (*Gabrijel portas la akvokruĉon. Ili jetas akvon en la vizaĝon de Marija, rektigas ŝin sur la benko, trinkigas ŝin*)

Heinrich (*Defie*) Heil Hitler!

Mirko Silentu, porkaĉo! (*Frapas lin sur la buŝo*)

Dragomir Marija, ĉu vi fartas malbone? Ĉu tro da emocioj ... la morto de via amikino ...?

Marija Ne, ne ... mi bonfartas tuj ... mi alkutimiĝis jam al ŝokoj kaj terurajoj ... sed ...

Ivo La virino ne mortas, ĉu? Ne mortigis sin?

Dragomir Ne, ne. Marija, kio estas?

Marija (*Gestante al Heinrich*) Mi ne atendis iam ajn revidi lin ...

Dragomir Lin ...?

Heinrich (*Arogante*) Heinrich Lorenz, oficiro de la Germana Tria Regno!

Marija Vi ne prezentis vin tiel formale antaŭe ... Iom pli da akvo, mi petas, Dragomir. (*Dragomir trinkigas ŝin, rigardas la nazion, komprenas subite*)

Dragomir Tiu ĉi nazio estas la oficiro, kiu venis en vian vilaĝon antaŭe, ĉu, Marija? ... kiu ordonis la mortojn, la torturojn, la sistemajn seksperfortojn ... ĉu estis li, kiu torturis vin kaj por ĉiam kripligis vin? (*Marija kapjesas. Dragomir paŝas rekte al Heinrich kaj fiksrigardas lin*) Kaj mi intencis nur mortpafi lin! Kamaradoj, kion ni faru nun? Ni kaptis la protokanajlon, la kanibalon, kiu preskaŭ senvirigis ĉi tiun vilaĝon. Li forbruligis la virinecon de nia kamaradino, frakasis ŝiajn ostojn kaj jetis ŝin sur la sterkejon por morti. (*Ivo, kriegante histerie, jetas sin sur Heinrich, alterigas lin, kaptas la akvokruĉon kaj komencas bati lian vizaĝon*)

Ivo Porko! Porko! Porko!

Dragomir (*Glacie*) Ivo, ne mortigu lin. Ni faros justecon. Ivo, vi laboras tro rapide. (*Ivo ĉesas bati la nazion*)

Josip Ni rostu la porkon!

Marija Ne ... ne ... (*Sed neniu ajn nun atentas ŝin*)

Dragomir (*Glacie – terure – kviete*) Gabrijel, Josip, serĉu lignon kaj ferstangon.

Josip Bonege! (*Foriras*)

Gabrijel Mi jam vidis la lignajaron malantaŭ la domo. (*Foriras*)

Dragomir Kaj grason. Ni devas havi grason. (*Li genuas apud la ligita kaj ne plu defia nazio kaj unufoje vangofrapas lin, ĉiam en nenatura trankvileco*) Aŭskultu, porko. Vi gustumu vian propran medikamenton. Ni rostos vin vivantan. Malrapide. Ni bone grasigos vin; kaj miaj kamaradoj jam spertas pri bonaj malgrandaj fajroj en la freŝa aero. Ĉu vi komprenas, porko? (*Heinrich tordas sin kaj kriegas*) Tro malfrue! Vi ne povas pagi la senkulpajn vivojn, la frakasitajn korpojn, la frenezajn mensojn; sed vi pagos ĉion, kio estas en via konto. (*Dua vangofrapo*) Kaj mi havas aliajn ideojn. Eble en la domo estas tondilo ... kaj kelkaj najloj ... Venu, kamaradoj! Ni pretigu regalon por la porko! (*Iras en la domon kun Mirko kaj Ivo. Ili marŝas sur Heinrich, kvazaŭ li ne ekzistus. Dum momento ni vidas nur Marija'n, kiu sidas senmove, kun suferoplena vizaĝo, kaj Heinrich, kiu tordiĝas kaj ploraĉas. Marija ne povas tuŝi lin. Ŝi pensas; decidas; apogas la manojn sur la muron; post grandega penado, ŝi stariĝas. Ŝi elprenas tuketon kaj forviŝas la ŝviton, kiu blindigas ŝin. Ŝi denove faros preskaŭ netolereblan penadon kaj marŝas antaŭen, ĝis* Heinrich *kuŝas ĉe ŝiaj piedoj. Ŝi anhelas, kaj denove forviŝas ŝviton)*

Marija Ĉu vi rekonas min? (Heinrich *ĝemas)* Jes, mi scias, kiel oni sentas brulvundojn.

Heinrich (*Kiu kredas, ke ŝi torturos lin)* Slava hundino! Nearja sovaĝulino!

Marija Mia frato! (*Ŝi deprenas la kolĉenon kaj malfermas sian pendajon)* Mi ne deziras, ke iu ajn sentu brulvundojn. Mi ne povas savi vian vivon, sed mi volas, ke vi ne suferu. (*Ŝi tre malfacile kliniĝas kaj metas la pendajon al la buŝo de* Heinrich) Tuj, tuj! Tio ĉi estas tre rapida morto. (Heinrich *lekas la pendajon, ĝemas, konvulsias kaj mortas.* Marija *staras senmove, lacega, kun la kolĉeno en la mano.* Dragomir *revenas kun pelvo)*

Dragomir Jen grasajo! ... Marija! Vi staras ... Vi ... Li ...

Marija (*Montrante sian pendajon)* Mi mortigis lin. Mi devis. Mi donis mian venenon.

Dragomir Vi mortigis la porkon, la nazion ... sed li torturis vin ...

Marija Jes.

Dragomir Sed mi volis venĝi vin!

Marija Jes. Mi komprenas. Sed mi ne volas venĝi min mem.

Dragomir Sed vi staras ... vi staras ... vi marŝis ...

Marija Mi devis. Iel mi trovis la forton.

Ivo kaj Mirko *revenas kun tranĉiloj, tondilo k.t.p.,* Josip *kaj* Gabrijel *kun ligno.*

Dragomir Ne necesas. La nazio jam mortis.

Marija Mi mortigis lin, por ke vi ne rostu lin. Mi devis.

Ivo Sed –

Dragomir Kaj ŝi staras! Ŝi trovis la forton stari! Almenaŭ tio estas ĝojiga! La viktimo komencas revivi!

Ivo Sed kiel ŝi povis fari? Ĉu ŝi pardonis lin?

Marija Eble jes.

Ivo Sed kiel, kiel?

Marija Vi ĉiuj terure suferis, kamaradoj; kaj viaj suferoj preskaŭ bestigis vin. Eble suferoj helpis bestigi lin. Ankaŭ mi tre suferis; sed mi restis stumpa, kripla; mi havis longan tempon por mediti, por suferi, por deziri venĝon kaj finfine ne plu deziri venĝon. Kaj mi vidis, ke suferado ne plibonigas la homojn; ĝi kutime malplibonigas ilin ... Oni suferigas; kaj tial la viktimo volas suferigi, kaj li suferigas aliajn, kiuj rezulte volas suferigi, en senĉesa ĉeno de sufero, venĝo kaj sufero.

Josip Ĉu ŝi parolas pri la dialektika spiralo?

Dragomir Eble iasence, kamarado.

Marija Mi ne komprenas tiajn klerajn esprimojn ... mi nur finfine komprenis, ke iu devas rompi la ĉenon; kaj tion oni faros nur per pardono kaj amo.

Dragomir Sed mi ne povas pardoni tiun porkon, kiu torturis kaj frakasis vin!

Marija Eble vi ne rajtas, Dragomir. Eble ni ĉiam tro facile pardonas la malamikojn de aliaj ... Sed kiam mi fakte vidis tiun Lorenz ĉe miaj piedoj, mi sciis, ke eble mi povos rompi tiun ĉenon ... kaj eble helpi vin ... mi devis malvenĝi.

JOSIP Ĉu tiu virino parolas pri la neigado de la neigado?

DRAGOMIR Jes, kamarado ... ĝuste tiel.

MARIJA Nun mi komprenas, ke oni povas per suferado lerni aŭ kruelecon, aŭ malkruelecon ... ĉar oni pasie malvolas, ke aliaj sentu similajn dolorojn ... Pardonu, mi ne povas plu stari. (*Ŝi preskaŭ falas.* DRAGOMIR *helpas ŝin iri malrapide al la benko; ŝi sidiĝas*)

DRAGOMIR Marija, mi kredas, ke vi povos multe helpi min kaj gvidi nin post la militofino.

MARIJA Ne, ne; mi estas nur simpla kamparanino.

DRAGOMIR Ne gravas. Vi komprenas ion, kion mi serĉis dum jaroj.

IVO Donu al ni pacon!

JOSIP Ĉu ŝi estas vera kamaradino aŭ burĝulino? Ŝi parolas bele.

DRAGOMIR Mi kredas, ke ŝi estas – homo. Aliaj nomoj nun ŝajnas tre stultaj. Kaj ni preskaŭ perdis nian homecon ... eĉ batalante pro la homaro ... Marija, ni helpos vin, kaj vi helpos nin ... vi ree marŝos, ĉar vi havas ŝtalan volon; vi estas militviktimo; ni trovos por vi la plej bonan helpon eblan; kaj vi helpos nin retrovi la mensan pacon, helpos nin konstrui post la detruado; vi estos patrino al Gabrijel, kiu havas neniun ajn, fratino al mia Ivo, kiu tiom bezonas korvarmon; Marija, vi sentigos al ni dolĉajn homajn sentojn, konstruemajn esperojn por la paca patrujo ... vi ... (*Oni aŭdas fusilpafon,* DRAGOMIR, *vundita en la brusto, ŝanceliĝas*) Malsupren! (*La* PARTIZANO, *krom* DRAGOMIR, *jetas sin teren*)

MIRKO La kaŝpafisto!

DRAGOMIR Jes. Kaptu. Sed ne torturu.

MIRKO kaj JOSIP *forkuras rapide.*

IVO Kaj vi, patreto?

DRAGOMIR Kaputa ... Mia pulmo ... Mi mortas.

IVO (*Kurante al li*) Sed ni devas helpi vin!

DRAGOMIR (*Pli forte*) For! Gardu vin! Eble kuglo restas! Helpu Marijan en la domon!

GABRIJEL Sed, kamarado ...

DRAGOMIR (*Falante sur la genuojn*) For! ... For! ... Savu ŝin ... Savu vin ...!

IVO Jen li! Li forjetas la fusilon, kuras! Atendu min, Mirko! (*Forkuras;* GABRIJEL *sekvas lin*)

MARIJA Ho ve, mi ne povas helpi vin! (*Ŝi etendas la manojn,* DRAGOMIR, *tusante kaj jam agoniante, palpe trovas ilin. Li kuŝigas la kapon sur ŝia sino. Ŝi karesas lian kapon kaj rigardas lin kun angora kompato*)

DRAGOMIR Panjo ... Panjo ...

Malrapida kurtenfalo.

Kaputa: rompita, ne plu uzebla.

Release, *1959*

A tragedy in one act

Dramatis personae:

MARIJA STOJIĆ, approx. 30
NADA VANEK, approx. 25
ZDENKA LEVAR, approx. 18
LJUDMILA LEVAR, approx. 13
DRAGOMIR SEKULIĆ, approx. 30
MIRKO ZIC, approx. 30
JOSIP HRIBAR, approx. 25
IVO LOGAR, approx. 20
GABRIJEL REBOV, approx. 15
HEINRICH LORENZ, approx. 35

Time: The last days of the Yugoslav war of independence.

Scene: The door of a small country dwelling somewhere in Yugoslavia: a clean, simple dwelling, poor yet pleasant; flowers by the door. Bullet holes in the wall. MARIJA STOJIĆ is sitting on a bench by the door. She is dressed in rural manner. At one time she was beautiful; now she retains some of her beauty, but extreme suffering has left its mark on her face, and her hair is prematurely greying. She is severely crippled in the feet and legs. NADA VANEK comes out of the house with two pieces of sewing and, sitting on the bench, gives one to MARIJA. They begin sewing.

MARIJA Thank you, Nada dear. The sky and the flowers, seeing them again, it makes me so happy, really it does ... oh, and Nada, look, a fly! I'd almost forgotten flies have wings.

NADA Is it bothering you, Marija, that fly? You want me to kill it for you?

MARIJA No, no, Nada. You don't understand. I don't want you killing anything for me. See, that fly's got wings and legs. It can fly, run, dance in the free air ... Oh, how wonderful life is, Nada! I want to live ... yes, I still want to live.

NADA And we shall live, Marija: we shall. Any time now the last of the nazis and fascists will be gone, and we'll have our own land, our own government, once again. The killing, the humiliation, the robbing, the torturing ... it'll all be over. We'll be ourselves again.

MARIJA (*Happily*) Yes. The sun will shine ... and the flies will dance in freedom in the sunlight ...

NADA Yes, but you, Marija ... any chance, you think, you'll find happiness? You ... with all your memories ...?

MARIJA Yes. There'll be a time when I'll be happy. My people will be free ... perhaps we'll see a better life ... perhaps the new Yugoslavia will be able to find work for an old crock ... an old crock wrecked by war ...

NADA Perhaps they'll give you compensation.

MARIJA Perhaps, perhaps, but dinars don't pay for legs and blood and womanhood. But I shall live ... I can smell hope in the air. But you, Nada, you're not some stunted rump of humanity like me; though you've still got your memories of the nazis ...

NADA True, but it's best to try and forget. We've all of us so much to clear from our minds if we're not to go stark raving mad. Thank God there was never any child. Perhaps some day I'll be married ... when I can put all this nastiness behind me ... not all men are like that, are they?

MARIJA Not at all. You must be happy, Nada, you deserve to be. You should find yourself a lovely, loving man, someone caring ... like that doctor from Belgrade ... then perhaps you'll banish those monsters ... Is that someone coming?

NADA Yes, the Levar girls.

MARIJA Every time I see little Ljudmila I'm just so happy, simply because we managed to hide those girls; all they have to do now is forget their fear and their hunger ...

Enter ZDENKA LEVAR and LJUDMILA LEVAR. They are very excited and exude happiness. LJUDMILA's youthfulness should be emphasised.

ZDENKA Look, it's Marija ... she's outside ... outside her house!

NADA Hello there, Zdenka; Ljudmila, hello. Yes, I managed to get her to the door. A lot of pushing and shoving, she can't stand up; but all well worth it.

ZDENKA (*Kissing MARIJA*) Dearest Marija, it's so wonderful to see you out in the sun. You're to get well as fast as you can!

LJUDMILA (*Kissing MARIJA*) You're to get well this very second, Marija, so you can walk and ... and dance! It's all going to be just fine. You've to get yourself ready to go dancing in the streets!

MARIJA (*Smiling sadly*) Ljudmila, my dear, I'll do my very best. But I'm not making any promises ...

ZDENKA (*With feeling*) Dearest Marija, all of us, we love you to bits. Your sacrifice, it was, that saved others; the village will never forget. But listen, Marija, great news. We managed to tune in to the free radio ... a whole programme, Marija, and it said everywhere they're throwing down their weapons. The nazis are truly done for; it's the beginning of the end.

NADA Hush, Zdenka; there's still places they're holding out, not too far away; but it's good news, all the same.

ZDENKA Our own country! Our own people in charge! We shall grow our own corn, milk our own cows. They're rounding up nazis and traitors everywhere. They're on the run, destroying, killing; but they're on the run. Soon it'll all be over!

MARIJA And our real lives will begin. – I can almost start believing again in the existence of God.

Noise, off.

NADA What's that? (*LJUDMILA runs to look*)

ZDENKA I don't know where to start. I want to sing ... but there are hardly any left in the village to sing with ... I want to laugh out loud ... and I want to weep buckets ...

MARIJA (*When LJUDMILA returns*) Is it safe, Ljudmila?

LJUDMILA Yes, yes. It's the resistance. Our liberators. Just a few ... four, five. They're coming this way.

NADA We must make them welcome. We've still a half-bottle left over.

The RESISTANCE FIGHTERS enter: DRAGOMIR SEKULIĆ, the leader, a powerfully built man, good-hearted and educated, but now bestialised by suffering; MIRKO ZIC, more earthy, a peasant; JOSIP HRIBAR, a simple person, very strong; IVO LOGAR, a physically weak, hesitant man whose nerves are shattered, having seen great suffering, and who is verging on insanity; GABRIJEL REBOV, a 15- year-old boy.

DRAGOMIR Comrades, we need something to eat.

MARIJA We've bread and eggs. Apart from that not much.

DRAGOMIR It'll do. And water for washing.

MARIJA That's easy.

ZDENKA I'll go to the well. (*Exits*)

IVO You injured?

MARIJA Yes, but life's on the mend now.

DRAGOMIR Very much on the mend. Yes, comrade, here's an end to suffering; we're going to build a fairer society, build a progressive, peaceful country ...

NADA I've no head for things like that ... we're just simple country folk ... but if you can get rid of the nazis, you'll always be welcome here.

LJUDMILA, excited and emotional, gives JOSIP a hug.

LJUDMILA Oh, comrades of the resistance, we owe you so much! We're so pleased to see you! I'm going to help make you the biggest omelette ever.

JOSIP (*Laughs and kisses her*) Hey! Good girl!

ZDENKA returns with a pitcher of water.

LJUDMILA Oh, sis, sis, I'm so happy I don't know whether I'm coming or going.

JOSIP (*Laughing, kisses ZDENKA*) And that's your sister, eh? Hey, allow me.

MIRKO Good idea. (*Laughing, he makes to kiss NADA. She cries out in protest and covers her face*) Hey, too stuck up, are you, to welcome with a kiss a fellow who's risked his life to save yours?

NADA Don't touch me! Don't touch me! I beg you.

MARIJA (*Urgently*) Leave her be, comrade, please; I'll explain later.

DRAGOMIR Crying out loud! We don't need lessons in what to do from civilians who've never risked life and limb.

MIRKO (*Losing control*) Don't touch you, eh? And why not? Not good enough for you, are we? Ivo, here, a woman, ... you come with me. A woman'll do you good, you'll sleep like a log from now on ... come!

IVO and he drag off NADA, whose screams are barely recognisable as human.

NADA No! No! No! Not again!

MARIJA Run for it, Ljudmila, run, Zdenka. I know what they're after. Go, go!

JOSIP And this one's for me! (*Chases after ZDENKA, who runs off; LJUDMILA runs away, screaming*)

GABRIJEL What about me?

DRAGOMIR Yes, yes … it's a free for all … take her … you've earned it … fought well … You stupid women! None of this would have happened if you'd been kinder to your saviours. – And you, with that schoolmarmy look … haven't you got a nice little welcome for me?

MARIJA Let her die at once! Please God, let her die at once!

DRAGOMIR And now you … (*Starts pulling off her clothes with sudden animal lust*)

MARIJA It's a woman … that's what you want, comrade, is it?

DRAGOMIR (*Mocking*) You've more brains than I thought.

MARIJA Look elsewhere, comrade; you'll not find anything here you want. (*DRAGOMIR lets her go*)

DRAGOMIR What do you mean?

MARIJA The nazis were here before you. Oh, we were so hoping you'd come, comrade. The resistance … our liberators … our saviours … and now here you are, comrade … like animals … there's no woman left in me, comrade. The nazis burned me, cut me, tortured me … Lift my skirt, if you want. (*DRAGOMIR hesitates*) Yes, you can lift my skirt; only a resistance fighter is allowed … you wanted to a minute ago, didn't you? (*DRAGOMIR slowly and respectfully lifts a corner of her skirt and sees the lower part of shattered, heavily bandaged legs*) Yes, every bone in my legs the nazis broke, burned away my womanhood, threw me on a dung heap to die … friends saved me, but they say I'll never walk again … But I'm alive … and today I was enjoying the sunshine, for soon we'll be … free.

DRAGOMIR (*With difficulty*) Please forgive me.

MARIJA Most readily.

DRAGOMIR War's like that. Oh, God. I've seen this madness, this bestiality, before … oh, God. And now I'm the one who's the animal … There was a time we even promised to behave properly during the war. But in the end it all just bursts out.

MARIJA You're in charge, aren't you?

DRAGOMIR Yes.

MARIJA Can you save the others?

DRAGOMIR I don't know; I can try. (*He is on the point of dashing off, but suddenly MIRKO and IVO return; IVO has become emotionally unbalanced*)

MIRKO (*Genuinely shaken*) The woman … the woman … dead … just like that.

DRAGOMIR What?

MIRKO She was struggling … we carried her off … into the field … she'd, she'd got some sort of pendant … on a necklace … somehow she got it to her mouth … started shaking, violently … fell down …

DRAGOMIR Are you sure she's dead?

MIRKO I've seen enough death to know.

MARIJA A doctor from Belgrade took shelter here with us for a couple of months. He was the one who looked after me and saved my life. I begged him, time and time again, to give us something ... so as not to have to go through all this again ... and now we carry it with us all the time. (*Shows him her own necklace and pendant*) We carry death over our hearts. I've no idea what it is ... I'm not clever ... but that doctor understood why we needed it.

MIRKO But why kill herself? These things ... do they really matter so much?

MARIJA The nazis raped her. A whole load of nazis. She'd no idea how many.

MIRKO Boss ... something to do. Give me something to do, this instant.

DRAGOMIR (*Deeply moved*) Save the others. Oh, God, what's become of us? What sort of people are we?

MIRKO departs, at a run; IVO bursts into wild, uncontrollable tears.

IVO Comrade Sekulić, shoot me here and now. I wanted to be a man! I wanted to taste a woman! I caught a woman! And she killed herself in my arms! Kill me here and now, I beg you. I've no right to live any more! I don't want to live any more!

DRAGOMIR Ivo, my Ivo.

IVO Father, forgive, me, for I know not what I've done.

DRAGOMIR (*More authoritative, but always gentle*) Ivo, you're just twenty; Mirko and Josip and me are much older, and we wanted what you did. Yes, Ivo, even me, in a moment of blind cruelty. Ivo, I'm ordering you, save the others, if you can. Oh, God, what's becoming of us? (*IVO exits, DRAGOMIR looks round*) What's all that? – Good! I can see the other adult. She's got away.

MARIJA Zdenka ...

DRAGOMIR Yes, got away ... up on the hill ... Josip tripped ... yes, and there's Mirko going after her ... she's no idea why ... she's running all the more ... no, she's realised; they've apologised ...

MARIJA But the girl! Ljudmila's just thirteen! Does the liberation army rape children?

DRAGOMIR Gabrijel went after her ... God, he's just a child himself. Fifteen. There's Ivo following him ... they're good friends ... it should be okay ... Perhaps our children will start to play with each other as they should ... Recruiting from schools was a necessary evil. But perhaps you can understand ... what's your name, comrade?

MARIJA Marija Stojić.

DRAGOMIR Dragomir Sekulić. (*He sits next to her*) Marija, you've known suffering almost beyond the bounds of human endurance; can you forgive me?

MARIJA Yes.

DRAGOMIR Perhaps you know ... how suffering, over a long period, can turn a man into an animal. There was a time when I was in charge of twenty of our comrades; now there are just five. I've seen women tortured almost the same as you. My mother ... the nazis killed my mother. (*MARIJA takes his hand in sympathy*) I saw her body, covered in blood ... like a worthless lump of meat in a butcher's waste bin ... I never saw my mum again. Marija, you know what I'm saying?

MARIJA Yes.

DRAGOMIR You ever killed anyone?

MARIJA No.

DRAGOMIR I have. Killing one person's the most difficult thing. Vomit in your throat, hands rigid, heart pounding. Killing the second, the twelfth, the twentieth … nothing. And then you get the taste for it … you dream of blood. Know what I'm saying? You wake up thinking you've blood in your eyes. You scent blood in roses, red apples, red wine. My friend Ivo sometimes raises his hand to wipe blood from his eyes; I'm always afraid when he does that, and now he's half mad. And women! Women are tender, gentle, smell of motherhood … and in some wonderful way help us forget … we've not been near any women for ages, and you … you almost knocked me off balance … And I'll never see my mum again.

Shouting, off.

MARIJA Ljudmila!

DRAGOMIR It's not her.

> *MIRKO, IVO, JOSIP and GABRIJEL return. They are pulling with them HEINRICH LORENZ, whose hands are already tied. HEINRICH is in nazi uniform, preferably high-ranking.*

JOSIP Boss, look, we've got someone.

MARIJA The girl … is the girl safe?

GABRIJEL What girl? – Oh, yes. I forgot. I was chasing after her when all of a sudden this bullet whizzes past … misses me by a couple of inches.

MIRKO She's with her sister.

MARIJA Heaven be praised.

DRAGOMIR And is this the sniper?

MIRKO No; the shot came from another direction; there's others still out there.

DRAGOMIR A nazi of high rank … best perhaps to put a bullet through him here and now. (*MARIJA faints*)

MIRKO Look to the woman!

JOSIP She's dying … I think she's dying. (*Goes to her*) No, just fainted.

DRAGOMIR Gabrijel, give me a hand. Water. (*GABRIJEL brings the pitcher. They throw water into MARIJA's face, sit her up on the bench, make her drink*)

HEINRICH (*Defiantly*) Heil Hitler!

MIRKO Shut up, you swine! (*Strikes him in the mouth*)

DRAGOMIR Marija, are you not well? It's all too much … your friend dying …

MARIJA No, no … I'll be fine in a minute … I'm used to terrible things and shock … but …

IVO The woman's not dead, is she? Not killed herself?

DRAGOMIR No, no. Marija, what is it?

MARIJA (*Pointing to HEINRICH*) I never expected to see him again …

DRAGOMIR See him …?

HEINRICH (*Arrogantly*) Heinrich Lorenz, officer of the Third Reich!

MARIJA You never introduced yourself with such formality before … please, more water, Dragomir. (*DRAGOMIR gives her something to drink, looks at the nazi, suddenly comprehends*)

DRAGOMIR This was the nazi officer who was in your village before, wasn't it, Marija? …

who gave orders to kill, to torture, to rape, one after the other ... was it him who tortured you ... left you battered and broken for ever? (*MARIJA nods in assent. DRAGOMIR goes up to HEINRICH and looks him straight in the eye*) To think, I was only going to shoot him. Comrades, what's to be done? We've caught this fiend, this cannibal, who caused this village to lose just about all its men. He took with fire our comrade's womanhood, smashed her bones and threw her on a dung heap to die. (*IVO, screaming hysterically, throws himself on HEINRICH, knocks him to the ground, seizes the pitcher and starts to smash it into his face*)

IVO Pig! Pig! Pig!

DRAGOMIR (*Coldly*) Ivo, don't kill him. We're going to treat him fairly. Ivo, you're going about it too fast. (*IVO stops attacking the nazi*)

JOSIP Let's roast the pig!

MARIJA No ... no ... (*No one pays her any attention*)

DRAGOMIR (*Coldly – terrifyingly – quietly*) Gabrijel, Josip, go and find wood and an iron bar.

JOSIP You're on! (*Exits*)

GABRIJEL There's wood behind the house – I saw it. (*Exits*)

DRAGOMIR And cooking fat. We've got to have fat. (*He kneels in front of the nazi, who is bound and no longer defiant, and slaps him once in the face, and speaks with an unnatural calm*) Listen, pig. You're going to get a dose of your own medicine. We're going to roast you alive. Slowly. Oh, we'll baste you well; my comrades know all about open air cooking. Know what I'm saying, pig? (*HEINRICH writhes and screams*) Too late! You can't repay the innocent lives, the broken bodies, the minds driven crazy; but you can pay everything in your account. (*Slaps him a second time*) And I've a few more little ideas. Perhaps there's some scissors in the house ... nails ... Comrades, come! Let's prepare a treat for the pig! (*Goes into the house with MIRKO and IVO. They trample on HEINRICH, as if he doesn't exist. For a moment we see just MARIJA, who sits motionless, her face full of suffering, and HEINRICH, who writhes and howls. MARIJA cannot reach him. She reflects; decides; supports her hands on the wall; after considerable effort she stands up. She takes a cloth and wipes away the sweat that veils her eyes. Again with almost superhuman effort, she walks forward, until HEINRICH is lying at her feet. She is panting and again wipes away the sweat*)

MARIJA Do you know who I am? (*HEINRICH moans*) Yes, I know what it's like to suffer burning.

HEINRICH (*Thinking she is about to torture him*) Slavic bitch! Non-aryan savage!

MARIJA My brother! (*She removes her necklace and opens the pendant*) I don't want anyone to know what it's like to be burned. I can't save your life, but I don't want you to suffer. (*With great difficulty she bends down and puts the pendant to HEINRICH's mouth*) Hurry, hurry. It's a very quick death. (*HEINRICH licks the pendant, moans, kicks out, and dies. MARIJA remains standing, motionless, exhausted, with the necklace in her hand. DRAGOMIR returns with a basin*)

DRAGOMIR Here's the cooking fat ... Marija! You're standing ... You ... He ...

MARIJA (*Shows him the pendant*) I killed him. I had to. I gave him my poison.

DRAGOMIR You killed the pig ... the nazi ... but he tortured you ...

MARIJA Yes.

DRAGOMIR But I wanted revenge for you!

MARIJA Yes. I understand. But revenge is not what I want.

DRAGOMIR But you're on your feet ... on your feet ... you walked ...

MARIJA I had to. Somehow I found the strength.

IVO and MIRKO come back with knives, scissors, etc., JOSIP and GABRIJEL with wood.

DRAGOMIR Not needed. The nazi's already dead.

MARIJA I killed him, so you wouldn't roast him. I had to.

IVO But –

DRAGOMIR And she's on her feet! She found the strength to stand up! At least that's something to be pleased about! The victim's starting to live again!

IVO But how could she? Did she forgive him?

MARIJA Perhaps I did.

IVO But how, how?

MARIJA All of you have known great suffering, comrades; and your suffering has almost made animals of you. Perhaps your suffering has helped turn you into animals. I've suffered, too; but I've become a mere stump, a cripple; I've had a long time to reflect, to suffer, to want revenge and eventually to decide not to want revenge. And I realised that suffering doesn't lift people; generally it lowers them ... You cause pain; and so the victim wants to cause pain, and he causes pain on others, who in turn want to cause pain, in a never-ending cycle of pain, revenge and pain.

JOSIP The dialectic spiral ... is it the dialectic spiral she's on about?

DRAGOMIR Perhaps in a sense, comrade.

MARIJA I don't know about clever things like that ... all I know is someone's got to break this chain; and this can only be done through forgiveness and love.

DRAGOMIR But that pig who tortured you and left you broken and battered ... I can't forgive a swine like that.

MARIJA Perhaps you're not in a position to, Dragomir. Perhaps we're always too quick to pardon the enemies of others ... But when I could actually see this Lorenz at my feet, I knew perhaps I could break this chain ... perhaps help him ... I had to let go of any idea of revenge ...

JOSIP Is it the negation of negation this woman's on about?

DRAGOMIR Yes, comrade ... just so.

MARIJA Now I know that through suffering you can learn either cruelty or kindness ... because deep down you don't want others to experience the same pain ... Forgive me, I need to sit down. (*She almost keels over. DRAGOMIR helps her walk slowly to the bench; she sits*)

DRAGOMIR Marija, I think you can be a source of great help and guidance once the war's over.

MARIJA No, no; I'm just a simple countrywoman.

DRAGOMIR No matter. You know things I've been seeking for years.

IVO Give us peace!

JOSIP Is she a genuine comrade or a bourgeois? She speaks some very fine words.

DRAGOMIR I think she's – a human being. At this stage all other descriptions seem stupid. And we almost lost our humanity ... even in the fight for humanity ... Marija, we'll help you, and you'll help us ... you'll walk again, you've a will of iron; you're a war victim; we'll get you the best possible help; and you'll help us rediscover our peace of mind, help us with construction, after the destruction; you'll be a mother to Gabrijel, who's got no one, and sister to my Ivo, who so needs love and affection; Marija, you'll bring us to those sweet sentiments of humanity, those hopes for a homeland built on peace ... you'll ... (*A rifle shot rings out,* DRAGOMIR, *wounded in the chest, reels back*) Get down! (*The* RESISTANCE FIGHTERS *fling themselves to the ground*)

MIRKO The sniper!

DRAGOMIR Yes. Get him. But no torture.

MIRKO and JOSIP run off quickly.

IVO My father ... what's the damage?

DRAGOMIR Kaputt ... my lung ... I'm done for ...

IVO (*Running to him*) But we've got to get you help!

DRAGOMIR (*Stronger*) Get away! Look after yourselves. He's perhaps got a bullet left. Help Marija into the house!

GABRIJEL But, comrade ...

DRAGOMIR (*Falling to his knees*) Away with you! ... Away! ... Save her ... save yourselves ...!

IVO That's him! Throwing down his gun, running off! Wait for me, Mirko! (*Runs off;* GABRIJEL *follows*)

MARIJA This is awful, I can't help you! (*She puts out her hands to him,* DRAGOMIR, *coughing, and already on the point of death, finds them by feeling for them. He rests his head in her lap. She caresses his head and looks at him in anguished sympathy*)

DRAGOMIR Mummy ... my mummy ...

The curtain slowly falls

Kaputt: broken, no longer serviceable.

Translation – Paul Gubbins

A more recent conflict in the former Yugoslavia provides the background for the portrait of family life offered in *Tena: hejmo en Mezeŭropo* (*Tena: A Home in Central Europe*).

Spomenka Štimec has a remarkable talent for combining personal reminiscences with wider social and political issues. This extract from her novel, published in 1996, perfectly illustrates her story-telling.

Spomenka Štimec

Tena: hejmo en Mezeŭropo (eltiraĵo), *1996*

– Kion ni faros pri Beograd? Ĉu ni informu? Ĉu nenion?
Beograd estas la urbo, en kiu loĝas la dua filino de Tena. En la tempo de la morto, Beograd estas la ĉefurbo de Serbio kaj la ĉefurbo de Jugoslavio. Serbio kaj Kroatio militas. Ne estas la tempo de la mezepoko, estas la fino de la dudeka jarcento. De Kroatio ne eblas veturi ĝis Serbio. Estis detruitaj fervojaj linioj, estis forbombarditaj aŭtovojoj, fortranĉitaj telefonaj linioj. La milito konstruis inter Kroatio kaj Serbio la Ĉinan Muron de la malamo. Okazis per longaj kaj zigzagaj kialoj, ke parto de la familio ekloĝis en Beograd kaj iun matenon komence de la milito ni devis konstati, ke ni ja havas parencojn en la ĉefurbo de la malamikoj. Iasence, ke la malamikoj estas parencoj. Sonis iom timige plukonstrui la opinion: ke ni mem estas la malamikoj.

– Mi ne plu vidas sencon. Mi plej volonte mortus, – diris Tena iun posttagmezon lace.

– Vi ne rajtas morti nun, dum estas la milito, avinjo. Vi devas atendi la pacon ... Paciencu! Ĉu vi volas, ke ni malfermu fenestron? Ĉu vi prenu novan vitaminan trinkaĵon? Vi devas trifoje tage.

– Kiel la vitamino scias, ke estas vespere?

Mi amike frapetas ŝian etan manon, ŝi ridetas milde kaj nenion diras hodiaŭ pri la malproksimo de la paco.

La pasintan monaton ni gvidis ŝin al la kafejo sur la ĉefa placo. Ŝi rigardis al la homamasoj promenantaj. Plej multe impresis ŝin la vendisto de balonoj. Ŝi ege volis, ke li vendu ankoraŭ unu kaj en ĉiu preterpasanto ŝi emis konjekti eblan klienton.

– Ĉu vi emus manĝi glaciaĵon?

Ŝi estis konata ŝatanto de glaciaĵoj.

Kelnerino alportis la menukarton kaj etendis ĝin antaŭ avino. Ŝi pene deturnis la rigardon de la balonvendisto trans la fenestro.

– Kian vi ŝatus? Ĉokoladan? Fruktan? Mi scias, ke vi neniam manĝas rozkolorajn. Vidu, tiu havas kroatan flagon desegnitan sur la glaso.

– Mi petas unu kun jugoslavia flago, – ŝi turnis la vizaĝon al la servistino. Ŝia mendo estis tre laŭta.

– Ni servas nur tiujn, kiuj troviĝas en la menukarto, – lertis la respondo de la kelnerino ŝtonmiena. La onklino kaj mi interŝanĝis rigardojn.

Ŝajne nur ni du aŭdis la diron de la avino. Ŝia obstino pri Jugoslavio estis amuza. Danĝera ankaŭ.

– Do, bone. Mi petas tiun Pinokjon! – ŝi fingromontris al la miksita glaciaja porcio desegnita en la angulo.

La servistino foriris alporti la Pinokjan glaciaĵon. La avino rerigardis al la ĉefa placo.

– Ĉu li vendis iun? Ne, estas daŭre sep ankoraŭ.

Ŝi nombris la balonojn sur la fadeno en la mano de la vendisto. La onklino kaj mi rigardis gaje al niaj kafotasoj.

Ŝia sprito estas nedetruebla. Longe post sia naŭdek-jara naskiĝofesto ŝi ankoraŭ kapablas amuzi nin: se oni ne vendas glaciajon kun la jugoslavia flago, alportu unu Pinokjecan. Eta naiva bubo kun longa nazo estis konkurenco al la restajoj de ŝia politika starpunkto. Tena estis 18-jara, kiam formiĝis Jugoslavio. Nun, sepdek jarojn poste, kiam Jugoslavio disfalis, ŝi ankoraŭ ne akceptis la novajn cirkonstancojn. Ne estas ĝentile en la nova ŝtato mendi la glaciajon kun la simbolo de la malamika ŝtato. Ŝi kamuflis sian spontanecon kaj rapide petis neŭtralan glason.
Pinokjo gustis senguste neŭtrale, tion montris ŝia vizaĝo.

Du horojn rigardis la avino al la placo trans la kafeja fenestro.
– Estas kiel en teatro, tiu Zagrebo.
Tiom multe kostis tiu Pinokjo? – ŝi miris ĉe la fakturo. Pri la novaj monbiletoj ŝi ne lertis.

Ni, kiuj veturis al la enterigo, devas fari tre gravan decidon. Ĉu informi pri la morto de Tena aŭ prisilenti ĝin. Ekzistas maniero kiel sciigi la Beogradajn parencojn. Ni povus telefoni al eksterlando kaj tie peti iun telefoni al Beogrado la mesaĝon. Ne la tuta mondo interrompis la rilatojn kun Beogrado. Tiu, kiu telefonas, prefere parolu la saman lingvon por transdoni la ĝustan mesaĝon. Ne unu fojon okazis lingvaj misoj. Ni ne petu hungarojn telefoni al Beogrado, prefere ni petu slovenojn. Pro la lingva diferenco ne nur unu mesaĝo atingis tordita. Sed Beogradaj parencoj certe komprenos la mesaĝon kiel inviton ekiri. La veturo de Beogrado al Zagrebo estas vojaĝo sufiĉe komplika kaj ne malpli kosta: necesas veturi norden, al Hungario, tie preni buson al Kroatio. Ĉe la landlimo veturantoj kun serbaj pasportoj havas nemalmultajn problemojn. Kiel veni per sia serba pasporto al la kroata enterigo? La onklino devus posedi la dokumenton pri la aparteno al la kroata ŝtato. Se ŝi havus kroatajn dokumentojn, ŝi malhavus rajton en Beograd je sia Beograda loĝejo. Por havi la kroatan dokumenton, ŝi devas unue eniri la kroatan ŝtaton kaj tie prizorgi ĝin. Krome, la tombejo de Varajdin ne havas fridujon por forpasintoj kaj la enterigo devas okazi tuj morgaŭ.

Tena: A Home in Central Europe (extract), *1996*

– What are we going to do about Belgrade? Should we tell them? Or do nothing?
Belgrade is the city where Tena's second daughter lives. At the time of her death, Belgrade is the capital of Serbia and the capital of Yugoslavia. Serbia and Croatia are at war. This isn't the middle ages, it's the end of the twentieth century. It's impossible to get from Croatia to Serbia. Railway lines had been destroyed, motorways blown up, telephone lines cut. The war had thrown up a Chinese Wall of hate between Croatia and Serbia. Now, for long and tortuous reasons, it so happened that part of the family had moved to Belgrade. Hence, one morning, at the start of the war, we had to come to terms with the fact that we had relatives in the enemy's capital. In a sense, that the enemy are our relatives. Taking it further, it sounded quite alarming that we ourselves are the

enemy.

– I can't see the sense in any of this. I'm more than happy to depart this life, – Tena said one afternoon, wearily.

– You can't die now, Gran, while there's a war on. You've got to wait for the peace ... Just be patient. Do you want us to open the window? Do you want another vitamin drink? You have to take them three times a day.

– How do the vitamins know it's evening?

I lightly rapped her hand, in a friendly way, and she gave a gentle smile. Today she said nothing about the peace still being a long way off.

Last month we took her to a café in the main square. She watched all the people out for a stroll. What she liked most was the balloon seller. She was desperate for him to sell another balloon and she thought she saw a potential client in everyone who walked past.

– Would you like an ice cream?

She was known for her love of ice cream.

A waitress brought the ice cream menu and proffered it to grandma. With an effort she turned her gaze from the balloon seller on the other side of the window.

– What sort would you like? Chocolate? With fruit? I know you never have the pink ones. Look, here's one with a Croatian flag on the side of the glass.

– I want one with a Yugoslav flag, – she turned to face the waitress. Her order was delivered in strident tones.

– We've only got what's on the menu, – the waitress replied diplomatically, not betraying an ounce of emotion. My aunt and I exchanged glances.

We were the only ones, it seemed, to have heard grandma's request. Her insistence on Yugoslavia was funny. Dangerous, too.

– Very well, then. I'll have this Pinocchio! – and she pointed to the picture of mixed ices in the corner of the menu.

The waitress went away to fetch the Pinocchio ice. Grandma looked out again over the main square.

– Has he sold one? No, still seven left.

She counted the balloons on the string in the seller's hand. My aunt and I looked down in amusement at our coffee cups.

Her ability to entertain was indestructable. Way past her ninetieth birthday she could still make us laugh: if you don't have an ice with a Yugoslav flag then fetch me a Pinocchio instead. A tiny simpleton with a long nose in competition with the left-overs of her political beliefs.

Tena was 18 when Yugoslavia was formed. Now, seventy years later, after Yugoslavia had collapsed, she still couldn't accept things had changed. It wasn't done in the new state to order an ice cream with the symbol of the enemy on it. She disguised the fact she'd spoken in haste by quickly ordering a glass of ice cream that was neutral.

That the Pinocchio tasted neutral could be seen from her face.

For two hours grandma watched the square through the café window.
– It's like being in the theatre, this Zagreb.
My Pinocchio cost all that? – she was astonished when the bill came. She hadn't got her head round the new money.

Those of us who were going to the funeral have an important decision to make. Do we let people know Tena has died or do we keep quiet about it? There's a certain way of going about letting the relations in Belgrade know what's happening. We could telephone abroad and ask someone there to ring Belgrade with the news. It's not as if the whole wide world has broken links with Belgrade. Ideally, the person doing the phoning should speak the same language so as to get the correct message across. It's not the first time there've been misunderstandings. We shouldn't ask Hungarians to ring Belgrade, but preferably Slovenians. Because of the difference in language more than one message has been garbled. But the relatives in Belgrade will certainly perceive the message as an invitation to set off. The journey from Belgrade to Zagreb is pretty complicated and hardly cheap: you've got to go north, to Hungary, and take a bus from there to Croatia. At the border travellers with Serbian passports face all sorts of difficulties. The question is how to get to a Croatian funeral with a Serbian passport. My aunt ought to have the paperwork proving she belongs to the Croatian state. But if she had Croatian documentation she would forfeit any right to live in Belgrade. To obtain Croatian documentation she would first of all have to go to Croatia and arrange it there. Moreover, the cemetery at Varaždin has no mortuary with cold storage and the burial has to take place tomorrow.

Translation – Paul Gubbins

O dearest, shall we ever meet again?

Esperantists are as much attuned to separation as other people – in fact, probably more so. Their language community is global; friends, colleagues in the Esperanto movement, live many thousands of miles apart; meetings – at congresses and other events – are often all too brief, culminating in rushed farewells on the steps of conference halls or at airports, with promises to meet again the following year: separation is as much a part of the esperantist psyche as a sense of equality for all peoples and languages.

Perhaps it is this innate awareness of separation that informs the following poems, one of which – Kalocsay's "Sunset" (below) – provides the title of this section.

Clarence Bicknell's "La elmigrintoj" ("The Emigrants") dates from an age long before jet travel, the internet and other electronic media. Developments in communication (and, more importantly, widening access to them) have helped remove much of the finality from emigration, the knowledge that loved ones left behind might never be seen again. Certainly, the world that Bicknell knew is considerably shrunken.

What is not diminished, however, is the hope for a new life, in a new land, so poignantly expressed in the poem – hope, of course, that through centuries of emigration, and irrespective of technological advance, is not always fulfilled. The translation, with the original, was published in *La Brita Esperantisto* (*The British Esperantist*) in the May/June edition of 1998.

Clarence Bicknell

La elmigrintoj, *dato nekonata, frua 20a jarcento*

> Li ŝin forlasis plena de espero.
> (Ho, varme loga vento de somero!)
> 'En la transmara land' mi trovos riĉon,
> kaj post alveno via la feliĉon.'

Li skribis: 'Kruda lando, penaj provoj.'
(Ho, forta treno de l' aŭtunaj blovoj!)
'Sed mi laboras jam, mi trafos celon,
rapidu, portu al mi vian belon.'

Ŝi venis treme post danĝer' vojaĝa.
(Ho, vento vintra, frosta kaj sovaĝa!)
Kaj havis ŝi revidon ĉe tombrando,
feliĉon en la Nekonata Lando.

The Emigrants, *date unknown, early 20th century*

He went off, hopeful, leaving her behind
(Oh, breeze of summer, bountiful and kind!)
'Over the ocean I'll make wealth to spare,
and when you join me we'll be happy there.'

He wrote: 'This land is cruel, times are hard.'
(Oh, how the winds of autumn tugged and jarred!)
'But I have work, and will be justified,
come quickly, bring your beauty to my side.'

A-tremble, she endured the journey's ravage.
(Oh, winter wind so bitter and so savage!)
And greeted him by standing at his grave:
this was the happiness the New Land gave.

Translation – William Auld

The opening stanza of this poem is a tease. The reader might believe the poem to be taking a particular direction, until realising the description is metaphorical.

The poem was published in the collection *Streĉita kordo* (*Taut String*) published in 1931. The translation appeared in *Ten Esperanto Poets in English Translation* (1991) and later in *La Brita Esperantisto* (*The British Esperantist*) in the November/December edition of 1998.

Kálmán Kalocsay
Sunsubiro, *1931*

Jam iĝis kupro la tagmeza or'.
Ĉe l' horizont' la sun' adiaŭluma,

Okul' gigante granda, plorbruluma
Rerigardante pasas drone for.

Kaj kvazaŭ sang' fluinta jus el kor',
Jen arda ruĝo sur fenestro doma.
Moment' … kaj estingiĝas ruĝ' fantoma,
Kaj jen la dom', rabite pri l' trezor'.

Malluma domo. Lumon lamp' ne ŝutas.
Ĉu l' mastro dormas, aŭ eterne mutas,
Plu lin ne vekos la maten' radia?

Mallum', mallum', mallum', tra l' domo tuta.
Rigardas nokton la fenestro muta
Kun ros-malseka vitro apatia …

Ĉu mi revidos vin, ho kara mia?

Sunset, *1931*

The gold of noon takes on a copper stain.
Low in the sky the sun with farewell rays,
Like a gigantic eye, with backward gaze,
Reddened with tears, sinks drowning in the main.

As if the blood were ebbing from a vein,
The windows of the house all crimson blaze.
A moment – and the ghostly hue decays,
And the house stands, robbed of its golden gain.

A lightless house. No lamp sheds any light.
The master is asleep? or lying stark,
No longer to be roused when night shall wane?

Throughout the house is night, is night, is night.
The silent window looks upon the dark,
All wet with dew its apathetic pane.

O dearest, shall we ever meet again?

Translation – Katelina Halo

More acute than the separation from one person is the sense of isolation from all. The poet's plight is all the more painful because the contact for which he yearns – one lonely soul reaching out to another – is so close, yet so distant. Critics have described Lajos Tárkony as master of the sonnet, of polished verse, and perhaps the most musical poet in Esperanto. "Evening on a Balcony" is regarded as one of his three most accomplished poems.

The sonnet dates from Tárkony's early period. It was published in *Deku poetoj* (*Twelve Poets*) in 1934 and was written in Abbazia, Italy. The poem was republished in the collection *Soifo* (*Thirst*) in 1964. The translation, with the original, appeared in *La Brita Esperantisto* (*The British Esperantist*) in the edition of May/June 1996.

Lajos Tárkony

Balkona vespero, *1934*

> Lit-seĝo. Lankovriloj. Dua etaĝ'. Balkono.
> Siajn vualojn densajn faligas jam vespero.
> Sonorilvoĉo velke traŝvebas en l' aero.
> Torpor' postfebra. Kape vaganta pensĉifono.

> Sur transa bord' de l' golfo, en fee fora fono
> ekbrilas lumserpento: vibranta koliero
> sur kolo de l' mallumo. Anoncas ĝi pri tero,
> pri urbo kaj loĝantoj, pri homo kaj pri ŝtono.

> Ho stranga pens': ĉi urbe, kies stratetojn plande
> ankoraŭ mi ne tuŝis kaj kien mia febre
> sopira okulparo rigardas lace, lante,

> ĉi urbe eble homo – same soleca, trista –
> algapas nun la maron, niaj rigardoj eble
> sin krucas en saluto, ho ve, senpove dista …

Evening on a Balcony, *1934*

> A balcony. Two-up. Some rugs. A bed.
> Evening has now let down, opaque, its veils,
> floats through the air a wilting voice of bells.
> Sloth after fever. Thought-scraps in my head.

> Across the gulf a snake of light illumines
> A far-off fairy realm: a sparkling band

adorns the neck of darkness, tells of land,
a city and its dwellers, stones and humans.

How strange to think: there where my feet have never
trod narrow streets and where my eyes now look,
tired and reluctant, with a longing fever,

perhaps, there, someone – sad and lonely – may
be staring at the sea, our glances hook
in greeting, but, alas, too far away …

Translation – William Auld

The Mewling Race

The title of William Auld's epic verse poem *La infana raso* (*The Infant Race*) has been translated in various ways. Two alternatives are *The Child Race* and *The Mewling Race*. The second version, preferred by the poet's wife Meta, provides a fitting heading for a selection of writings looking at life from childhood to old age.

"Mia filino trijara" ("My Three-year-old Daughter") has been set to music and performed, for example, at the universal congress in Bialystok in 2009. The poem was published in William Auld's second collection of poetry *Unufingraj melodioj* (*One-Finger Tunes*) in 1960. The translation appeared in *La Brita Esperantisto* (*The British Esperantist*) in January/February 1993 (with a changed possessive adjective: "Nia filino trijara" – "Our Three-year-old Daughter).

William Auld

Mia filino trijara, *1960*

Betulo korte kisas nubojn,
aŭroras froste kristalbril',
kaj ŝiajn blondajn harojn vento
saŭmigas. Mildo kaj trankvil'.

Kiel kariko apudlaga
ŝi klinas sin penseme: ran'
pulsante, pene, saltmeditas
sub la scivol' de ŝia man',

dum kveras ŝia kor' kuraĝe
sub diafano de l' skrupul',

kaj lante tra l' matenaj herboj
aldrivas flokoj de nebul'.

My Three-year-old Daughter, *1960*

Outside, a birch-tree kisses clouds,
a crystal radiance dawns like frost,
and in the breeze her blonde hair foams:
she is by gentleness engrossed.

Now like a lakeside reed she bends
in pensive mood: a frog at rest,
pulsating, contemplates a leap
beneath her hand's attentive quest,

while her frail heart is bravely beating
under transparency of fear,
and slowly through the morning grass
soft flakes of mist come drifting near.

Translation – Roy McDonald

Some ten years later Auld again made his daughter the subject of a short poem. The original appeared in the collection *Humoroj* (*Moods*) in 1969 and the translation was published in the December 1971 issue of *La Brita Esperantisto* (*The British Esperantist*). Like Auld's earlier poem to his daughter this, too, has been set to music.

William Auld

Mia filino dektrijara, *1969*

Tritika kampo. Suna or'.
Aero diamante pura.
Cervino rande de l' arbar'
snufetas, delikatstatura.

Septuba flut' de Lordo Pan
eksonas flustre, malproksime.
Sur sojlo de paŝistkaban'
hundeto dormas. Rev-esprime

la libron ŝi ne legas plu,
formikon ĉasas herberlance;

kaj tra l' kampar' por rendevu'
la estontec' alvagas dance.

My Thirteen-year-old Daughter, *1969*

A wheat field. Sunlit gold. The clear
cut sparkle of diamond light.
Beside the forest stands a deer,
sniffing, delicately slight.

Far off is heard the rustling sound
of Lord Pan's pipe of seven reeds.
And by the shepherd's hut a hound
is sleeping at the door. She reads

her book no more, with eyes amist
pursues an ant with grass-blade lance;
and throught the fields to keep a tryst
the future wends its way in dance.

Translation – Neil Salvesen

For the children in this poem the toyshop window contains only loss of innocence and awareness of injustice. The poem was included in the collection *Strečita kordo* (*Taut String*) in 1931.

Kálmán Kalocsay

Infanoj ĉe montrofenestro, *1931*

Montrofenestron admiras du infanoj.
Malriĉaj. Knab', knabino. Ĉe ŝi, pupo.
Mizera pup'. El ĉifonaj' kaj stupo
Farita fuŝe per mallertaj manoj.

Al vitro gape ili premapogas
La nazojn. Aŭto, urso, lulĉevalo,
Armeo plumba, pup' kun silkvualo:
Ludilmirakloj tie ilin logas.

Kaj plezurante pri l' senpaga festo,
Faligas ŝi la pupon, dum ŝi revas.

Kaj ŝi surpaŝas. Pupohaŭto krevas.
Tra l' vund' elŝovas sin la stup-intesto.

Nun ŝi rimarkas. Staras en konfuzo.
Ekploras. Levas ŝi la pupon mole.
Al brusto premas, lulas ĝin konsole,
Viŝante siajn larmojn per la bluzo.

La knab', pli aĝa, kun mallerta peno
Konsolas ŝin, sed ne efikas multe.
Pli kaj pli larmas, ploras ŝi singulte,
Jam ili falis el infan-edeno.

Kaj nun, transvitren, al infan-ĉielo,
Rigardas li kun brakoj krucmetitaj.
Senpove, mute, kun okuloj spitaj,
Kiel simbolo eta de l' Ribelo.

Children at a Window Display, *1931*

A bright shop-window. Two poor children gazing,
A boy and girl, with eyes of wonder stand.
She holds a wretched doll, of rags and stuffing
Awkwardly fashioned by an artless hand.

Agape, they press their noses to the glass.
A car, a leaden army and a bear,
A rocking-horse, a bride in wedding dress,
Marvellous playthings hold them spellbound there.

And in her dream of pleasures at this feast,
Free and for nothing, she lets fall her doll
And tramples on it, bursts its padded chest,
And through the wound the guts of stuffing spill.

And now she sees and in confusion stands,
Bursts into tears and lifts it tenderly,
Presses it to her breast and lulling hands,
And with its blouse she wipes her tears away.

Her elder brother tries with clumsy pain
To comfort, but there's little he can do.

Her sobs increase, she gulps and wails again:
This is the fall from Eden for the two.

And now at infancy's lost paradise
He's scowling through the glass in mute frustration,
With folded arms and with defiant eyes:
Red revolution's tiny incarnation.

Translation – Katelina Halo

Julio Baghy was an actor (as well as a poet and dramatist) whose brief but affectionate sketch of his father touches on the tears and laughter in theatrical – and wider – life. The poem was published in the collection *Preter la vivo* (*Beyond Life*) in 1922.

Julio Baghy

Mia patro kaj mi, *1922*

Drama aktoro estis mia patro,
sortorompita, kara maljunul',
kiu, ludante rolojn en teatro,
larmojn elvokis ĉiam el okul' …

Drama aktoro estis mia patro …
Mi, obeema lia filo id',
por mi elektis rolojn en teatro
viŝi ĉi larmojn per – tutkora rid'.

My Father and I, *1922*

My father was an actor – dear old sage,
Who, broken by his long disastrous years,
When playing out his part upon the stage
From every eye drew tears.

My father was an actor in his day.
I, prop of his old age, his very staff,
Chose my own part – to wipe those tears away
By a great hearty laugh.

Translation – Katelina Halo

The journey from childhood, through adolescence, to adulthood rarely passes smoothly. This is a recurring theme – in particular the passage from girlhood to womanhood – in the plays of Jeanne Flourens, better known by her pseudonym Roksano. An early exponent of Esperanto, she was one of the most prolific and accomplished dramatists in the period before the first world war – almost a golden age for original Esperanto theatre-writing.

The monologue "Mi neniam amos" ("I shall never love"), published in the periodical *La Vagabondo (The Vagabond)* in July 1914, very much reflects the age in which it was written (and the middle-class milieu in which it was set). All the same, the angst expressed in the monologue will not be unfamiliar to teenagers today – even though the language and sentiment are vastly different.

The piece was performed at the universal congress in Florence in 2006 as part of a programme of one-act plays.

Roksano

Mi neniam amos, *1914*

Monologo

Ne, mi neniam amos; kaj, vere, mia kuzino kolerigas min, kiam ŝi malice ridetas, kaj diras kun certeco, kiu min incitegas: "Ne, kara, vi neniam amos, mi tute ne dubas pri la sincececo de tiu aserto, kiun vi tiel energie kaj ofte esprimis. Vi neniam amos, kaj tamen ... tamen vi estos mia bofratino."

Mi tiagrade furiozas, ke mi enpugnigas al mi la ungojn, kvazaŭ ili estus dispremiloj, per kiuj mi dispremus, sekve pereigus, la sendubecon de mia kuzino; ke mi piedfrapas, kvazaŭ miaj piedoj estus pistiloj, per kiuj mi pistus, sekve detruus, la konvinkon de tiu obstinulino. (*Kun mokrido*) Mi amas ŝian fraton!!! Jen tre amuza gajigajo!! Ĉu ŝi pli bone, ol mi, povas analizi mian senton? Tio estas ja ridinda. Kaj ĉu ne estas ankoraŭ pli ridindaj la kaŭzoj, kiuj naskis en ŝi tiu konvinko? Aŭskultu, kaj vi juĝos mem.

Mi amas Stefanon!!! Tial ke kun videbla ĝuo mi lin rigardadas, tial ke mi memore desegnis lian bildon!!! Kiel nerefutebla argumento!!! Ĉu mi, do, ne same ĝuas, admirante belan kreajon de la Naturo? Ĉu mi ne restas dum horoj kvazaŭ hipnotigita [antaŭ] pentrinda pejzaĝo? Ĉu ne havigas al mi nepriskribeblan plezuron eĉ simpla bukedo da belegaj floroj ? Ĉu mi ne desegnis admirindajn vidajojn jam de longe viditajn? Kial, do, mi farus escepton por mia kuzo, kiu, senkontraŭdire, estas el la plej belaj kreitajoj? (*Kun ravo*) Liaj okuloj ellasas tian magnetan fluidon, ke lia rigardo kurigas sur mia epidermo ion nenomeblan, ion ... (*Plialtigante la ŝultrojn*) ion, kion mia tro rapide juĝanta kuzino nomas ... amtremeto. Ha! Ha! Ha! Gajiga mistifiko!!

Lia voĉo ankaŭ estas tiel belsona, tiel harmonia, ke la muzikamantino, kiu mi estas, ne povas resti indiferenta, kiam li parolas. Sed, ĉar mi tiam estas emociita pro artemo, ĉu tio signifas, ke mia kuzino estas prava opiniante, ke mi amas. Stefanon? Ŝi plene eraras, ĉu ne?

Same ŝi eraras, tial ke mi ruĝiĝas, kiam li iom longe premas mian manon. La malsaĝaĉulino ne divenas, ke lia energia manpremo sendube kaŭzas doloron al mia delikata mano. Kaj ... ho! ne, tio estas tro ridiga (*Ŝi ridegas*) kaj ... tiu nenion komprenanta kuzino konkludis, ke mi volus esti lia edzino, el tio ke mi malkaŝe diras, ke rajtos esti fiera la virino, kiu sin apogos sur la brako de ŝia tre belaspekta frato, ke certe ŝi ebriiĝos pro pasia amo, kiam liaj purpuraj lipoj, kiujn bele ornamas silkecaj lipharoj, faros al ŝi fianĉan kison. Jes, mi sincere pensas, ke ŝi estos tre feliĉa, sed, ĉu mi deziras esti tiu feliĉulino? (*Piedfrapante*) Ho! ne, milfoje ne, ĉar mi neniam amos.

Ĉu oni amas, kiam oni havas mian artistinan temperamenton? Artistino ŝatas nenion tiel alte, kiel la sendependecon; ĝiaj plezuroj ne povas ja esti komparataj kun la plezuroj de amo. Amplezuroj!!! Pfff!!! (*Ŝerce*) Kaj mia kuzino firme kredas, ke mi edziniĝos kun Stefano!!! (*Ridegante*) Ha! Ha! Ha! Tio transpasas la limojn de la kredemeco.

(*Klininte la kapon por aŭskulti*) Jen li venas. Li kantetas, (*Kun admiro*) kaj kiel melodie!!! (*Ŝi denove aŭskultas*) Ĉu por mi li kantas tiun amplenan romancon? Sed ... strange ... mia koro pli rapide batas. (*Metante la manon sur ĝin*) Kial, do, ĝi tiel saltas, kial ŝajnas, ke ĝi plivastiĝas tiel, ke ĝin ne povas enteni mia brusto? (*Dolĉe emociita*) Ĉu vere mi lin amas? (*Kolere*) Ĉu mia diable malica kuzino sugestiis amon al mi, al mi, artistino? Ho! Tio estas nepardonebla ŝerco. (*Indigne*) Ĝi superplenigas la permeseblan mezuron, kaj mi neniam senkulpigos tiun abomenindan instigantinon, kiu kaŭzis, ke ... (*Kun konsternita mieno*) ke mi amas Stefanon. Ho ve! Ho ve! tion mi estas devigita konfesi.

I shall never love, *1914*

Monologue

No, I shall never love, and, in truth, my cousin makes me angry when, with an evil smile, she says with a certainty that exasperates me: "No, dear, you will never love, I do not doubt at all the sincerity of that assertion, expressed with such vehemence and such frequency. You will never love, and yet ... yet you shall be my sister-in-law."

I am so furious that I dig my nails into my fists as if they were some sort of press, with which to crush, and so wreck, my cousin's certitude; so furious that I stamp my feet as if they were pestles, to pound, and so destroy, that obstinate girl's conviction. (*With a mocking laugh*) Me ... love her brother!!! What a lark!! Can she analyse my feelings better than I can? That's ridiculous. And are not the reasons which bred this conviction in her even more ridiculous? Listen, and judge for yourself.

Me ... love Stefan!!! just because I keep gazing on him with obvious delight, just because I have drawn his picture from memory!!! What a powerful argument!!! Do I not find similar enjoyment when I admire a beautiful creation of nature? Do I not remain for hours, as if hypnotised, before some picturesque landscape? Do I not find indescribable pleasure even in a simple bouquet of lovely flowers? Do I not draw from memory exquisite scenes viewed in the distant past? Why, then, should I make an exception of my cousin Stefan, who is incontestably one of the most handsome of creations?

(*Enraptured*) His eyes flow with such magnetism that his mere glance brings out my body in ... I cannot name it ... (*Raising her shoulders*) in something which she, my cousin too quick to judge, calls ... the fluttering of love. Ha! Ha! Ha! A merry bit of foolery!

His voice, too, is so sweet, so harmonious, that it is impossible for a music lover such as me to remain indifferent when he speaks. But, just because I'm moved, on account of my artistic inclination, does that mean my cousin is correct when she says I love Stefan? She's entirely mistaken. Isn't she?

Likewise, she's mistaken by my blushing when he takes my hand for more than a few moments. The silly goose cannot see that his forceful squeezing doubtless hurts my delicate hand. And ... oh, no, it's too funny (*She is convulsed with laughter*) and ... that cousin of mine, who understands nothing, has concluded I want to be his wife, simply because I said quite candidly that the woman who leans upon the arm of her very good-looking brother will feel justifiably proud, will most certainly be intoxicated with passionate love when his manly lips, embellished with a silky-smooth moustache, present her with a kiss of betrothal. Yes, I honestly think she will be very happy, but do I want to be that happy person? (*Stamping her foot*) Oh, no! A thousand times no, because I shall never love.

Does anyone love when they have my artistic temperament? An artist prizes nothing as highly as independence; its pleasures cannot be compared with the pleasures of love. Pleasures of love!!! Bah!!! (*Jokingly*) And my cousin steadfastly believes I shall marry Stefan!!! (*Laughing out loud*) Ha! Ha! Ha! It's beyond belief.

(*Tilting her head to listen*) Here he comes. He's singing to himself, (*In admiration*) and how melodiously!!! (*She listens again*) Is he singing that tender romance for me? But ... how odd ... my heart is beating more quickly. (*Putting her hand on it*) Why does it leap like this; why does it seem to grow bigger so my breast can no longer contain it? (*Tenderly*) Is it true I love him? (*Angrily*) Has that evil she-devil of a cousin bewitched me so I'll love him, me, an artist? Oh! That's a mean trick. (*Indignantly*) It goes way beyond what can and can't be done, and I shall never forgive that revolting woman who started all this and who made me ... (*With a shocked expression*) made me love Stefan. Oh dear! Oh dear! The truth must out.

Translation – Malcolm Jones

Arranging a first date can be a nerve-wracking experience – all the more so when it serves to expose the mendacity and hypocrisy of one's elders and betters. This touching and amusing story about the unexpected consequences of a first date was published initially in the news magazine *Monato* (*Month*) in 1981.

Julian Modest

La bonmora edzo, *1981*

Mi tre bone rememoras tiun aŭtunan pluvan tagon. Estis sabate kaj febre mi preparis min por la unua mia amrendevuo. Eble ege gravmiena kaj fiera mi aspektis dum tiu ĉi griza pluva posttagmezo. Ja, mi jam frekventis la unuan klason de la gimnazio kaj post la multnombraj, silentaj, sed signifoplenaj rigardoj, per kiuj mi delonge fiksis la objekton de mia amo, mi invitis ŝin por la unua rendevuo. Dio mia, kiel maltrankvila mi estis tiam. Eble tagon aŭ du antaŭe, per seka gorĝo kaj tremantaj manoj, mi diris al la objekto de mia amo, ke sabate posttagmeze, je la kvina horo, mi atendos ŝin en la kafejo de la urba parko. De tiu ĉi mia sciigo la objekto iĝis ruĝa kiel pomo, elbalbutis "jes" kaj malaperis kvazaŭ fumo.

Sed por mi la sabata posttagmezo komenciĝis turmente. Mia patrino, kiel kutime, pli frue revenis el la laborejo kaj komencis grandan lavadon, ĉar la aŭtuna mola suno promesis rapide sekigi la tolajojn. Panjo jus varmigis la akvon, metis la vestojn en la lavmaŝinon kaj majestaj grizaj nuboj kovris la ĉielon. La mola suno malaperis el la firmamento kaj mi ekflaris la konatan pikodoron de la tempesto kiu jam minacas nian trankvilan familian vivon. Paĉjo ankoraŭ ne revenis el la laborejo kaj estis klare, ke li kun siaj kolegoj nun senzorge babiladas en iu drinkejo.

Ekstere jam torente pluvis, hejme – la lavmaŝino kolere muĝis, mi rigardis ofte, ofte la horloĝon kaj febre pensis kiel mi sukcesos elgliti nevideble el la hejmo. Tio certe ne estos nun facila, sed la penso, ke ŝi atendos min tie, kuraĝigis min.

Por la unua amrendevuo, kompreneble mi devis survesti la plej novan mian ĉemizon en paŝtela rozkoloro, mian bluan italan kravaton, kiun donacis por mia naskiĝtaga festo mia onklino, kaj mian novan ĉokoladkoloran pantalonon. Sed tiel bunte vestita mi nepre vekos suspekton en panjo kaj mia unua, longe revita, amrendevuo senglore fiaskos. Nur la penso, ke mia digno estos subfosita kaj la objekto de mia unua amo primokos miajn longajn obstinajn rigardojn, frenezigis min.

Je la tria horo paĉjo revenis hejmen malseka kiel spongo, ĉar matene li forgesis aŭ tute ne pensis preni sian ombrelon. Kaj tuj, post lia eniro en la ĉambron, ekfuriozis la familia ŝtormo. Kiel ĉiam panjo komencis per la vortoj, ke li, paĉjo, estas unu terura homo kiu tute ne interesiĝas pri sia familio kaj post la laboro li preferas sidi kaj babili en iu drinkejo ol reveni hejmen kaj helpi al sia edzino en ŝia hejma laboro. En la unua momento paĉjo iomete surpriziĝis, ĉar li ne atendis tiel varman renkonton kaj kompreneble li ne povis tuj kompreni, ke la vera kaŭzo pri la kolero de panjo estas ne ĝuste li, sed la subita posttagmeza pluvo kiu malhelpis la planitan kaj komencitan lavadon.

Per milda voĉo paĉjo provis klarigi, ke li ĝuste tial malfruiĝis, ĉar subite ekpluvis kaj, pro la fakto, ke li forgesis hejme la ombrelon, li devis eniri en unu kafejon kaj atendi tie ĝis la ĉeso de la pluvo. Sed post duhora vana atendado, paĉjo sentis sin devigita ekiri hejmen, ĉar li bone scias, ke lia familio atendas lin maltrankvile.

Malgraŭ lia konvinka milda voĉo, liaj firmaj argumentoj kaj malgraŭ la fakto, ke paĉjo ĝis la ostoj estis malseka kaj diris ne "drinkejon", sed "kafejon", mi kaj panjo bonege sciis, ke li eniris en tiun ĉi "kafejon" delonge antaŭ la ekpluvo kaj eble li ankoraŭ restus tie, se li ne scias, ke sabate panjo pli frue revenas hejmen. La nigraj okuloj de paĉjo brilis, agrabla brandaromo blovetis de li kaj tio igis panjon daŭrigi la altnivelan familian disputon.

Ah, povra mi! La tutan vivon mi sola faras ĉion. Neniu, neniu helpas al mi. Mi lavas, gladas, aĉetadas, kuiras ... ah, feliĉa estas Gizella, ke ŝi havas tian bonmoran edzon. Vidu! Ĉiutage Paszkal revenas hejmen kun plenplenaj sakoj. Eĉ foje mi ne vidis Gizella-n iri en la magazenon. Eĉ unu panon ŝi ne aĉetas. Paszkal lavas, Paszkal gladas, Paszkal kuiras ... eĉ nukskukon li spertas prepari. Imagu, nuks-ku-kon! Kaj vi, vi eĉ unu simplan fazeol-supon ne povas kuiri. Ah, feliĉa estas Gizella, ke ŝi havas tian bonmoran edzon ...

Mi kaj paĉjo silente kaj atente aŭskultis la veojn de panjo, malgraŭ ke ni jam parkere sciis ilin. Estis momentoj kiam paĉjo ne povis ĝis la fino elteni tiun ĉi "predikon", sed nun li silentis kaj aŭskultis kiel diligenta lernanto kaj eble pri io alia li pensis.

Oĉjo Paszkal kaj onjo Gizella estis niaj malnovaj najbaroj kaj kun ilia filino Margit, ĉarma blondulino, ni lernis en unu sama klaso. Sed mi iomete timiĝis de oĉjo Paszkal. Li, preskaŭ ĉiam, estis vestita en nigra kostumo, modele gladita, kaj se oni devas kredi al la vortoj de panjo, li sola gladis siajn vestojn, eĉ ne nur siajn, sed ankaŭ la vestojn, la robojn, bluzojn kaj tiel plu, de siaj edzino kaj filino.

Oĉjo Paszkal portis okulvitrojn kun dikaj kadroj kaj malantaŭ la lensoj severe rigardis du etaj okuletoj, similaj al senmovaj punktoj. Li ĉiam estis oficiale afabla, malmulte paro-lis kaj mi preskaŭ neniam vidiŝ lin rideti. Lia flava longa vizaĝo estis senmova kiel la viza-ĝoj de la mumioj kaj kiam mi rimarkis lin kontraŭ mi sur la strato, mi rapidis trairi al alia trotuaro por ke mi ne renkontu lian pikan rigardon. Ankaŭ paĉjo evitis paroli kun li, eble pro tio, ĉar panjo ĉiam montris oĉjon Paszkalon kiel modelon de bonmora edzo, sed onjo Gizella, kiu ne laboris, ofte gastis ĉe ni, kaj ŝi kaj panjo estis bonaj amikinoj.

– Ho, Zoli, filo mia, promesu al mi, ke vi neniam estos kiel via patro kaj vi ĉiam helpos al via edzino en sia hejma laboro – elspiris peze panjo, eble jam laca de la duonhora monologo.

Sed nun paĉjo ne povis plu silenti.

– Mia filo estos vera viro kaj ne frotĉifono! – deklaris li kategorie.

La familia ŝtormo minacis ekfuriozi denove per pli terura forto. La montriloj de la murhorloĝo proksimiĝis al la kvara kaj mi pretis tuj promesi al panjo, ke mi ĉiam helpos al mia edzino, kaj trankviligi paĉjon, ke mi neniam estos frotĉifono. Sed en tiu ĉi decida momento paĉjo demonstrative eliris kaj tio savis min de la solenaj promesoj. Tuj post li ankaŭ mi forkuris en la alian ĉambron kaj komencis febre vestiĝi.

Kiam panjo vidis min tiel elegante vestita, ŝi preskaŭ ekkriis pro miro.

– Kien vi iras en tiu ĉi pluvo? – suspekteme kaj severe ŝi demandis min.

– Mia samklasano ... Tiu Peter, ankaŭ vi konas lin, ĉu ne, havas hodiaŭ feston, naski-ĝtagan feston ... – tramurmuris mi, timigante, ke panjo jam tralegis ĉion en mia kon-fuzita kaj klinita rigardo.

– Kaj atente festu, ĉar sufiĉas hejme nur unu ŝatanto de la brando – klare diris panjo kaj kaŝe ŝovis en mian manon unu centforintan monbileton.

Feliĉa mi eliris sur la straton, ĉar ankaŭ paĉjo donis al mi kaŝe cent forintojn. Eĉ florojn mi povis nun aĉeti, sed la penso, ke iu vidos min kun granda florbukedo, rapide forpelis tiun ĉi mian ideon.

Pluvis tiel kvazaŭ el la ĉielo iu senlace elverŝis sitelojn da akvo kaj mia nova ĉokolad-kolora pantalono jam pezis kiel plumbo. La stratoj estis preskaŭ senhomaj kaj mi ĝojis, ke neniu renkontus min survoje kaj ĝuste je la kvina horo mi jam sidos en la kafejo de la urba parko. Mi elektis tiun ĉi kafejon, ĉar ĝi troviĝis malproksime de la urba centro kaj oni diris, ke kutime la amantoj rendevuas tie. Nur la stultan pluvon mi blasfemis, ĉar certe ĝi malhelpos nian promenadon en la parko kaj mi ne povus kisi mian korinklinon sub la ombroj de la arboj tiel, kiel mi imagis la unuan mian ardan aman kison.

Impete mi enkuris en la kafejon, sed rigida kaj senspira mi ekgapis ĉe la pordo. Ĝis nun, eĉ foje, mi ne enpaŝis en tiun ĉi elegantan brilan ejon. Blankaj tolkovriloj kovris la tablojn kaj vazoj kun aŭtunaj floroj kaj pezaj kandelingoj staris sur ili. Malhelaj bildoj ornamis la kafejon kaj preskaŭ ĉiu bildo prezentis ian scenon de ĉasado. La malnovaj ĉasfusiloj, kiuj pendis sur la muroj, kaj majestaj cervaj kornoj rememorigis al mi la nomon de la kafejo – "Ora cervo".

Dum mi gapis ĉe la enirejo, unu el la servistoj proksimiĝis kaj afable gvidis min al tablo kiu estis nur por du personoj. Eble li jam havis sperton kaj personojn, similajn al mi, li delikate direktis al la intimaj lokoj de la kafejo.

Rigide, malrapide mi eksidis ĉe la tablo kaj timeme alrigardis la karton de la trinkajoj. Miaj ducent forintoj eĉ por du konjakoj ne sufiĉis. Sed mi kaŝis mian miron kaj gravmiene, eĉ iome malzorgeme, mi mendis glason da konjako kaj okulfiksis la enirejon kie post nelonge devis aperi mia korinklino.

Preskaŭ malplena estis la kafejo. Ĉe du aŭ tri tabloj sidis paroj kiuj rigardis unu la alian kiel katoj, flustris ion aŭ delikate tenis siajn manojn. Nur mi sidis sola kaj sentis min kiel fia spiono. Sed eble post sekundo ankaŭ ŝi eniros ĉi tien kaj ĉio estos en ordo, pensis mi maltrankvile, kaj la glaso da konjako abunde ŝvitis en mia mano.

Sed ne ĉio estis en ordo; ĉu mi pli rapide trinkis la konjakon aŭ mia horloĝo ne funkciis bone, sed jam estis la kvina kaj duono. Du- aŭ tri-foje malfermiĝis la pordo kaj mi preskaŭ saltis kiel risorto, sed vane. La objekto de mia amo ankoraŭ ne aperis. Eble ŝi malfruas pro la pluvo aŭ ege longe ŝi devas atendi aŭtobuson – provis mi diveni la kialojn por ŝia malfruiĝo, malgraŭ ke estis preskaŭ la sesa horo kaj mi jam devis decidi, ĉu mi mendu ankoraŭ unu konjakon aŭ pagi kaj foriri. Eĉ malĝojo enŝteliĝis en mian koron kaj dolore mi rememoris miajn multnombrajn, silentajn, sed signifoplenajn rigardojn per kiuj dum la lernohoroj mi fiksis la objekton de mia amo. Kio en mi ne ekplaĉis al ŝi? Ĉu ne mi estis unu el la plej bonaj sportistoj en la klaso? Ĉu ne mi estis tiu, kiu dum la matematika lernohoro kaŝe reskribis la solvon de la taskoj kaj donis ankaŭ al la aliaj samklasanoj reskribi ilin? Ĉu ne mi estis tiu, kiu … Vere, ke mi estas iomete malalta, sed kompreneble ne ĉiuj povas elkreski kiel korbopilkistoj. Kaj dum mi meditis pri mia malfeliĉa sorto, la pordo de "Ora cervo" malfermiĝis kaj ĉe la enirejo ekstaris oĉjo Paszkal kun iu svelta, juna fraŭlino. Jes, miaj okuloj ne eraris. Tiu ĉi estis la sama oĉjo Paszkal, nia najbaro, kiun mi jam konis preskaŭ de dek jaroj. Sed onjo Gizella hieraŭ gastis ĉe ni kaj, jes, mi tre bone rememoras, ŝi diris al panjo, ke oĉjo Paszkal forveturis ofice en la provincon dum unu semajno. Ne. Miaj okuloj ne eraris. Tiu estis oĉjo Paszkal, vestita en sia perfekte gladita nigra kostumo, kaj Dio mia, malantaŭ liaj dikaj okulvitroj, liaj okuletoj ridetis. Strange. Unuan fojon mi vidis oĉjon Paszkal rideti. Ankaŭ la fraŭlino, kiu eniris kun li, senzorge ridetis. Evidente en tiu ĉi pluva vespero ili sentis sin bonege.

Kiam la servisto rimarkis ilin, li tuj alkuris al la enirejo kaj proponis al ili tablon ĉe la angulo, ĝuste kontraŭ mi. Tio ege maltrankviligis min, ĉar de tie oĉjo Paszkal facile rimarkos min kaj morgaŭ panjo jam scios, ke ne Peter havis naskiĝtagan feston, sed mi sola festis en "Ora cervo". Oĉjo Paszkal kaj la servisto verŝajne bone konis unu la alian kaj nun ili amike parolis pri io kaj voĉe ridetis. Dio mia, ĝis nun mi neniam vidis oĉjon Paszkal tiel gaja kaj ĝentila. La fraŭlino, kiu sidis ĉe li, ŝajnis al mi iome bunte vestita kaj ŝiaj lipoj skarlatis kiel du ĉerizoj.

Mi jam pensis kiamaniere plej rapide kaj nerimarkite mi forlasu la kafejon kaj mi eĉ ĝojis, ke mia korinklino ne estas ĉi tie. La tablo ĉe kiu sidis oĉjo Paszkal troviĝis proksime ĉe la pordo kaj certe li vidos min ĝuste en la momento kiam mi eliros. Sed baldaŭ mi rimarkis, ke oĉjo Paszkal estas ege okupata kun la fraŭlino kiu sidas ĉe li. Simile al aliaj paroj en la kafejo, ankaŭ li komencis kate rigardi ŝin, komencis atente karesi ŝian molan manon kaj flustri ion al ŝi. De tempo al tempo la fraŭlino voĉe ridis, sed ŝajnis al mi, ke ŝi pli atente rigardas la bildojn en la kafejo ol aŭskultis la flustradon de oĉjo Paszkal. Kaj mi ne scias ĉu hazarde estis tio, sed super la tablo, kie ili sidis, pendis du majestaj cervaj kornoj.

Kaj de tiam, kiam ajn mi renkontas oĉjon Paszkal aŭ onjon Gizella, mi ĉiam rememoras pri tiuj ĉi du majestaj cervaj kornoj kaj pri la unua mia malfeliĉa amrendevuo.

The Model Husband, *1981*

I well remember that rainy autumn day. It was a Saturday, and I was frantically getting myself ready for my first date. I probably looked very serious and proud on that grey rainy afternoon. At the time I was in the sixth form at the grammar school where, after constantly gazing on the object of my love, silently but so significantly, I'd asked her on our first date. My God, how nervous I was! A day or two before, with dry throat and trembling hands, I'd told the object of my love that on Saturday afternoon, at five o'clock, I'd be waiting for her in the café in the municipal park. As soon as I'd said it, she blushed red as an apple, stammered a "yes" and vanished into thin air.

But for me that Saturday afternoon began as sheer agony. My mother, as usual, came back from work early to put on a huge load of washing, for the mild autumn sun promised quickly to dry the clothes. Mum had just heated the water and put the clothes in the washing machine, when great grey clouds filled the sky. The sun went in and I could sniff the familiar prickly scent of the gathering storm that was already threatening our tranquil family life. Dad wasn't back from work yet and it was clear he was propping up some bar, talking to his friends without a care in the world.

Outside, the storm was raging; inside, likewise, the washing machine; as for me, I was constantly looking at the clock and wondering how I could slip out of the house without being seen. It certainly wasn't going to be easy, but the thought that she'd be waiting for me gave me courage.

Obviously, on my first date, I had to wear my latest pastel pink shirt, my blue Italian tie which my aunt gave me for my birthday, and my new chocolate-coloured trousers. But all done up to the nines like that I'd be bound to make Mum suspicious, and my first date, of which I'd dreamed so long, would be a terrible failure. It was driving me mad that my reputation would be in tatters and that the object of my first love would tease me and make fun of my long and never-ending looks in her direction.

At three o'clock Dad came home, soaked to the skin, because that morning he'd forgotten, or not even thought, to take his umbrella. And as soon as he came into the room the family storm broke. As always, Mum kicked off saying that he, Dad, was utterly vile, couldn't care less about his family, and preferred sitting around after work in some bar to coming home and helping his wife with her housework. At first Dad was a bit taken aback, not expecting an earful like this when he came in, and of course not realising it wasn't him who was the real cause of Mum's anger but the sudden afternoon rain which had put a stop to the planned washing she'd just begun.

In a mild voice Dad tried to explain the reason he was so late was that the rain had suddenly come on and, because he'd left his umbrella at home, he had to go to a café and wait for the rain to stop. But, after waiting in vain two hours, Dad felt he really ought to get back home, knowing full well his family would be waiting anxiously for him.

Despite his convincingly mild tone, his entirely reasonable argument, and the fact that Dad was wet through and had said "café," not "bar," both my Mum and I knew perfectly well he'd gone into that "café" long before the rain started, and might still be there if he hadn't known that on Saturdays Mum comes home early. Dad's dark eyes were gleaming, and a pleasant aroma of schnapps emanated from him, which prompted Mum to pursue this vintage family row.

– Oh, poor me! Everything I do, my whole life, it's on my own. No one, absolutely no one, ever raises a finger to help. I wash, I iron, I do the shopping, the cooking ... Oh, how lucky Gisele is to have such a model husband. Look at him! Every day Pascal comes home laden with bags full to overflowing. Never once have I seen Gisele go shopping. She never even has to buy a loaf of bread. Pascal does the washing, Pascal does the ironing, Pascal does the cooking ... He can even bake a respectable nut-cake. Yes, nut-cake! And you, you can't even make common-or-garden bean soup. Oh, how lucky Gisele is to have such a model husband ...

Dad and I listened to Mum's lament silently and attentively, even though we both knew it by heart. There were times when Dad couldn't take her "sermon" to the end, but this time he remained quiet and listened like an eager schoolboy, while probably thinking of something totally different.

Uncle Pascal and Aunt Gisele were our long-time neighbours and I'd been in the same class at school with their daughter Margaret, rather an attractive blonde. But I was somewhat frightened of Uncle Pascal. He was almost always dressed in a black suit, perfectly ironed, and, if Mum was to be believed, he ironed his clothes himself, and not only his own but the clothes, dresses, blouses, etc., of his wife and daughter too.

Uncle Pascal wore thick rimmed glasses, and from behind the lenses two tiny eyes stared out, severely, as if motionless dots. He was always suitably polite, spoke little, but I almost never saw him smile. His long jaundiced face was as motionless as a mummy's and, when I saw him coming towards me on the street, I hurried over to the opposite pavement to escape his piercing gaze. Dad, too, tried not to speak to him, perhaps because Mum was always holding Uncle Pascal up as a model husband, but Aunt Gisele, who didn't go out to work, was always round at our place, and she and Mum were good friends.

– Oh Zoli, my boy, promise me you'll never be like your father, and that you'll always help your wife with her housework – Mum gave a deep sigh, perhaps tired from her half hour monologue.

But Dad could keep quiet no longer.

– My boy will be a real man, not some old polishing rag – he said with determination.

The family storm threatened to whip itself into a frenzy once more. The hands of the clock pointed to four, and I was all ready to promise Mum I would always help my wife and to reassure Dad I would never be an old polishing rag. But just before it reached this point, Dad made a grand exit and I was spared those solemn promises. I shot out too, immediately after him, into another room, where I frantically began to fling on my clothes.

When Mum saw me dressed in my best, she almost cried out in amazement.

– Where are you off to in this rain? – she asked sternly and suspiciously.

– It's Peter … from school … I mean, you know him, he's having this party, today, this birthday party – I mumbled, afraid she'd read everything in my confused and downcast look.

– Careful what you get up to. There's only room enough in this house for one schnapps-lover – Mum said in a loud voice, surreptitiously pushing a hundred forint note into my hand.

I went out into the street happy, for Dad had also slipped me a hundred forints. Now I could even get her some flowers, but the thought of someone seeing me with a huge bouquet quickly put paid to that.

It was bucketing down, as if someone up there were constantly throwing water over us, and my new chocolate-coloured trousers were already heavy as lead. The streets were almost empty, and I was glad that no one would meet me on the way and that at precisely five o'clock I'd be sitting in the café in the park. I'd chosen that café because it was a long way from the town centre and it was rumoured this was where lovers went to meet. But I cursed the wretched rain, because it would be bound to prevent us walking in the park and I'd not be able to kiss my love in the shade of the trees, which was how I imagined my first passionate embrace.

I raced into the café, but stopped to look, transfixed and breathless, in the doorway. Up to that moment I'd never been inside this place, so elegantly and brightly lit. White cloths covered the tables, on which were vases of autumn flowers and ponderous candlesticks. Sombre pictures decorated the café, almost every one a hunting scene. The old guns on the walls, and the majestic antlers, recalled the name of the café – the Golden Hind.

As I stood in the entrance, staring, one of the waiters came up and politely led me to a table for two. Maybe he was used to showing people like me, discreetly, to the more private areas of the café.

Tense, I sat myself slowly at the table and timidly looked at the drinks menu. My two hundred forints would not be enough even for two cognacs. But I hid my surprise and imperiously, even with a certain nonchalance, ordered a cognac, keeping an eye on the entrance through which the love of my life would shortly appear.

The café was nearly empty. There were couples at two or three of the tables, casting feline glances at each other, and whispering or tenderly holding hands. I was the only one sitting by myself, and I felt I was spying. But any second now she'll walk through that door, sit down next to me, and then it'll be all right, I thought to myself, in some trepidation, and the glass of cognac began to sweat in my hand.

But it was not all right. Either I downed the cognac too quickly or my watch was not working properly, but it was already half past five. On a couple of occasions the door opened and I almost jumped like a jack-in-the-box, but to no avail. The object of my love had still not appeared. Maybe she was delayed because of the rain, or she'd had to wait an age for a bus – I tried to work out why she was late, though by now it was almost six o'clock and I had to decide whether to order another cognac or pay and go. My heart filled with sadness and I recalled with some distress those many silent but oh, so eloquent, glances I'd directed during school hours at the object of my love. What was it about me she didn't like? Wasn't I one of the best at sport in the class? Wasn't I the one who, in maths, secretly copied the solutions to the problems and gave them to my fellow pupils for them to copy too? Wasn't I the one who … okay, it's true I'm not particularly tall, but obviously not everyone is built like a basketball player. And while I was reflecting on my misfortune, the door of the Golden Hind opened and there in the entrance stood Uncle Pascal with a slim young woman. There was no way my eyes were deceiving me. It was the same Uncle Pascal, our neighbour, whom I'd known for almost ten years. But Aunt Gisele called round yesterday and, yes, I remember it well, she told Mum Uncle Pascal was away for a week on business. No, my eyes were not fooling me. It was Uncle Pascal, dressed in his perfectly pressed black suit, and, great heavens! behind his thick glasses his little eyes were smiling. It was bizarre. For the first time I saw Uncle Pascal smiling. And the young woman, who'd come in with him, she was smiling, too, without a care in the world. They obviously felt entirely at peace on this rainy evening.

When the waiter saw them, he ran over at once to the doorway and offered them a corner table directly opposite where I was sitting. That worried me, because from there Uncle Pascal would easily see me and tomorrow Mum would find out that Peter wasn't having a birthday party, and that I was celebrating alone in the Golden Hind. Uncle Pascal and the waiter seemed to know each other well, for now they were engaged in friendly banter over something or other and there was laughter in their voices. Great heavens! Never before had I seen Uncle Pascal so relaxed and happy. The young woman beside him struck me as rather gaudy and her lips were as bright as two cherries.

I was already debating how to get out of the café as quickly and quietly as possible and was actually pleased the love of my life wasn't there. The table at which Uncle Pascal was sitting was near the door and he'd be sure to see me the moment I left. But I soon realised Uncle Pascal was utterly engrossed in the young woman. Like the other couples in the café he, too, began casting feline glances at her, began stroking her soft hand and whispering to her. From time to time the young woman laughed out loud, but it struck me she was paying more attention to the pictures in the café than listening to Uncle Pascal's whispered words. And I don't know whether it was by chance that, above the table where they were sitting, hung two majestic deer antlers.

And ever since, whenever I meet Uncle Pascal or Aunt Gisele, I always think of those two majestic antlers and my first unfortunate date.

Translation – Donald Broadribb

Leaving home for the first time to go to college or university is stressful, even without the additional complications faced by the young man in this story. It was inspired by a true event.

Paul Gubbins

Terenoj teneraj, *2009*

Tiun fruaŭtunan tagon, kiam Joĉjo Sturno forlasas sian hejmon, elfamiliigas lin liaj gepatroj. Okazas tiel: la Sturnoj helpas al Joĉjo enloĝiĝi en ĉambro ĉe la universitato, kie ilia filo estas studonta matematikon. Lia patro, elskatoligante DVD-ojn, rimarkas diskon kun titolo *Terenoj teneraj: vera vakera amo sur la prerioj de Norda Ameriko*. La filmo priskribas sin geja amafero adolta.

"Kio tio?" demandas la patro, svingante la ofendaĵon sub la nazo de Joĉjo. "Ĉu vi gejaĉas?"

Skuetas kurtenon venteto. Fermitas klake, iom for, aŭto-pordo. Traflugas la ĉambron, momente, de ekstere, ridado. Ina.

"Mi ne scias," diras lia filo, forturnante sian rigardon for de la patro. "Eble."

Lia patrino, enmane tenante lastatempe gladitajn t-ĉemizojn, ilin ame metonte en tirkeston atendantan, ekplumbas sur la liton. "Dio mia," ŝi ĝemas. "Dio mia."

"Neeble," graŭlas s-ro Sturno, dum fendiĝas liaj okuloj. "Tio estas … en nia familio ne estas gejaĉoj. Neniam estis. Kaj laŭ mi … neniam estos."

"Mi ne scias, ĉu mi gejas."

"Kion signifas … ne scias? Jes ja vi scias. Tio estas … vi nepre sciu."

"Kio pri tiu knabino … Kanjo … el la lernejo?" scivolemas lia patrino. "Mi kredas, ke vi kaj ŝi … nu … sufiĉe amikiĝas …"

"Kanjo enordas," Joĉjo diras. "Sed …"

"Do, bone," elspiras s-ino Sturno, kun koro senpeziĝinta, kaj permane glatigante la t-ĉemizojn, kiujn ŝi ankoraŭ tenas. "Certe ĉi tie, ĉe la univo, estas multaj aliaj belaj knabinoj, kun kiuj konatiĝi."

"Jen la tubero," diras Joĉjo. "Mi ne scias, ĉu mi volas. Tio estas … konatiĝi. Foje … ĉe knabinoj … mi iel ne komfortas."

"Ĉu ĉi tie pli da sterko tia?" demandas lia patro, ŝutante surplanken la ceterajn DVD-ojn. "Ekzemple ... tiu ..."

"Lasu," diras Joĉjo. "Jen mia."

"Pornografiaĵo," elkraĉas lia patro, batante perpiede unu el la diskoj. "Nure-malpure ... pornografiaĵo."

"Miaopinie ne estas problemo," opinias s-ino Sturno, ne tre konvinke. "Ĉio ĉi ... nu ... plenkreskante, foje tempon ... iom da tempo oni bezonas ..."

"Tempon ... merdfekpest', " kontraŭas s-ro Sturno. "Kiam mi samaĝis kiel li ..."

"Ne ĉiuj samas, paĉj'. Homoj ... diferencas. Do bonvole ... lasu."

"Ne. Mi ne lasos. Nek mi nek via patrino. Pro tio nepras enkapigi. Enkapigi, kiel nun statas aferoj ..."

* * *

Unu horon poste sidas Joĉjo en sia ĉambro, plorεgante. Liaj najbaroj, aliaj studentoj, maltrankviliĝas kaj vokas unu el la mentoroj, pli aĝan studenton, kiu kontraŭ senpaga loĝado zorgas pri la novuloj en la studentejo.

Kun la mentoro Joĉjo malemas paroli. Tiu tamen komprenas, ke okazis familia krizo ia. La mentoro demandas, ĉu eblas iel helpi. Joĉjo diras, ke ne, aldonante, ke li preferas soli.

La mentoro, iom senkonsila, petas, ke la aliaj studentoj foje kontrolu, kiel fartas Joĉjo. Ili jese promesas kaj invitas al Joĉjo akompani ilin al la studenta trinkejo, kie okazos interkona vespero por novuloj. La inviton Joĉjo malakceptas.

La mentoro, reveninte al sia ĉambro, telefonas al la studenta helpo-servo. Ĉiuj konsilantoj, oni informas, estas okupataj. Unu atendas ĉe malsanulejo kun studento, kies stomako estas elpumpigota post troa alkoholo-konsumo. Alia asistas ĉe policejo, kie studentino raportas, ke ŝi estas seksperfortita. La helpo-servo notas la nomon de Joĉjo sed pardonpetas, ke neeblas ion fari pro pli urĝaj kazoj. La mentoro nepre retelefonu la sekvan tagon, se Joĉjo daŭre zorgigas.

* * *

Ne necesas retelefoni. Dek du horojn poste estas elhokigita el la kanalo, kiu ŝlimas malantaŭ la universitato, la kadavro de Joĉjo.

La polico nur supraje rigardas la filmeron el la sekurecokamerao, kiu kaptas la lastajn paŝojn de Joĉjo trans nokta universitatejo. Ke la studento ion enrubujigas, apenaŭ rimarkindas. Neniu do scias, ke la rubujo ĉife torditan suicido-noton entenas. Noto, pri kiu Joĉjo finfine tro embarasiĝas por postlasi.

Senkonkludan verdikton registras la mort-enketisto ĉe la juresploro. Prezentataj estas neniuj faktoj aŭ pruvoj por permesi pli specifan konkludon.

* * *

Du jarojn poste s-ro Sturno rememoras tiun tagon ĉe la universitata dormejo. Jen ĉio, kion li nun faras: rememori. Disponeblas multe da horoj por rememori, kiam oni punsidas en malliberejo pro interreta dissendado de maldecaj fotografajoj pri junaj knabinoj. S-ino Sturno, nun eksa-alkoholulino, faras kurson por memfidiĝi. Kaj alian. Kaj eĉ alian.

Memevidente, tro malfrue.

Tender Terrain, *2009*

On that early Autumn day, when James Starling leaves home, his parents disown him. It happens like this: the Starlings are helping James move into his room at the university where their son is going to study maths. His father, unpacking a box of DVDs, notices one entitled *Tender Terrain: A True Tale of Cowboy Love on the Prairies of North America*. The film describes itself as a gay romance for adults.

"What's this?" his father says, waving the offending item under James's nose. "You queer, or something?"

A curtain flaps in the breeze. In the distance a car door slams. Laughter peals briefly through the room. A woman's.

"I don't know," his son says, turning his gaze from his father. "I think I might be."

His mother, holding freshly ironed teeshirts, about to lay them lovingly in a waiting drawer, drops back onto the bed. "Oh, my god," she groans. "Oh, my god."

"You can't be," Mr Starling says, his eyes narrowing. "I mean ... there's no queers in our family. Never have been. And if I've anything to do with it there never will be."

"I don't know if I'm gay."

"What do you mean ... you don't know? Of course you know. I mean ... you must know."

"What about that girl ... Carrie ... from school?" his mother ventures. "I thought you two were ... you know ... sort of friends."

"Carrie's okay," James says. "But ..."

"Well, that's alright," says Mrs Starling, brightening up, and running a smoothing hand over the teeshirts she's still holding. "I'm sure there'll be lots of nice girls here at uni to get to know."

"That's just it," James says. "I'm not sure I want to. Get to know them, I mean. Sometimes ... with girls ... I just don't sort of feel comfortable."

"You got more filth among this lot?" his father demands, tipping the DVDs onto the floor. "I mean ... this ..."

"Leave it," James says. "That's mine."

"Porn," his father snarls, kicking at one of the DVDs. "Pure porn, that's what it is. And not so very pure."

"I'm sure there's no harm," Mrs Starling says, without conviction. "I mean ... all this ... sometimes, growing up, you need time ... just a bit of time ..."

"Time ... my arse," Mr Starling disagrees. "When I was his age ..."

"Not everyone's the same, Dad. People ... are different. Please ... just leave it."

"No. I won't leave it. And neither will your mother. So you've got to get it into your head. Get it into your head how things stand ..."

* * *

An hour later James Starling is in his room, crying his eyes out. His neighbours, other students, are concerned and fetch one of the mentors, an older student who, in return for free accommodation, looks after younger students in the residence.

James is reluctant to talk with the mentor. He, however, gathers there is some sort of family crisis. The mentor asks James if there is anything he can do to help. James says not and tells him he would rather be left alone.

The mentor, feeling a little inadequate, asks the other students to keep an eye on James. They promise to do so and invite James to the student union bar for a meet-new-mates night. James declines the invitation.

The mentor, on returning to his room, contacts student support. All the counsellors are busy, the mentor is told. One is at a hospital with a student suffering from alcohol poisoning whose stomach is about to be pumped. Another is at a police station with a girl saying she's been raped. Student support makes a note of James's name, apologising that because of more urgent cases it is unable to do anything. The mentor should ring back the following day if James is still giving cause for concern.

* * *

There is no need to ring back. Twelve hours later James's body is fished from the canal that makes its murky way round the back of the university.

The police pay scant attention to the security camera footage that catches James's last movements across the darkened campus. That James is seen to toss something into a rubbish skip is not considered important. No one realises the skip contains a crumpled suicide note. A note that James, in the end, is too embarrassed to leave to posterity.

At the inquest an open verdict is recorded. There are no other facts or evidence to suggest a more specific conclusion.

* * *

Two years later Mr Starling reflects on that day in the university residence. That's all he ever does now: reflect. There's ample opportunity for reflection when serving time for distributing on the internet indecent images of young girls.

Mrs Starling, a recovered alcoholic, takes a course in building self-confidence. And another. And yet another.

Too late, of course.

Translation – Paul Gubbins

Study, at least in theory, should lead to a job. But between education and employment lie aptitude tests and interviews and, even before these, application forms. Completing them, however, especially for a poet, is sometimes not easy.

The poem exemplifies the writer's love of, identification with, and sympathy for humanity. In some respects this is a particularly Esperanto theme (it is fundamental to William Auld's epic poem *La infana raso* (*The Infant* [*Mewling*] *Race*) (see page 227). The translation, here slightly amended, was published in *La Brita Esperantisto* (*The British Esperantist*) in the edition of November/December 1996. The original poem appeared in the collection *Kontralte* (*Contralto*) of 1955.

Marjorie Boulton
Aliĝilo, *1955*

> Kion mi faru pri la aliĝilo –
> Blanka kaj nigra, sen vivanta brilo?
>
> *Nomo*: ne scias mi; mi estas homo
> Kun multaj memoj kaj nenia nomo.
>
> *Adreso*: eble mia eĉ ankoraŭ
> Kaj por eterno estas simple: Morgaŭ.
>
> *Aĝo*: eterno eble je la lundo,
> Kaj je la mardo, eble nur sekundo.
>
> *Metio*: serĉi veron kaj ne trovi,
> Taŭzita, lasi venton min trablovi.
>
> *Sekso*: virino vira, ina viro,
> Mi diru, eble, dama kavaliro.
>
> *Nacio*: homo. Ĉu mi ŝajnas besto?
> Hejmo: la nuna loko de ĉeesto.
>
> Kaj *religio*: amo, kreo, vero,
> Kaj akceptita devo de espero.
>
> *Kaŝnomoj*: mi ne havas; por la taskoj
> De la poeto, tuj naskiĝas maskoj.
>
> *Sanstato*: havas mi moderan forton,
> Sed certe, iam, mi atingos morton.

Unu animo homa – preter scio.
Ni diru ke mi estas mi. Jen ĉio.

Application Form, *1955*

So how do I fill in this application –
Mere black on white, and lacking life's vibration?

Name: I have no idea; I'm a person
With many selves, and each a different version.

Address: for me it surely seems to follow
That it can only ever be: Tomorrow.

Age: it's eternal, if on Monday reckoned,
And then, on Tuesday, maybe just a second.

Profession: seeking truth without success,
Letting the wind blow through my rumpledness.

Sex: a masculine woman, a female man,
Perhaps a lady knight is what I am.

Nation: the human race. I'm not a cow.
Home: the place I find myself living now.

And my *religion*: love, truth, creation;
And hope, acknowledged as an obligation.

Pseudonyms: I've none; the poet's tasks
Themselves prolifically furnish masks.

Health: I am hale and hearty in my way,
And yet I shall contrive to die some day.

A human soul – that can't be comprehended.
Let's say that I am me. And that's it ended.

Translation – William Auld

It is innate, at least in the majority of humans, to seek companionship, to seek love. Life's journey, seen here as a pilgrimage, is a quest to find solace for an ardent, aching heart.

"Pilgrimo kun flagra koro" ("Pilgrim with a Burning Heart") was published in *Aŭtuna foliaro* (*Autumn Leaves*), "a collection of poems which had not appeared in book form" ("kolekto de poemoj, neaperintaj en libroformato"), published posthumously in 1970.

Julio Baghy

Pilgrimo kun flagra koro, *dato nekonata*

Mi vagas en la nokta sol',
albrilas stele la kupol' ...

Tra l' valoj, montoj kun pasi'
flagrantan koron portas mi ...

Al krutoj, kurboj dum la kur'
kor-meĉo mia lumas nur ...

De foro oni vidas min,
petole logas al la sin' ...

El etaj domoj per la bril'
invitas gasti min – azil' ...

Por mi tro fremdas ĉiu kort',
mi preterpasas eĉ sen vort' ...

Rapidi devas ... Trans la lim'
min ame vokas – parulin' ...

La flagran koron post pilgrim'
mi donos al ŝi – varti ĝin.

Pilgrim with a Burning Heart, *date unknown*

I travel through the lonely night.
Heaven's dome with stars is bright ...

By hills and valleys swift I dart
Within me bearing burning heart ...

By steep and winding paths I speed,
Just my heart to light my need ...

From far away they see my face,
Beckon me to coy embrace ...

The shelter of a lighted room
Offers refuge from the gloom ...

Each house of such an alien kind
Without a word I leave behind ...

Quick! Quick! ... Across the gulf I see
My soul-mate calling, lovingly ...

And at my pilgrimage's end
She'll have my burning heart – to tend.

Translation – Katelina Halo

Life may well be a quest for love, but rejection is an inevitable part of that quest. These two poems were published in the collection *Ibere Libere* (*Iberianly Unhindered*) in 1993. The translations followed in *La Brita Esperantisto* (*The British Esperantist*) in the edition of March/April 1994.

Liven Dek

Kiel ajnan, *1993*

Kiel ajnan
cigaredon,
mian vivon vi fumis;
kaj purema,
aŭ eble por eviti incendion ...
surplanke
la stumpon
vi tretis.

Like any old, *1993*

Like any old
cigarette
you smoked my life;
and fastidiously,
or perhaps to avoid causing a fire ...
you trampled

the stub
on the floor.

Sur la tombon, *1993*

Sur la tombon
de nia amo,
kiel ĉiudimanĉe,
jam de tri jaroj,
mi lasis hodiaŭ
mian faskon de floroj
apud la via.

On the grave, *1993*

On the grave
of our love
as every Sunday
for three years now,
today I left
my bunch of flowers
next to yours.

Translation – William Auld

Pure, idealised love might have existed in the minds of mediaeval troubadours but in reality it is messier, earthier. This is acknowledged in the dionysian vitality of "Kelkaj koploj" ("Some Andalusian Folk Songs") with its coupling of lust and religious adoration. The title refers to "koploj" – a form of Spanish love-song – which, with its suggestion of copulation, is apposite.

The original poem appears in the *Esperanta antologio: Poemoj 1887–1981* (*Esperanto Anthology: Poems 1887–1981*). The version below is shorter and comprises selected stanzas published and translated in *La Brita Esperantisto* (*The British Esperantist*) in January/February 1994.

Gaston Waringhien

Kelkaj koploj, *dato nekonata*

Ej, vekiĝu el la dormo,
kiun Dio al vi sendas!
Ĉar ne justas, ke vi dormas,
dum mi sur la strato plendas.

*

Ho preĝejoj de Granado,
ĉiujn mi atestas vin,
ke larmegojn kiel pizoj
mi verŝis por tiu putin'!

*

Ha! kiam fine do permesos
La Virgulin' de la sankta Roko,
ke via rob' kaj mia jako
ekpendu sur la sama hoko?

*

Kun vi mi volas esti kiel
piedoj de la Krucumita:
la unu sur l' alia, kune
tenataj per najlo rigida.

*

Similas vi al la benkuvo
ĉe l' enirejo de l' kapel':
ĉiu ajn viro tie trempas
la fingron – kaj rapidas el ...

*

Vi igis min forgesi Dion
kaj perdi savon de l' anim',
kaj nun mi restas tute sola,
sen Di', sen sav', sen vi, sen lim'.

*

Kiam mi sur strato foje
vin renkontas je l' sunmergo,
preĝas mi kaj krucosignas,
kiel decas antaŭ ĉerko.

*

Kun en buŝo cigareto,
Kun la mon' de l' taglabor',
kun ĉe l' krado mia Bruna –
kion plu deziru kor'?

Some Andalusian Folk Songs, *date unknown*

Hey, wake up from blissful slumber
which the good Lord doth provide!
It's not fair you should be sleeping
while I'm in the street outside!

*

Oh you churches of Granada,
all of you I swear before:
I have wept a flood of tears
big as peas for that damned whore!

*

Oh when at last, by courtesy
of the Virgin of the Sacred Rock,
will we see hanging on one hook
my jacket and your frock?

*

When I'm with you I want to be
like the feet of the Crucified:
with one of us atop the other,
by one stiff nail together tied.

*

You're like the holy water font
at the entrance to the church:
the men all stick a finger in –
then leave you in the lurch ...

*

You forced me to forget my God
and made me risk my soul's damnation,
and now I'm left here all alone:
no God, no you, and no salvation ...

*

When from time to time I meet you
on the street when shadows soften,
I say a prayer and bless myself,
as is right before a coffin.

*

A cigarillo to sooth me,
with my fee from daily hire,
with my Brenda at her window –
what more could a man desire?

Translation – William Auld

The previous poem suggests something both elemental and divine in the pursuit of sex: the voyeuristic sex pursued here, the "cruel game of nudity", is devoid of all primeval nobility and perceived as degenerate and exploitative.

"Incitnudiĝo" ("Striptease") is one of the best-known poems in Esperanto. A recording of the author reading this poem can be found on the internet. The translation was published, with the original, in *La Brita Esperantisto* (*The British Esperantist*) in the January/February edition of 1995.

William Auld

Incitnudiĝo, *1969*

Malmulte erotika,
la senvestiĝ' publika
en noktoklubo kela
ŝajnigas sin sencela.

Sesfoje ĉiunokte
knabinoj per provok' de
incitnudiĝ' paradas,
lascivon nur fasadas,

pensante dum formeto
de l' ŝtrumpoj kun rideto,
pri l' prezoj kiuj soras,
ĉu piedkal' doloras;

libidas senlibide,
la koksojn svingas fride
(rikanas kun reflekso
pri l' stulta vira sekso).

La klientar' enuas,
aŭ memkonscie bruas
(triumfas kaj prestiĝas
ĉar ino sendigniĝas).

Ne estas ja sencele:
ĉi kruda lud' kruele
simbolas sentsufokan
malamon reciprokan,

kiu tra ĉiu bosko
tempestas sen agnosko.

Striptease, *1969*

With no real titillation,
the public denudation
in nightclub low and shameless
pretends that it is aimless.

The strippers six times nightly
remove their clothing brightly,
gyrating and cavorting
lubricity purporting,

and think, overtly shocking
by taking off a stocking,
of prices that are rising,
of bunion agonising;

projecting lust unlusting,
their busts and bottoms thrusting,
they sneer in dark frigidity
at masculine stupidity.

The customers feign boredom,
or loudly talk of whoredom
(triumphant in elation
at woman's degradation).

Not aimless is this crudity:
the cruel game of nudity
betokens the perversion
of mutual aversion

that storms through every bower
with unacknowledged power.

Translation – Roy McDonald

When love-making, home-making, career-making are done, thoughts turn to what might have been and to what will be. "Dum sunsubiro" ("During Sunset"), with its melancholic and haunting "Oh misery of growing old", is as fine a reflection on life's regrets as likely to be found in any language.

The poem appears in the collection *Aŭtuna foliaro* (*Autumn Leaves*), published posthumously in 1970.

Julio Baghy

Dum sunsubiro, *dato nekonata*

Domaĝe estas maljuniĝi
kaj vidi: "jen, ni vane luktis".
Disipi ardon,
krei arton,
eĉ tutan vivon fordediĉi,
se post batalo moko fruktis,
domaĝe estis maljuniĝi!

Domaĝe estas maljuniĝi
kaj sperti: "trompis nin promeso".
Oferi multe,
servi kulte,
suferi, spiti, flustri, kriĉi,
se glutas viva nin – forgeso,
domaĝe estis maljuniĝi!

Domaĝe estas maljuniĝi
por putri sub la propraj ruboj.
Turmente senti,
ke por penti
ne povus vivoj cent sufiĉi,
se nin pri pravo mordas duboj.
Domaĝe estis maljuniĝi!

Domaĝe estas maljuniĝi
kaj grumbli: "jen, aliaj junas".
Nin ĉio tedas,
ni ne kredas,
ne emas fidi, superstiĉi,
ĉar nin damnita sobro punas.
Domaĝe estis maljuniĝi!

Domaĝe estas maljuniĝi
kaj senti: "jam ni superfluas."
Eĉ vort' amika
ŝajnas pika,
nin vundas, igas malfeliĉi.
Ĉar nin mem ami ni enuas,
domaĝe estis maljuniĝi!

Domaĝe estas maljuniĝi
por frosta tuŝ' de l' mano osta.
Por plua danco
mankas ŝanco;
neniam rajtis Hom' kondiĉi,
ĉar vivo estas – mortokosta.
Domaĝe estis maljuniĝi!

During Sunset, *date unknown*

Oh misery of growing old,
To see our struggles were in vain;
Ardour expended,
art created,
Our life to others dedicated,
And jeers the fruit of all our pain;
Oh misery of growing old.

Oh misery of growing old,
To find promise was illusion;
To give one's all,
serve and be humble,
Defy or suffer, screech or mumble,
And to be swallowed by oblivion;
Oh misery of growing old.

Oh misery of growing old,
In one's own ruins to decay;
Tormented feel,
for contrite thought
A hundred lives were all too short
When gnawed by doubts about the way;
Oh misery of growing old.

Oh misery of growing old,
Grumbling: "Look, others still have youth."
Everything bores us,
we've no creed
Or superstition in our need,
Damned by our own regard for truth;
Oh misery of growing old.

Oh misery of growing old,
Feeling oneself superfluous.
A friendly word is
like a thorn,
Wounds us and leaves us more forlorn.
Even self-love is tedious.
Oh misery of growing old.

Oh misery of growing old,
Sensing the Skeleton's frosty breath.
The dance is done,
the time's too late,
Man has no right to stipulate,
The price of life was always death.
Oh misery of growing old.

Translation – Katelina Halo

The voice of wisdom and experience offers a word of caution to the younger generation. This poem, published in the collection *eklipsas* (*eclipsing*) in 2007, illustrates the laconic nature of some of Camacho's writing.

Jorge Camacho

Vidpunktoj, *2004–6*

Notu bone, junuloj: vi ne estas la futuro.

Elaston, energion kaj miraĝojn jun-aĝajn
mi konas, spertis aŭ, almenaŭ, memoras,
sed la sola futuro nomiĝas maljun'.

Ne trompu vin, junuloj: la paseo vi estas.

Via futuro? Jen mi!

Points of View, *2004–6*

> Young people, please note: you are not the future.

> Resilience, energy, and mirages of youth –
> these things I know, have experienced or at least remember,
> but the only future is called old age.

> Young people, don't deceive yourselves: you are the past.

> Your future? Look at me.

Translation – Edwin de Kock

In this poem, in which an octogenarian surveys his life of preparation – and simple pleasures. This poem was published in the magazine *Monato* (*Month*) in 2012.

Baldur Ragnarsson

Okdekunu-jariĝe, *2011*

> Finfine ĉiam temis pri preparo,
> pretigo, ne plenumo de la faro.
> Ĉiumatene vekis min la koko
> al leviĝo el la ordinaro.

> Pasis la tempo, vanas plu instigo
> lanĉi ŝipon por esplor-navigo
> sur maro nigra je la eknoktiĝo
> sen ajna signo pri direkt-indiko.

> Tamen maren puŝas mi la ŝipon
> lasante sur la bordo la ekipon,
> elmetas kun trankvilo la remilojn
> tenante inter dentoj mian pipon.

On Reaching His 81st year, *2011*

> In the end it was all down to preparing,
> getting ready, just sitting, merely staring
> at the tasks to be done. Yet each morn the cock
> would crow its exhortation to be daring.

Time passed and, with it, any motivation
to sail the seven seas in exploration,
strike out at dusk on dark, uncharted waters:
of compass-bearing ne'er an indication.

And yet, with a push, into the water flips
my boat, and I leave on the shore all the ship's
necessities, pull peacefully on the oars,
puffing calmly on the pipe between my lips.

Translation – Paul Gubbins

Sometimes it seems there is little difference between old age and childhood: as death beckons, mind and body adopt characteristics of the newly or recently born. Yet, in the words of W.S.Gilbert in *The Gondoliers*, despite lassitude, despite world-weariness: "Life's perhaps the only riddle / That we shrink from giving up".

The cycle of life and death is completed in this poem published in 1931 in the collection *Streĉita kordo* (*Taut String*). The translation appeared in *La Brita Esperantisto* (*The British Esperantist*) in September/October 1981.

Kálmán Kalocsay

Kiel la infano ..., 1931

Ho vivo, min lacigis via vojo.
Suferon veran
Ne povas al mi doni jam malĝojo.

Se la dolor' sur mia brust' genuas,
Mi laŭte ne ekveas.
Mi kutimiĝas al ĝi, mi enuas.

Ho, vivo, sen ribelo kaj ĉagreno
Mi vin trenadas:
Kaptito trenas ŝarĝon de l' kateno.

Se brilas ĝoj', mi ĝin kun spleno spita
Rigardas, kvazaŭ
Ornamojn de l' katen' la hom' kaptita.

Jes, vivo, min lacigas via vojo,
Korpuŝon veran
Jam donas al mi nek malĝoj', nek ĝojo.

Mi estas pri vi, kiel la infano
Pri la ludilo:
Li ĝin enuas, jetus for el mano,

Li jetus for. Kaj, tamen, se ĝin oni
Forpreni volas,
Li ploras, veas kaj ne volas doni.

Like the Child ..., 1931

O Life, I have grown weary of your way,
And now no sorrow
Can make me suffer any true dismay.

If sorrow springs and crouches on my breast
It merely bores me,
I am inured to it, I'll not protest.

I'll not rebel, I'll not repine, O Life,
I'll drag your burden
As captives drag the burden of their gyve.

If joy shines out, with a morose disdain
I'll look upon it,
As they at carved devices on their chain.

Yes, Life, I have grown weary of your road,
Nor joy nor sorrow
Can give me now the true thrill in the blood.

I stand before you like a child before
An outworn plaything;
It bores him, he will throw it on the floor.

Throw it away. Yet should another show
A wish to take it,
He cries, he wails, he will not let it go.

Translation – Katelina Halo

Prophets and poets

In his speech in Boulogne-sur-Mer in 1905 (see page 29), Zamenhof reminded his audience that "prophets and poets" had dreamed of a time when people would unite as a single family. The time for dreaming was over, he told his enthusiastic listeners: the dream was about to become reality.

More than a century has elapsed since that first formal gathering of esperantists in northern France. In that time Esperanto has produced its own prophets and poets who have each, in their own way, helped not only define esperantism but also, as reflected here, shape an esperantist perspective on the world.

The first of the 25 chapters from the epic poem *La infana raso* (variously translated as *The Infant Race, The Child Race, The Mewling Race*) expresses the poet's belief in the oneness of humanity – a particularly Esperanto sentiment. The second chapter contains a plea for tolerance and a condemnation of dogma.

The poem, published in 1956, has been described as an exploration of the human race in time and the cosmos. Its breadth and quality – along with Auld's translations, essays and other collections of poetry – played a major part in his nomination for the Nobel Prize in Literature (the first Esperanto writer to be so recommended).

A link to the translation of the entire poem, published in 2008, appears on the website of the Akademio Literatura de Esperanto (Literary Academy of Esperanto).

William Auld

La infana raso (eltirajo: ĉapitroj I kaj II), *1956*

I

Saluton, masonisto, mia prapatro Ruben,
  kiu dum tuta vivo grimpadis supren-suben,
  ĉizante sur preĝejoj gargojlojn kaj anĝelojn!

Kaj vin, ho posteulo de Ruben, kiu velojn
de karavelo hisis kaj sur la mar' piratis
kaj la filinon duan de tavernisto svatis
kaj lasis ŝin graveda kaj malaperis tute
sur marofundon – kara, mi kantas vin salute!
(Kaj ankaŭ vin aparte, ho tavernistfilino,
avino mia praa, al kies mola sino
sin premis tiu filo, kiu en posta vivo
dediĉis sin al rabo, al murdo kaj lascivo,
kaj dek bastardojn patris, el kiuj unu iris
milite al Polujo, kaj tie vaste viris, al
sia semofluo malfermis larĝe kluzojn,
al mi testamentante milope polajn kuzojn!)
Al vi, centmil prapatroj ŝvitintaj sub servuto,
de via tre simila pranepo jen saluto;
sed ege vin surprizus, ke li salutas ame
kiel parenco viajn jugintojn tute same.
Al vi ja ŝajnus strange, ke filo de l' kastelo
kaj via bova ido en trua sklavkitelo
per ia sortkaprico egale kontribuas
al tiu sango, kiu en miaj vejnoj fluas.
(Verdire, la surprizo ne estus via sole:
eĉ pli la kastelfilo min gapus senparole!)

Kaj ankaŭ vin, praavaj kaj vilaj sovaĝuloj
kiuj rezistis venke per glavoj kaj ŝtonruloj
invadajn legianojn de roma *Agrikolo* –
mi vin salutas: *Ave!*
    Jes, tuta ĉi popolo
(aŭ preskaŭ) min generis, laŭ pruvo de ciferoj
montrantaj, ke la sumo de miaj avaj eroj
en tiu tempo estis kelkoble jam pli granda
ol eĉ la tuta sumo de l' loĝantaro landa!
Sed ankaŭ en la vicoj atakaj de l' legio
troviĝis pli ol unu patro de mia mio,
kaj kiam glav-al-gorĝe mortluktis murdocele
barbaro kaj romia soldato, jen duele
du homoj reciproke malamis, kies semo
kuniĝis post jarcentoj en mia sola memo.
Per dura bato unu breĉas l' alies flankon:
doninto de mia sango fluigas mian sangon ...

Kaj sen entuziasmo, jen do parenca mano
al vi, prapatro morna, malrida puritano;
jen dorsobat' amika al vi, aktor' ebria,
kies boheman viglon heredis koro mia;
jen kis' al vi, Maria, kiu la pajlon faskis;
mi vin brakumas, Liza, kiu infanon naskis
sed pri la patronomo neniam estis certa:
pri ama kaj kuira artoj vi estis lerta.
Kaj vin, tajlor-prapatro, salutas mi solene,
kaj vin ...
    kaj vin ....
      vin ankaŭ ...
        sed jam la menso svene
rifuzas eĉ koncepti individuajn erojn
de l' disradia ĉeno, gravedojn kaj generojn
kiuj en mi kulminas kaj faras min parenco
en malproksima grado de ĉiu ekscelenco,
de ĉiu almozulo, putino kaj doktoro
de mia land' kaj via, trans lingvo kaj memoro ...
   Saluton, frato, kiu kolportas sur la stratoj –
nin ia malproksima orgasmo faris fratoj!
Kaj vi, juĝist' severa – saluton do, amiko!
Nin ambaŭ kreis iam la sama ingvenotiko!
Venu en miajn brakojn frate, nigrulo-plebo:
disiĝis nin praprae duiĝo de amebo,
kaj vi Jesuo Kristo, el lando brule suna,
vi estas mia frato malgraŭ la haŭto bruna
kiun adeptoj viaj miscele kalkas blanka:
antaŭnelonge nia prapatro estis branka!

Timige amasiĝas patrar' senintermita,
multobligante sin laŭ kvadrato infinita
en la paseon retro, senbreĉa vivoĉeno,
maldika, forta, obstina, fragila vivfadeno,
kiu ekdisvolviĝis kiam kun elemento
kuniĝis elemento pro kosma akcidento
kaj la unua flagro de vivo ekaperis –
ho, tiu nekonebla momento MIN generis!
   Sed se en iu blinda horo mi min ekzaltas,
mia patraro flustras: ĉe vi la temp' ne haltas!
Ne vi, kulmina punkto de nia blinda iro;
post vi tre longe pluen impetos la spaliro;
de nia praamebo ĝis vi – sekundopaso!:

apenaŭ vojkomence sin trovas nia raso.
Vi estas nur spireto de bebo novnaskita:
vi venis, iros, ero en ĉen' senintermita!
Saluton, antaŭuloj, jam pasis via horo …
Kuraĝon, homofratoj de ĉiu haŭtkoloro –
la tempmiraĝo, kiu disigis nin damninde,
nin fine rekunigos!

Kaj dume, palpe, blinde,
ni venas, iras, eroj en ĉeno kies finon
ne formas ni nek vidos. Kuraĝon kaj obstinon!

II
Kiom koncernas Dion religio?
Nia kompren' sumiĝas je … nenio:
konjektas oni, kaj por sia solvo
pretendas pravon de perfekta scio.

Humilon vi predikas kun … fiero.
Nepenetrebla estas di-mistero;
sed vi penetris ĝin, ĉar vi certegas:
misvoja estas aliula klero.

Profeton propra fantazi' imponas;
li sin konvinkas, kaj dekretojn donas
por ĉiu: "Faru tion kaj ĉi tion;
vi devas min obei   Di' ordonas"

Ja kredo via firmas roksimile.
Pripensu tamen: diri malhumile,
ke veras via dio, falsas mia,
estas, nu, minimume, malĝentile.

Akceptis iam grekoj sen skandalo,
ke Jaĥve estas Zeŭso, Zeŭs': Baalo,
kaj ĉiun saĝe kaj mature lasis
elekti propran vojon tra l' vualo.

Neniu Libro grekojn paralizis:
la larĝajn verolimojn Moro skizis,
kaj tiu Mor' adolte vastanima
kun fremda ver' profite kompromisis.

La grekojn ne jugadis profesio
pastra. Honora estis l' eklezio.
Neniu rajtis homojn elimini
pro l' krimo de hereza opinio.

Komparu: Fahey, pastro nunjarcenta,
agitas per kampanjo diligenta:
"Socia Rajto de la Reĝo Kristo"
(kun la pastraro) "estas protektenda".

Kaj plue: "Ŝtat' agnosku ke l' unika
kaj vera vero estas katolika",
kaj sekve per polico kaj bastonoj
devigu ĉiujn al konform' … publika.

Kaj tiel plu. Jen estas nur ekstremo.
En ĉiu hom' troviĝas eraremo.
Sed damne! ĉu koncernas la najbaron,
se kredas mi laŭ propra teoremo?

Ĉu Dispirit' ekzistas? Ne ekzistas?
Negrave. Sorto de l' homaro tristas.
Tiuj malhelpas solvon de l' problemoj,
kiuj pri ia posta mond' insistas.

Tiom da parolaĉoj pri "l' animo"!
Dume la korpon trafas malestimo;
kaj per tabuoj seksaj oni baras
al la animo vojon al sublimo:

Memoru jam Orsipon, kiu jetis
la lastan lumboveston kaj impetis
al kurovenko, kaj per sia gesto
miljaran spiritflagron alumetis.

"L' animo" estas karna! Nur fizike
ĝi povas montri sin: muskolotike.
Ekster la sensokvin' ĝi ne ekzistas,
kaj ĝin prediki estas mistifike.

Jen la admon': adoru diajn farojn!
Li kreis nin kaj niajn konturarojn!

(Sed Lawrence estis juĝe kondamnita
ĉar liaj bildoj montris puboharojn.)

Ĝis povos la homar' agnoski faktojn,
akcepti digne seksajn intertraktojn,
ĝi ne komprenos revojn kaj abstraktojn,
kaj ĝi, anstataŭ sori, sondos ŝaktojn.

"L'animo" estas pens' kaj emocio:
cerbo kaj glandoj. Sen la korp': nenio.
La raso estas juna: ĝi konstruos
teran ĉielon – post la mort' de Dio.

The Infant Race (extracts: chapters I and II), *1956*

I

Forefather mine, stonemason Reuben, I salute you
  who all your life climbed ladders up and down
  carving on churches gargoyles and angels too!

And you, Reuben's descendant, you who hoisted
  caravel sails, and pirated at sea
  who courted a tapster's girl on whom you foisted
  a bastard child, left her in pregnancy
  for the abyss – yes, friend, I sing of you!
    (And specially of you, the tapster's daughter
    great-grandmother of mine, to whose soft breast
    you clutched that son who later in the rest
    of life chose thieving, lechery and slaughter;
    fathered ten bastards, one of whose bequest
    to me was Polish cousins – not a few –
    the thousandfold outpouring of his body
    when he went off to Poland as a squaddy.
To you, a hundred thousand bondsmen who
  were my forefathers, here's a greeting too
  but it would be to your intense surprise
  were I alike fondly to greet as kin
  the ones on whom your servile yoke now lies.
  It would seem strange that someone castle-bred
  and your own bovine brood of ragged slaves
  by some queer quirk of fate should all have fed
  that stream of blood that flows within my veins.

(Indeed, not you alone would be surprised
nor castle's heir dumb-struck to be advised.)

And you, my hairy savage ancestors
who smote with sword and rolling rocks the foeman:
the legions of *Agricola* the Roman –
thus I salute you: Ave!
        And all these persons
(or almost all) begat me, say the annals,
thus proving that the sum of all these channels
of ancestry exceeds enumeration
of all the present members of the nation!
  But marching with the standard and the sign
  of legions there were ancestors of mine,
      and those in strife for lordship of the land,
      barbarian and Roman hand-to-hand
      these foes divided by a common hate
      would after many ages meet and mate,
  producing me, for the ancestral flood
  through breach and bloodshed gave me flesh and blood.
Reluctantly then, here's my kinsman hand,
dour, joyless member of the bigot band;
and hail! bequeathèd from that drunken crew
that made me a Bohemian like you;
a kiss to you, Maria, binding straw;
Liza, who had a child outside the law
and never knew for sure who was the sire,
but knew the arts of food and love entire.
And you, my tailor ancestor, all hail!
  and you ...
        and you ...
            you too ...
                but now my spinning head
cannot conceive of single links that led
to the diffusive chain of birth and of begetting
that ended here in me, a late relation
of every grade and aim of admiration,
of every beggar, strumpet and physician
from every land and language to admission.
  Hail, brother packman! Hail, all my brothers
  for whom remote coition bridged the chasm
  and hail, stern judge, whom common lineage joins.
  We both are born of an inguinal spasm!

Come to my arms, black worker, brother
a cell division split us from each other,
and, Jesus, from a land of blinding light,
my brother too, though of a brown-skinned mother,
whose misguided followers bleached you white:
not long ago our ancestor had gills!

Fearfully the parentage goes on without a breach
thus infinitely multiplying, squaring,
back in the past as far as line can reach,
a slender, strong, persistent fragile pairing,
developing whenever element
joined element through cosmic accident
when the first kindling of life was laid –
and in that unknown moment I was made!
But if in some blind hour I boast anew
forefathers whisper: Time stops not with you!
Not you the climax of our blind advance;
long after you new pairs shall join life's dance;
from single cell to you is but a day!
Our race has only now set on its way.
You are the new-born infant's breathing strain
and but a link in this unending chain.
I greet you, ancestors, whose times are past ...
Courage, my brothers of each land and hue –
the time mirage that sundered us
will at the end unite us too!

And, meanwhile, groping, blind as in a mist
we come and leave within that endless chain
we neither form nor see. Take heart! Persist!

II
How much has religion to do with God?
Our understanding can be reckoned ... not a sod:
we conjecture, and solution's found
in claiming perfect knowledge, with truth bound.

Humility you preach with ... pride.
God's mysteries abide,
but you know them, saying all along
the priests of other faiths are wrong.

Prophets impose their own opinions,
convince themselves, and boss their minions,
pronounce, and then to all they say:
"God has ordained – you must obey".

You claim your creed to be a rock.
Think, though: if you tell your flock
their god is false, but yours is right,
this is, at best, most impolite.

Greeks tolerated others' views:
Zeus as Yahweh, Baal as Zeus,
and wisely, without any strife,
let each man choose his way of life.

No Book was binding to the Greek;
Custom's truths were there to seek,
adult and open, and excuse,
find compromise in others' views.

The Greeks were not in thrall to priest.
Religions honoured, feared the least.
No one could be condemned to die
For some pretended heresy.

In contrast: the priest Fahey, who now fights
for "Christ the King, his sovereign rights",
campaigning that protect we should
not only Christ, but priesthood.

Further: "the state must as act and deed
embrace the one, true Catholic creed",
and with police and truncheon effect this design
and make the public toe the line.

Extremes indeed, one may infer,
but everyone is prone to err.
And damn it! What's it got to do with you
if my belief's an opposing view?

Does God exist or not exist?
It doesn't matter. Man's ills persist.

Those who emphasise some sort of afterlife
do nothing to help settle current strife.

And so much talk about "the soul"!
In despising thus the body's role,
they, by sex taboos, would exclude
the soul from joys deemed crude.

Remember how Orsipos cast
his loincloth covering, and fast
ran on to win, and by this act
made Olympic flame a fact.

"The soul" is flesh! This is the norm:
it only shows itself in physical form.
Without the senses it's illusion;
to preach it is a mere delusion.

Yet we're exhorted: praise God's deeds;
He made us and supplies our needs.
(Against Lawrence the law declares
because his art showed pubic hairs).

Till man acknowledges the facts,
accepts as wholesome sexual acts,
he cannot share in others' dreams,
content with only that which seems.

"The soul" is thinking and emotion;
without the body, merely notion.
The race is young; we'll build instead
a heaven on earth – when God is dead.

Translation – Girvan McKay

The idea that all humanity is related in time and in space, which lies at the core of Auld's *La infana raso*, is restated in the following poem. The writer, while acknowledging that much in everyday life is transitory, in comparison with fundamental, eternal truths, identifies with his bronze-age ancestor.

The poem was published in 1974 in the collection *Merlo sur menhiro* (*Blackbird on a Menhir*). It was republished with the translation in *La Brita Esperantisto* (*The British Esperantist*) in March/April 1995.

Albert Goodheir

Ŝtonmarkoj de la bronzepoko, *1974*

Farbis montojn foliaro.
Marŝis mi sub migraj nuboj
tra senvoja erikejo.
Pezirante tra veprajo
stumblis mi sur nuda ŝtono,
kruda roko, kiun kovras
manfaritaj simbolmarkoj:
pelvkavetojn ĉirkaŭstaras
kvar aŭ kvin samcentraj cirkloj.

Mano antaŭ tri miljaroj,
nubmigradon novmirante
kaj serĉante la neŝanĝan,
markon faris de senmorto,
ĉifron ĉizis: lumringsferoj,
akvoringoj de ŝtonjeto,
mensspegulas la senliman.

Saĝas vi, bronzaĝa frato.
Scias vi: ĉefgloro ĉifos,
glavobronzon temp' erodos,
kaskoj rustos kun ostaro,
ventforflugos batalkrioj,
mortos tribfier' malvenke.

Perceptpordo purigita
montras signojn de senmorto:
lumo de okuloj, haroj;
arbkoloroj sur montaro;
serpentumo de rivero:
migraj markoj de rakonto,
kiun legas mi pograde
(kiu legas min, inkludas
ambaŭ nin kun arboj, nuboj?).
Mane pli ol cerbe mensis
vi parolon preterpensan:
trapasante tempolimon
ĉizosigne vi ĉeestas.

Bronze-Age Stone Carvings, *1974*

Leaves have lacquered lonely hillsides.
Under wandering clouds I walked,
through the pathless heather-patches.
Thrusting through the undergrowth,
on a naked stone I stumbled,
on a coarse rough rock which carried
marks of symbols made by man:
four or five concentric circles
stand surrounding bowl-shaped hollows.

Man three thousand years ago,
marvelling at cloud migrations,
seeking something steadfast, stable,
made a mute immortal mark,
carved a cipher: light-ring spheres,
rings in water after stone-throw,
mental mirror of the boundless.

Wise you are, you bronze-age brother.
Well you know: all glory withers,
time erodes the sword of bronze,
helmets rust along with bones,
battle cries the breeze disperses,
tribal triumph dies defeated.

Purified, perception's door
immortality prefigures:
shining eyes and lustrous hair;
tints of trees on mountainsides;
wendings of the winding river:
migrant markings of a story
I am reading bit by bit
(does my reader, then, include
both of us with trees, with clouds?).
More than brains, your hand conceived
speech beyond the bounds of thought:
countermanding time's constrictions,
through your carving you are with us.

Translation – William Auld

Life is transitory, and yet carvings from the past can speak in the present: this is the message of the previous poem. Words, too, and the collective knowledge they reveal, are also transitory – worryingly, perhaps, for words are the tools of the poet. Nevertheless, in contrast to the despair of some of the following poems, there is hope. Salvation lies not without, but within, in the form of renunciation of the self. The poem was published in 1987 in the collection *Enlumiĝo* (*Enlightenment*).

Albert Goodheir

Fronte al la lumo, *1987*

> Multvorta sciure
> kolektita sciaro
> forfandiĝas senspure,
> ĉar l' eterno ne scias
> en memmontra malŝparo
> kaŭzon aŭ kialon –
> Nur kiu senmias
> tuŝas la realon.

Facing the Light, *1987*

> Word upon word
> of squirrelled thought
> vanish unheard,
> for eternity knows nought
> in its self-degradation
> of why and wherefore –
> Only in renunciation
> of self can we be sure.

Translation – Paul Gubbins

Wisdom takes many forms. The wisdom of bronze-age man, in Goodheir's poem, is to know "all glory withers". The wisdom of that traditionally wise creature, the Owl, in the verse drama *Sonĝe sub pomarbo* (*Dreaming under an Apple Tree*), is to know of the futility of life and of the vanity of humankind. There is nothing even of the transitory glory known to bronze-age man.

Julio Baghy's drama, published in 1958, is the most ambitious of all original Esperanto plays. It is reminiscent of *A Midsummer Night's Dream* in its use of allegorical and mythical figures, and it is surely no coincidence that its title reflects that of the Shakespeare play. Other influences are apparent, including the bible (the principal char-

acters are Adam and Eve) and, in scope and concept, Goethe's *Faust*.
The drama, written in reaction to the Soviet occupation in 1956 of Baghy's native
Hungary, represents escapism from the political and social turmoil of the time. It is a
portrayal of young love, personified in Adam and Eve. The couple come face to face not
only with life in its manifold guises but also with Death, whose danse macabre is – para-
doxically – one of the most vitalic moments in this profound and moving play.
Sonĝe sub pomarbo is a drama whose time has not yet come. The mental and physi-
cal energy required of the actors, the number of characters and scenes, dictate a profes-
sionalism of which the Esperanto theatre – currently characterised by the professional
monodrama or the amateur one-act play – is simply incapable.

Here, in this short extract – a fine example of the richness of Baghy's language (and a
reason why would-be translators quail at the thought of rendering the entire play into
English) – the Owl reflects on the bleakness of human existence.

Julio Baghy
Sonĝe sub pomarbo (eltirajo), *1958*

Strigo (*post rektigo de siaj okulvitroj***)**

La Vivo ŝajnas monstra maro;
sur ĝi la Homo – ludoŝip'.
Ne gravas kvanto de la varo,
nek la kvalito, nek la tip'.
La ŝipo serĉas rodon; fate
ĉe bord' perdiĝas ĉiam cel';
do ondfrapite sortpelate
ĝi velas plu kun dub', esper'
kaj ek laŭtajde ondorajde
de ondosupro al ondvalo
ŝanĝinte ofte revojn trajte,
sed nesciante pri kialo.
Kialon senlimec' ne havas,
(la monstra maro ludas nur)
la ŝipon lulo, skuo trafas;
ĉe ĉiu ondo – aventur'.
La Homo, estro de la Ŝajno,
imagas sin ja suveren',
nur pensas pri la ebla gajno,
disipas forton en la pen'
kaj ek plenvele novacele
nescie pri la ŝiporompo

li drivas fide kaj fidele
ĝis glutas lin la – ondotombo.

Dreaming under an Apple Tree (extract), *1958*

Owl (*after adjusting his glasses*)

Life is, it seems, a monstrous sea;
upon it Man – a child's toy boat.
Its cargo, in both quality
and quantity, matters not a groat.
To moorings safe its compass turns
but, there, once more, all purpose dashed,
in doubt, in hope, for seas it yearns;
the boat fate-driven, wave-lashed,
rides the tides, breasts, crests the ocean,
foam-flecked, then wallows, yaws,
changes course, direction, motion;
knowing not its purpose, aim or cause.
What knows no bounds, knows no censure,
(the monstrous sea is here at play).
Every wave – a great adventure,
and the boat rocked, knocked each day.
Of self-deception Man is king,
over life he thinks he towers,
profit, wealth, the only thing,
on these he wastes his powers.
Then off once more, yet further goals,
again to plot and plan – save
of the shallows, sands and shoals
and the waiting, watery grave.

Translation – Paul Gubbins

In contrast to the scholarly treatise on human vanity, proposed by the Owl, Baghy offers a more direct, more damning assessment in a poem published in the collection *Preter la vivo* (*Beyond Life*) of 1922.

Julio Baghy

Kiel la homo, *1922*

Ĉiu kikerikanta koko
pensas, ke pro l' matena voko
aperas la sun' ĉe la horizont'.
Ĉiu fieras sur la sterko
pri la sunvoka himna verko,
per kiu la lumon li portas al la mond'.

Tamen subiron de la flamo
li ne kapablas per aklamo
haltigi, se venas vespere la fin'.

Do, kiel hom' post vanta pozo,
li, sin kaŝante por ripozo,
fabelas pri glor' – al klukanta kokin'.

Just like Men, *1922*

Each cock-a-doodling cock knows why
The sun each day ascends the sky.
The cause of it – their morning cry.

Proud on each dunghill, in delight
At the sun-summons hymn they write,
To the dark world they bring their light.

Yet no acclaim can halt the slide
Of that great orb into the tide
When evening time casts its cover.

So, just like men, their proud pose done,
Each with tall tales of honour won
Regales – their cluck-clucking lover.

Translation – Katelina Halo

An equally dismal view of the human race is contained in the poem "Kassandra" ("Cassandra"). The verdict of the poet is unequivocal: mankind is "unworthy of the joy of earth." This version of the poem was published in 1966 in the collection *Ora duopo* (*Golden Duo*), containing poems by both Kálmán Kalocsay and Julio Baghy. However, the poem dates from 1939 and the collection *Izolo* (*Isolation*) which, because of the war, was printed but not published until after the author's death. The first translation, slightly amended, appeared in *La Brita Esperantisto* (*The British Esperantist*) in May/June 1991.

However, Katelina Halo felt the published poem "tro negativisma" ("too negativistic") and produced her own rendition which follows the published version. A literal, prose translation of the last two lines is: "A wretched race will take bricks from the ruins of palaces to build huts". It is difficult from this to draw much consolation. Accordingly the more optimistic ending of the second translation cannot easily be justified.

Kálmán Kalocsay

Kassandra, *1939*

Ve al mi, malvarmkapa kaj senfebra
kaj seninfekta inter la miasmoj
de la stupidaj ĉemiz-entuziasmoj:
doloras al mi la lucid' funebra.
Ne estas sav' el ĉi fatal' tenebra:
kurac' heroa, piaj kataplasmoj
nin same ne sanigas el la spasmoj,
kiuj nin portas al pereo nepra.

Forfalos ni, en reciproka ĉaso,
per kuglo kaj per bombo kaj per gaso,
juĝitaj kaj ne indaj je l' vivĝuo.
Kaj post la trabalao de l' Detruo
el la palac-ruinoj prenos raso
mizera brikojn por kaban-konstruo.

Cassandra, *1939*

No joy to stand, cool, with unbated breath
And uninfected by the noxious dirt
Of fools who change their notions like their shirt;
I grieve at the lucidity of death.
There is no safety from this fatal gloom;
No pious poultices or wonder-cure,

Will heal us of convulsions, which will lure
Us surely to inexorable doom.

Hounding each other, we shall then succumb,
Felled by the bullet, poison gas, or bomb,
Declared unworthy of the joy of earth.
And after the destruction and the dearth
A wretched race in ruined palace halls
Will gather rubble for their hovel walls.

Translation – Girvan Mackay

Cassandra, *1939*

Here stand I free of hope and free of fears.
I cannot be infected by the sway
Of the world-ruling passions of today;
Too dear to me is all I see with tears.
There is no cure for mankind's loss of sight.
No hero's courage, no priest's piety
Can heal him in the final agony
Which drives him to inevitable night.

Yes, we shall fail, reciprocally hurled
By bullets and by gases and by bombs,
We, all unworthy of the joys of life,
And swept away under destruction's brooms.
Yet from the ruins will a new race find
· The bricks with which to build another world.

Translation – Katelina Halo

An "unlikely future god" will erase all trace of mankind. This cold and cheerless prediction was published in the collection *Ibere Libere* (*Iberianly Unhindered*) in 1993. The translation followed in *La Brita Esperantisto* (*The British Esperantist*) in the edition of March/April 1994.

Liven Dek

Sur la neeblaj, *1993*

Sur la neeblaj
centraj paĝoj

de la infinita
libro de la vivo,
iu neprobabla
dio futura
trovos ink-makulon;
li ĉagreniĝos,
li ne toleros,
li ĝin forviŝos!!
Kaj el la libro de la vivo
malaperos for por ĉiam ...
tuta la homa historio.

On the impossible, *1993*

On the impossible
middle pages
of the infinite
book of life,
some unlikely
future god
will find an ink-blot;
he'll be annoyed,
he won't put up with it,
he'll rub it out!!
and from the book of life
will disappear for ever ...
the whole of human history.

Translation – William Auld

In contrast to the "inexorable doom" of previous poems, "Riĉo" ("Richness") is far more life-affirming. It reflects, in the opening stanzas, the curiosity of any writer about his or her fellow creatures, each "a many-volumed tale on many themes". The final stanza reminds the reader of the impossibility of comprehending the richness – analogous, perhaps, to the "glory" known to Goodheir's bronze-age "brother" – of human experience. The poem, dated 1953, appeared in the collection *Kontralte* (*Contralto*) of 1955. The translation, with the original, was published in *La Brita Esperantisto* (*The British Esperantist*) in March/April 1992.

Marjorie Boulton

Riĉo, *1953*

Ĉiu pasanto en la plena strato
Estas mistero vasta, plej profunda;
En lia koro kuŝas timoj, amoj,
Esperoj, pensoj, luktoj kaj debato,
Romankolekto kun temar' abunda,
Kaj ĉiutage dek aŭ dudek dramoj.

Ĉiu pasanto estas mil poemoj,
Eposoj kaj lirikoj, artikoloj,
Kantoj kaj epitafoj kaj arĥivo,
Geedziĝhimnoj, ankaŭ rekviemoj,
Biblioteko li, kun mil titoloj –

Senfina diverseco de la vivo!
Tutan alian vivon ni bezonus
Por ekkompreni vivon de alia,
Kaj nia scio estas nur asertoj.
Se nur ni povus koni, se ni konus!
Ni vidas nur, per nia sci' frakcia,
La riĉegecon de la homaj spertoj.

Richness, *1953*

Each passer-by upon the crowded street
is some dark mystery, deeper than it seems.
Fears, loves lie seething in the unseen heart,
hopes, struggles, some adventure incomplete,
a many-volumed tale on many themes,
a daily play with his the major part.

A thousand poems is each passing you,
epic and lyric; articles themselves,
songs, epitaphs, and memory's treasury,
epithalamia, even requiems too;
a library with a hundred well-packed shelves,
and all life's infinite variety.

To understand another's life, we'd need
to live again at least a second span,
and even then our knowledge but deludes.

If only we could know, could know indeed!
Our puny knowledge does no more than scan
the richness of mankind's vicissitudes.

Translation – D.B. Gregor

The raw despair of the doom-mongers gives way in "Metafiziko" ("Metaphysics") to gentle regret, garbed in lightly sardonic humour, and to a yearning for quieter times. Characteristic of the poet's work is the ease with which he moves between the ages, from harps and sulphuric ponds to supermarkets and "plenty's yuppy posers".

"Metafiziko" was published as below in 1991 in *La Brita Esperantisto* (*The British Esperantist*) in the November/December edition of that year. It appeared, slightly amended, in the collection *Sur Parnaso* (*On Parnassus*) in 1998.

Timothy Brian Carr

Metafiziko, *1991*

Se nuntempanoj legus la broŝurojn
pri rezidejoj for en la Pretero,
ĉu hastus mendi harpojn aŭ sulfurojn
tiuj infanoj grasaj de l' prospero?

Sendube ili spitus la terurojn,
se estus magazenoj en l' Infero;
kaj tra l' Ĉielo stampus siajn spurojn
per dometaroj taŭgaj por somero.

Bonŝancaj Danto kaj Miltono! Fratoj,
por vi ĝi estis nura fantazio;
mi, tamen, LOĜAS en pandemonio,

la paradizo de la teknokratoj.
Ne miru je l' amplekso de mensogoj!
Jam falsis universon teologoj!

Metaphysics, *1991*

If people now should read the agents' brochures
for residences in the Great Beyond,
would they be rushing, plenty's yuppy posers,
to order harps or a sulphuric pond?

No doubt they'd spite the terrors wild and stark
if Hell had supermarket and boutique;
and everywhere in Heaven they'd stamp their mark
with summer cottages bijou and chic.

Oh lucky Dante, Milton, brothers wise,
sheer fantasy was all your narrative;
but I in Pandemonium have to LIVE,

the perfect technocratic paradise.
No wonder that so many lies are heard!
Theology the universe has marred!

Translation – William Auld

Mediaeval times have returned, with western powers waging a new form of crusade in lands of the middle east. Lacking, though, in the self-centred materialism of the present, is the courtly refinement of the past. As in the previous poem, the writer's instinct for nostalgia enables him to interlink the centuries. The poem and translation were published in *La Brita Esperantisto* (*The British Esperantist*) in November/December 1991.

Timothy Brian Carr

Subite, *1991*

Subite estas plena mezepoko
sen, tamen, trobadoroj ĝojokriaj.
Ĉirkaŭ la mondo vibras la alvoko:
"Al krucmilito, kavaliroj piaj!"

Sankciis tiam naŭza Krist-invoko,
ĉar devis maski sin intencoj fiaj;
sed kial hipokrita veromoko
en tagoj malnaivaj kaj raciaj?

Socio dike, pigre memkontenta
defendas sian kredon – la prosperon;
socio fanfarone violenta.

Mi, Danto nun, per furioza volo
jetegas la kulpulojn en inferon
por bruli laŭ justeco en petrolo.

Suddenly, *1991*

It's suddenly again the Middle Ages
without, however, troubadour delights.
Around the world the invocation rages:
"Follow the Cross once more, Crusader knights!"

Back then, the call to Christ seemed justified
to cover up their infamous designs;
but what necessity the truth to hide
in rational, sophisticated times?

Society, self-satisfied and slothful,
defends its faith – with riches all is well;
society that's proud of being wrathful.

I, Dante of today, in wild recoil
now hurl the guilty persons down to Hell,
to burn and burn as they deserve, in oil.

Translation – William Auld

In the following two poems Baldur Ragnarsson adopts a reflective and contemplative tone. Gone are the anger and stridency heard in some of the previous poems of other authors: here, merely going onwards, with no specific aim, is what is attractive and liberating. Rather than set out to find fulfilment, fulfilment will find you.

Ragnarsson, in the words of his translator William Auld, is a "cerebral and imaginative poet" with a "profound semantic sensibility". This, according to Auld, makes his poems difficult – but careful reading is rewarded.

The poems also pose problems for translators. In recommending Ragnarsson to the Swedish Academy for consideration for the 2007 Nobel Prize in Literature, the poet Mauro Nervi, president of the Association of Esperantophone Writers (now the Akademio Literatura de Esperanto [Literature Academy of Esperanto]), notes that Ragnarsson "is one of the most difficult authors to translate in European literature."

"La celo sen difino" was published in the collection *Esploroj (Explorations)* in 1974. It was republished in *La lingvo serena (The Serene Language)* in 2007, containing the author's collected writings to that date. The English version appeared in *Ten Esperanto Poets in English Translation* in 1991.

Baldur Ragnarsson

La celo sen difino, *1974*

La demando estas ne kiel vojon plani,
vojo estas longa, aŭ ĝi estas mallonga
sed evidente ĝi kondukas ĉiam ien
kio indas nur moderan laŭdon.

Nek estas la demando kiel starigi domon
kvankam oni ja devas agnoski ĝian utilon
kun la dikaj muroj kaj la tegmento
(modeloj signoj pri la konservemo)
ankaŭ ĝi proponas nenian solvon.

Kio validas por nia kazo prefere
estas du fortaj piedoj
koro kuraĝa
kaj drasta senfina strebo al la horizontoj
super ŝtonoj kaj lafrokoj
terbuloj kaj ĉiuspecaj malebenajoj
trans lagoj kaj riveroj
marĉoj kaj ĉiuspecaj malsekajoj
inter montoj kaj urboj
homoj kaj ĉiuspecaj elstarajoj
por ĉiam daŭrigi sen iu celo difinita
ĉar ĝuste tiu estas la plej bela
plej liberiga, sen iu ajn ĉirkaŭstringo.

Kaj en la vesperoj, kiam benas ripoz'
muskolojn lacigitajn post la taga paŝado,
estas ĝue iam mediti
pri la pejzaĝo kiu tiel evidentas
ke ĝi estas konstatebla de absolute ĉiuj
kiam ajn kaj ĉiuloke, se nur
la emo troviĝas iomete klini
oblikve la kapon, negrave kiuflanken,
por aliformi la mondon je tridek gradoj,
ni diru, ĉar tio sufiĉas, kaj subite jen
brilas per vasta konstanta lumoŝvelo
la celo sen difino
sed tamen tiu kiu la sola faros
liberaj nin – iuj jam pruvis tion.

The Destination Undefined, *1974*

It's not a question of how to build a road,
a road can be long, or it can be short,
but obviously it always leads somewhere
which deserves only moderate praise.
Nor is it a question of how to build a house,
although its usefulness has to be recognised
with its thick walls and its roof
(a typical sign of conservative leanings)
but neither does it offer a solution.

What apply in our case are rather
two strong feet
a brave heart
and a stern unending yearning for horizons
across stones and lumps of lava
clods and all manner of undulations
across lakes and rivers
marshlands and wetlands of all kinds
among mountains and cities
people and all kinds of protuberances
forever going onwards with no definite destination
for that's the one that is most attractive
most liberating, with no restriction whatever.

And in the evening, when repose brings benison
to muscles fatigued from the day's exertions,
it is pleasant to meditate then
on the light which is so obvious
that absolutely everyone can confirm it
at any time and in any place if only
there is a willingness to bend the head
slightly sideways, no matter in which direction,
to alter the world through some thirty degrees,
let us say, for that is enough, and then suddenly
with a great unwavering burst of light will shine
the destination undefined
but yet the only one capable
of freeing us – some have proven this already.

Translation – William Auld

Truth, the poet implies, lies off the beaten track – and, whereas in the previous poem fate should be the guide, here it is the poet. The poem, devoid of punctuation, was published in *Esploroj* (*Explorations*) in 1974 and in *La lingvo serena* (*The Serene Language*) in 2007.

Baldur Ragnarsson

Nerimarkitaj herboj, *1974*

Donu la manon kaj mi gvidu vin
inter la nerimarkitajn herbojn
(certe ne tiujn de blu' aŭ karmezin'
kiuj tiklas ordinarajn cerbojn)

al lokoj kie paŝas neniam firma plando
ĉar flankas ili konvencian rekton
de tiuj inklinantaj preteri laŭ la rando
kaj ne sentas eĉ suspekton

ĉe-baze apud stratolampaj fostoj
troviĝas ĝuste tia izolo
kiun vaghundoj tuŝas per la vostoj
je radio de unu colo

kaj poste ekleviĝas singarda herber'
kun tiu konvinkiĝo
ke risko malplej granda sur misodora ter'
estas malprestiĝo

kaj niaj altstaturoj do ne hontigas tre
la ŝparokreskan folion
ĉar gravas pli por ĝi la sava fakto ke
ĝi mokas ambicion

Unnoticed Grass, *1974*

Give me your hand and allow me to guide you
through and among the unnoticed grass
(certainly not those that are crimson or blue
that tickle ordinary minds as they pass)

to places where no firm steps ever tread
as they lie beside the conventional ways

of those inclined to venture off the road ahead
and their presence no inkling betrays

at the base of many a lamppost
just such isolation is found
that stray dogs touch with their hindmost
at a radius of an inch of ground

and then a cautious little blade dares emerge
with the conviction
that the least risk on an evil-smelling verge
is lack of distinction

thus our great elevations don't much disgrace
the blade with scant nutrition
for its salvation is that in this place
it mocks ambition

Translation – Geoffrey Sutton

The writer as guide and mentor – as in the previous poem – is central to the satirical novel *Vivo kaj opinioj de Majstro M'Saud* (*Life and Thoughts of Master M'Saud*). The book was published, unfinished, in 1963 after the death of its author, Jean Ribillard.

Master M'Saud is a donkey who passes on his knowledge to one of his younger brethren. As Geoffrey Sutton observes, M'Saud, "who lives among so many instinct-led and irrational human beings, is the sole representative of true human wisdom."

Vivo kaj opinioj de Majstro M'Saud, considered the first truly philosophical novel in Esperanto, is characterised by its rich and, at the same time, lyrical prose. Of particular note is the penultimate paragraph of the extract below in which M'Saud warns his disciple to be ensnared neither by the opinions of others nor by the ideas in his own mind.

Jean Ribillard
Vivo kaj opinioj de Majstro M'Saud (eltirajo), *1963*

"Mi estos via mentoro, ĉar tion oni volas. Tamen de mi ne atendu pedantajn oraciojn aŭ moralajn lekciojn pri la konduto de la ideala asinus en la modernaj tempoj, nek pri la arto esti fidela subulo de nia mastro. Se tion vi ambicias, vi sole elturniĝos por meriti la komplimentojn de la filistroj, fariseoj kaj jezuitoj de la ŝejkejo, ĉar mi ne instruos vin kanti laŭmaniere de foira gurdo."

Li deprenis ranunkolon de sia matraco, ĝin maĉetis kaj daŭrigis:

"La tasko embarasas min. Ĝi necesigus la prudentajn zorgojn de eminenta pedagogo, eksperto pri bontono, etiko kaj politiko, sciplena doktoro en Damasko, kie oni kultivas la subalternajn funkciistojn de nia ŝtata ordo. Poste, ĉar vi aspektas bonintenca, vi sendube povus pretendi profiteblan sinekuron: urba kotisto, grumo ĉe la kadio de Zemura, poŝta pakportisto, pedelo en la zooĝardeno, eĉ eŭnuko en la serajlo de nia prestiĝa paŝao, se tien vin tiras la koro. Bunta livreo taŭgus al vi kiel spirito, kaj vi kadukiĝus en luksa emeriteco.

"Ĉu vi ne preferus vin fari akolito de migranta derviŝo kaj gustumi incenson sur la pentovojoj, plenaj je silikoj kaj urtikoj? Ŝarĝita per iomaj relikvoj de sankta marabuto vi vojaĝus laŭvetere, vivante de almozoj kaj salutoj, ĝuante la respekton ŝuldatan al du piaj turistoj. Vi kolektus monerojn kaj karobojn, dum via gvidanto trapreĝus sian buksan rozarion aŭ frukte konsilus senidajn femalojn, kiuj ofte bezonas supernaturan helpon en tiklaj okazoj. Plensate je ŝelajoj kaj litanioj vi pelus glatajn tagojn en sennuba, eĉ ĉiela atmosfero, kaj el la publika korfavoro ĉerpus prebendon sufiĉan por ne suferi mankon ĝis granda aĝo. Oni haleluje kantus sur viaj spuroj, kaj vi majeste paŝus balancante la kapon por beni spalirojn da sukaj bigotoj. Mi ne dubas, ke ombrela nimbo mirakle elŝoviĝus el post viaj oreloj. Kio forte edifus la nekredantojn kaj glorigus la azenan genton tiel misfamigatan en nia putra reĝimo.

"Kiajn problemojn mi traktos sen farĉi vian cerbujon per magistra balasto? Ne same kiel la homoj mi subtilaĉe forbabilos mian tempon, ankaŭ la vian, per dialektiko malinda de via streĉa timpano. Ĉu vi scias, ke la eklezioj instancoj de Bizanco longege rezonadis pri la sekso de la anĝeloj? Supozeble tiu interesa polemiko ankoraŭ daŭrus, se la Turkoj, kiuj sieĝis la urbon de pluraj jaroj, ne estus fine tranĉintaj la elokventan torenton kun la kolo de la obstinaj oratoroj. Tiel pereis la Orienta Imperio, kie monaĥoj kaj koĉeroj mastris la regadon.

"Tamen ŝajnas, ke la skrupulemaj ekzegezistoj, kaptiĝintaj de sia anatomia pasio, forgesis historian fakton, kiun raportas la Genezo, kaj kiu kaŭzis ian sensacion en Kanaanlando. Iun tagon, Javeo delegis du belajn anĝelojn al Sodomo, kie urbestris Loto, nevo de Abrahamo. La loĝantoj de tiu gaja civito tuj faris precizajn proponojn al la du beletuloj, kiujn ili preskaŭ perfortis, kio pruvas, ke ili ne eraris pri ilia sekso. Por savi siajn ambasadorojn de kruela ofendo, Dio decidis ekbruligi la urbon. Kompreneble Madam' Loto rigardis returnen: urbo flama estas malofta kaj grandioza spektaklo por provinca burĝino. Ve, eble Dio ne ŝatas, ke oni sin dorsen turnas, ĉar Li metamorfozis ŝin en kolonon el salo. Tio estas vera, filo mia. Josefo Flavius atestis, ke li vidis la statuon. Sankta Justeno kaj Sankta Ireneo publikigis, ke ĝi ekzistas dum ilia tempo. Mi supozas, ke pri tio vi ne dubos! Cetere se vi iam ekskursos ĉirkaŭ la Sala Maro, ne preterlasu tiun mirindajon, kiun komplezemaj ĉiĉeronoj montras al la Cooks'aj pilgrimantoj.

"Loto perdis sian edzinon en tiu tre bedaŭrinda aventuro, sed agrable konsoliĝis kun siaj du filinoj. El ili naskiĝis Moabidoj kaj Amonidoj, kiuj, laŭ la loka orakolo, ja tede zorgigos la usonajn petrolistojn post pluraj jarcentoj. Gardu vin de troa sciamo. Ankaŭ vi aliformiĝus en salstonon, kio akre ĉagrenus min."

Mi certigis al li, ke tia risko ne estas mia, ke mi kontentiĝos direkti miajn rigardojn nur al la vidindajoj, kiujn li rekomendus, ke aliparte mi havas inklinon laŭdece konduti al iu anĝelo, kiun mi renkontos. Li indulge ridetis kaj rekaptis la fadenon de sia parolado: "De tiu ĝardena katedro, kion mi oferos al vi, mia juna Telemako, se ne retorikan marmeladon el la amaraj fruktoj de miaj spertoj, dokte kuiritaj kaj humore spicitaj? Ĉu el mia satira kaĉo vi scios ensuĉi la kernan medolon, kies antisepsaj efikoj imunigos vin kontraŭ ideologaj kontaĝoj aŭ demagogaj epidemioj? Vi estas nova kaj naiva. Zorge atentu, ke vi envoje trafos multe da prozelitoj aŭ retoroj, kiuj insiste provos vin altiri per magnetaj sofismoj, varbi, tondi kaj jungi al sia ĉaro. Vi surkape portus bridon kun dukoloraj bantoj, kiel atributon de via tirano. Laŭ lia fifro vi manovrus, dancus, saltus, kiel tiuj disciplinitaj hundoj, kiujn antaŭ kelkaj tagoj mi vidis en pasanta cirko. Tiel vi fariĝus la senkonscia marioneto de via dresisto. Kvankam la konsiloj ĉefe plezurigas al tiuj, kiuj ilin donas, kaj oscedigas tiujn, kiuj ilin ricevas, mi ne finos la prelegon sen kuraca admono.

"Ĉiam klopodu kaj hufedente baraktu por defendi vian mensan liberon. Ne nur kontraŭ zelotaj biretuloj aŭ ĉarlatanoj kun pintalta ĉapelo kaj stelsemita talaro, sed kontraŭ vi mem. Ĉar nevideblaj kaj trudemaj gastoj loĝas en vi, kiuj senĉese vin tiradas kaj puŝadas kaj skuadas, ĝis kiam vi fincedas al iliaj tentoj. Ili estas viaj pensoj, se estas akcepteble, ke vi pensas. Ili implikas vin en marĉan perplekson, kaj vi malŝparas vian fosforon por elvindiĝi el iliaj laĉajoj. Nur kiam vi superfortos ilin en silento, vi atingos plenan sendependecon. Kiamaniere? Pli poste mi senvuale klarigos al vi, ĉar hodiaŭ vi ŝajnas ne sufiĉe matura. Nun, mia sencerbuleto, mi emas ripozi. Iru, salutu vian karan patrinon en mia nomo, kaj ne tiel blekaĉu, kiel vi faris la lastan nokton, kiam cerbera bastono karesis vian spinon en la najbarina ĝardeno."

Tiu admirinda diskurso ekzaltigis min. Mi juris, ke mi konformiĝos al tiuj saĝaj instruoj. Mi soifis sciadon. Senlimaj horizontoj vastiĝis antaŭ miaj okuloj ravitaj de eltrovoj tiel pensigaj.

Life and Thoughts of Master M'Saud (extract), *1963*

"I will be your mentor, since that is what is wanted. But do not expect me to give pedantic orations or moral lectures on the conduct of an ideal *asinus* in the modern world, nor anything about the art of being a faithful subject of our master. If that is your goal, your only result will be to merit compliments from the philistines, pharisees, and jesuits in the sheikdom, because I will not teach you to sing the way an organ grinder expects."

He took a buttercup from his mattress, chewed it, and continued:

"I find the task difficult. It requires careful consideration by an eminent pedagogue, an expert in propriety, ethics and politics, a knowledgable doctor in Damascus, where subordinate functionaries of the state are trained. Afterwards, since you look well intentioned, no doubt you would aim for a profitable sinecure: an urban street cleaner, a lackey of the *qadi* in Zemura, or perhaps a porter, a worker in a zoo, or even a eunuch in the harem of our prestigious pasha, if that is your fancy. Colourful livery would suit your spirit, and you would enter your dotage in luxurious retirement.

"Would you perhaps prefer to be the acolyte of an itinerant dervish and taste incense on your penitential trips filled with gravel and nettles? Laden with a selection of relics of a holy hermit, you would travel as the weather permits, living on alms and greetings, enjoying the respect due to two pious tourists. You would collect coins and carob beans, while your guide prayed his way through his boxwood rosary or fruitfully counselled childless females who often require supernatural help in ticklish situations. Filled with pods and litanies you would spend your simple days in a cloudless, almost heavenly atmosphere, and from public charity you would receive a stipend great enough to spare you any needs until your old age. People would sing hallelujahs over your footprints, and you would strut about majestically nodding your head to bless rows of juicy bigots. No doubt an umbrella-shaped halo would miraculously appear from behind your ears. All of this would greatly edify the unbelievers and glorify the race of asses which is so maligned in our putrid regime.

"What sort of problems could I discuss without stuffing your cranium with erudite ballast? I will not imitate people who subtly chatter away, to waste my time, as well as yours, using a dialectic unworthy of your taut eardrum. Do you know that Byzantine church officials argued endlessly about the sex of the angels? This interesting dispute presumably would still be going on if the Turks, who laid siege to the city for a number of years, had not cut off the flood of eloquence along with the necks of the obstinate orators. So perished the Oriental Empire in which monks and carriage drivers were the masters.

"However, it seems that those scrupulous exegetes, ensnared by their anatomical passion, have forgotten a historical fact reported in Genesis, which caused a sensation in the land of Canaan. One day, Yahweh delegated two beautiful angels to Sodom, whose mayor was Lot, Abraham's nephew. The citizens of that fun-filled city immediately made detailed proposals to the two beauties, whom they came near to raping, which proves they had no doubt about their sex. To save his ambassadors from a cruel fate, God decided to burn down the city. Of course Madame Lot looked back: a city in flames is a rare and spectacular sight for a provincial bourgeoise. But, oh dear, perhaps God does not like it when someone turns their back, because he transformed her into a pillar of salt. It is a true story, my son. Josephus Flavius stated that he himself saw the statue. Saint Justin and Saint Irenaeus wrote that it existed in their own time. I presume, no doubt, you'll have read about that. Furthermore, should you ever take a trip around the Dead Sea, don't neglect this thing of wonder, which friendly tour guides point out to travellers on Cook's tours.

"Lot lost his wife in that unfortunate adventure, but he found agreeable consolation in his two daughters. From them came the Moabites and the Ammonites, who, according to the local oracle, were to annoy American oil companies many centuries later. Take care to avoid too much curiosity. Otherwise you too might be changed into a block of salt, which would worry me no end."

I assured him that I would take no such risk, and that I would be content with looking only at the sights he recommended. And further, I intend to be polite to any angel I meet. He smiled indulgently and continued the thread of his talk:

"From this garden cathedral what can I offer you, my young Telemachus, apart from a rhetorical marmalade made from the fruits of my experience, learnedly cooked and spiced according to mood? Will you be able to suck out the inner marrow from my satirical gruel, whose antiseptic effect will immunise you against ideological contagions or demagogic epidemics? You are new and naive. Take care, you will meet many proselytes or speechifiers who will insist on trying to lure you with magnetic sophistry, to convert you, shave you, and harness you to their carts. On your head you would wear a bridle with bicoloured ribbons, as a mark of your enslaver. You would move, dance, jump to his tune like those trained dogs I saw a few days ago in a travelling circus. Thus you would become the unconscious marionette of your trainer. Although advice mostly brings pleasure to the people who give it, and bores those who receive it, I will not end my sermon without a wholesome warning.

"Always try to struggle hoof and tooth to defend your mental freedom. Not only against zealots in berets or charlatans with pointed hats and star-strewn robes, but against yourself. For invisible and intrusive guests reside inside you, they ceaselessly pull and push and shake you, until you finally give in to their temptations. They are your thoughts, if it can be said that you think. They lure you into swamplike perplexity, and you waste your luminescence trying to untangle yourself. Only when you overpower them in silence will you attain complete independence. How? Later I will explain this clearly to you, because right now you do not seem mature enough. Now, my little brainless one, I feel I need to rest. Go, greet your mother in my name, and don't squeal like you did last night, when a watchman's stick tickled your spine in the neighbour's garden."

This admirable discourse exalted me. I swore I would conform with those wise instructions. I had a thirst for knowledge. Unlimited horizons spread before my eyes, bewitched by such thought-provoking discoveries.

Translation – Donald Broadribb

To drift and float through town and field

The following pieces reflect the diversity of Esperanto writing, from musings on town and country to a recipe, a news story and a science journal entry. The title of the section is taken from Julio Baghy's poem "Foliaro, flirte danca ..." ("In Flirting Dance ...") (below, this section).

"La ruĝa tramo" ("The Red Tram") was written in 1930 and revised ten years later. It was published in *Literatura Mondo* (*Literary World*) in the edition of June 1931 and republished with the translation in *La Brita Esperantisto* (*The British Esperantist*) in the edition of November/December 1992.

L. N. M. Newell

La ruĝa tramo aŭ: Printempo en Londono, *1930*

Ho svingiĝanta tram', ruĝega krio
Ardanta sur printempa mola sino
De l' ŝaŭmaj arboj; ŝtala geranio

Rimanta kun la lip' de stratanino
(Papavo de l' pavimo), vi ŝoviras
Tra bluaj retoj de la gazolino

Kantante ĉefarion, kiu ŝiras
L' obtuzan tondron rondan de l' sonato
Trafika; onda kontrapunkt' deliras

Kaj ŝprucas sur krutajon de l' murplato
– Bruoceano sur la granda vojo,
Flueta flustro en la fora strato.

Hundinon ĉasas hund' kun ama bojo;
En ombra parko, pro ŝaŭmanta juno,
Virinon ĉasas vir' kun hunda ĝojo.

Duŝilingo pale pendas, kvazaŭ luno,
Solece super urb' ardanta forne;
Ĉielo ŝminkas sin per morta suno.

Al tramo, kiu palpebrumas dorme,
Najado kuras tra lampluma strio;
Taksioj malproksime krias morne.

El la mallumo, al neon-radio,
Alfluas ruĝ-fantoma procesio.

The Red Tram or: Springtime in London, *1930*

O oscillating tram, a bright red squeal
Glowing on springtime's bosom, soft and mute,
Of foaming trees; geranium of steel

Rhyming with scarlet lips of a prostitute
(A poppy of the pavement), through blue nets
Of petrol fumes you thrust and shove your route,

Singing an aria whose shriek offsets
The soft sonata of the traffic's bawl;
A counterpoint pulsating pirouettes

And splashes on the steepness of a wall
– A sea of noise for main street to remark:
Afar, a trickle hardly heard at all.

A dog pursues a bitch with loving bark;
Frothing in youth, a canine man, frenetic,
Pursues a lady in the shady park.

A florin like a moon hangs, pale ascetic,
Over the city, furnace all alone;
The sky makes up, a dead sun for cosmetic.

Towards the sleepy-blinking tramcar's zone
A naiad runs through streetlamp's slanting light;
The distant taxis make a mournful moan.

Under the glowing neon, out of night,
A line of crimson ghosts flows into sight.

Translation – William Auld

This poetic homage to Oxford dates from 1993. It was published in the collection *celakantoj* (*coelacanths*) in 2004. It was awarded the prize "Viola" in the Internaciaj Floraj Ludoj (International Floral Games) held in Barcelona, Spain, in 1993.

Jorge Camacho

Oksfordo, *1993*

Paroloj kaj silentoj pacience
gravuris, skulptis, stompis sur la muroj
de sciokatedraloj la murmuron
de jaroj kaj centjaroj da scienco
kaj arto. Pulsas plue la potenca
anim' de librotekoj, plenmatura,
aroma por eterne kun la puro
de spitaj, spritaj, splitaj konsciencoj.
Ekster la muroj kalmas la natur',
delektas vidon strangaj kavaliroj:
kverkego, karpo, cervo kaj sciur'.
La urbo kariljonas kurtdistance,
kie neniam klakis disonance
la botoj de naziaj oficiroj.

Oxford, *1993*

Both words and silences, with patience,
have engraved and etched and stroked into the walls
of these, wisdom's cathedrals, the rustle
of years, the hum of centuries of knowledge
and art. In these halls throbs the powerful

library spirit, at the height of its ripeness,
fragrant forever with the purity
of defiant, refined, unquiet consciences.
Outside the walls there rules the calm of nature,
one's eyes feast on the strangest of its knights:
an oak, a carp, a deer, and a squirrel.
Close by, the city's bells toll, a sound
that never brooked the dissonant interruption
of the harsh bootfalls of Nazi officers.

Translation – Probal Dasgupta

The independent news magazine *Monato* (*Month*) was co-founded in 1979 by the German journalist Stefan Maul (see page 97) who remained editor-in-chief until the end of 2010. *Monato* is a rare, possibly unique, publication, because of its "lando-principo", or "residence principle". This means only someone who lives in a country or region will write about it. In this way readers receive the views of an insider looking out, rather than an outsider looking in (for example, those of a foreign correspondent despatched overseas).

Moreover, unlike other Esperanto periodicals, *Monato* does not report on Esperanto events: its coverage is unashamedly "per Esperanto", not "pri Esperanto" – "by Esperanto" not "about Esperanto".

This "per/pri" word-play works better in Esperanto than in English. However, an example of word-play that works satisfactorily in both languages is contained in the headline of a short journalistic piece published in *Monato* in May 1999. The article deals with the effect on animal life – wild boars – of a new railway line.

The headline, literally translated, means "Tunnel approved" ("aprobi" = "to approve"). The first four letters of "aprobi", however, mean "wild boar" ("apro"), thus – appropriately – introducing the animal into the headline. The effect is captured in English by the homonyms "bore"/"boar" to give "Tunnel to be boar-ed".

Walter Klag

Tunelo apro-bita, *1999*

Nova tunelo okcidente de Vieno akcelos la trajnvojaĝadon inter la aŭstria ĉefurbo kaj la sudgermana urbo Munkeno. Nun oni bezonas pli ol kvin horojn por trajni inter la du urboj, sed baldaŭ nur 3,5.

En januaro 1999 estis ekkonstruata tunela traceo sub la Viena Arbaro kaj la Lajnca Bestoĝardeno. Temas pri iama imperiestra ĉasejo, en kiu ankoraŭ vivas aproj: tial oni parolas pri "apro-tunelo". Vienanoj loĝontaj apud aŭ super la tunelo energie protestis, timante daŭran trajnbruon kaj tremetadon.

Ankaŭ la fervoja ligo inter Vieno kaj ties flughaveno Schwechat [ŝveĥat] estos modernigita. Por la distanco de nur 19 km, trajnoj – veturante unutrake maksimume 60 km hore – bezonas nun 31 minutojn.

Ĝis 2002 oni konstruos duan trakon kaj plirapidigos la trajnojn ĝis 140 km hore. Kelkaj haltejoj malaperos, novaj estos instalitaj. La veturo daŭros 21 minutojn. La servo altiĝos de du al kvar trajnoj hore en ĉiu direkto.

Tunnel to be boar-ed, *1999*

A new tunnel to the west of Vienna will speed train travel between the Austrian capital and the southern German city of Munich. Currently it takes more than five hours to travel by train between the two cities, but this will soon come down to just three and a half hours.

In January 1999 work began on a tunnel section under the Vienna Woods and the Lainz Zoo. This is a former imperial hunting ground in which wild boars are still to be found: because of this the tunnel is referred to as the "wild boar tunnel". Viennese residents about to live near or over the tunnel have protested vehemently on account of constant train noise and vibration.

In addition the rail link between Vienna and its airport at Schwechat [shvekat] is to be modernised. Currently trains travelling on a single-line track at a top speed of 60 km per hour cover the 19 kms in 31 minutes.

By 2002 double track will have been installed and train speeds increased to 140 km per hour. Some stations will disappear but others will be built. The journey will take 21 minutes. The service will increase from two to four trains an hour in each direction.

Translation – Paul Gubbins

In 1989 the following poem won first prize in the poetry section of the annual literary competition run by the Universal Esperanto Association. The poem was published in the collection *Meznokto metropola* (*Metropolis Midnight*) (1991) and the translation appeared in *La Brita Esperantisto* (*The British Esperantist*) in May/June 1994.

Krys Ungar

Balonoj, *1989*

Flamoj. Muĝo draka. Ŝnurostreĉo.
La korboj tremas ekscite.
Subite
balonoj en bunta arpego
trovas liberon,
forlasas la teron.

Lanta leviĝo pro varma elspiro
de l' drako enboteligita.
Homoj ĉe sia hastado termita
paŭzas; trembrilas sopiro
en lacaj okuloj, deziro forfuĝi
haladzojn kaj bruon, ĉielen rifuĝi.

Baldaŭ la turoj betonaj nur pingle
pikas tra l' lila distanco.
Invitas al danco
venteto petola, kaj svinge
fokstroton aeran instigas;
per fajfo frivola la korojn gajigas.

Tra l' bluaj paŝtejoj de l' nuboŝafaroj
la ventorajdantoj vagas silente
al celo necerta. Sub ili arĝente
fadenas rivero; jen urboj, jen valoj,
jen kampoj flikitaj per grizo asfalta.
Soleco. Alto ekzalta.

La vento enuas, forlasas la ludon.
La draka spirpovo jam feblas:
descendi neeviteblas,
ĉar tenas Gravito la finan atuton.
Kaj korboskue,
    korposkue,
        koroskue
realo revenas,
ĉagrenas.

Balloons, *1989*

Flaming. Straining. Muffled dragon roar.
The baskets quiver in expectation.
Liberation
Suddenly as air balloons in rainbow brilliance soar,
An arpeggio of gladness
Over earth's drabness.

Leisurely lifting on exhaled fire
From the dragon-genie, uncorked, freed.
Men bent in their ant-like, scurrying speed

Pause: care-worn eyes flicker desire
To shun putrefaction, bustle, pace,
Know rarer air, sky's pure embrace.

Soon, mere pins, city tower blocks far away prick
The horizon's lilac hue.
"You'll dance? Oh, won't you?"
Cajoles the breeze, and quick
An airy foxtrot darts,
Mad merriness to lift all hearts.

By unknown hand to unknown station led
They drift, those riders of the wind, by phantom downs
And cloud-flocked pastures blue.
Below them, valleys, towns,
As there a river spins its silver thread
Next fields seamed with asphalt blight.
Solitude. Sublime height.

The wind, played out, to catch its breath withdraws.
The once-fearsome dragon whimpers, fire-bereft.
Descend, for nothing's left:
Gravity's grip trumps man-made laws.
And wicker-bending,
        body-rending,
                soul-fending,
Reality restored.
Deplored.

Translation – Paul Gubbins

"Aglo" ("Eagle") was published in 1957 in the collection *Cent ĝojkantoj* (*100 Songs of Joy*). It was republished with the translation in *La Brita Esperantisto* (*The British Esperantist*) in March/April 1992.

Marjorie Boulton
Aglo, *1957*

La aglo en la kaĝo
nek cedas nek ektimas,
en sia fremda saĝo
majeste malestimas.

Li, sur la rokosupro,
pensas pri monto fora …
plumar' el viva kupro,
okulo flame ora!

Heroe malatenta,
serena en sovaĝo,
la aglo senlamenta
liberas en la kaĝo.

Eagle, *1957*

The eagle in the cage,
from shame and fear exempt,
stands like an unknown sage,
sublime in his contempt.

Perched on the crag,
he dreams of some far distant peak;
his eyes dart golden beams,
his wings are copper-sleek.

Heedless of all around,
untamed but calm is he;
he makes no plaintive sound,
and in a cage is free.

Translation – D.B. Gregor

In many respects the Esperanto world is a microcosm of society as a whole. It is therefore hardly surprising that articles on cookery feature in Esperanto publications. This recipe – following Delia Smith – appeared in the Yorkshire esperantists' magazine *Blanka Rozo* (*White Rose*) in 2010.

Jack Warren

Buterkaramela saŭco, *2010*

Bezonataj: 50g da butero
                  75g da bruna sukero
                  50g da blanka sukero
                  150g da hela siropo

110ml da densigita lakto
Vanila ekstrakto

Metu buteron, siropon kaj sukerojn en dikfundan kaserolon. Varmigu malforte ĝis fandiĝo kaj solviĝo. Kuiretu tiun likvajon dum ĉirkaŭ kvin minutoj. Forprenu la kaserolon. Iompostiome enkirlu la lakton, kaj poste iujn gutojn da vanila ekstrakto. Kirlu por du-tri minutoj, ĝis la saŭco glatiĝas. Servu varma aŭ malvarma.

Butterscotch Sauce, *2010*

Ingredients: 50g butter
75g brown sugar
50g white sugar
150g golden syrup
110ml evaporated milk
Vanilla extract

Put butter, syrup and sugars into a saucepan with a heavy base. Heat gently until butter has melted and sugar has dissolved. Simmer for about five minutes. Remove from heat.
Stir in the milk gradually, then add a few drops of vanilla extract. Stir for two to three minutes until the sauce is smooth. Serve hot or cold.

Translation – Jack Warren

While scientific or technological writing in Esperanto does not compare quantitively with that in English or other principal national languages, there are nevertheless many distinguished scientists and others who use Esperanto to discuss and disseminate their work. They include Reinhard Selten, the 1994 Nobel prize winner in economic sciences.
The following article on parasitology appeared in 2008 in the journal *Scienca Revuo* (*Scientific Review*).

Rüdiger Sachs

Fokuso sur parazitologio,[1] *2008*

Enkonduko

Ĉiuj animaloj – inkluzive de la homo – havas komunan problemon, nome la nutraj-aki-radon. Nur se ili tion sukcese solvas, povas esti efektivigataj la aliaj vivofunkcioj, kiuj estas necesaj por konservado de la specio. Ĝenerale la malgrandulo, la pli malforta estas predo por la grandulo kaj la pli forta estas, ekologie, la rabisto. Postviva ŝanco por la malpli forta specio tamen estas la parazita partoprenado ĉe la manĝo de la granduloj aŭ eltiri la bezonatan manĝajon rekte de ties korpo. El tio originas la pensinstigo, ke la parazitoj evoluis, ĉe koncerna dispozicio, el primare en la libera naturo vivantaj organismoj. Kaj poste disvolviĝis pluraj kaj tute diversaj vojoj al parazitismo. Laŭ la hodiaŭa scio kaj konsiderante la lastajn esplorojn pri specioevoluado oni diferencigas inter ektoparazitoj kaj endoparazitoj, depende de tio, ĉu la parazitaj organismoj preferas vivi sur la korposurfaco aŭ en la haŭto, aŭ ĉu ili setladas en organojn aŭ organsistemojn ene de la korpo.

Ektoparazitoj kaj endoparazitoj [2]

Ektoparazitoj povas lokfiksite aŭ mallongtempe paraziti siajn gastigantojn, ekzistas tamen transiroj inter tiuj du vivomanieroj. La vojo al endoparazitismo eble okazis per tiaj ektoparazitoj aŭ kunmanĝantoj, kiuj trovis siajn vojojn en la intestokanalon aŭ aliajn korpokavajojn – kun la rezulto, ke nuntempe fakte ĉiuj vertebrulorganoj estas trafitaj de parazitoj. La encela parazitismo, kies kaŭzantaj malsano-organismoj vivas en sangoĉeloj aŭ aliaj korpoceloj, estas specifa formo de la endoparazitismo kaj antaŭkondiĉas koncernan dispozicion, ekz. Malgrandegecon, kiel efektiviĝas ĉe unuceluloj.

Parazitoj prenas kiel gastiganton unu certan aŭ plurajn (parencajn aŭ neparencajn) bestospeciojn, kaj laŭ tio estas nomataj unugastganthavaj aŭ plurgastiganthavaj. Tiuspeca alkonformiĝo de parazito al la vivo- kaj nutromaniero de la koncernaj gastigantoj daŭre de la evoluo estas en multaj okazoj tiom intima, ke la parazito estas difinita kiel deviga unugastganthava, dugastiganthava aŭ multgastiganthava. Aliaj parazitoj disvolviĝis laŭ malpli specifa gastigantospektro. Ĉe tia evoluciklo oni parolas pri nedeviga gastiganto/parazito-interrilato.

Kiam sekse diferencigitaj endoparazitoj dum sia vivodaŭro ekprenas diversajn gastiganto-speciojn, tiam validas kiel fina gastiganto tiu gastiganto, en kiu la parazito atingas la seksmaturan stadion. Kontraŭe al tio, la gastiganto, en kiu ne okazas seksa maturiĝo sed nur pluaj evoluprocezoj, estas "intera gastiganto", do gastiganto inter certaj evolustadioj de la parazita vivociklo.

La nocioj "precipa gastiganto" kaj "apuda gastiganto", same kiel "okaza gastiganto" kaj "kroma gastiganto" rilatas al la prefero aŭ malprefero de la parazito por certa(j) gastiganto(j). Por la triĥinoj ekz. estas karnovoraj bestoj (ekz. vulpoj, polusaj ursoj, hienoj) precipaj gastigantoj, dum la homo estas nenormala gastiganto, des pli multe ĉar la homo estas "blinda fino" aŭ sakstrato en la evolua ciklo de la parazito, el kiu ne estiĝas plua infekto (krom okaze de kanibalaj hommanĝuloj). La parazitojn, kiuj reproduktiĝas sensekse, oni ne povas meti en la supran klasifadon.

Ektoparazitoj, kiuj transigas malsano-kaŭzantajn mikroorganismojn de unu gastiganto (en kiu okazas disvolviĝo) al alia gastiganto (kiu infektiĝas), estas pli oftaj ol tiuj, kiuj nur gravas pro meĥanika plutransportado de infektaj ĝermoj. En tiu okazo certe eblas difini tiuspecajn ektoparazitojn mem kiel parazitogastigantojn.

Kadre de la disvastiĝado de parazitoj rolas ankoraŭ aliaj gastiganto-tipoj, kiel ekz. rezervuja gastiganto, transport-gastiganto (angle: *paratenic host*), kiuj ankaŭ povas funkcii kiel "staplogastiganto" (en kiuj multiĝas parazitaj evolustadioj). Tiaj gastigantotipoj garantias la geografian disvastigon cele al sufiĉaj infektoj de finaj gastigantoj kaj ofte kaŭzas amasan infekton en bestogrego.

Okaze de "malĝusta gastiganto" – kiam parazito trafas bestospecion tute ne taŭgan por pluevoluado – povas okazi aŭ rapida neniigo de la parazito per la korpopropra imun-forto de la gastiganto, aŭ la parazito kapablas disvolviĝi en la nova gastigantosistemo, ofte sub gravaj malsanosimptomoj. Povas okazi ankaŭ, ke la nenormala gastiganto fine akceptas la paraziton – se tiu reduktas siajn malsanokaŭzantajn efikojn – kiel mallongtempan gaston. Tiam povas okazi eĉ daŭra parazitismo kun nova gastigant/parazita interrilato post protekto kontraŭ gastiganto-reagoj flanke de la parazito kaj protekto de la gastiganto kontraŭ la metabolo de la parazito. Tiel ekspliki ĝas la fenomeno, kiam origine gastigantspecifa parazito en la daŭro de la evoluo transiras al gastiganto el tute alia specio.

Resume

La absoluta scio de la homaro daŭre multobliĝas, ankaŭ en parazitologio. Novaj biologiaj ekkonoj postulas ties enmeton en la koncernajn studadprogramojn. Al multaj el tiaj fakoj ja apartenas la kono de parazitoj. Sed la instruado mem ofte ne estas sufiĉe detala, ĉar la studenta lernprogramo jam estas plene proprafak-abunda. La estonta kuracisto ne aŭdas ion pri la parazita vivociklo ekster la homa – do, la pacienta – korpo, la zoologo priskribas parazitojn sed ne multe scias pri parazitaj malsanoj kaj ties profilaktiko, dum la veterinaro konas la simptomojn ĉe bestoj kaj efikan aplikon de kontraŭ-helmintaĵoj, sed scias nur malmulte pri la ekstergastigantaj evolustadioj, kiuj rolas kiel nova infektofokuso.

Miaj artikoloj pri parazitoj celas esti ponto inter tiaj sciomankoj ĉe la diversaj fakoj, en kiuj gravas pli detala parazitologia kono. Por pli bone kompreni fakterminojn en parazitaj vivocikloj kaj parazitozaj infektomeĥanismoj, jen kelkaj bazaj nocioj ofte uzataj en parazitologio:

parazito = viva organismo (animala, planta aŭ mikroorganisma), kiu ricevas nutrajon de alia, ĝenerale pli granda vivestaĵo;

gastiganto = tia organismo, kia vole aŭ nevole "gastigas" paraziton;

endoparazito – vivas interne de la gastiganta korpo en histo, sango, korpokavajoj, intesto aŭ aliaj organoj resp. organosistemoj;

ektoparazito – vivas ekstere de la gastiganto sur la felo, sur aŭ en la haŭto, en eksteraj korpokavajoj (ekz. naza aŭ orela duktoj);

transiganto = transigas (vehiklas, transportas, pasaĝerigas) malsanoĝermon aŭ parazitan evolustadion;

simbiozo = kunvivado de speciofremdaj vivaĵoj, neniu de la partneroj suferas pro la kunviva asocio;

parazitismo = vivmaniero, en kiu unu el la partneroj (la parazito) profitas, sed la alia (la gastiganto) ne rericevas iun ajn profiton, eĉ suferas pro la ĉeesto, damaĝiĝas. La gastiganto tamen evoluigas certan kontraŭparazitan toleremon. Ankaŭ la parazito adaptiĝas al la metabolo de la gastiganto, sed pro tio ofte perdas la forton, malsaniĝas;

parazitozo = malsano kaŭzata de parazitoj;

zoonozo[3] = reciproka infekto inter besto kaj homo, t.e. homa malsano el animala (vertebrula) fonto, resp. besta infekto el homa fonto;

periodaj (tempaj) parazitoj – vizitas la gastiganton nur por certa pli aŭ malpli longa tempo, ekz. por nutri sin per sangosuĉado;

permanentaj (dauraj, konstantaj) parazitoj – vivas sian tutan vivon sur aŭ en la gastiganta korpo;

hazarda parazito – vivas parazite post hazarda renkontiĝo kun hazarda gastiganto;

deviga parazito – ne povas ekzisti sen tiu ĉi gastiganto;

okaza parazito – atakas resp. uzas nenormalan gastiganton;

migra parazito – trovas vivejon sur (aŭ en) por ĝi netaŭga gastiganto (ĝi mem ofte mortas, sed ankaŭ povas kaŭzi malsanon al la netaŭga gastiganto);

fina (definitiva) gastiganto – gastigas la plenkreksan (adoltan, seksmaturan) vivostadion de la parazito;

intera gastiganto – gastigas la interajn (larvajn, fruevoluajn) parazitajn stadiojn: ĝi estas gastiganto inter du sinsekvaj evolustadioj.

1. Prelego dum la centjariĝfesto en Tavoleto, detale pritraktita kaj "spicita" per 36 diapozitivoj.

2. "ekto-" (Gr. *ektos* = ekstere); "endo-" (Gr. *endon* = interne).

3. "zoonozo" - ne en PIV, sed ja troveblа ĉe Hřadil (1979): "Esperanta Medicina Terminaro", eldonita de Universala Medicina Esperanto-Asocio (UMEA).

Focus on parasitology,[1] *2008*

Introduction

All animals – including human ones – share a common problem, namely the acquisition of food. Only if they succeed in solving this will it be possible to accomplish those other life-functions necessary for the continuance of the species. In general it is the smaller and weaker organism which will serve as prey for the larger, while the stronger one will be, ecologically speaking, the robber. For the weaker organism, an opportunity for survival is, however, available by niche sharing of meals with the larger animal, or by extracting the nutrition it needs directly from the latter's body. This gives rise to the idea that parasites may have evolved, in certain cases, from organisms which themselves originally lived freely in the natural world. Some time later several other, quite different, routes to parasitism were uncovered. According to present-day knowledge, and taking into account the results of recent research into the evolution of species, a distinction may be drawn between ectoparasites and endoparasites, depending on whether the parasitic organisms reside on or in the skin which forms the body's surface, or occupy organs or organ-systems within the body itself.

Ectoparasites and endoparasites[2]
Ectoparasites can parasitise their hosts either permanently or temporarily, though transition from one of these modes of life to the other may sometimes occur. The route to

endoparasitism may have been established by those ectoparasites or commensals which first discovered a way into the digestive tract or other body-cavity – with the result that nowadays every vertebrate animal is subject to parasitism. Intracellular parasitism, involving disease-causing organisms which live inside blood corpuscles or other body-cells, is a specific case of endoparasitism, demanding as prerequisites certain appropriate parameters, for example the microscopic dimensions exemplified by unicellular organisms.

Parasites may infest either one particular or several, usually related, animal species, and are accordingly designated as monospecific or polyspecific. Such adaptation of a parasite to the lifestyle and feeding activities of its particular host through ongoing evolution is in many cases so intimate as to define the parasite as specific to one, two or many hosts. Other parasites have developed less specifically with regard to their spectrum of acceptable hosts. In such a developmental cycle one speaks of the host-parasite relationship as non-specific.

When sexually-differentiated endoparasites occupy in the course of their development several different host-species, the final or definitive host is that in which the parasite attains its sexually-mature form. In contrast, a host in which sexual maturation is delayed, and in which only ongoing developmental processes occur, is an "intermediate host", in other words a host between particular developmental stages in the parasite's life-cycle.

The notions of "principal host" and "ancillary host" refer, as do "accidental host" and "supplemental host" to the parasite's adaptation to a certain host or set of hosts. To trichinae, for example, carnivorous animals (e.g. foxes, polar bears, hyenas) are principal hosts, while humans are accidental hosts, all the more so since humans are a blind alley or "dead-end" in the parasite's developmental cycle, from which no further infection can occur (unless eaten by a cannibal). Those parasites which reproduce asexually cannot be classified in the way described above.

Those ectoparasites which transfer disease-causing micro organisms from one host (in which development occurs) to another host (which becomes infected) are commoner than those merely responsible for the mechanical transmission of infectious organisms. In this case it is certainly possible to define such parasites themselves as endoparasitised.

In disseminating parasites other factors may have a role to play. For example, a paratenic (transport) host, which is not needed for its development, may also function as a carrier in which later stages may develop and proliferate. Such host-types ensure a geographic spread which leads to adequate infection of final hosts, and often cause mass infection of a herd of animals.

In the case of an "incidental host" – when a parasite encounters an animal species totally unsuited to its further development – there may occur either rapid destruction of the parasite by the action of the host's own immune system, or the parasite may be able to develop in the new host-system, often accompanied by serious symptoms of disease. It may also happen that the incidental host finally tolerates the parasite – if the latter's pathogenic effects are minimal – as a temporary guest. Even long-term parasitism may then occur, with a new host/parasite relationship, after protection of the parasite from reaction by its host, and protection of the host from the parasite's metabolism. This explains the phenomenon of an originally host-specific parasite transferring through natural selection to a host which is a member of a completely different species.

Summary

The sum total of human knowledge is ever-increasing, including that of parasitology. New biological discoveries make it imperative that these be included in the relevant courses of study. Knowledge of parasitology is indeed a component of many such disciplines. But the teaching itself is often insufficiently detailed, because the students' syllabus is already crammed with subject-specific material. A future doctor hears nothing about the life-cycle of a parasite outside its host's – that is the patient's – body, a zoologist describes parasites but knows little about the diseases they cause and the appropriate prophylaxis, while a veterinary surgeon may be familiar with symptoms in animals and efficient administration of anthelmintics, while being largely unaware of any developmental stages outside the host which constitute a further focus of infection.

My articles on parasites aim to serve as a bridge between this type of lack of knowledge in fields where a more detailed familiarity with parasitology is important. To aid understanding of the specialist terminology relating to parasite life-cycles and the infection-mechanisms of parasitoses, here are some basic notions often used in parasitology:

parasite = a living organism (animal, plant or micro-organism) which obtains its nutriments from another, usually larger living thing;

host = an organism which, willingly or not, accommodates a parasite;

endoparasite – lives within its host's body, in tissue, blood, body cavities, intestine or another organ or organ-system;

ectoparasite – lives outside its host on fur, on or in skin, in external body-cavities (e.g. nasal or aural passages);

vector = transfers (conveys, transports, gives a ride to) a pathogenic micro-organism or growth-stage of a parasite;

symbiosis = a close relationship between members of different species in which neither partner suffers damage as a result of the association;

parasitism = a life-pattern in which one partner (the parasite) gains an advantage while another (the host) receives no benefit whatsoever, and may even be damaged by the presence of its parasite. A host may, however, develop a degree of tolerance towards its parasite. This too may adapt to the metabolism of its host, but in consequence is often weakened or made ill;

parasitosis = an illness caused by a parasite;

zoonosis[3] = reciprocal infection between an animal and a human being, i.e. a human illness originating in a (vertebrate) animal, or an animal disease with a human origin;

temporary parasites – visit their host only for a shorter or longer period, e.g. in order to obtain nourishment by sucking blood;

permanent (constant) parasites – spend their entire life on or within the body of their host;

facultative parasite – lives parasitically following a chance meeting with a random host;

obligate parasite – depends on one particular host for its existence;

ancillary parasite – attacks or makes use of a host which is not its usual one;

accidental (migrant) parasite – takes up residence on (or in) an unsuitable host (often with fatal consequences for itself, but perhaps also causing its unsuitable host to become ill;

final (definitive) host – accommodates the fully-grown (adult, sexually mature) stage of the parasite.

intermediate host – accommodates the intermediate (larva, early development) parasite stages; a host between two consecutive stages of development.

1. Lecture given during the centenary celebrations in Tavoleto, treated in detail and "spiced" with 36 slides.

2. "ekto-" (Gr. *ektos* = external); "endo-" (Gr. *endon* = internal).

3. "zoonozo" – not in PIV [editor's note: the principal Esperanto dictionary], but found in Hřadil (1979): "Esperanto Medical Terminology", published by the Universal Medical Esperanto Association (UMEA).

A poet might see parasites in a different way. This poem was published in the collection *Ibere libere* (*Iberianly Unhindered*) in 1993.

Liven Dek

Estas korpo, *1993*

> Estas korpo:
> parazito;
> l' animo:
> nur hezito;
> kaj mi ...
> tutkonfuzito.

The Body, *1993*

> The body:
> a parasite;
> the soul:
> not certain quite;
> and me ...
> uptight.

Translation – William Auld

This quiet and reflective poem was published in *La Nica Literatura Revuo* (*Nice Literary Review*) in the November/December edition of 1960.

Hilda Dresen

Aŭtuna krepusko, *1960*

> Trankvilo de krepusko milda,
> de krepusk' aŭtuna,
> nek homparol', nek voĉo birda
> sur ale' senluma.
>
> De ie vibras kuprasone
> plendo sonorila,
> ekfloras en la kor' burĝona
> unu rev' sopira,
>
> sopiro, kiu ne ekfloras
> dum printempo suna,
> aŭtune nur ĝi eksonoras
> en la kor' aŭtuna.

Autumn Dusk, *1960*

> Tranquillity of gentle dusk;
> Dusk of an autumn day;
> No voice of man, no voice of bird
> Along a sunless way.
>
> Somewhere vibrates with copper sound
> A solemn bell's lament,
> And in the heart there buds a dream,
> A sighing sentiment;
>
> A sigh that cannot form a bloom
> Where sunny spring has part;
> Only in autumn can it sound
> Within the autumn heart.

Translation – Katelina Halo

The mournful tone of the following autumnal poem is characteristic of its author. Nevertheless William Auld, in the introduction to a 1985 reprint of the collection in which the poem appeared, regarded it as a candidate for the award, if such existed, of "plej perfekta esperanta liriko" ("most perfect Esperanto lyric").

The poem dates from 1933 and was published in *Mia spektro* (*My Spectrum*) in 1938. The translation appeared in *La Brita Esperantisto* (*The British Esperantist*) in the September/October edition of 1995.

Nikolao Kurzens

Aŭtuna elegio, *1933*

> Hieraŭ pluvis, kaj hodiaŭ pluvas
> kaj morgaŭ same, lace glitos gutoj;
> kaj same, lace iros la minutoj
> de mia viv', sencela kaj enua.
>
> Ja ĉiu tag' forlavas rabe ion!
> Ja ĉiu nokto portas ion for!
> Ja de l' pasinto restas nur memor'!
> Ja por l' estonto havas mi nenion!
>
> Ne fendas plu ĉielon fulma glavo,
> ne tremas tondre plu la firmamento.
> Ĉe la anguloj ploras ftiza vento,
> kaj pluvas, pluvas, pluvas – tag' post tago.
>
> Kaj ĉiu tag' forlavas rabe ion,
> kaj ĉiu nokto portas ion for;
> kaj de l' pasinto restas nur memor'
> kaj por l' estonto – havas mi nenion ...

Autumn Elegy, *1933*

> Rain, rain and rain, the evening and the morning,
> And still the day drags down sick drops of rain;
> And drags down still the minute hand of pain,
> Utter despair of life, purposeless yearning.
>
> And day gulps something down the gutter still;
> And night, his murderer, drives the business on;
> And I am total to the minutes gone;
> And to a million more I shall be nil.

No thunder echoes now from plain to plain;
No lightning makes the heaven a fiery shambles;
Only the wind at the street corner rambles,
And daily only the rain, the rain, the rain ...

And day gulps something down the gutter still;
And night, his murderer, drives the business on;
And I am total to the minutes gone;
And to a million more I shall be nil.

Translation – A.D. Foote

A playfully descriptive account of Autumn is given in a poem that lent its name to a collection of the author's verse previously unpublished in book-form. *Aŭtuna foliaro* (*Autumn Leaves*) appeared in 1970 three years after the poet's death. The translation was published with the original poem in *La Brita Esperantisto* (*The British Esperantist*) in the edition of March/April 1999.

Julio Baghy

Aŭtuna foliaro, *dato nekonata*

Foliaro, flirte danca
en koloroj centnuanca,
prujnmordite ventpelate
ŝvebas ĉie: kampe, strate;
jen kuniĝas, jen dissaltas,
tie sinkas, tie haltas
por susuri, sible plendi,
jen funebre por silenti,
poste supren, ek pro blovo,
sed sencele kaj sen povo
ĝis ĝi ĉesas kirle krozi
kaj ariĝas por ripozi,
kuŝi kiel morta garbo
sub soleca seka arbo.

Autumn Leaves, *date unknown*

In flirting dance, the rainbow host
Of leaves is here: to biting frost
And driving wind at last they yield.
To drift and float through town and field;

Now gather close, now leap apart,
Sink and stop and stir and start,
Here in rustling heaps forlorn,
There in silent swathes to mourn,
Then up and on, as new winds blow,
Bereft of will or goal they go,
Until they halt their giddy glide
To find the rest so long denied:
Stacked like withered sheaves to drowse
Beneath a lone tree's naked boughs.

Translation – Karolina Gilmore

The starkly beautiful, but cataclysmic, poem dates from August 1993. The original and its translation appeared in *La Brita Esperantisto* (*The British Esperantist*) in the edition of July/August 1995. It is the seventh in a cycle of satirical poems published in the collection *celakantoj* (*Coelacanths*) in 2004.

Jorge Camacho

Pri t.n. bestorajtoj, *1993*

7

Ebenoj kaj montaroj nud-granitaj,
Senombraj siluetoj sub la suno,
Figuroj sen iamo kaj sen nuno,
Glataj pejzaĝoj, horizontoj glitaj;
Ravinoj akraj, breĉoj, klifoj splitaj,
La onda mar' (spegulo de la luno),
La lun' en ĉiu strando, ĉiu duno,
Subteraj lagoj, grotoj infinitaj.
Moviĝas nur la akvo kaj la vento.
Lamento sombra de vulkano sola
Eĥiĝas tra la valoj en silento.
Ĉu post sennombraj astraj rivoluoj
Teron glacio regos? Aŭ ĉu fluoj
El akvo broga kaj aero bola?

On Animal Rights, so-called, *1993*

7

Wide plains and naked granite mountain ranges,
silhouettes under the sun all evanescent,

contours without a past and with no present,
smooth landscapes, the horizon's subtle changes;
tall cliffs and jagged fissures, gorges steep,
the pulsing ocean (mirror of the moon),
the moon on every strand and every dune,
underground lakes, caves infinitely deep.
Only the wind and water now make sallies.
A last volcano's sombre mourning cry
now wakens echos in the silent valleys.
After uncounted stellar revolutions
will earth be under ice? Or under oceans
of scalding water and a molten sky?

Translation – William Auld

On the wings of every breeze the story

The heading of this section is taken from the Esperanto anthem, in the translation by Janet Caw (see page 41). The first original Esperanto novel was Henri Vallienne's *Kastelo de Prelongo* (*The Castle of Prelong*) published in 1907. Since then the Esperanto novel has flourished, although many of the early works remain largely unknown outside the Esperanto community. However, in recent years, there has been a tendency for writers to publish either translations or adaptations in their native language: examples, to be found below, include leading Esperanto authors such as Anna Löwenstein, Trevor Steele and Tim Westover.

Mr Tot aĉetas mil okulojn (*Mr Tot Buys a Thousand Eyes*) was the author's third novel – he wrote another in German, as well as Esperanto short stories. It features a bored, wealthy American, Mr Tot, who falls under the spell of the mysterious Dr Kivikas. The doctor promises Tot omniscience based on the – then – futuristic world of electronic surveillance. By putting televisions in the rooms of a large hotel Tot will watch and influence human lives as they unfold before him. Given the role of closed circuit television and other surveillance in today's society, Forge's novel is chillingly prescient. The extract is taken from an early part of the novel.

Fritz Lang's 1960 film *Die tausend Augen des Dr. Mabuse* (*The Thousand Eyes of Dr Mabuse*) was partly based on Forge's novel, though the Mabuse tradition dates back to 1921.

Jean Forge

Mr Tot aĉetas mil okulojn (eltirajo), *1931*

Mr Tot subite ekkomprenas. La grandeco de la ideo ekscitas lin. Ĉio, kion diris tiu ĉi doktoro, nun estas klara, senduba, genia! Nova vivo fluas tra liaj membroj. La ideo, kiu jus ĉi tie naskiĝis, ebriigas lin. Li eksaltas: "Mi staras antaŭ la sojlo de nova vivo, doktoro!" li ekkrias en ekstazo de feliĉo.

Dro Kivikas mansignas malgravete, li ankoraŭ ne finis sian paroladon. Li daŭrigas: "Bone, vi ja deziris finfine el la mallumo de via estado, en kiu vi ĝis nun palpe vagadis kiel blindulo, pafe elflugi en mondon de akrevida ekkono! Jen vi havas la televizoron, per kiu vi, kvazaŭ per sorĉa levilego, kapablas el plej profundaj vivo-ŝaktoj ellevi, suprentiri al la taga lumo la veron! Imagu: grandega hotelo kun centoj da ĉambroj, en ĉiu ĉambro unu televizoro instalita kaj en kaŝita centrejo unu sola homo kun mil okuloj kaj oreloj, kiuj penetras tra plej dikaj muroj en ĉi tiujn homo-kaĝojn, unu sola homo, nevidebla partoprenanto kaj atestanto de homaj sortoj! Lia mano, tuŝetante nur kontaktilon, elsorĉas la efektivon en ĝia tuta fantazieco. Liaj okuloj rigardegas en senmaskajn vizaĝojn. Lia cerbo perceptas la homan animon en ĝia tuta nudeco. La malbona kaj bona homo evidentiĝas, videbliĝas en sia batalo, en sia feliĉo kaj doloro ..."

La amerikano sentas etan svenon. La doktoro same leviĝis kaj proksimigas sian vizaĝon, dum la voĉo eksonas insiste. Tot instinkte reiras paŝon, kvazaŭ li volus liberigi sin el la sorĉo, en kiun li komencas perdiĝi.

"Ĉu vi antaŭsentas, kiu vi estos?" demandas Kivikas kun fiksa rigardo. "Ĉu vi antaŭsentas, ke tiu ĉi instrumento levos vin super la homojn? Ke ĝi faros vin potenca per la ĉioscio, kiu loĝas en ĝi? Ke vi kapablos kribri grenerojn de pajlajoj, disigi bonon de malbono? Ke vi mem povos ludi la rolon de sorto, ke vi mem povos kvazaŭ homa Dio meti viajn manojn en la radaron de 1' vivo??..."

Dro Kivikas preskaŭ flustris la lastajn frazojn. Kvazaŭ satana tentanto, pentranta pekozan ĉielon da superteraj ĝuoj kaj ĝojegoj, li ŝajnas al la amerikano, kvazaŭ diabla loganto, kiu substrekas siajn parolojn per mistikaj gestoj. Denove Tot konscias la tutan arogantegon kaj profanecon de tia entrepreno, la danĝerecon de tia malpermesita agado, sed samtempe sorĉe levas lin la fantaziaj ebloj kaj la avida atendemo de novaj neimageblaj travivajoj! Centoj da ĉambroj de hotelo, en ili miloj da sortoj, kiuj plenumiĝos antaŭ liaj okuloj!

La doktoro paŝas kelkajn paŝojn tien kaj reen. Ŝajnas ke li volas lasi tempon al sia paciento por koncentriĝo kaj pripensado. Poste li komencas denove: "Kaj ne nur ĉio ĉi, Mister Tot – sed io alia ankoraŭ donos al via plua vivo freŝan svingan forton – "

"Kion vi opinias?" Tot tremparolas ekscitite.

"Rigardadi la virinon en sia tuta fizika kaj psika nudeco – " diras la kuracisto.

"La virinon!" ripetas Tot kun peza spiro kaj demandas frostotreme: "Vi scias – ?"

Kivikas mallevas la palpebrojn malrapide, mute jesante, kaj poste ekridetas promeseme: "Ne estas sole la sekso, kiu pelas la viron al la virino. Dormetas en ni sekretaj turmentaj deziroj, kiuj sopiras animan pariĝon, subkonsciaj sonĝoj, kiuj revadas pri efektiviĝo. Nur en la psika kompletiĝo per la virino, la viro sentos sin homo. Multaj serĉas vane tiun duan mi kaj jen estas unu el la ĉefaj kaŭzoj de via deprimiĝo."

Mr Tot mute kapjesas. Li sentas la pravecon de tiuj ĉi pensoj kaj ektremas imagante, kiel li nun nevideble persekutos plej noblan ĉasajon kiel akrevida ĉasisto en ĉambro mirakla ĉasilo. Kaj li decidas nun efektivigi ĉi tiun genian solvon de sia estada problemo, kiom ajn ĝi kostos!

Krepusko kovras jam la urbon, kiam la paciento Mr Tot forlasas la domon de la kuracisto en stato de sonĝa ebrieco. Ŝajnas ke lin plenigas ia sankta misio, ke liajn paŝojn marŝvigligas nova volo kaj kondukas al feliĉiga celo. La vivo enhavas denove sencon. Lia estado estas plenplena da belegaj promesoj. Kaj li, la riĉa amerikano, subite estas elŝovata el sia ĝisnuna senfrukta malagado en la senhaltan radaron de l' vivo, kie li kvazaŭ potenca rotacianta radego endentiĝas kaj ekturnas la akson de nova mondo ...

... Mr Cunningham, ĝenerala sekretario de la Tot-entreprenoj, ne malmulte ekmiras, kiam li en la mateno de l' sekvanta tago ricevas la ordonon: senprokraste kaj ĉiupreze ekaĉeti la hotelon "Modern", la plej grandan domegon de la urbo ...

Mr Tot Buys a Thousand Eyes (extract), *1931*

Suddenly Mr Tot understands. The grandeur of the idea excites him. Everything this doctor has said is now transparent, straightforward, brilliant! New life flows through his every limb. The idea, this minute brought into the world, intoxicates him. He leaps up: "I stand at the threshold of a new life, doctor," he shouts in an ecstasy of delight.

Dr Kivikas gives a slight gesture, his talk is not yet over. He continues: "Good, at last you wish indeed to be expelled, as from a gun, out of the darkness of your existence, in which up to now you have groped but blindly, into a world of sharply focused knowledge! Here you have the television by which, as if by a magic lever, you can raise from the deepest shafts of life, draw to the light of day, the truth! Imagine: a huge hotel with hundreds of rooms, in every room a television and, in a secret control centre, just one person with a thousand eyes and ears, reaching through the thickest walls into these human cages, just one person, an invisible participant and witness of human destinies! His hand, at the mere flick of a switch, conjures this reality in all its wonder. His eyes gaze into faces devoid of masks. His brain perceives the human soul laid bare. People good and evil are rendered manifest, revealed in their struggles, in their joy and pain ..."

The American feels slightly faint. At the same time the doctor rises and presses his face close, while his voice adopts an insistent tone. Instinctively Tot steps back a pace, as if wanting to free himself from the spell in which he is about to be entwined.

"Do you already feel who you will be?" Kivikas asks, staring hard. "Do you already feel that this device will raise you above men? That it will render you mighty because of its innate omniscience? That you will have the ability to winnow wheat from the chaff, good from evil? That you yourself will be able to play the part of destiny, that you yourself, like a human deity, will be able to set your hand to the wheels of life??..."

Dr Kivikas almost whispered these final phrases. Like some satanic tempter, painting a sinful firmament of superterrestrial pleasures and delights, he appears to the American a seducer from hell, who emphasises his every word with strange gestures. Once again Tot realises the sheer presumption, the profanity, of such a scheme, the danger from such forbidden deeds, but at the same time the wondrous possibilities and the eager anticipation of new and unimaginable experiences exalt him with their spell. Hundreds of hotel rooms, within them thousands of destinies, and their fulfilment before his very eyes!

The doctor paces up and down. It seems he wants to give his patient time to concentrate and think. Then he begins again: "And not only all this, Mister Tot – but something else as well will lend your new life a fresh and vibrant potency – "

"What are you saying?" Tot, aroused, asks with tremulous voice.

"To observe woman in the fullness of her physical and spiritual nakedness – " the doctor says.

"Woman!" Tot repeats, breathing heavily, and then, with a chill quaver, asks: "You know –?"

Kivikas slowly narrows his eyes, in silent acquiescence, and then starts to smile, a smile full of promise: "It is not merely sex that drives a man to a woman. Slumbering within us are hidden desires that torment us, that yearn for the pairing of souls, subconscious dreams that long for realisation. It is only in the psychic completeness brought about by the woman that the man will feel himself human. Many seek vainly this second self and this is one of the main causes of your depression."

Mr Tot nods in silent agreement. He feels the truth of these views and begins to tremble, imagining how, unseen, as hawk-eyed hunter, with his wonder-weapon, he will hunt down this most noble of prey. And he decides, here and now, to set in motion this brilliant solution to the problem of his existence, whatever the cost!

Twilight already veils the city when the patient, Mr Tot, in a state of dreamy intoxication, leaves the doctor's house. Some divine mission appears to fill his being, a fresh will adds spring to his stride on his path to his ambition of pure contentment. Life has purpose once again. His existence is full of the most exquisite promise. And he, the rich American, is suddenly expelled from his current, fruitless inaction into the ever-turning wheels of life where he, like some mighty revolving cog, can engage and begin to rotate the axle of a new world ...

... Mr Cunningham, general secretary of the Tot empire, is not a little surprised when, on the morning of the following day, he receives the instruction: buy at once and at whatever the price the hotel "Modern", the largest building in the city ...

Translation – Paul Gubbins

The chance of a lottery win is remote, but the knowledge that someone, somewhere, will win at least offers momentary hope – and, after a fashion, brings neighbours together. This short story was published in 1959 and the translation appeared in the collection *Short Stories from Esperanto* in 1991.

Jerzy Grum

La krucoj de l' espero, *1959*

Denove mi devas plandumigi miajn ŝuojn. La maldekstra sorbas akvon kiel vorema molusko kaj la dekstra tutcerte ne povus esti eksponata malantaŭ butika montrofenestro, same ne pro sia aĝo kiel pro iom ĝena eksmodeco. Sed la ŝuoj devos ankoraŭ pacienci iom, almenaŭ ĝis la komenco de julio, kiam mi ricevos mian monatan salajron – kiel oni diras – tro altan por morti kaj tro malaltan por vivi. Ĝi ja sufiĉas por esperi. Esperi ... En mia lando espero estas profesio. Oni esperas amase, opule, individue kaj kolektive, en oficejo kaj hejme, manĝante kaj endorme, ĉiun semajnon pli kaj pli. Oni rutiniĝis, oni fariĝis profesia esperantulo. Mi aŭdis pri homoj, kiuj nomas sin esperantistoj kaj ankaŭ esperas. Mi eĉ miras, ke ili estas tiom malmultaj, precipe en mia lando, kie esperado estas ja, se ne devo oficiala, almenaŭ forta kutimo.

Ne demandu kio mi estas. Ĉu tio entute gravas? Egalas ja, mi povas esti gimnazia profesoro, purigistino aŭ geometro. Sole pro decpostulo mi diras, ke mia eksterespera okupo konsistas el plenigado de rubrikoj per unu, du, tri ĝis naŭ ciferoj plektitaj per nuloj. Estas nenio pli enuiga ol la librotenista okupo. La sola interesa afero estas la nuloj. Unu aldonita al naŭ formas naŭdek, du faras naŭcent, tri naŭmil, kvar naŭdek mil, kvin naŭcent mil kaj ... Nu, sen troigi! Pli ol naŭcent mi ne gajnos. Ne ekzistas pli altaj premioj. Kvankam ... antaŭ tri monatoj iu trafgajnis la ĉefpremion kaj kvar subpremiojn, li ricevis unu milionon, ducent kvardek sep mil, naŭdek sep zlotojn kaj okdek groŝojn; sed tia gajno okazas tre malofte.

Pardonu, iu frapas. Mi devas malfermi la pordon. Certe sinjoro Dadak venas. Tre simpatia kriplulo.

– Bonan tagon – sinjoro Dadak ŝovas sian lambastonon en la kuirejon kaj ĉarmridete ripetas: – Bonan tagon!

– Ni esperu, ke estas bona – mi respondas ĝentile kaj petas lin eniri. Sinjoro Dadak ne konsentas ja transpaŝi la loĝejsojlon kaj kvankam mastro, mi eniras unua la ĉambron. Sinjoro Dadak estas vere ĝentila. Iuj kredigas al mi, ke li tiel kondutas ne senkaŭze, sed mi ne kredas. Mi komprenas, ke oni povas ne ŝati lin pro la ĉiama alkoholo-spiro, kiu eliĝas el lia buŝo, precipe dum pli intima parolado kaj eble ankaŭ pro tio, ke li per sia ligna irilo monotonan klake kaj lasas spurojn sur tapiŝoj. Sed mi ne havas tapiŝon kaj mem drinkas de tempo al tempo, se mi gajnas malgrandan premion.

– Ĉu nur ni bone aŭdos la ciferojn? – ĉagreniĝas sinjoro Dadak.

– Ĉu "la"? – mi diras. – Ĉu iu eble diris al vi ensonĝe, kiuj numeroj lotumiĝos? Ĉu eble la ombro de via sankta edzino, tro frue forlasinta nian esperujon? – mi malicis.

Sinjoro Dadak ne konfirmis mian supozon pri la kapablo de lia edzino.

– Ne, mi nur *sentas*, ke ĉi-foje devos esti: 9, 18, 31, 33, 38 kaj 49. Mi estas pleje konvinkita, ke ĝuste ĉi tiuj. – Kaj li klarigis, ke 9 estas lastfoje lotumita antaŭ kvar monatoj, 18 eĉ antaŭ kvin, 31, 33 kaj 38 stranghazarde ripetiĝas dufoje dum du sinsekvaj dimanĉoj kaj certege ili ripetiĝos ankaŭ hodiaŭ kaj 49 estas lia "nigra cevalo". – Jes! Tiuj ĉi devos eliri – li diras – mi tion sentas. – La "sentas" enhavas tiom da certeco kaj konvinko, ke mi maltrankviliĝas.

– Vi devus verki libron pri la ludreguloj – mi diras. – Pli certe vi tiam iĝus milionulo, sinjoro Dadak.

Li ŝajnigas senaplombon sed glutas la komplimenton kontente.

– Vi afablas ŝerci – li reciprokas – kaj cetere tia libro aperis antaŭ du semajnoj. Tre interesa – li aldonas kaj karesmove tuŝas la ŝaltilon de la radiaparato.

Mi forgesis diri, ke mian suverenan pozicion mi dankas al mia malnova ricevilo, kapricema kaj malica kiel fraŭlino Majewska el la dua etaĝo. Dank' al ĝi mi ekscias la rezultojn je unu tago pli frue, antaŭ ol legi en gazetoj. Kaj ĉar neniu krom mi volas akcepti sinjoron Dadak en sian hejmon, li gastas ĉe mi jam unu horon antaŭ la kvina kaj okuladmiras la aparaton. Bedaŭrinde al li la invalida rento ne permesas havigi al si novan ricevilon kaj krome ĉiutage aĉetadi unu kvaronlitron da eĉ plej ordinara brando. Krom pri la brando, sinjoro Dadak devas zorgi pri sepjara knabino, la filino de lia frumortinta viv-kunulino. Zonja, bluokula kaj serenvizaĝa etulino, estas la sola rezulto de naŭjara rilato kun la unua edzo de la mortinta sinjorino Dadak. Antaŭ tri jaroj li iun someran posttagmezon foriris aĉeti cigaredojn kaj ne plu revenis. Ĉar oni devas vivi, la patrino de Zonja ekloĝis ĉe sinjoro Dadak, kiu – mem kripla – ne timis la tuberkulozon, pli kaj pli atakantan la pulmojn de lia edzino. Cetere, laŭ neskribita leĝo, sinjorino Dadak vivtenis sin mem kaj la infanon; la invalido uzis la renton por siaj bezonoj. Ŝi estis purigistino en poŝtoficejo kaj enspezis kelkcent zlotojn, sufiĉajn por tre mizera vivo. Sed iel ili vivis. Verdire sinjoro Dadak neniam ebriiĝas. Li apartenas al tiuj alkoholuloj, por kiuj sufiĉas malgranda, sed konstanta kvanto da brando. Vekiĝinte, li tuj trinkas unu kalikon, por – kiel li diras – ne fumi ne manĝinte.

Reaŭdiĝas pordofrapo. Baldaŭ ni estos triope.

– Bonan tagon, sinjorino Majewska! – mi ĝentilas.

– Bonan – aŭdiĝas ŝia raŭka voĉo.

La jam aludita sinjorino estas timigilo de la tuta domo. Ostreliefa, magra kaj malbela, neniam kontenta, kun ĉiam acida mieno kaj penetremaj okuloj. Ŝia maliceco superas la plej fekundan imageblon kaj post ŝiaj klaĉoj ĉiu estas paradize nudigita. Ŝi laboras en kiosko de la ludentrepreno kaj tial por nia kompanio ŝi taŭgas. Tre taŭgas. Interese ŝi rakontas pri la homoj, kiuj aĉetas la kuponojn, kiuj venadas ĉiun merkredon por ricevi siajn malaltajn premiojn kaj tiam ŝia vizaĝo rebriligas tiun vanan esperon de la civitanoj de mia lando.

– Kio nova, sinjorino? – demandas la kriplulo.

– Oni diras ke brando plikariĝos. Mi ne tro miras. Oni ja trinkas ĝin kiel akvon, la ŝtato bone enspezas. Kial ne plialtigi la prezon? Laboristedzinoj pli ofte ploros.

– Sed, en la ludoficejo? – sinjoro Dadak evitigas la temon.

– Nu, ĉu vi ne aŭdis?

Evidentiĝas, ke ni ne aŭdis. Fraŭlino Majewska funkcias kiel presagentejo.

– Imagu! Nur imagu! Iu virino en ĉe-krakova vilaĝo ŝajnigis rabatakon kontraŭ si. Ŝi alarmis milicianojn; ili venas kaj rigardas: malordo en la loĝejo, ŝi sanganta. Dudek sep tranĉvundoj, la haroj taŭzitaj, la vestaĵo disŝirita. Esplorado. Kaj kion vi dirus? Jen ŝi mem vundis sin per tranĉilo, ĉar ŝi timis la edzon, baldaŭ revenontan post militservado. Kial? Ŝi elspezis lian tutan salajron por la ludo. Jen kiel stultas la homoj.

– Nu, nu – mi kvitigas la rakonton.

– Ni ĉiuj iom strabe rigardas unuj la aliajn. Ja ankaŭ ni preskaŭ la tutan salajron elspezas por la ludo.

– Ni lasu la makabron – mi finas – kaj ekaŭdu ion pri la politiko. – Mi enŝaltas la aparaton.

Fraŭlino Majewska protestas:

– Kiucele la politiko? Ĉu vi ion novan ekscios? La komunistoj mensogas kontraŭ la usonanoj kaj ĉi tiuj mensogas kontraŭ la rusoj. Ambaŭ flankoj volonte dronigus unu la alian en kulero da akvo, sed timas komenci. Jen ĉio.

La prelego de fraŭlino Majewska pri plej sekretaj intencoj de la du ŝtategoj estas akceptita seninterese. Ni jam pensas nur pri unu afero. Ĉio, kio estis dirita ĝis nun ne gravas. Gravas sole la espero, ke eble ĉi-foje, ke oni gajnos, ke la vivo ĉesos esti tiom aĉe mizera, senperspektiva kaj falsa. Kaj en mia modesta ĉambro ekfloras plej belaj revoj. Mirinde kiel ili povas ennestiĝi kaj elteni ĉi tie – tiaj belaj revoj. Pri motorcikla veturileto invalida, pri luksa brando, pri novaj robetoj kaj ŝuoj por Zonja; pri televidilo (ĉiuj krevus pro envio), zibela pelto kaj nova kanapo; pri senciferaj monatoj ĉe la marbordo kaj novaj vestoj.

La unua cedas sinjoro Dadak. Li elpoŝigas la kuponojn kaj metas ilin sur la tablon. Silente li rigardas malgrandajn kruce faritajn signetojn. Sur ĉiu kupono ses. Ses krucetoj. Magneta-forte la krucetoj fiksigas lian rigardon.

– La tempo lamas kiel sinjoro Dadak – fraŭlino Majewska aŭdigas sin.

Ankaŭ mi elprenas miajn kuponojn.

Ni silentas kaj nur interne blasfemas kontraŭ la testude tiriĝantaj minutoj. Ankoraŭ dek minutoj – muziko, poste sportaj sciigoj kaj fine la parolisto anoncas:

– Dum la hodiaŭa lotumado eliris la jenaj numeroj: 8, 20, 24, 25, 26 kaj 49. Mi ripetas. Kiucele ripeti.

Ni adiaŭas nin. Sinjoro Dadak jam frapas per sia bastono sur la ŝtuparo, fraŭlino Majewska ŝteliras en sian loĝejon. Li trinkos ankoraŭ du, tri glutojn kaj enlitiĝos por revesperi. Ŝi senpolvigos la kanapon kaj esperreve kuŝiĝos.

Sur mia tablo kuŝas forlasitaj kuponoj kun la krucsignoj de l' entombigita espero.

– ... 26 kaj 49. La hodiaŭan ludon partoprenis ĉirkaŭ dudek milionoj da kuponoj.

Hope and Crosses, *1959*.

I must get my shoes re-soled. The left one lets in water like a thirsty oyster, and the right one isn't up to featuring in a shop window either – it's not only old but also rather laughably out of fashion. But my shoes are going to have to wait a little longer, till the beginning of July at least, when I get my monthly money – which is too big to let me die but too small to keep me alive, as they say. It's just enough to keep me hoping. Hoping ... in this country, hoping is a full-time occupation. People hope *en masse*, one at a time, singly and collectively; they hope at work and at home, at mealtimes and in their sleep, hoping more and more every week. They get into a routine, they turn into professional hopers. I've heard of people who call themselves esperantists – that means hopers, and they're hoping for something, too. I'm surprised there are so few of them, really, in my country; because hoping is such an ingrained habit here, almost a public duty.

Don't ask what I do for a living. After all, does it matter? It makes no difference – I might equally well be a schoolteacher, or a cleaning-woman, or a surveyor. Just for appearances' sake, I'll say that my non-hoping job is a matter of entering up columns of figures; one, two, three, anything up to nine figures interwoven with noughts. There's nothing more boring than a book-keeping job. The only interesting thing is the noughts. Put a nought after a nine, and you've got ninety; two of them, and it's nine hundred; three, nine thousand; four, ninety thousand; five, nine hundred thousand …Well, there's no need to overdo things. I'm not going to win more than nine hundred. There aren't any prizes bigger than that. Though … three months ago there was someone who won the jackpot and four smaller prizes; he cleaned up one million, two hundred and forty-seven thousand and ninety-seven zlotys and eighty groszy. But wins like that don't come up at all often.

Excuse me, there's someone at the door. I must go and open it. It'll be Mr. Dadak. An awfully nice man, though he's disabled.

– Good afternoon. – Mr. Dadak puts his stick in the kitchen and repeats, smiling charmingly: – Good afternoon.

– Let's hope it *is* a good one – I answer politely, and ask him to come in. Mr. Dadak doesn't actually seem to want to cross the threshold. Although I'm the host, it's me that comes in first. Mr. Dadak is really very polite. Some people try and make out that he has a particular reason for behaving in such a polite way, but I don't think they're right. I can see that people could be put off by the way his breath always reeks of alcohol, particularly when he's telling you something confidential, and perhaps they wouldn't care for the way his stick taps so tediously and leaves a mark on the carpet. But then I haven't got a carpet. Anyhow, I like a drink now and again, too, if I've won a little prize.

– Are we the only ones who're going to hear the winning numbers? – asks Mr. Dadak, sounding annoyed.

– *The* winning numbers? – I query. – Has someone in a dream been telling you which numbers are going to be drawn? Could it have been the ghost of your late wife? – she gave up hoping too early. – I'm getting at him, you see.

Mr. Dadak hastens to assure me I'm wrong about his wife.

– No, I've just got *this feeling* that this week it'll be 9, 18, 31, 33, 38 and 49. I'm quite positive they're the ones. – He goes on to explain that it's four months since 9 was last drawn, and as much as five months since 18 last came up; and, oddly enough, 31, 33 and 38 have come up twice on two successive Sundays and are sure to be drawn again today as well; and as for 49, that's his dark horse. – Yes! Those must be the ones – he says. – I've got a feeling about it. – His "feeling" is so full of certainty and conviction that I'm worried.

– You ought to write a book explaining your system – I say. – Then you'd be even surer of becoming a millionaire, Mr. Dadak.

He pretends to be deflated, but actually gulps the compliment down avidly. – You're too kind – he replies – anyhow, a book like that came out two weeks ago. I found it fascinating – he adds, lovingly stroking the on-off control on the radio.

I forgot to say that my privileged position is something I owe to my ancient wireless set, even though it's as tricky an old cuss as Miss Majewska on the second floor. That's how I manage to know the results the day before they're published in the newspapers. And because no one but me is willing to invite Mr. Dadak in, he's been sitting in my room for an hour, gazing admiringly at the radio. Unfortunately for him, his disability pension doesn't stretch to a new radio set as well as to a daily quarter-bottle of even the cheapest schnapps. And quite apart from schnapps, Mr. Dadak has to look after a seven-year-old girl, his dead wife's daughter. This Sonia is a blue-eyed, placid-faced little thing: she's all that is left of the late Mrs. Dadak's nine years with her first husband. One summer afternoon three years ago he went out to get some cigarettes and never came back. You have to live somehow, so Sonia's mother moved in with Mr. Dadak, who, being disabled himself, was not afraid of the TB which was getting more and more into his wife's lungs. Also, following an unwritten law, Mrs. Dadak supported herself and the child; her new husband kept his own small income for his own needs. She was a cleaner at the post office and used to earn a few hundred zlotys, just enough for a very frugal life. Somehow or other they kept going. Actually, Mr. Dadak never gets drunk. He's one of those alcoholics who just need a small but regular intake of spirits. When he wakes up, he takes a quick dram, in order – as he puts it – not to smoke without eating.

Another knock at the door. Soon there'll be three of us.

– Good afternoon – Madame Majewska! – I say politely.

– 'noon – her hoarse voice replies.

The lady I refer to is the terror of the whole house. Bony, thin and ugly, always dissatisfied, with a permanently ill-tempered expression and piercing eyes. She is more malicious than you could possibly imagine. Any time she passes on the gossip, everyone stands revealed as naked as the day they were born. She works in one of the lottery organisation's kiosks, so she's just the person to join our little circle. Just the person. It's fascinating, what she says about the people who buy lottery tickets, who come along on Wednesdays to get their little prizes. As she talks her face lights up, mirroring our citizens' vain hopes.

– So what's new, Miss Majewska? – the cripple asks.

– I hear schnapps is going up. Doesn't surprise me. People drink it like water, the government does well on it. Why not put the price up? Working men's wives will just cry a bit more often.

– But what about the lottery office? – Mr. Dadak exclaims, changing the subject.

– Well, you've heard, haven't you?

Clearly we haven't heard. Miss Majewska relishes her position as our news agency.

– Fancy! Just fancy! There's a woman in a village near Cracow who made out she'd been attacked and robbed. She called the police; they came and looked around – house turned upside down, and her bleeding something terrible. Twenty-seven stab wounds, hair all dishevelled, clothes all ripped to pieces. Investigation. What do you think? She'd done the knifing herself, through fear of her husband, who was shortly due back from military service. Why? Because she'd spent all his pay on lottery tickets. You see how stupid people are.

– Well, well – I say, sort of thanking her for the story.

We all look at one another rather sheepishly. After all, we spend nearly all our pay on the lottery, too.

– Let's not go into the gory details – I say decisively – let's hear the latest about politics.

Miss Majewska protests:

– What's the point in politics? You'll hear nothing new in politics, will you? The communists are telling lies about the Americans, the Americans are telling lies about the Russians. Each side would gladly drown the other in a spoonful of water, but they're both afraid to begin. That's all there is to say.

Miss Majewska's speech on the great powers and their secret intentions is received without enthusiasm. We've only got one thing on our minds. Everything we've said so far is unimportant. The only important thing is the hope that this time we might win, that life might no longer be so wretched, lacking both in prospects and in integrity. And in my simple room the most beautiful dreams blossom forth. It's wonderful how they can take root and survive here, beautiful dreams like these. Dreams of a motorised invalid carriage, of super-deluxe vodka, of new dresses and shoes for Sonia; of a television set (they'd all be emerald with envy), a sable coat, a new sofa; of months at the seaside without columns of figures, and new clothes.

The first to come back down to earth is Mr. Dadak. He takes his lottery tickets out of his pocket and puts them on the table. Without a word he looks at the little crosses on them. Six on each ticket. Six little crosses. The little crosses hold his gaze like little magnets.

– Time limps along as slowly as Mr. Dadak – Miss Majewska ventures.

I take my tickets out, too.

We fall silent, cursing beneath our breath the way the minutes crawl by so sluggishly. Ten minutes pass – music, then sports results, and then at last the announcer comes on:

– In today's lottery the following numbers were drawn: 8, 20, 24, 25, 26 and 49. I'll read them again.

What's the use of reading them again?

We take our leave. Mr. Dadak's already tapping up the stairs with his stick, Miss Majewska's slipping quietly off into her flat. He'll down another two or three glasses and go to bed to finish his evening there. She'll dust the sofa and then lie down on it, dreaming hopefully.

On my table are the abandoned lottery tickets with their crosses marking where hope lies buried.

– … 26 and 49. About twenty million tickets went into today's draw.

Translation– John Wells

One of the most popular short stories in Esperanto is "Vivo kaj morto de Wiederboren" ("The Life and Death of Wiederboren"). It won first prize in 1959 in the annual arts and literary competition ("belartaj konkursoj") run by the Universal Esperanto Association. The story has since been been reproduced in at least two anthologies.

Clelia Conterno Guglielminetti

Vivo kaj morto de Wiederboren, *1959*

Tiun infanon ni deziris dum jaroj. Kaj, kiam liaj verd-oraj okuloj malfermiĝis al senvarma suno de februara mateno, ni pensis, ke li estas vere miranda.

Ni ne plu estas junaj, kaj enpense ni akcelis la disvolviĝon de lia vivo, kvazaŭ ni povus per nia deziro plirapidigi lian kreskadon; aliflanke, pro edukaj konsideroj, ni ne volis rigardi lin kiel miraklinfanon, kaj superestimi liajn unuajn sukcesojn. Sed mia patrina koro ekstazis kiam li, dujara, komencis malpurigi paperfoliojn per akvo-farboj (kun evidenta prefero por akvo); tamen, mia edzo, pli virece, diris: "Nu, ne kredu nun, ke vi naskis pentriston, kaj lavu al li la manojn."

La afero kun la farboj tamen marŝis. Nia etulo ne perdis entuziasmon, tagon post tago: male! "*Pentiloj*!" – li pretendis ĉiumatene post kafo-lakto, kaj li restis kvieta almenaŭ dum tuta horo, ĝis li trotis al mi kun folioj en ruĝ-verd-flavaj manetoj:

"Vidu, panjo, kion mi *pentis*: tio estas fiŝo, tio *vetuilo*, tio dometo …"

Kiam li fiere montris al mi bluan makulon kun ruĝaj apendicoj trairatan de strioj el nedifinebla koloro, dirante, ke tio estas maljuna fiŝkaptisto, mi ne rezistis al la tento: mi enkadrigis la bildon kaj pendigis ĝin en nia salono. Efektive, inter moderna meblaro tiu gaja kolormakulo ne malindis. Ankaŭ mia edzo, post iom da grumblado pri molkoraj patrinoj, akceptis la fakton.

La bona Dio, aŭ la hazardo, kondukis al ni, tiun vesperon, mian amikinon Julia. Julia kaj ŝia edzo estis pretigantaj novan domon. Ŝi inspektis la nian per kritika okulo.

"Novajo!" ŝi ekkriis.

"Kio?" mi diris.

"La bildo. Tiu bildo. Kie vi kaperis ĝin?"

Nu, Julia estas tre ekvilibra persono kaj admirinde justa patrino. Ŝi neniam estus enkadriginta … Mi hontis.

"En Germanujo," mi rapide eljetis, turnante al mia edzo peteman rigardon. Mia edzo sentis kompaton al mi, kaj helpe subtenis:

"Jes, dum nia lasta vojaĝo en Germanujo."

"Kaj kiu estas la pentristo?"

Mi pafis, post neperceptebla hezito, parafrazon el la nomo de mia filo:

"Wiederboren."

"Ha," diris Julia, kiu tre kompetentas, laŭ ŝi, pri arto moderna, "mi konas."

Kompreneble ŝi konis Wiederboren. En tiu momento mem, li sidis sur ŝia dekstra genuo kaj gravmiene suĉis ĉokoladon.

Mia edzo komencis amuziĝi:

"Tiu bildo apartenas al nova germana skolo. Ĝi prezentas maljunan fiŝkaptiston. Ĉu vi vidas? Ĝi enhavas sensaciojn … nu jes, sensaciojn …"

Ĉi-foje helpis mi:

"Tiu ĉi skolo, kiun Wiederboren iniciatis, celas doni ne nur superrealajn sentojn de la pentristo, sed la sentojn de la bildita objekto. Maljuna fiŝkaptisto sentas … nu, la ruĝo estas eksterigo de lia venkoĝojo en ĉiutaga lukto kun la blua elemento, kaj tiu ĉi brunajo

... nu ... indikas, ke li ... ne plu malsatas, ĉar ... li manĝis la fiŝojn."

"Sed kiel vi aĉetis, kiom vi pagis ..."

"Ho, nemulte ... Li ne estas ankoraŭ tre konata. Ĉu vi scias, li estis ... li estis eta kamparano. Foje li sidis ĉe stratobordo kaj desegnis sur ŝtono per karbo-peceto ... Tiam hazarde pasis ... hm ... Pablo Picasso."

"Ha!" diris Julia, ravita, nerekonante la malnovan historieton.

"Kaj Picasso kondukis lin al Parizo, kaj helpis lin," finis mia edzo. Sed mi jam rajdis sur leono:

"Komence li havis pezajn jarojn. Imagu: en frosta mansardo, sen mono, luktante por sia nova art-koncepto. Feliĉe dum tiu periodo inspiris lin florvendistino, lia sola morala helpo. Ili ankaŭ ĉikanis kelkfoje. Sed poste ŝi mortis. Ftizo," mi finis, dankante Murger enpense.

"Ho!" kortuŝiĝis Julia. "Kaj nun?"

"Nun li komencas esti konata. Mi opinias, ke li havas grandan estontecon antaŭ si. Mi pensas, ke, aĉetante lian bildon, ni faris eĉ bonan financan operacion. La valoro de liaj verkoj rapide kreskos," klarigis mi, klopodante forviŝi ĝuste unu el ili de sur mia jupo.

"Mi tre dezirus havi bildon lian por nia nova domo," intermetis la edzo de Julia, allogata de mia lasta frazo.

"Estas malfacile ..."

"Kial?"

"Hm ... la limo ... ĉu vi scias ... eksportado de artaj varoj ... burokratio ... permesoj ..."

"Sed vi, kiel vi povis ..."

"Ni kontrabandis."

"Ho, ĉu ne eblus ankaŭ por ni ..."

"Ni vidos."

Julia foriris kun sia edzo. Ankaŭ sur sia jupo kuŝis ĉefverko de ĉokoladaj fingretoj.

Efektive, "ni vidis," kaj, je festotago de Julia, ŝi ricevis, en digna kadro, verkon kun klara subskribo: Wiederboren 1961. Mia filo estis baptinta ĝin "ĉevalo ganda kun sinjoro supe," kaj al Julia ni klarigis, ke la griz-rozaj makuloj montras la miksitajn sentojn de ĉevalo al sia estro, kaj multakva verdo estas enhavo de rajdantanimo.

Post kelkaj tagoj Julia telefonis:

"Aŭskultu, kara, amiko mia deziras aĉeti verkon de Wiederboren. Ĉu eblus ... vi farus al mi personan plezuron ..."

Tiel komencis vendiĝi la bildoj de Wiederboren. Ni malfermis ŝpar-libreton por nia filo: jen, li trijara jam komencis perlabori sian estonton. Mia edzo malaprobis. Sed mi diris: "Kie estas trompo? Oni deziras tiajn bildojn: tiajn oni ricevas. Ĉar oni pagas? Nu, la mono apartenas al la aŭtoro; ni ne tuŝas eĉ centimon: kie estas la trompato? Ĉu eble vi kredas, ke nuntempaj kolosoj de pentro-arto agas aliel?"

Post iom da tempo, ni ricevis la viziton de sinjoro Dominiko Drake, art-kritikisto.

"Ĉu mi povas fotografi viajn Wiederboren? Eh? Nur tiun ĉi vi havas? Ĉu ne aliajn?"

Jes, ni havis tutan stokon. Nia etulo ĉiumatene ŝtelis nian plej bonan leterpaperon, aŭ novan libron, aŭ ŝu-skatolon. Mi penis savi la murojn el la freskoj de Wiederboren.

"Sed, tiu germano estas vera talento!" diris Dominiko Drake. "Ĉu vi ne donus al mi pliajn indikojn ..."

Ni rerakontis la Giotto'an historieton, la Murger'an romanon; ni eĉ aldonis detalojn el la vivo de Van Gogh kaj de Modigliani. Ni klarigis la celojn de la Wiederboren'a skolo.

Klera artikolo kun bildoj aperis en faka revuo. Ne mankis bildo pri Wiederboren: temis pri senkravata junulo dudekkvindudeksepjara.

Tiu artikolo ne estis la sola. Postulo pri verkoj de Wiederboren kreskis: ni luis salonon kaj organizis ekspozicion. Ĉiuj bildoj vendiĝis. Ni komencis altigi la prezojn. Des pli kreskis la postulo. Jam tagaj ĵurnaloj publikigis intervjuojn kun Wiederboren kaj fotojn pri li, el kiuj neniu similas al la alia: la aĝo variis inter dudek kaj kvardek, kaj li aspektis jen brunhara, jen blonda, prefere kun barbo, sed kelkfoje sen ĝi.

Kaj, laste sed ne plej malgrave, la ŝparlibreto de nia filo atingis rekordajn ciferojn. Ni estis devigataj administri kapitalon konsiderindan; la afero fariĝis riska. Kiamaniere tri-jara, kvarjara infano povas fariĝi akciulo, nericevinte heredajon? Kiaj estas la fontogajnoj kiuj ebligas tion? Jes, procento sur la vendajoj de Wiederboren-bildoj ... sed ĉu sufiĉas por klarigi ...

Iun matenon, mia edzo frontis min:

"Jen la tria letero de germana bild-komercisto kiu insiste demandas la adreson de Wiederboren. Kion ni faru nun?"

Krome, Wiederboren komencis ŝanĝi sian stilon. Anstataŭ larĝaj strioj kaj makuloj, anstataŭ necertaj koloroj, jen aperis marionetoj, arboj, domoj. "Kion ni faru nun?" rediris mia edzo senespere.

Tiel ni decidis mortigi Wiederboren. Ni jetis al la publiko la novaĵon. Li, ni diris, fine fama kaj agnoskita, fariĝis riĉa kaj komencis diboĉan vivon. Virinoj ne mankis. Eĉ trompitaj edzoj ne. Unu el ĉi tiuj atakis lin kaj batis lin furioze. Li mortis sekve de tiuj batoj. (Verdire, mia edzo estus preferinta sinkopon: pli laŭmode, li opiniis. Sed mi elektis am-venĝon: pli romantike, mi diris.)

Nekrologoj aperis en gazetoj kaj revuoj: oni rerakontis la mallongan vivon de Wiederboren, oni plendis, ke tiel alta genio ne povis doni aliajn ĉefverkojn, oni konjek-tis pri evoluo de lia arto, de lia skolo, se li estus pluvivinta. Tagĵurnalo publikigis eĉ kliŝon pri funebro. Alia, intervjuon kun la florvendistino de liaj fruaj jaroj: ŝajne, ŝi ne mortis pro ftizo, sed fariĝis intertempe itala grafino. Iom post iom, tamen, la morto de Wiederboren komencis malhavi intereson de ĵurnalistoj; kaj, kiam la Tour de France startis, ni pensis ke ni fine liberiĝis el Wiederboren, el liaj bildoj, el la mono-pluvo kiu far-iĝis embarasa ...

Nur unu aferon ni ne antaŭkalkulis.

Kun la morto de Wiederboren, la valoro de liaj verkoj dekobliĝis.

The Life and Death of Wiederboren, *1959*

We'd longed for that child for years. And so, when his green-gold eyes opened on a cold sunny morning in February, we thought he was truly remarkable.

We're no longer young, and in our mind's eye we sped through his developing years, as if our mere wish would make him grow up faster; on the other hand, from an educational point of view, we did not want to think of him as a child prodigy and overestimate his early achievements. But my maternal heart leapt for joy when at the age of two he began to smear sheets of paper with water-colours (with obvious preference for the water); however, my husband, so like a man, said: "Hang on, don't start thinking you've given birth to an artist, and go and wash his hands."

The business with the paints kept on, though. No way did our little one's enthusiasm tail off from day to day, quite the opposite! "*Blushes!*" – he demanded every morning after his milky coffee, and he was quiet for the next hour at least, until he trotted up to me clutching sheets of paper in his little red-green-yellow hands:

"See, mummy, what I *baited*: there fish, there *mo-mo* car, there housy-wousy ..."

And when he proudly showed me a blue splodge with red bits attached with vague coloured stripes running through them, saying it was an old fisherman, I just couldn't resist: I framed the picture and hung it in our lounge. In point of fact, that joyful-looking smudge of colour looked quite at home amongst our modern-looking furniture. And what's more, my husband, having grumbled a bit about soft-hearted mothers, accepted the fact.

The good Lord, or perhaps chance, guided my friend Julia to our door that evening. Julia and her husband were in the middle of furnishing a new house. She inspected ours with a critical eye.

"That's new!" she exclaimed.

"What?" I said.

"The picture. That picture. Where did you get hold of it?"

Now Julia is a very level-headed person and a wonderfully fair mother. She would never have framed ... I was ashamed.

"In Germany," I blurted out, casting a pleading glance in my husband's direction. My husband felt sorry for me and, being helpful, backed me up:

"Yes, on our last trip to Germany"

"And who's the artist?"

With scarcely a moment's hesitation, I emitted a variation of my son's name:

"Wiederboren."

"Ah," said Julia, who likes to feel she's very knowledgeable about modern art, "I know him."

Of course she knew Wiederboren. At that precise moment he was sitting on her right knee, looking very serious and sucking a chocolate sweet.

My husband began to enjoy himself:

"That particular picture belongs to a new German school of art. It depicts an old fisherman. Do you see? There's intense emotion in it ... let me see, yes, intense emotion ..."

This time I helped out:

"This particular school, founded by Wiederboren, attempts to depict not only the surreal sentiments of the artist, but also the sentiments of the painted object. An old fisherman feels ... well, the red is a concrete representation of his joy at succeeding in his daily struggle with the blue element, and this brown ... well ... shows he ... he's not hungry any more, because ... he ate the fish."

"But how did you come to buy it, how much was it ..."

"Not much ... he's still not very well-known. Do you know, he was ... he was just a country person. One day he was sitting by the side of the road drawing on a stone with a piece of charcoal when quite by chance ... hm ... Pablo Picasso came by."

"Ooh!" said Julia, delighted, not recognising the old tale.

"And Picasso took him to Paris, and helped him," my husband finished. But by now I had the bit between my teeth:

"The early years were really hard. Just think: in a freezing garret, penniless, fighting for his new concept of what art should be. Luckily during this time a flower-girl gave him inspiration, his only moral support. They also had a few fights. But then she died. Consumption," I ended, silently thanking Murger.

"Oh dear!" said Julia, touched. "And now?"

"He's starting to get known. In my view he's a great future in front of him. Actually I reckon we've made a sound financial investment by buying his picture. The value of his works is going to increase rapidly," I explained, trying to wipe one of them off my skirt.

"I'd love to have one of his pictures for our new house," said Julia's husband, butting in, attracted by my last sentence.

"It's a bit tricky ..."

"Why?"

"Hm ... restrictions ... you know ... exporting works of art ... bureaucracy ... getting clearance ..."

"But you, I mean, how did you manage ..."

"We smuggled it in."

"Well, couldn't we do the same ..."

"We'll see what can be done."

Julia left with her husband. On her skirt, too, lay a masterpiece worked by little chocolate-covered fingers.

As it happened, we "did see" and, on Julia's birthday, she received a suitably framed work of art with a clear signature: Wiederboren 1961. My son had baptised it "a pig horse with a man on pot" and we explained to Julia that the red-grey smudges illustrated the mixed feelings of the horse and its master, and that the watery green was an expression of the rider's soul.

A few days later Julia rang up:

"Listen, my dear, a friend of mine wants to buy a Wiederboren. Would it be possible ... you'd be doing me a great personal favour ..."

And so it was that Wiederboren's pictures began to sell. We opened a savings account for our son: there he was, three years old, already earning his future. My husband didn't approve. But I said: "Where's the harm?" People want pictures like that: they get pictures like that. Is it because they're paying? Look, the money goes to the creator; we don't get so much as a single penny: where's the problem? Perhaps you think the great and good of today's art-world behave any differently?"

After a while we received a visit from Mr. Dominic Drake, an art critic.

"Could I take some pictures of your Wiederborens? Eh? Is that the only one you've got? Haven't you any others?"

Yes, we had a whole stock of them. Every morning our little one helped himself to our best writing paper, or a new book, or a shoe-box. I was trying to save the walls from Wiederboren's frescos.

"But that German is a real talent!" said Dominic Drake. "Couldn't you give me any more details …"

We went back over the Giotto story, the Murger novel; we even added details from the lives of Van Gogh and Modigliani. We explained the aims of the Wiederboren school.

A scholarly, illustrated article appeared in a learned journal. There was even a picture of Wiederboren: a casually-dressed young man about twenty-five to twenty-seven years of age.

That article was not the only one. Demand for Wiederboren's work increased: we hired a hall and arranged an exhibition. All the pictures sold. We began to raise the price. Demand grew in proportion. Interviews with Wiederboren had already appeared in the daily newspapers together with photos of him, none of them bearing any resemblance to the other: his age varied between twenty and forty, and in this picture he had brown hair, in that one he was blond, generally with a beard, but sometimes without.

And last but not least, our son's savings account reached record levels. We were obliged to look after a not inconsiderable capital; the whole business was becoming risky. How could a three-year-old, a four-year-old, who had never inherited money, hold shares? What sort of income would make that possible? Yes, a percentage on the sales of Wiederboren's pictures … but was that enough to explain …

One morning my husband confronted me:

"This is the third letter from a German art-dealer who insists on having Wiederboren's address. What are we going to do now?"

What was more, Wiederboren had begun to change his style. Instead of broad stripes and smudges, instead of dubious-looking colours, there were stick figures, trees, houses appearing. "What are we going to do now?" my husband repeated, despairingly.

So we decided to kill off Wiederboren. We launched the news to the general public. Having made his money, we said, having become famous and recognised at last, he had begun to go to the dogs. There were women, duped husbands. One of these had attacked him and given him a thorough beating. He died as a result of these blows. (Truth to tell, my husband would have preferred a stroke, more in vogue, he thought. But I went for love and revenge: more romantic, I said.)

Obituaries appeared in magazines and journals: the story of Wiederboren's short life was recounted yet again, people bemoaned the fact that such outstanding genius would produce no more masterpieces, theories emerged about how his work, his school, might have evolved had he lived longer. A daily newspaper even published an account of his funeral. Another, an interview with the flower-girl from his early years: it seems she didn't die of consumption but had become in the intervening years an Italian countess. Little by little, however, the death of Wiederboren began to lose its interest for the journalists; and, when the Tour de France began, we thought finally to be free of

Wiederboren, of his pictures, of the deluge of money which had become embarrassing
...

There was just one thing we hadn't reckoned with. With the death of Wiederboren, the value of his work increased tenfold.

Translation – Angela Tellier

The following story won first prize in 1960 in the prose section of the annual arts and literary competition organised by the Universal Esperanto Association. This tale of man versus beast has become a favourite among Esperanto speakers.

Vladimír Váňa

Kiel ni mortigadis leporon por la antaŭkristnaska vespermanĝo, 1960

Pasintjare je Kristnasko ricevis la patro de iu sia kolego en la oficejo vivan leporon. Ĉi tiun pliriĉigon de la antaŭkristnaska manĝokarto kvitancis la tuta familio kun dankemo – kompreneble, krom la avineto, kiu ĉiam opoziciis. Sed eĉ ŝi, vidante, ke ŝi estis de la familia konsilantaro voĉdone superita, eĉ ŝi submetis sin al ĉi tiu decido, kaj kiel persono sperta ŝi prenis sur sin la taskon organizi la tutan preparon de la leporo por la antaŭkristnaska vespermanĝo. Poste la avineto elserĉis en "La hejma konsilanto" la devizon "Leporo", kie estis skribite (paĝo 824): "Mortigado de la leporo – vidu la samon sub la devizo 'Kuniklo'." Ĉi tiu saĝa libro poste konsilis, ke "kuniklon, same kiel leporon, ni ekprenos je malantaŭaj kruroj kaj mortigos per bato inter la orelojn" (paĝo 381). Post ĉi tiu grava konstato estis la taskoj dividitaj jene: la patro – mortigo de la leporo, la patrino – ĝia prilaboro. La frato Fabiano estis tenonta la leporon je kruroj. La avineto – kontrolo de la tuta procedo. La aveto estis destinita kiel unua, mi kiel dua rezervulo.

Poste do la afero komenciĝis. La patro suprenfaldis al si la manikojn, elprenis la leporon el kesteto kaj transdonis ĝin al la frato Fabiano, kiu – laŭ la konsilo – ekprenis ĝin je malantaŭaj kruroj. La patro dismetis la gambojn, trifoje profunde ekspiris kaj levis la manon, por doni al la leporo mortigan baton; sed subite la animalo ekkomprenis, ke la afero fariĝas grava – ĝi ekskuiĝis, kaj Fabiano kontraŭvole ĝin liberlasis. Anstataŭ la leporo ricevis la baton Fabiano; por la plua batalo li estis tiamaniere perdita.

La avineto (kaj samtempe estro de nia familio) kiel unua ekkomprenis la situacion kaj ekkuregis kontraŭ la leporo, kiu en senpripensa fuĝo zigzage kuregis tra la ĉambro. Bedaŭrinde, ŝia fulmorapida ago restis senefika, ĉar la leporo enkuris malantaŭ la ŝranko – kaj evidente ĉi tiu loko al ĝi ekplaĉis, ĉar ĝi ne montris multe da emo ĉi lokon forlasi. Intertempe rekonsciiĝis kaj organizis sin pluaj taĉmentoj, kaj post pli longa proklamo de la avineto, ke ŝi kontraŭstaris kaj avertis, kaj post mallonga familia interkonsento estis decidite la leporon elpeli kun helpo de balailo. Ĉi tiu ideo estis tuj realigita. La atendata rezulto ne venis, ĉar la leporo forkuradis antaŭ la balailo, sed ne forlasadis la lokon malantaŭ la ŝranko. La patrino alkuris kun brosbalailo, por helpi elpeli ĝin de la alia flanko. Ne vidante alian eblon, la leporo subrampis la ŝrankon, kaj ree komencis senpripense kuregi zigzage tra la ĉambro. En la batalon intermetis sin la patro; li jetegadis post la leporo kuir-tranĉilojn – sed li sukcesis nur frakasi la vitron en la fenestro, unu tranĉilon rompi kaj unu enigi en la pordon tiel profunden, ke ne estis eble ĝin eltiri. En ĉi tiu fazo de la batalo mi rangaltiĝis je unua rezervulo, ĉar mi nokaŭtis la aveton per viandpistilo. Post plua horo de la batalo estis mallonga ripozo, kiun uzis ankaŭ la leporo. Ĝi estis en angulo, moke vidigis la dentojn kaj starsidis. Tion mi ne povis toleri, kaj tial mi jetegis post ĝi denove la viandpistilon; ĉi-tiufoje detruiĝis nur vitro de la libroŝranko. La batalo denove komenciĝis kun ankoraŭ pli granda rapideco kaj vervo, sed montriĝis, ke ĉiuj disponeblaj bataliloj, t.e. balailo, brosbalailo, resto da kuirtranĉiloj kaj viandpistilo, ke ĉiuj tiuj rimedoj ne sufiĉas. Subite venis al mi savoporta ideo: mi enkuris la loĝejĉambron kaj alportis al la patro kuglopafilon, por ke li mortigu la leporon tiumaniere. La patro ekcelis, sed poste li ŝanĝis sian decidon kaj donis al mi kapofrapon; kaj kiam li ekvidis, ke la leporo intertempe enkuris la loĝejĉambron, ĉar mi lasis la pordon malfermita, mi ricevis ankoraŭ unu kapofrapon. Jes, tiel la mondo rekompencas! La batalo transportiĝis en la loĝejĉambron, kio estis granda avantaĝo – por la leporo, kompreneble. Ĉi tie ĝi trovis multe pli da ebloj por defendo, kaj estas necese aldoni, ke ĝi uzis ilin rimarkinde. De tempo al tempo ĝi haltis kaj starigis la orelojn – sed tuj ĝi denove daŭrigis la vojon, ne permesante al ni respiri. La situacio estis senespera; la tempo senkompate pasis – estis jam la naŭa vespere, kaj ni ankoraŭ senĉese ĉaspeladis la leporon, kiu kontraŭstaris al sia fatalo kaj estis kuranta de unu angulo al la alia, entute malatentente, ke ĝi estas destinita al la antaŭkristnaska vespermanĝo. La patro intertempe rompis ĉiujn restantajn tranĉilojn, kaj komencis do jetegadi post la leporo diversajn ajojn, ekzemple paperpezilojn, cindrujojn, ŝuojn kaj inkujojn; kelkajn el tiuj ajoj li sukcesis detrui komplete, aliajn nur parte.

La persektutado denove ĉesis, ĉar estis necese solidigi la fortojn por plua, eble jam fine decidiga fazo de la batalo. La ĝisnuna stato de la batalo estis jena:

A. La leporo: viva kaj sana, perdoj: neniaj.

B. Nia familio:

1. hom-perdoj:

a. la frato Fabiano intertempe rekonsciiĝis – sed vidante, ke la batalo furiozas sur alia fronto (en la loĝejĉambro), li uzis la okazon kaj eltrinkis al la patro duonon da botelo kun sorpa likvoro. Post malebriiĝo li estos transdonita al la milita tribunalo. Por plua batalo – malkapabla.

b. la aveto ĝis nun ne rekonsciiĝis.

2. material-perdoj:

a. du fenestroj kaj vitro de la libroŝranko frakasitaj, kvin kuir-tranĉiloj rompitaj, entute aŭ parte detruitaj kvar cindrujoj, du paperpeziloj, unu brosbalailo, unu fajrostango.

b. pluaj perdoj: ĝenerala stato de ambaŭ ĉambroj: kaduka. Estas necese alvoki la ĉambropentriston, lakiston, tapetiston kaj mebliston.

Post rekomenco de la batalo plenumiĝis la sorto de dekduo da desert-teleroj, kiujn la avineto jetegadis post la leporo kiel diskon, plue detruiĝis la edziniĝ-dotajo de teleroj kaj supujoj de mia patrino (mi piedpuŝetis – ĝis nun mi ne scias, kion – kaj detiris la tablo-tukon de sur la manĝopreparita tablo). La patrino faligis la kristnaskan arbeton, kiu brul-neniiĝis. La batalo venis al sia kulmino. Laŭ ordono de la estro de la ĉefa stabo (= la avineto) mi malfermis la pordon en la kuirejon. La leporo ne antaŭvidis ruzon kaj den-ove enkuris la manĝajpreparejon – sed ho ve! La afero finiĝis tute alie, ol ni atendis.

Nome, subite iu ekfrapetis sur la pordon, kaj antaŭ ol ni povis iel reagi, la pordo malfer-miĝis kaj malkaŝis al niaj surprizitaj okuloj nian najbarinon, sinjorinon Nováčková.

"Bonan vesperon, feliĉan kaj gajan Kristnaskon – kaj sanon, ĉefe la sanon, ĝi estas la plej grava", babilaĉis la najbarino el la pordo, eĉ iomete ne zorgante pri tio, ke la patro superŝutas ŝin per koleregaj rigardoj. Ni ĉiuj estis tiom surprizitaj per ŝia subita ekapero, ke ni ne estis kapablaj ekprotesti. Ankaŭ la leporo atenteme aŭskultis, sed vidante, ke ĉi tie ĝi ekscios nenion novan, ĝi uzis la okazon, ke la pordo restis malfermita, kaj definitive entombiĝis niajn esperojn pri sengrasa lepora rostajo. La patro terure ekmalbenis, enfalis en la dialogon de la najbarino per ia stranga preĝo, "Dio mia, pardonu al mi, ke mi ekbategos ĉi virinaĉon – sed forprenu de mi iom da forto, por ke mi ne ekbategu ŝin tro, ĉar alie oni povus min malliberigi", kaj poste jetiĝis kontraŭ sinjorino Nováčková; sed ŝi antaŭvidis la danĝeron kaj fuĝis. Iam mi aŭdis, ke malkontentigita kolerego povas malbone efiki je la sano; tial la patro – por eviti la eblajn sekvojn – donis al mi du kapofrapojn, ĉiujn ceterajn ekinsultis kaj foriris en restoracion, por tie vesper-manĝi.

Jen, kiel ununura animalo povas detrui la trankvilon de la tuta familio! La patro forestas, la patrino ploras en la kuirejo, kaj la avineto prelegas al la kvar nudaj muroj pri tio, ke ŝi konsilis bone – sed neniu pri tio zorgis.

Intertempe rekonsciiĝis la aveto kaj la frato Fabiano – sed tro malfrue; tiel ili fariĝis nur atestantoj de la malglora fino de la batalo. Volonte helpi mildigi la pezan familian atmosferon, Fabiano komencis elakvigadi malgrandajn fiŝetojn el la akvario de la patro – laŭdire por la solena vespermanĝo. Pri ĉi tiu neaŭdita kaj malpia ago kondamnis lin la aveto-juĝisto al batpuno. Fabiano kronis sian pledparolon per vortoj, ke li agis sub influo de alkoholo kaj pro la juneca senpripenseco – sed la aveto estis senindulga. Vortoj de la verdikto plenumiĝis, pro kio la avino pridonacis la plenumanton per la nomo "la maljuna kanajlo" – ĉar kulpas ne la bubo, sed la malbona edukmaniero. Malŝarĝinte sian koron, la avineto foriris al noktmeza meso, la aveto – en gastejon.

Ĉiuj foriris – kaj mi restu hejme? Ankaŭ mi forlasis la naskiĝdomon, por partopreni en nia ŝatata antaŭkristnaska ludo. Sciu, estis ĉe ni unu germandevena mokinda poli-cano; li nomiĝis Frideriko Fric, sed ni principe kaj senescepte nomis lin "Zweimal Fric". Je kio li estis pli ridinda, je tio li volis estis pli severa. Precipe li zorgis pri nokta trankvilo; li paŝis tra la strato, ĉiuvespere post la deka horo, antaŭkristnaske post la noktomezo, kaj atentis, ke neniu bruu kaj ke ĉiuj iru en ordo hejmen. Ni elpensis jenan ludon: ni diskuris tra la ĉefplaco, kaj subite unu el ni forte ekfajfis tra la fingroj. Zweimal Fric tuj kuris al li kaj serĉis la fajfilon (kiun, komprenible, li trovis neniam); la akuzito malkonfesadis, mi ne fajfis – kaj subite aŭdiĝis fajfado el la kontraŭa flanko. Li do kuris tien, sed fajfsonoj senĉese antaŭ li forkuris. Konkludinte, ke ni pellacigis lin sufiĉe, ni kuniris sur antaŭe interkonsentita loko, per la tuta forto ekkriegis: "Zweimal Fric!" kaj poste ni disiris hejmen.

Mi do ĝojis, kiel Zweimal Fric ree estos kuranta tra la stratoj, sed ĉi-jare la ludo ne okazis – kaj mi tuj diros al vi, kial. Mi elkuris el la domo – kaj kion mi vidas? Zweimal Fric pelas tra la strato nian leporon! Renversita mondo! Leporoj kuras tra la stratoj – ĉu li, la ŝtata oficisto, povas tion toleri? Li devas ĝin elpeli el la urbo. Kion dirus al li alie liaj superuloj? La leporo kuras sur la trotuaron, zigzagas, nun estas sur la ŝoseo – sed la policano ne laciĝas kaj sekvas ĝin kaptoproksime. Sed – kapti ĝin? Sensencajo! De maldekstre ruliĝas ŝarĝ-aŭtomobilo, de dekstre ankaŭ: la haltigiloj ekgrincas, tintas vitro, ekkrio – sed la leporo elkuras viva kaj sana, kaj post ĝi – Zweimal Fric. Dank' al Dio, okazis nenio, ankaŭ ambaŭ ŝoforoj ĝustatempe elsaltis, sed la aŭtomobilojn riparos neniu plu.

La leporo daŭrigas. Zweimal Fric ĝin postsekvas. Kontraŭ ili paŝas avo kun bastono en la mano. La leporo enkuras al li sub la piedojn, la maljunulo perdas la ekvilibron, falas kaj en instinko de memsavo eksvingas la bastonon, kiu trovas kiel celon la polican kaskon kaj surkapigas ĝin al Zweimal Fric ĝis la oreloj. La persekutado finiĝas – la leporo venkas kaj fuĝas, senĉese fuĝas for el la urbo. Ankoraŭfoje ĝi kaŭzas karambolon – ĉitiufoje de kvar aŭtomobiloj kaj unu motociklo – sed fine ĝi atingas la sopiratan arbarrandon kaj malaperas.

Zweimal Fric versimile vidis, ke la leporo elkuris el nia domo, kaj nia najbarino certe volonte al li sciigis, al kiu la leporo apartenis; alie mi ne scias klarigi al mi la fakton, kial la sekvantan tagon ekfrapis du policistoj senhezite ĝuste sur nian pordon. La patro ilin eljetis, ekinsultis la najbarinon kaj eltrinkis la reston da sorpa likvoro. Poste lia rimeno ekdancis sur certa korpoparto de la frato Fabiano, por ke li memoru ke alkoholajo ne estas taŭga trinkajo por infanoj – kaj kvankam mi eltrinkis nenion, ankaŭ mi havis la okazon gajni spertojn, ĉu la batregalo per rimeno estas agrabla.

Necesas aldoni, ke la patron oni juĝos pro ofendo de ŝtata oficisto kaj ke li devas aĉeti al la policano Zweimal Fric novan kaskon. La patrino senĉese ploras. La avineto forloĝiĝis, la aveto pasigas la tutajn tagojn en gastejo. La frato Fabiano forkuris el la hejmo, kaj mi malsukcesos en naturscienco. Krome, oni klasifikos miajn morojn kiel "ankoraŭ malkontentigajn" ĉar mi estas aroganta. Diris al mi tion la instruisto, ĉar al lia demando, kion mi scias pri leporo, mi respondis "nenion", kaj poste mi rakontis al li ĉi tiun historieton.

How We Killed a Hare for Dinner on Christmas Eve, *1960*

For Christmas last year, one of Father's office colleagues gave him a live hare. This enhancement of the pre-Christmas menu was met with gratitude by the whole family – except, of course, for Granny, who always dissented! But even she, seeing she was outvoted by the family council, even she acquiesced to this decision and, being a person of experience, took upon herself the task of organising everything required to prepare the hare for the Christmas Eve dinner. So, Granny sought out the heading 'Hare' in 'The Domestic Adviser', where it said (page 381): "Killing the hare – see under the heading

'Rabbit'." This book of much wisdom then advised "take the rabbit by the back legs and kill it with a blow between the ears, and likewise for a hare," (page 824). After this important discovery, the tasks were distributed thus: Father – killing the hare, Mother – handling it afterwards. Fabian, my brother, was to hold the hare's legs. Granny – oversight of the whole procedure. Grandpa was enlisted as first reserve, I as second.

So then we set to work. Father rolled up his sleeves, took the hare out of its box and handed it over to my brother Fabian, who – following the instructions – took hold of it by the back legs. Father stood with his legs apart, took three deep breaths and raised his hand, ready to deal the hare the mortal blow; but suddenly the creature realised things were getting serious – it shook itself, and Fabian automatically let go of it. Fabian took the blow instead of the hare; this meant he was lost for the coming battle.

Granny (also the head of our family) was the first to grasp the situation, and she dashed towards the hare, which fled intuitively, darting this way and that through the room. Unfortunately, her lightning reaction was to no avail, as the hare scuttled behind the cupboard – and it evidently liked that spot, for it showed little inclination to leave. Meanwhile, further detachments had recovered their wits and organised themselves. Granny proclaimed at length she was against all this and warned everyone; then the family got their collective heads together and decided the hare should be driven out by means of a broom. This idea was executed at once. The anticipated result failed to materialise, as the hare ran off in front of the broom, but without relinquishing its position behind the cupboard. Mother ran up with a scrubbing brush, to help eject it from the other side. Seeing no other possibility, the hare crept out from under the cupboard and once again began darting at random this way and that through the room. Father joined the battle; he started hurling kitchen knives after the hare – but he only succeeded in smashing the window pane, breaking one knife and getting another so deeply stuck in the door it couldn't be pulled out. During this phase of the battle I was promoted to first reserve, as I'd knocked out Grandpa with a meat hammer.

After another hour of battle, there was a short respite which the hare made use of, too. It was in a corner, sitting upright and mockingly baring its teeth. This I couldn't stand, so I threw the meat hammer at it again; this time it was only the glass in the bookcase that was shattered. Battle was rejoined with even greater verve and vigour, but it became clear that all the available weapons, i.e. broom, scrubbing brush, remaining kitchen knives and meat hammer, all these were not enough. Suddenly I had an idea which promised salvation: I ran into the sitting-room and brought Father a shot-gun, so he could kill the hare with that. Father took aim, but then changed his mind and instead boxed my ear; and when he saw the hare had run in the meantime into the sitting-room because I'd left the door open, I got another box on the ear. Yes, that's how the world repays you!

The battle moved into the sitting-room, which was a great improvement – for the hare, of course. Here it found many more opportunities to defend itself and, needless to say, it used them to a remarkable degree. From time to time it stopped and pricked up its ears – but then went straight on its way again, not giving us time to breathe. The situation was hopeless; time passed mercilessly – it was already 9 pm, and we were still endlessly chasing the hare which, resisting its destiny, kept running from one corner to another, totally ignoring the fact that it was meant to be our Christmas Eve dinner. Father had meanwhile broken all the remaining knives and so started to hurl a variety of objects at the hare, such as paper weights, ash trays, shoes and ink pots; some of these he managed to destroy completely, others only partially. The persecution stopped again, as we needed to consolidate forces for a further, perhaps decisive phase of the fighting. The state of play so far:

A. The hare: alive and well; losses: none.

B. Our family:

1. human losses:

a. brother Fabian in the meantime regained consciousness – but, seeing the battle is raging on another front (in the sitting-room), has taken the opportunity of drinking half a bottle of Father's rowan liqueur. When sobered up, he'll be handed over to the military tribunal. For further fighting – incapable.

b. Grandpa not yet regained consciousness.

2. material losses:

a. two windows and the glass of the book-case, smashed; five kitchen knives, broken; and, totally or partially destroyed, four ash-trays, two paper-weights, one scrubbing brush, one poker.

b. further losses: the general state of both rooms – wrecked. We'll have to call the painter, french-polisher, paper-hanger, and upholsterer.

After battle re-started, a dozen dessert plates met their fate, as Granny hurled them discus-like after the hare; in addition, my Mother's dowry collection of plates and soup bowls was destroyed (I stumbled against something – I still don't know what – and pulled the table-cloth from the table that had already been laid). Mother knocked over the Christmas tree which went up in flames. The battle reached its climax. Following orders from the chief of staff (Granny) I opened the door into the kitchen. The hare unsuspectingly ran back to where the food should be prepared – but, sadly, events turned out differently from how we expected. To be precise, there was a sudden knock at the door and, before we had time to react, the door opened and revealed to our startled eyes our neighbour, Mrs Nováčková. "Good evening, a happy and merry Christmas – and health, mainly health, that's the most important thing," our neighbour prattled from the doorway, paying not the slightest heed to the furious looks Father was giving her. We were all so surprised by her sudden appearance that we couldn't even begin to protest. Even the hare listened attentively, but seeing it wouldn't learn anything new, it seized its chance through the door that had remained open and buried our hopes once and for all of a lean roast hare. Father started cursing terribly, interrupting the neighbour's conversation with a strange kind of prayer, "God forgive me if I should start laying into this harridan – but take some of my strength from me, so I don't hit her too hard, otherwise they might lock me up," and then he made for Mrs Nováčková; but she had anticipated the danger and fled. Somewhere I heard that frustrated rage can have a detrimental effect on one's health; so Father – to avoid any possible consequences – slapped my head twice, insulted everyone else and left to have dinner in a restaurant.

So that's how a single animal can destroy the peace of a whole family! Father gone, Mother crying in the kitchen, and Granny lecturing the four bare walls about how she'd given good advice – but no one had taken any heed.

Meanwhile, Grandpa and brother Fabian had regained consciousness – but too late; so they could only witness the ignominious end of the battle. Wishing to help lighten the heavy family atmosphere, Fabian started to remove the small fishes from Father's aquarium – he said this was for the festive dinner. But, for this unprecedented and wicked act, Grandpa, assuming the role of judge, condemned him to a beating. Fabian crowned his speech in his defence with the claim that he had acted under the influence of alcohol and out of youthful rashness – but Grandpa was without mercy. The words of the verdict were executed, for which Granny bestowed upon the executor the epithet "old scoundrel" – as it wasn't the lad who was at fault, but his poor upbringing. Having got that off her chest, Granny went out to midnight mass, and Grandpa to the pub.

So why should I stay at home with everyone gone? I too left the house of my birth to take part in our favourite pre-Christmas game. You need to know that in our area there was a policeman of German descent, a splendid target for our mockery; he was called Friedrich Fritz, but we always insisted on calling him "Fritz Twiceover". His desire to be ever more strict simply made him more laughable.

His principal duty was preserving peace and quiet at night; he patrolled the streets every evening after ten, but at Christmas time after midnight he ensured there was no noise, and everyone went home in orderly fashion. We thought up the following game: we would spread ourselves round the main square, and suddenly one of us would whistle loudly through his fingers. Fritz Twiceover would rush towards him and look for the whistle (which, of course, he never found); the accused would claim "I never whistled," – and suddenly whistling would be heard from the other side. So he'd take himself off there, but the whistling kept running from him. When we judged we had given him a sufficient run-around, we would gather at a prearranged spot and shout with all our might, "Fritz Twiceover!", and then go our separate ways home.

So I was looking forward to having Fritz Twiceover running through the streets, but this year the game didn't happen – and I'll tell you why. I ran out of the house – and what did I see? Fritz Twiceover chasing our hare down the road. What a topsy-turvy world! Hares running through the streets – could he, officer of the state – allow this to happen? He must drive it out of town, or else what would his superiors say?

The hare ran along the pavement, it zigzagged, now it was in the road – but the policeman hesitated not and pursued it, all ready to seize it. But – seize it? Not a hope! From the left a lorry loomed, and from the right another: a screech of brakes, shattering of glass, a scream – but the hare ran off safe and sound, and after it – Fritz Twiceover. Thankfully, nothing happened, both drivers were able to leap out just in time, but the vehicles were beyond repair.

The hare carried on. Fritz Twiceover followed. An old man with a walking stick was coming towards them. The hare ran between his legs, the old man lost his balance, fell, and instinctively tried to save himself by swinging his stick – which landed on Fritz Twiceover's helmet, pushing it down to his ears. The chase came to a halt – the hare fled in victory, fled the town without stopping. But it still caused another crash – this time between four cars and a motorbike – but eventually it reached its goal – the edge of the forest – and disappeared.

Fritz Twiceover had probably seen the hare run out of our house, and our neighbour will have been only too glad to tell him who it belonged to; otherwise, I can't explain why the next day two policemen came straight to our house and knocked at the door. Father threw them out, hurled insults at the neighbour and finished off the remaining rowan liqueur. Then his belt did a dance on a certain part of Fabian's body, to remind him that alcohol is not a suitable drink for children – and, although I hadn't drunk anything, I too was given the opportunity of finding out whether or not a good belting is pleasant.

I must add that Father is to be tried for causing offence to an officer of the state, and must buy Fritz Twiceover a new helmet. Mother can't stop weeping. Granny has moved out, Grandpa spends all day at the pub. Brother Fabian has run away from home, and I'll fail in science. In addition, my conduct will be classed as "remains unsatisfactory", because I'm cheeky. My teacher told me so because, when he asked me what I knew about hares, I answered "nothing", and then I went on to tell him this little story.

Translation – Malcolm Jones

This charming story won first prize in the prose section of the annual arts and literary competition organised by the Universal Esperanto Association in 1961.

Tibor Sekelj

Kolektanto de ĉielarkoj, *1961*

La atmosfero en la triaklasa kupeo estis sufoka. Ŝvitodoro ŝvebis en la aero. Kun malŝato mi pensis pri la multaj horoj de vojaĝo, kiuj ankoraŭ staris antaŭ mi.

Miaj kunvojaĝantoj vigle babilis pri temoj, kiuj eĉ ne por momento povis fiksi mian atenton.

Vidalvide de mi, de la kontraŭa flanko de la fenestro, sidis dekjara nigrokula knabino. Sur ŝia vizaĝo ŝajnis al mi diveni la saman enuon, kiun mi mem sentis.

Mi decidis alparoli ŝin.

Responde al miaj demandoj Sita rakontis, ke ŝi lernas en la kvara klaso de elementa lernejo. Ŝi ŝatas la geografion kaj malŝatas la matematikon. Post kelkaj pluaj demandoj la konversacia materialo estis elĉerpita. Paŭzo ekestis.

Mi ekmemoris pri kelkaj leteroj kun diverslandaj poŝtmarkoj, kiujn mi havis en la poŝo, kaj pensis, ke per ili mi povus ĝojigi la knabinon.

"Ĉu vi kolektas ion, Sita?"

"Kolekti? ... Ne, nenion mi kolektas," ŝi respondis.

Silento. Mi ekserĉis alian temon por vivteni la konversacion.

"Kaj ĉu vi kolektas ion, sinjoro? Kion vi kolektas?"

La fronta atako de Sita frapis min neatendite.

Mi ja estis veterana kolektanto de ĉio imagebla. Por ne kompliki la aferon, mi volis diri ion simplan, kiel poŝtmarkojn aŭ bildkartojn. Tamen post momento tio ŝajnis al mi neinda banalaĵo. Dum tempero mi pretis konfesi al li la sekreton de mia vivo: mi kolektas aventurojn! Sed tio ŝajnis tro abstrakta. Ŝi certe ne kapablus kompreni min.

Dum kelkaj sekundoj mi rigardis tra la fenestro meditante. Ĉar ni sidis en la unua vagono de la trajno, mi klare povis vidi tra la fenestro la vaportufon elŝprucatan el sub la lokomotivo. La sunradio rompiĝadis tra la vaporo kaj formis duonrondan zonon de ĉielarko ĉirkaŭ ĝi.

"Ĉielarko!" mi ekkriis kun admiro.

"Kion? ... Ĉu ĉielarkojn vi kolektas?" demandis mia inkvizitoro kun la okuloj larĝe malfermitaj.

"Kion? ... Jes, kompreneble, hm, ĉielarkojn. Ĉu io stranga pri tio?"

Sita ne sciis ĉu kredi al mi aŭ ne. Subokule ŝi ekzamenadis mian vizaĝon por malkovri sur ĝi ŝercan rideton. Sed ŝerca rideto tie malestis.

"Kaj kiel vi kolektas ilin?" ŝi kuraĝis finfine demandi.

La radoj de la vagono per monotona frapado akcentadis la sufokan atmosferon de la kupeo. La ĉielarko ĉirkaŭ la vaportufo vetkuradis kun la lokomotivo antaŭ miaj okuloj.

"Kiel mi kolektas ilin? Simple. Kie ajn mi vidas unu, mi enmetas ĝin en mian kolekton ... Kompreneble, nur se mi ne havas ankoraŭ similan ekzempleron."

La nigraj okuloj de Sita fikse rigardis min. Ili atendis. Ili atendis iun gravan malkovron.

"Ĉar ĉielarkoj povas esti, vi ja scias, tre diversspecaj ..."

"La unua, kiu eniris mian kolekton, estis tre kutima ĉielarko. Mi vidis ĝin, kiam mi estis apenaŭ kvinjara. Mi subite ĉesigis la ludadon kun mia pli aĝa frato kaj aliaj vilaĝaj knaboj. Senspire mi gapis al la bunta miraklo. Ĝi ŝajnis tiel proksima!"

"Mia frato, vidinte mian admiron, diris: 'Tiu, kiu sukcesas pasi sub la ĉielarko, ĉiam en la vivo sukcesos plenumi sian deziron!' Li ŝajnis paroli serioze. Mi eĉ momenton ne dubis pri la vereco de lia aserto."

"Senvorte, kvazaŭ hipnotita, mi ekmarŝis en la direkto de la miranda pordego. Mi rapidis tra la vilaĝa strato ne deprenante la rigardon de la ĉielo, kaj alveninte al la rando de la vilaĝo mi daŭrigis la marŝadon tra la vasta paŝtejo. Ŝajnis al mi, ke mi rapide alproksimiĝas al la arko de ĉiuj sukcesoj."

"Kaj ĉu vi sukcesis? Ĉu vi pasis sub ĝi?" senpaciencis Sita.

"Ne. La suno malleviĝadis pli kaj pli, kaj la ĉielarko paliĝis ĝis fina malapero. Nur mi restis sola kun mia senlima admiro, gapanta al la ĉielo."

"La vidaĵo de tiu ĉielarko restis tiel profunde gravurita en mia menso, ke mi senhezite povas diri, ke ĝi restis mia proprajo. Tiu estis mia unua sperto pri la posedo de ĉielarko. Posedo, cetere, kiun neniu povas de mi forpreni, okazu kio okazos."

"Poste sekvis aliaj. Unu post la alia ili fariĝis miaj, kreante mian kolekton."

Sita sidis senmova aŭskultante min. Ŝia patro proponis al ŝi oranĝon, sed ŝi malakceptis. Ŝi estis tro okupita per la rakonto.

"Kaj ĉu vi havas multajn ĉielarkojn, sinjoro? Kiaj ili estas?"

"Hm, jes. Ne estas multaj en mia kolekto, ĉar ... mi ja ne prenis ĉiun ajn ĉielarkon. La

kutimajn mi lasas por aliaj, kaj prenas nur la eksterordinarajn. Ekzemple …"
Dum momento mi intense serĉadis en la arĥivo de mia memoro iun elstaran ekzempleron el mia kolekto. Fine jen ĝi estis.
"Mi troviĝis en antikva marborda urbeto de mia lando. Post pluva mateno subite disiĝis la nuboj kaj, eĉ antaŭ ol mi ekvidis la sunon, ĉielarkoj aperis sur la ĉielo. Mi diris 'ĉielarkoj', ĉar ne estis unu, sed du. Unu super la alia. La pli malgranda estis klara, kun koloroj tre intensaj. Unu el ĝiaj flankoj ripozis sur la antikvaj tegmentoj de la domaro, dum la alia dronis en la maron. Ĝi aspektis kvazaŭ simbolo esprimanta la ligon inter la urbo kaj la maro. Kaj la ĉielarko pravis. Dum multaj jarcentoj la loĝantoj de la urbo estis navigistoj, fiŝkaptistoj, piratoj, markomercistoj kaj maristoj sur ĉiuspecaj ŝipoj."
"Super tiu ĉi bildo, kvazaŭ formante kadron al ĝi, etendiĝis la dua ĉielarko. Iomete pli pala ol la suba."
"Kaj nun, Sita, se vi promesas ne rakonti ĝin al aliaj, mi diros al vi sekreton."
"Mi promesas," flustris la knabino.
Mi ĉirkaŭrigardis por certigi ke neniu aŭskultas nin. Tiam mi alproksimiĝis al la knabino.
"Imagu," mi diris, "la koloroj de la supra ĉielarko estis renversitaj. Ĉiu bona kolektisto scias, ke la violkoloro kaj la blua estas la supraj koloroj, kaj la ruĝa kaj indiga troviĝas malsupre. Kaj tiel ili troviĝis en la malsupra ĉielarko. Sed en la supra la ordo estis renversita, kvazaŭ ĝi nur respegulus la alian."
Sita rigardis min konsternite. Sur ŝia vizaĝo estis videble ke ŝi estis konscia pri la graveco de la sekreto.
"Kaj poste …?"
"Poste … Mi fotografis per kolora filmo la duoblan ĉielarkon, kaj se iu ne kredas, mi montras la foton. Aŭ mi diras 'Demandu Nina. Ŝi estis tie kaj ŝi povas konfirmi mian aserton'. "
"Sed mi prezentos al vi alian ekzempleron de mia kolekto," mi reprenis la rakonton, jam kuraĝigita per la granda intereso, kiun la brunhaŭta amikino montris por mia kolekto.
"Okazis tio en alta montaro. Kune kun kelkaj amikoj mi troviĝis en tendaro, en valeto inter neĝaj pintoj. Pro la alteco ni ĉiuj sentis iom da sufokiĝo, kiu ne permesis al ni dormi."
"Post longa sendorma horo mi decidis eliri el la tendo. Ekstere mi trovis mian amikon Georgo, sidantan sur ŝtono. Fumante li observis la naturon."
"Estis plenluna nokto. La luno kvazaŭ grandega lanterno pendis super la proksima glaciejo, banante la rokecan pejzaĝon per blua mistera lumo. La ĉielo surhavis milojn da steloj. Ĉiuj brilegis tiel grandaj, kiajn mi ankoraŭ neniam vidis ilin. La altaja aero estis pura pro la maldenseco kaj sekeco. La videblo estis senfina."
"Subite du flamoj aperis sur ambaŭ flankoj de la luno, apogante sin sur montojn ĉirkaŭ la glaciejo. 'Kia stranga afero!' diris Georgo, homo kun longa sperto montgrimpa."
"Antaŭ niaj surprizitaj okuloj la du flamoj komencis leviĝadi transformiĝante en du kolonojn. Nun ili kurbiĝadis. Iom post iom ili formis arkon ĉirkaŭ la luno. Kaj fine la arko koloriĝis je ĉiuj koloroj de la ĉielarko."

"La spektaklo estis eksterordinare bela. Ni staris tie kun la spiro retenita, kaj ĝuis intense."

"Poste mi eksciis ke nur malmultaj homoj en la mondo ekzistas kiuj vidis similan fenomenon. Kaj kompreneble, mi estas tre fiera havi en mia kolekto tian maloftajon." Eta Sita senspire min aŭskultis. Ŝi glutis ĉiun mian vorton.

"Rakontu ankoraŭ, sinjoro," ŝi diris kun peta voĉo, kiam mi ekpaŭzis. Kaj mi daŭrigis.

"Sed en mia kolekto troviĝas ne nur maloftajoj, sed eĉ veraj altvaloraj ekzempleroj. Mi prezentos al vi la plej altvaloran el ĉiuj miaj ĉielarkoj. La plej multekostan, por tiel diri."

"En iu malproksima lando mi vizitis foje la iaman imperiestran palacon, kiu nun estas transformita en muzeon. Ĉiuj salonoj estis malfermitaj. Nur unu ĉambreton, en kiu la krono de la imperiestro estis gardata, oni malfermis nur je speciala peto de la vizitantoj. Post la necesaj formalajoj la gardisto malŝlosis la pordon, kaj mi eniris. Nun ni staris en malgranda ĉambro, malplena kaj sen ornamajoj. 'Kio okazos?' ni demandis nin. Sed la respondo jam venis."

"El la planko, meze de la ĉambro, ekleviĝis kvarangula kolono. Kiam ĝi leviĝis ĝis la alteco de niaj brustoj, subite la metalaj vandoj de la kofro sur la supro de la kolono malfermiĝis lasante libera vitran skatolon. Kaj en ĝi la kronon."

"Jes, vere, tie estis antaŭ niaj okuloj la ora kronego de la imperiestro, plena de brilaj juveloj. La plej belaj rubenoj kaj safiroj viciĝis tie unu apud la alia. Kaj pluraj perloj je grandeco neniam vidita."

"Kia bankedo por la okuloj!"

"Sed la plej valora juvelo troviĝis sur la frunto de la krono. Ĝi estis brilianto granda kiel juglando. Neniam mi eĉ sonĝis pri io simila. Jam mi ne memoras ĉu ĝia nomo estas Kohinor aŭ Orlov, aŭ io alia, sed mi estas certa, ke ĝi estas unu el la plej grandaj briliantoj ekzistantaj en la mondo."

"Subite okazis io neatendita. Tra trueto sur la kolora kurteno kiu kovris la fenestron, sunradio eniris, kaj tuŝis la kronon. Ĝi tuŝis precize la gigantan diamanton. Sammomente centoj da delikataj strioj de ĉielarkoj kovris la murojn kaj la plafonon de la ĉambreto. Subite ni jam ne troviĝis en senornama griza ĉambreto. Ni staris meze de luksa salono kun cento da ĉielarketoj kiuj multobligis la dimensiojn de la ejo, kaj kreis la ĝustan etoson por la observado de la imperiestra krono."

"Jen, Sita, tiu ĉi estas la plej altvalora el ĉiuj miaj ĉielarkoj. Kaj mi devas al vi konfesi, ke por mi ĝi valoras pli ol se mi posedus la brilianton mem. Ĉar havante la juvelon, mi ĉiam timus ke iu ĝin forŝtelos de mi. Kaj krome, eble neniam mi sukcesus plu per ĝi krei tiel riĉan aron da ĉielarkoj."

"Vere, sinjoro, mi kredas ke vi estas tre riĉa! Mi envias vin."

"Ho, ne, ne diru tion," mi rifuzis la flaton kun modesta rideto.

"Eble iam ankaŭ vi povos fari vian propran kolekton, kaj fariĝi eĉ pli riĉa ol mi."

"Sed ne kredu," mi daŭrigis post ioma paŭzo, "ke ĉiuj ĉielarkoj el mia kolekto estas altvaloraj. Estas en ĝi ankaŭ kelkaj kiujn mi kolektis nur pro strangeco. Estas inter ili, ekzemple, unu komika ĉielarko."

"Komika? Kiel povas esti ĉielarko komika? Rakontu, sinjoro."

"Jen kiel okazis. Mi dormis en la sama ĉambro kun miaj gepatroj. Estis somermeza frumateno. Tra fendo apud la kurteno penetris iom da sunradioj, kiuj inundis la ĉambron per milda oranĝkolora duonlumo. Mi estis kuŝanta surdorse. Subite mi rimarkis sur la plafono kolorajn striojn. Post ioma observado mi konstatis, ke temis pri vera ĉielarko, en kiun endesegniĝis vico da montetoj, barante tiel partojn de kelkaj koloroj." "Mi fariĝis scivolema. Mi ĉirkaŭrigardis serĉante la fonton de la stranga ĉielarko, sed ne sukcesis malkovri ĝin. Mi klopodis fari logikajn deduktojn pri la direkto de la radioj. La serĉado de meblo kun dentumita rando restis senutila. Longe mi kuŝis sendorma, cerbumante." "En certa momento mia patrino vekiĝis. Kaj tio ĉion ŝanĝis." "Per sia unua movo ŝi elstreĉis la brakon al la nokta tableto, kaj el la glaso kun akvo ŝi elprenis sian falsan dentaron. Dum tiu operacio la ĉielarko malaperis de la plafono. Tuj poste ĝi reaperis vigle ondumanta, sed … sen la serio de montetoj. Jen estis la solvo de mia enigmo: komika ĉielarko kreita en glaso da akvo kaj borderita per falsdentaro!"

Mia kunvojaĝantino ekridis jam antaŭ la fino de la rakonto. Ŝi divenis la finon kaj ĝi amuzis ŝin. Nun ni kune ridis.

"Sinjoro," ekparolis la knabino post momento. "Mi ŝatus kolekti ĉielarkojn."

"Ĉu vere?"

"Ho jes, mi tiel ŝatus … Sed kiel komenci? Al vi estis facile komenci, vi ja havis fraton!"

"Kiel komenci? Jes, tio estas problemo," mi diris penseme.

"Tamen, mi havas ideon, Sita. Ekrigardu tra la fenestro."

Ni klinis nin trans la fenestro, kaj mi indikis per la fingro al la ĉielarko, kiu fidele akompanadis ankoraŭ la vaportufon sub la lokomotivo. Kiam Sita rimarkis ĝin, ŝi ekkriis pro ekscitiĝo.

"Ĉu ĝi plaĉas al vi, Sita? … Ĉu vi ne kredas, ke ĝi taŭgus por komenci vian kolekton per ĝi?"

"Belega ĝi estas. Mi volus per ĝi komenci, sed kiel?"

"Jen kiel. Ni ŝanĝu la sidlokojn, tiel ke nur vi povu vidi ĝin. Mi promesas ne plu elrigardi tra la fenestro, kaj ĉar la suno baldaŭ subiros, vi estos la lasta kiu ĝin vidos. Ĝi restos nur via. La unua en via kolekto."

"Vi estas vere bonkora, sinjoro. Sed tiu ĉi belega ĉielarko tiam mankos el via kolekto."

Malpeze mi svingis la manon antaŭ mia vizaĝo:

"Ho ne zorgu, amikino, mi ne bezonas ĝin. Mi jam havas similan en mia kolekto."

Dum duonhoro Sita fikse rigardadis tra la fenestro. Sur ŝia vizaĝo intensa koncentriĝo estis videbla. Jes, la proceso de la ekposedo de la unua ĉielarko ĉiam estas akompanata de psiĥaj konvulsioj. Eĉ de fizikaj doloroj kelkfoje.

Subite la patro de Sita ektiris ŝin je la brako. Ni estis atingintaj la stacion kie ili devis forlasi la trajnon. Ni adiaŭis. Mia amikino brilis pro feliĉo.

Kaj ekde tiam mi ĉiam dum la vojaĝoj rigardadas tra la fenestro de la vagonaro. Mi tre deziras denove vidi tian ĉielarkon, por meti ĝin en mian kolekton. Ĉar, vi ja povis supozi, ke tian ĉielarkon mi ne havis ankoraŭ en mia kolekto. Mi mensogis al Sita nur por ke ŝi akceptu la donacon sen konsciencriproĉo.

Rainbow Collector, *1961*

The atmosphere in the third class compartment was stifling. A smell of sweat hung in the air. I thought miserably of the many hours of travel still ahead of me.

My fellow passengers were busy talking about things that interested me not in the slightest.

Facing me, on the window seat opposite, was a ten-year old girl, with dark eyes. Her face, it seemed to me, registered the same boredom I was feeling.

I decided to speak to her.

In response to my questions, Sita told me she was in year four at primary school. She liked geography and didn't like maths. After several more questions the topics of conversation were exhausted. A pause ensued.

I remembered I had several letters in my pocket with stamps from different countries, and thought perhaps I might amuse the girl with these.

"Do you collect anything, Sita?"

"Collect anything? ... No, nothing," she replied.

Silence. To keep the conversation going I began hunting for another topic.

"And you, sir ... do you collect anything? What do you collect?"

This frontal attack from Sita caught me unawares.

In actual fact I was a collector of anything you might care to mention and had been for ages. But, not wanting to complicate things, I thought I might tell her something simple, like stamps or postcards. However, after a moment's reflection, this struck me as rather too bland. For a second I was on the point of confessing the secret of my life, namely that I collect adventures. But that seemed too vague. Certainly something she'd be unable to understand.

For several seconds I gazed through the window, deep in thought. Because we were sitting in the first carriage of the train I could clearly see through the window the plume of steam ejected from underneath the engine. A shaft of sunlight shone through the steam and formed, in a semicircle round it, a rainbow.

"A rainbow!" I cried in wonder.

"What? ... You collect rainbows?" asked my inquisitor, eyes wide open.

"What? ... Yes, of course, hm, rainbows. Why not?"

Sita didn't know whether to believe me. She examined my face, slyly, checking it for any flicker of a smile. But none was to be found.

"And how do you collect them?" she finally summoned the courage to ask.

The steady drumming of the carriage wheels emphasised the stifling atmosphere in the compartment. Before my eyes the rainbow round the plume of steam was racing alongside the engine. "How do I collect them? Very easily. Anywhere I see one I put it in my collection. ... Of course, only if I haven't got another one like it."

Sita's dark eyes were staring at me. They were waiting. They were waiting for some great revelation.

"Since, as you know, rainbows come in different shapes and sizes ..."

"The first to join my collection was a very ordinary rainbow. I saw it when I was barely five-years-old. I was playing with my older brother and other boys from the village when I suddenly stopped. Seeing all those miraculous colours took my breath away. They all seemed so close."

"My brother. seeing me admiring it, said: 'Anyone who manages to walk under the rainbow will have every wish in life fulfilled.' He seemed quite serious. Not for a second did I doubt the truth of what he was saying."

"Without a word, as if hypnotised, I set off towards this great portal, in all its magnificence. I hurried down the village main street, not taking my eyes from the sky, and, reaching the edge of the village, I carried on walking through the wide, surrounding meadows. I felt I was getting close, and quickly, to this arc of all success."

"And did you reach it? Did you get to go under it?" Sita asked with impatience.

"No. The sun was getting lower and lower and the rainbow was fading until it disappeared altogether. There was only me left, with my infinite wonder, staring into the sky."

"The sight of that rainbow was so deeply engraved on my mind that I can say without hesitation that it's mine for ever. That was my first experience of having a rainbow. Having it, of course, in a manner that, come what may, no one can take from me."

"Afterwards there were other rainbows. One after the other they became mine, forming my collection."

Sita sat motionless listening to me. Her father offered her an orange which she refused. She was too taken up with my story.

"And, sir, have you a lot of rainbows? What sort have you got?"

"Hm, yes. I don't actually have a lot in my collection because ... I don't just take any old rainbow. The ordinary ones I leave for others, the extraordinary ones are the only ones I take. For instance ..."

For a moment I racked my brain to extract from the storeroom of my memory some outstanding specimen from my collection. Eventually there it was.

"I was once, in my country, in an old town by the sea. After a morning of rain the clouds suddenly vanished and, even before I saw the sun, rainbows appeared in the sky. I say 'rainbows' because there wasn't just one, but two. One above the other. The smaller one stood out, its colours extremely vivid. One of its ends was resting on the ancient roofs of the houses, while the other was drowning in the sea. It looked as if it symbolised the link between the town and the sea. And the rainbow was right. For centuries the townsfolk had been mariners, fishermen, pirates, merchant venturers and sailors, working on all sorts of ships."

"Above this image, as if framing it, spread the second rainbow, somewhat fainter than the one below."

"And now, Sita, if you promise not to tell anyone, I'll let you into a secret."

"I promise," whispered the girl.

I looked round to make sure no one was listening. Then I leaned across to the girl. "Think about this," I said, "the colours of that upper rainbow were reversed. Every good collector knows that violet and blue are at the top, with red and indigo at the bottom. They were like this in the lower rainbow. But in the upper one the order was reversed, as if a mirror of the other."

Sita looked at me with a worried expression. It was obvious from her face she understood the seriousness of the secret.

"And then …?"

"And then. … I took a colour photo of the double rainbow, and if no one believes me I show them the picture. Or I say 'Ask Nina. She was there and she'll back up what I'm saying'."

"But here's another specimen from my collection," I said, resuming my story, and encouraged by the enormous interest my brown-skinned friend was showing in my collection.

"This all happened high up in the mountains. I had set up camp with several friends in a tiny valley between snow-capped peaks. Because of the altitude we all had difficulty breathing, which stopped us from sleeping."

"After a long hour without sleep I decided to leave the tent. Outside I found my friend George, sitting on a stone. He was smoking, contemplating nature."

"There was a full moon which, like some huge lantern, was suspended above the adjacent glacier, bathing the rocky landscape in a mysterious blue light. The sky was lit with thousands of stars. I had never seen them shine so brightly. This was because of the purity of the mountain air, rarified and devoid of moisture. You could see for miles."

"Suddenly two flames appeared on both sides of the moon, propped as it were on the mountains surrounding the glacier. 'That's funny,' said George, a person with long mountaineering experience."

"Before our astonished eyes the two flames started to rise, becoming two columns. Then they began to curve. Little by little, they formed an arc round the moon. Eventually the arc took on all the colours of the rainbow."

"This was an extraordinarily beautiful sight. We stood there, hardly daring to breathe, savouring the spectacle."

"Later I discovered there are only a few people in the world who have seen anything like it. And, obviously, I'm proud to have such a rarity in my collection."

Little Sita was listening to me with baited breath. She was taking in my every word.

"Please, sir, tell me more," she pleaded, when I stopped for a moment. So I carried on.

"It's not just rarities I have in my collection but also some really valuable examples. Here's the most valuable of all my rainbows. The most expensive, as it were."

"I once visited, in a far-off land, what used to be the imperial palace, now turned into a museum. All the rooms were open. Only one small room, where the imperial crown was carefully guarded, was opened at the special request of visitors. After the necessary formalities the guard unlocked the door and I went in. There I was, in this tiny room, entirely empty and devoid of decoration. 'What happens now?' I wondered. But the answer was already on its way."

"Out of the floor, in the middle of the room, rose a rectangular column. When it reached chest-height, suddenly the metal sides of the casing on the top of the column opened, revealing a glass container. And, inside, the crown."

"Yes, in all honesty, there before our very eyes was the enormous imperial gold crown, studded with gleaming jewels. The most beautiful rubies and sapphires all next to each other. And pearls so big you've never seen anything like them."

"What a feast for the eyes!"

"But the most valuable jewel was in the brow of the crown. It was a diamond the size of a walnut. Never in my wildest dreams had I ever imagined anything like it. I can't recall its name, 'Kohinor' or 'Orlov', something like that, but I'm sure it's one of the biggest diamonds in the world."

"Suddenly something unexpected happened. Through a small gap in the bright coloured curtain at the window a shaft of sunlight entered the room, touching the crown. It fell exactly on that gigantic diamond. At precisely that moment hundreds of tiny rainbow rays covered the walls and ceiling of the little room. Suddenly we were no longer in a drab little room devoid of decoration. We were standing in the middle of a sumptuous salon with a hundred tiny rainbows making the place larger and creating precisely the right conditions for seeing the imperial crown."

"This, Sita, this is the most valuable of all my rainbows. And I have to say that, for me, it's worth more than if I owned the diamond itself. Because, if the jewel were mine, I'd always be petrified someone would steal it from me. And, besides, I'd probably never get to recreate such a rich array of rainbows."

"Sir … I think truly you're a very rich man. I envy you."

"Oh, no, you mustn't say that," I rejected her adulation with a modest smile.

"Perhaps some day you'll have your own collection and become even richer than me."

"But don't think," I continued after a brief pause, "that all the rainbows from my collection are valuable. There are some in there I collected only because of their peculiarities. Among them, for instance, is a funny rainbow."

"Funny? How can a rainbow be funny? Tell me, sir, please."

"Here's how it happened. I was sleeping in the same room as my parents. It was an early morning in summer. Sunlight was coming in through a slit by the curtain, which bathed the room in a mild, orange half-light. I was lying on my back. Suddenly I noticed on the ceiling some coloured lines. After studying them a while I realised it was a real rainbow, on which could be made out a row of hills blotting out parts of some of the colours."

"I was curious. I looked round to try and locate the source of this peculiar rainbow, but couldn't find it. I tried to use logic to determine the direction of the rays. Trying to discover any item of furniture with a serrated edge proved fruitless. I lay there for a long time, sleepless, and thinking."

"At some point my mother woke up. And then everything changed."

"The first thing she did was stretch out her arm in the direction of the night table and take her false teeth from the glass of water. During this operation the rainbow vanished from the ceiling. Straight afterwards it came back, but in waves, like the sea, and … without the row of hills. My puzzle was solved: here was this comedy rainbow formed in a glass of water and edged by a set of false teeth!"

My fellow passenger had begun laughing even before the story was over. She had guessed the ending and it tickled her. Now we were laughing together.

"Sir," the girl began after a moment. "I'd like to collect rainbows."

"You would?"

"Oh, yes, I'd love to ... but how do I get started? It was easy for you, you had a brother."

"How do you get started? Yes, that's not easy," I said, thinking hard. "All the same, Sita, I've an idea. Look out of the window."

We leaned out of the window and I pointed to the rainbow, still faithfully accompanying the plume of steam from underneath the engine. When Sita spotted it she called out in excitement.

"Do you like it, Sita? ... Do you not think it would be a good one to start your collection?"

"It's truly splendid. I'd love to start with it. But how?"

"Here's how. We'll swap seats so you're the only one who can see it. I promise not to look through the window any more and, because the sun will soon be going down, you'll be the last one to see it. Then it'll stay yours, yours alone. The first in your collection."

"You're very kind, sir. But that means you won't have this splendid rainbow for your own collection."

I dismissed her concerns with a wave of my hand.

"My dear friend, don't worry. I don't need it. I've already got one like it in my collection."

Sita stared through the window for half an hour. Her face registered intense concentration. Oh, yes, the act of acquiring the first rainbow is always accompanied by mental turmoil. Even sometimes physical pain.

Suddenly Sita's father was tugging at her arm. We had reached the station where they were to leave the train. We said our farewells. My little friend was radiant with joy.

Ever since then, on journeys, I've always looked out through the train window. I'd love to see a rainbow like that again to have in my collection.

Because, as you may have gathered, I don't have a rainbow like it in my collection. I lied to Sita so she'd accept my present with a clear conscience.

Translation – Paul Gubbins

The following two short stories, by the same author, are models of brevity – focused, with barely a redundant word. They appeared in the collection *La naŭa kanalo* (*The Ninth Channel*) published in 1981.

István Nemere

Murtapiŝo, *1981*

Tiutempe mi okupiĝis pri teksado de murtapiŝo. Unue ili permesis tion. Poste ili komencis primoki, ĉikani min pro tio. Fine eĉ malhelpi. Sed mi ne ĉesis.

Iutage ili diris: ni ne havas manĝajon, iru labori. Mi respondis, ke mi teksas murtapiŝon. Ho, vi vendos ĝin kaj ricevos multe da mono? – demandis ili. Ili ne demandis, sed eĉ asertis tion. Mi ne vendos ĝin, ĉar mi faras ĝin por mi mem – mi respondis – mi volas havi ion belegan en tiu domo, kiu estos iam la mia. Stultajo – ili diris – vi malsatmortos, se vi faras nur tion.

Frumatene mi eliradis al la marbordo, kaptadis krabojn, kaptadis kaj portis ilin al vendoplaco. Mi vendis ilin por malmulte da mono kaj tiom sufiĉis por unu tago. Kiam la suno leviĝis alten, en ombro mi teksis plu la murtapiŝon.

Mi enteksis multajn kolorojn – ĝi fariĝis ĉiam pli bela. Ĝi prezentis unusolan, grandan floron – mi nomis ĝin floro de la Suno. Oranĝflava, trairanta el fajroblanka al sunkolora, etendataj flambrakoj, radiantaj petaloj. Kaj ruĝa fono.

Miaj fratinoj ĉiuvespere staradis sur stratanguloj. Miaj fratoj forveturis ien per fiŝkaptistaj barkoj.

Mi teksis la murtapiŝon.

Mia patrino mortis, la rigardo de mia patro fariĝis nenionvidanta; tuttage li ridetis, ridaĉis.

Mi teksis la murtapiŝon.

Unu el miaj fratinoj mortigis sin, la alia malaperis. Nian domon iunokte trafis fulmo, ĝi bruliĝis. Mi elsavis la murtapiŝon, mia patro mortbrulis interne.

Mi teksis.

Nur la vento restis mia malamiko. Mi sidis sur alta roko, la vento forŝiradis la fadenon el miaj manoj. Sed antaŭ ol ĝi venkis, la murtapiŝo pretiĝis.

Belega ĝi estis. Mi admiris ĝin.

Neniun mi havis, al kiu mi povus montri ĝin.

Tamen, ĝi treege plaĉis al mi.

The Tapestry, *1981*

At the time I was busy weaving my tapestry. First of all they let me. Then they started making fun of me, teasing me. Eventually they even tried stopping me. But I didn't give up.

One day they said: We've no food, go and get a job. I told them I was weaving a tapestry. Oh, so you're going to sell it and make lots of money? they enquired. Actually it wasn't an enquiry, more a statement of fact. I'm not selling it because I'm making it for myself, I replied. I want to have something nice in the house that one day will be mine. That's silly, they said. If that's all you do, you'll die of starvation.

At first light I used to go down to the shore, catching crabs, catching them and taking them to the market. I sold them for very little, just enough to get through one day. When the sun rose high in the sky I would sit in the shade and continue weaving my tapestry.

I wove many colours into it so it became more and more beautiful. It depicted a large single flower – I called it Flower of the Sun. It was orangey-yellow, ranging from the white heat of fire to the colours of the sun, exuding flame, radiating petal. And with a red background.

My sisters stood around each evening on street corners. My brothers went off somewhere in their fishing boats.

I wove my tapestry.

My mother died, my father's eyes began to fail, all day he grinned, leered.

I wove my tapestry.

One of my sisters killed herself, the other disappeared. One night our house was struck by lightning and burned down. I rescued the tapestry, inside my father burned to death.

I wove.

Now my only foe was the wind. I sat on a tall rock, the wind tore the thread from my hands. But before it could claim victory, the tapestry was finished.

It was very beautiful. I admired it.

I had no one to whom I can show it.

But it gave me enormous pleasure.

Translation – Paul Gubbins

La barilo, *1981*

La barilgardanta fervojisto iutage diris al sia edzino:

– Ni forveturos de tie ĉi. Mi jam ne plu elportas la eternan klakbruon. Foje vagonaro alvenas, foje aŭtomobiloj. Barilon suben! Barilon supren! Sufiĉe jam. Ni translogiĝos ien, kie estas silento.

La virino vane petegis, li iris al siaj ĉefoj, kaj maldungiĝis. Ili aĉetis dometon en malproksima montara vilaĝo, kie la infanoj eĉ ankoraŭ neniam vidis trajnon. Ilia domo estis ne tro proksime al la vilaĝo. La silento de arbaro ŝirmis ilin kiel birdon la flugiloj. Ĉiuvespere ili sidiĝis antaŭ la domo kaj rigardis, kiel mortas la suno.

Iunokte la barilgardisto vekis sian edzinon:

– Ĉu vi aŭdas ...? Klakado ... kvazaŭ trajno veturus.

Ŝi duonkonscie murmuretis ion kaj dormis plu. Pli poste ankaŭ la barilgardisto endormiĝis.

Sed de tiu tempo li aŭdis ĉiunokte, kiel klakadas la pezaj trajnoj tra la relŝanĝiloj. Kelkfoje preskaŭ malplenaj, malpezaj personvagonaroj ruliĝis foren. Li aŭdis eĉ la kriojn de konduktoroj, la varmo de la lokomotivo ensaltis tra la fenestro.

Ŝi iunokte vekiĝis, la edzo ne kuŝis apude. Do eliris ŝi antaŭ la domon, nur en nokta ĉemizo vestita. La barilgardisto tie staris, lia kapo kunfandiĝis kun la plenluno. Ne turnante sin, li ekparolis:

– Ĉu vi aŭdas ...? Jam proksimiĝas la frumatena ekspreso.

Nur la vento muĝis sube, inter la pinoj, la luno stumbletadis malantaŭ la disŝiritaj nuboj.

La virino silentis, tremante. La barilgardisto raŭkvoĉe diris:

– Mi iras ... mi devas ja levi la barilon.

The Barrier, *1981*

One day the level crossing-keeper said to his wife:

– We're going. I can't stand that constant banging and clattering any more. Sometimes it's a train that's arriving, sometimes cars. Barrier down! Barrier up! I've had enough. We're moving somewhere quiet.

His wife pleaded in vain; he went to his superiors and handed in his notice. They bought a cottage in a far-away mountain village where the children had never even seen a train. Their house was at some distance from the village. The silence of the woods protected them like a bird its wings. Each evening they sat down in front of the house and watched the dying of the sun.

One night the crossing-keeper woke his wife:

– Can you hear it …? Clickety-clack … like a train passing through. Only half awake she muttered something and went back to sleep. A little later the crossing-keeper too fell asleep.

But from that moment, every night, he heard the heavy trains clattering over the points. Sometimes passenger trains, lighter, almost empty, disappearing into the distance. He even heard the guards shouting, felt the warmth of the locomotive surge through the window.

One night she woke to find her husband no longer beside her. So, dressed only in her nightgown, she went out of the house. The crossing-keeper was standing there, his head as one with the full moon. Without turning, he began to speak:

– Can you hear it …? It's coming, already, the early morning express.

Only the roar of the wind below, among the pines, the moon faltering behind the scattered clouds.

The woman was silent, trembling. In a hoarse voice the crossing-keeper said:

– I'll be off … got to get that barrier up.

Translation – Paul Gubbins

An amusing tale – which the author confirms is based on real events in his homeland Togo – is *Mi vizitis grandan urbon* (loosely translated as *Been There, Done That* [literally: *I visited a Big City*]), published in 1989.

The novella traces a father's first journey from his village to the Togo capital, Lomé. Before setting off, the old man – Gajenu/Gajenu – seeks protection on his journey both from his ancestors, at his family shrine, and from the god of the white men, at a Christian church.

Having missed the train, he then encounters for the first time in his life a bus and believes the heads he sees in its windows are of people who have been decapitated. In addition he is astonished that the trees appear to be running past the bus, which he finds most unsettling …

Gbeglo Koffi

Mi vizitis grandan urbon (eltirajo), *1989*

Gaĝenu alproksimiĝis al la domaĉo, kaj ekvidis nigran kaj bonaspektan vojon. "Ha, kiel bela loko! Mi kuŝu ĉi tie atendante la taksion." Tiam Gaĝenu kuŝiĝis sur la asfaltita vojo. Li tuj dormis. Veturilo alvenis kaj la stiranto bremsis flanke de li, pensante malkovri mortinton. Nenio ĝenis Gaĝenu, li ade dormis. "He! Kiu vi estas?" Ĉe tiu demando de la veturigisto, Gaĝenu eksaltis kaj siavice demandis "Kiu vi estas?" La veturigisto ektimis sed pacvoĉe parolis kun la maljunulo.

– Kiu vi estas, avĉjo?

– Mi estas Gaĝenu. Mi tuj estos famulo, ĉar mi iras al Lome. Kien vi iras?

– Ĉu vi vojaĝas al Lome? Mi venis de tie kaj mi tien reiras. Kial do vi kuŝis sur la vojo de aŭtomobiloj?

– Ĉu tio estas la vojo de aŭtomobiloj? Do min bonŝance jus maltrafis la morto. Mi dankas Dion de la blankulo kaj precipe miajn fetiĉojn. Vi diris, ke vi venis de Lome, ĉu ne? Ĉu vi konas mian filon?

– Kiu?

– Mia filo vivas delonge en Lome. Li finstudis en la lernejo de nia vilaĝo, kaj nun laboras en Lome. Li estas grava klerulo. Ĉu vi konas lin?

– Mi petas, kiu estas lia nomo?

– Lia nomo? Mia filo estas tiom eminenta, ke estas malpermesite diri kiel ajn lian nomon. Li estas famkonata en la tuta urbo. Sed mi klopodos murmureti lian nomon. Li nomiĝas Kuturu.

– Mi ne konas lin.

– Do vi ne konas Lome. For de ĉi tie, perfidulo! Jen unu el tiuj, kiuj senkapigas samhomojn. Kial do vi vekis min? Por trompi min, ĉu ne? For de ĉi tie!

– Kara avo, mi kompatas vin. Vi povas ĉiel insulti min, mi scias kio vin ĝenas. Bonvolu eniri mian veturilon, mi kondukos vin en Lome.

– Kio ĝenas min? Ĉu vi intencas insulti min? Ĉu vi konas Gaĝenu? Ĉu vi scias kion signifas la terminon 'Ga-ĝe-nu'? Se vi ripetos ankoraŭ tion al mi, mi envultos vin. Ĉu vi kondukos min al Lome aŭ al senkapigejo? For de ĉi tie!

– Kara patro, rigardu en mian veturilon. Ĉiuj, kiuj tie sidas, iras al Lome. Mi ne povas senkapigi vin ĉiujn. Mia naskiĝa vilaĝo estas Zola, mia patro nomiĝas Teko kaj mi mem Parfo. Mia patro estas fiŝkaptisto kaj mi, veturigisto. Mi vivtenas min per tiu laboro. Mi petas, eniru la veturilon!

Gaĝenu memoris pri iu Zola-ano, kun kiu li konatiĝis, pro la fakto ke iliaj filoj duaj havas saman alnomon. Ili ĉiam renkontiĝis ĉe la fiŝkaptejo. Teko delonge forlasis sian vilaĝon, por vivi kun sia edzino ĉe Togovilo, kie li plufiŝkaptis. Gaĝenu nenion deklaris, sed silentis kelkajn momentojn fiksante la veturigiston antaŭ ol reparoli, tiam ŝerce

– Jes, mi komprenas. Kiom kostas por unu?

– 150 frankojn.

– Kiom da kapoj vi jam havas?

– Dek unu. Mankas unu por ke la veturilo estu plenplena. La via estas eble la mankanta.

– Jes, mi ja malkovris vian planon. Vi diris mem, ke vi havas jam dek unu kapojn. Ne mian vi povas akiri. Mi eniros vian veturilon, sed nenion vi povas fari al mi, ĉar miaj fetiĉoj, ankaŭ la Dio de la blanka pastro protektos ne nur min, sed ankaŭ la aliajn senkapigotojn. Lasu min preĝi kelkajn momentojn: AHOKLOĈO KLIĈO, EHUANKOĜO EHUANKAĜA, ĜAKLI ĜAĜAKLA, HOĜE HOĈEĈE. FIĈIMIN-PURI, KARO KARO KARO. ETU KAKARAKA KAKAROKO. ĈAMENA MENAĈAM. ĈAMEN.

Kaj Gaĝenu eniris la veturilon. Li sidis apud la veturigisto, kiu tremis pro la potencaj paroloj de Gaĝenu. La veturilo ekmarŝis, Gaĝenu ektremis timante la veturadon, kaj lin la veturigisto kaj veturigatoj timis. La veturilon akcelis la veturigisto, Gaĝenu tremegis sed kondutis kvazaŭ li ne timus. Li parolis al la veturigisto, sed balbutis pro la rapido de la veturilo. Neniu vorto povis eliri el lia buŝo. La veturigisto iom eltimigite rimarkis, ke la sinteno de Gaĝenu ege aliiĝis.

– Kion vi bezonas, kara patro?

– Rigardu, kiel la arboj kuras! Kien ili iras? Jes, mi timas, ke ili tuŝegos la veturilon.

– Ne timu, la arboj neniam marŝas, la veturilo tion faras. Mi akcelis ĝin, por ke ni frue atingu Lome.

– Ho, ne! Mi havas kapturniĝon. Rigardu mian kapon, mia veturigisto, ĉu ĝi ne rivo-luas? Miaj okuloj estas vualitaj de io. Mi nenion ekvidas. Huj! Mia koro saltegas, mi tuj mortos. Mi petas, bonvolu haltigi la veturilon, mi daŭrigu la vojaĝon piede. Miaj dioj, protektu min! Kial mi akceptis iri al Lome? He! Io varmigas miajn plandojn. Ĉu la veturilo brulas? Mi tuj elsaltas tra fenestro. Hu! Io venas de mia ventro al mia buŝo, mi tuj vomos. Haltigu la veturilon, mi tuj vomos, elirigu min rapide.

– Hej! Ni jam estas en Lome. Ankoraŭ unu minuton kaj vi vomos en Lome.

– Hrrrr ... Vi purigos mem la veturilon. Tio instruas al vi, ke vi ne devas tiel rapide veturigi la patron de famkonatulo.

– Jen la stacio, kie ĉiuj devas elveturigi. Bonvolu eliri. Rigardu, kiel multaj estas la veturiloj ĉi tie, ankaŭ homoj. Mi ne estas senkapigisto sed veturigisto. Iru nun retrovi vian famkonatulon, Kuturu.

– Dankon, sed mi ne povas allasi, ke vi kiel ajn vokas la nomon de mia filo.

– For de ĉi tie, kamparano!

Gaĝenu tiam atingis la urbon, unuafoje en sia vivo. Li trafis Lome, sed ankoraŭ ne la domon de sia filo. Kie li povos trovi Kuturu, kiu pasigis la tutan tagon ĉe la ĉefa stacidomo de Lome, atendante lin?

Been There, Done That (extract), *1989*

Gajenu approached the hovel, where he noticed a splendid black path. "Ah, what a won-derful place! I think I'll lie down and wait for the bus." So saying, Gajenu lay down on the tarmac road. He fell asleep at once. A vehicle came along and the driver braked and came to a halt next to him, thinking he'd found a body. None of this troubled Gajenu, who carried on sleeping. "Hey! Who are are you? " Gajenu, hearing the driver's question, leaped up, and then it was his turn to ask "Who are you?" The driver, frightened, nevertheless addressed the old man calmly.

– Who are you, then, pops?

– I'm Gajenu. I'm about to be a Very Important Person, because I'm going to Lomé. Where are you going?

– Going to Lomé? That's where I've just come from and that's where I'm going back. Why were you in the middle of the road?

– This is a road? Then I've escaped death by the skin of my teeth. Thanks be to the god of the white men and above all to my family shrine. But ... I think you just said you've come from Lomé. Do you know my son?

– And who would that be?

– My son's been in Lomé for some time now. He finished at our village school and now works in Lomé. He's an important and educated man. Do you know him?

– Please, you'll have to tell me his name.

– His name? My son's so eminent that it's forbidden to mention his name in any way, shape or form. Everyone in the whole city knows him. But I'll try and say his name very quietly. It's Kuturu.

– Never heard of him.

– Then you've never heard of Lomé. Away with you, you villain! You're one of those people who goes round chopping off heads. Why did you wake me up? To trick me, eh? Away with you!

– I tell you, old man, I've taken a bit of a shine to you. You can be as rude and nasty about me as much as you want, but I've got your measure. Just climb aboard and I'll get you to Lomé.

– Got my measure? Are you deliberately trying to be rude to me? You know Gajenu, then? Know the meaning of the word 'Ga-jenu'? Say anything like that again and I'll be sticking pins in your effigy. And is it Lomé you'll take me to or that place where the headsman does his business? Away with you!

– Come on, pops, just take a peep into my bus. Everyone sitting inside is going to Lomé. I can't chop all your heads off. Listen. The village where I was born is Zola, my father is Teko and I'm called Parfo. My father's a fisherman and I'm a driver. It's my job. Please, climb aboard.

Gajenu remembered there was a person in Zola known to him, because their second sons shared the same first name. They used to meet at the fishery. Teko had left his village a long time ago to live with his wife in Togoville where he continued to work as a fisherman. Gajenu said nothing of this, but was quiet for a few moments, staring hard at the driver before talking again, this time more lightly.

– Yes, I know what you're saying. How much for one?

– 150 francs.

– How many heads have you got already?

– Eleven. I just need one more for the bus to be full. Perhaps yours will make up numbers.

– Right, I know what you're up to. You said yourself you've eleven heads. You're not having mine. I'll get into this bus of yours but there's nothing you'll be able to do to me, because the relics in my fetish shrine, as well as the god of the white priest, are going to protect not only me but all the other people you've lined up to lose their heads. Let me have a moment or two in prayer: AHOKLOCHO KLICHO, EHUANKOGHO EHUANKAGHA, GHAKLI GHAGHAKLA, HOGHE HOCHECHE. FICHIMIN-PURI, KARO KARO KARO. ETU KAKARAKA KAKAROKO. CHAMENA MEN-ACHAM. CHAMEN.

And so Gajenu boarded the bus. He sat next to the driver, who was all a-tremble at Gajenu's mighty words. The vehicle set off, and now Gajenu began trembling, because the journey had begun, and both driver and passengers were afraid of him. The driver increased the speed, and Gajenu began shaking but acted as if he were not afraid. He spoke to the driver, but all he could do was stammer because of the velocity of the vehicle. No word could pass his lips. The driver, now slightly bolder, noticed that Gajenu's attitude had changed.

– What's the matter, pops?

– Look how the trees are running along! Where are they going? I'm scared they're going to smash into us.

– Don't be scared. It's not the trees doing the running, but the bus. I've speeded up so we'll get to Lomé faster.

– No, please. I'm feeling quite dizzy. Just look at my head, driver, isn't it spinning round? Besides, my eyes are all blurry. I can't see anything. And, oh, my heart is thumping. I'm at death's door. Please, I beg you, stop the bus. I'll go on foot. May all my gods protect me! Why did I ever agree to go to Lomé? Hey … something's making the soles of my feet all warm. Is the bus on fire? I'm going to jump out through a window. Oh! There's something on its way from my stomach to my mouth, I'm going to be sick. Stop the bus, I'm going to be sick, let me out this instant.

– Hey! We're here, now, in Lomé. Just another minute and you can throw up in Lomé itself.

– Hrrr … You can clean up your bus yourself. That'll teach you not to drive the father of a famous person so quickly.

– Here's the bus station where you all get out. Please, out you get. See how many cars there are, and people. And I'm not a headsman but a driver. Off you go and find this famous son of yours, Kuturu.

– Thank you, but there's no way I can allow anyone to mention my son's name.

– Beat it, peasant!

And so, for the first time in his life, Gajenu made it to the city. He'd got to Lomé but still not to his son's house. Where would he be able to find Kuturu, who in fact had spent all day at the main railway station in Lomé waiting for him?

Translation – Paul Gubbins

A different view of bus travel in Africa is provided by a regular contributor to the news magazine *Monato* (*Month*). The title of the piece, published in November 2011, is a play on words difficult to capture in English. Literally it means "timetable horror". A weak attempt to capture the spirit of the title might be "Sign of the time(table)s"

Princo Henriko Oguinye

Horaro-hororo, *2011*

Vojaĝi buse en Niĝerio plej danĝeras: eble ekzistas en la mondo neniu pli danĝera lando por pasaĝeroj.

Lastatempe mortis 20 homoj post atako kontraŭ aŭtobuso veturanta nokte inter la niĝeria ĉefurbo Abuja kaj Port Harcourt. La pasaĝeroj estas unue prirabitaj sed, kiam la krimuloj kolere konstatis, ke iliaj viktimoj malmultan monon kaj aliajn posedajojn kunhavis, la rabistoj devigis ilin kuŝi sur la ŝoseo.

Alia buso, kies ŝoforo la viktimojn ja vidis, sed rabistojn timis, ne haltis, kaj surveturis la prirabitojn. La sekvan matenon, kiam venis la polico, videblis nur korpopartoj.

Pro similaj cirkonstancoj pereis pasintjare 60 pasaĝeroj survoje al la niĝeria komerca ĉefurbo Lagos.

Ankaŭ mi estas dum nokta busvojaĝo prirabita. Mi veturis inter Owerri, en orienta Niĝerio, kaj Abuja. La vojaĝo daŭras ĝis sep horoj sed, pro malbonaj ŝoseoj, ofte estas bezonataj 12 horoj (kaze de paneo eĉ du tagoj).

Eniris la aŭtobuson rabistoj, kiuj prenis ĉion, kion ni posedis, kaj vundis la ŝoforon. Nun mi ne plu veturos nokte.

Niĝerianoj dependas de aŭtobusoj. Flugi tro multekostas kaj, malgraŭ milionoj da dolaroj elspezitaj por plibonigi la fervojojn, transporto tia apenaŭ ekzistas. Krome, homoj preferas noktajn busojn: dum nokta vojaĝo eblas, almenaŭ teorie, dormi, kaj ne perdi labortagon.

Nun pro la danĝeroj, kiuj ŝokis niĝerianojn, la registaro konsideras malpermesi noktan veturadon. Oni estu avertita: vizitantoj al Niĝerio nepre ne busvojaĝu nokte, nek pro aventuremo nek pro iu alia kialo.

Sign of the Time(table)s, *2011*

Travelling by bus in Nigeria is extremely dangerous: for passengers there is probably no more dangerous country in the world.

Recently 20 people died following an attack on a night bus travelling between the Nigerian capital Abuja and Port Harcourt. First of all the passengers were robbed but, when the villains realised to their annoyance their victims had little in the way of money or other possessions, the robbers forced them to lie down in the road.

Another bus, whose driver had in fact spotted these people, but who was fearful of the robbers, decided not to stop and ran over the victims of the robbery. The following morning, when the police arrived, all that could be seen were body parts.

Last year 60 people, on their way to the Nigerian commercial capital of Lagos, lost their lives in similar circumstances.

I too was robbed on a night bus journey. I was travelling between Owerri, in eastern Nigeria, and Abuja. The journey should take up to seven hours but, because of poor roads, often 12 are needed (two days in the case of a breakdown).

Robbers boarded the bus, took everything we had, and assaulted the driver. Now I no longer travel at night.

Nigerians are dependent on buses. Flying is too expensive and, despite millions of dollars spent to improve the railways, rail transport hardly exists. Besides, people prefer night buses: on a night journey it is possible, at least in theory, to sleep and not miss a day's work.

Now, because of this danger, which has shocked Nigerians, the government is considering banning night travel. Be warned: visitors to Nigeria should on no account travel by night bus, neither from a spirit of adventure nor for any other reason.

Translation – Paul Gubbins

The author's Swiss origins enabled him to take this satirical but affectionate look at his adopted country. The essay was published in its final form in 1989 in the collection *Arto kaj naturo* (*Art and Nature*). Some of Rossetti's barbs are blunted by time, but much of what he says still finds its mark.

Reto Rossetti

La eternaj angloj, *1989*

Kiel konate, la angloj loĝas en Anglujo. Ilin disigas de Eŭropo 40 kilometroj da markolo kaj alta monto da memestimo. Laŭ angla vidpunkto la homaro parolas du lingvojn: angle kaj fremde. La fremduloj iom post iom lernas la anglan lingvon, por kiu la ceteraj lingvoj estas surogato, kaj finfine la tuta homaro posedos la solan lingvon imageblan por ĝusta homo. Ĝi ankaŭ estas la sola lingvo, kiu skribas "mi" kun majusklo.

Tiu lingvo estas komprenebla perfekta. Inter ĝiaj amindaj ecoj estas tio, ke aŭdinte novan vorton oni devas serĉi en vortaro ĝian ortografion, kaj vidinte novan vorton oni devas serĉi en vortaro ĝian elparolon. Ĝi havas nek refleksivan pronomon nek subjunktivon, kaj la futuro kaj kondicionalo havas po du formoj, kiujn scias manipuli la sudaj angloj sed nek la nordaj angloj nek la skotoj nek iu alia. Mankas vorto por "homo" kaj "naski" sed kompense troviĝas 37 manieroj diri "ĉu ne?" La lingvo portas 22 vokalsonojn, la frazo havas fiksan vortordon, kaj la sama vorto povas esti substantivo, adjektivo aŭ verbo laŭ sia lokiĝo en la frazo. Tio ĉi kondukas al multaj amuzaj miskomprenoj kaj amasaj ebloj de vortludo.

Por aliaj lingvoj, kiuj estas fonetikaj, akcentregulaj, posedas refleksivon ktp., la angloj havus kompaton, se ili entute ion scius pri ili. La kelkaj angloj, kiuj lernas fremdan lingvon, sin sentas renegatoj, sed sian kulpon ili malpezigas, plibonigante la fremdan lingvon per angla prononcado kaj angla gramatiko. Tio faras ĝin pli kultura.

Al la pitoreska kaoso de sia lingvo la angloj aldonas aliajn ĉarmajn kaosojn. Oni povas diri entute, ke por kaoso la angloj havas specialan talenton.

Kiam temis pri poŝta kodo estis antaŭvideble, ke la angla genio atakos ĝin tute originale, kvazaŭ novan astron sur la monda firmamento. Kion fari, la angloj estis ĉie pioniroj: pioniroj de industria revolucio, de taksioj (ankoraŭ ĉiu taksio portas la oficialan nomon "ĉeval-kaleŝo" – "hackney carriage"), senkapigo de reĝoj, kaj rostita pano. Do ignorante la eŭropajn poŝtokodojn kun ilia mizera vico de dek cifer-simboloj, la angloj brile aldonis al tio la 26 literojn de la alfabeto, skuis ĉion en koktela miksilo, kaj elŝutis ĉion sur la britan mapon. La rezulto estas volapukaĵo riĉa je konfuzoj, kun 0 kaj 1 jen kiel ciferoj, jen kiel literoj, kaj karamboloj inter rapide skribitaj Z kaj 2, 5 kaj S. Nu, tiu bunta artverko havas sian koston, ekzemple tion, ke ĝi venkas la plej saĝan komputilon. Bagatelo! Tutsimple oni sidigas en ĉiu poŝta centro homon kun skribmaŝino, kaj dum defilas antaŭ li la leteroj, li interpretas kaj tajpas la ĉifrojn, kiujn la komputilo jam scios digesti.

Simila ĝangalo estas la angla eduka kampo, kiu ampleksas 29 specojn de lernejo. Oni nomas tion "eduka sistemo" kaj, kun supera logiko, oni nomas la elitajn privatajn lernejojn "publikaj".

Aŭ rigardu la anglan valuton. Pri la klasika monsistemo ni jam ne parolas, ĉar fine oni ĝin ŝanĝis al dekuma aranĝo, dividante la pundon ne je 100, sed je 200 eroj: la ducentonon oni nomas duonpenco. Logike oni devus ĝin esprimi per trialoka decimalo, ekz. pundo 1,005: ĝeno, kiun la angla genio tuj solvis, skribante ĝin ½, kaj tiun frakcion oni kroĉis al la decimalo: iu varo povas do kosti pundo 1,99½, matematika gulaŝo unike angla, kaj rafinita turmento por infanoj en lernejo. Nu, post 15 jaroj da devaluo, tiu mizera duonpenco ŝrumpis mikroskope kaj oni jus dekretis kompateme ĝian estingon en 1985.

La angloj amas la bestojn kaj antaŭ ĉio la hundojn. Kiam la rusoj en 1957 suprensendis hundeton en sputniko, miloj da geangloj protestis furioze al la jurnaloj, deputitoj kaj rusa ambasado; sed kiam la usonanoj suprenpafis simion oni apenaŭ atentis, ĉar simio tro similas homon. La usonanoj tamen iom riskis kaj estontece ili farus plu prudente, ekspedante pigmeon aŭ orfon.

Oni scias, ke la angloj estas lakonaj kaj modestaj. Ili elokvente klarigas sian lakonecon kaj verve informas pri sia modesteco. Ili estas ankaŭ flegmaj, kaj tre ekscitiĝas, se tion vi ne volas kredi.

Ili amas la simplan anglan kuiradon, kiun ili manĝas tre rapide, ĉar estas iel nedece okupiĝi longe pri la sinnutrado. Ili same rapidas tra siaj stratoj kun urĝa celo, ekzemple al kontoro aŭ kinoteatro, kaj ili ne imagas, ke strato povas esti renkontejo, restoracio – babilejo, aŭ homaj interrilatoj grava tagokupo. Ankaŭ la restoracioj havas signon de urĝeco: oni rapide glutas sian manĝon kaj transdonas sian seĝon varma al la postveninto. Oni faras tion des pli volonte, ke temas pri simpla angla kuirado.

Oni tamen ne pensu, ke la angloj ne ŝatas Eŭropon. Ĉiam amase ili vojaĝas tien, kunportante en falango sian lingvan medion kaj gvidate al turistaj hoteloj, kiuj garantias la simplan anglan kuiradon. Multaj angloj verdire ankaŭ aventuras pri kontinenta kuirarto, indulge ĝuas ĝin, eĉ konsentas pasigi ĉe ĝi pli ol 15 minutojn, sed estas ja libertempo, kaj post la frivolo ili revenas al la sobra angla rutino aŭ, kiel ili sprite ĝin nomas, "vivmaniero."

Apartenas ankaŭ al la admirinda angla vivoordo, ke ĉiuj butikoj fermiĝas je la 5a, ĉar ankaŭ la butikistoj devas fari siajn aĉetojn, kaj ĉiuj drinkejoj kaj amuzejoj fermiĝas je la 10a vespere, ĉar ties komizoj devas ankaŭ amuziĝi. Kiel ili faras tion estas profunda angla sekreto. Alia aminda angla moro estas fermi ĉiujn drinkejojn inter la dua tridek kaj la sesa ĉiutage. Tio efektive ĝenus, se Anglujo havus varman, do soifigan klimaton, sed feliĉe, kiel ĉiu anglo vin informos, oni havas klimaton moderan. Pro tiu klimatomodero anglaj viroj promenas somere sen ĉapelo kaj ricevas sunfrapon. Kaj vintre ĉiu neĝofalo tuj kreas tutlandan krizon, ĉar oni ne atendas tion en nia milda klimato, kiun vartas ja la oceana fluo el la meksika golfo.

Estas angla aksiomo, ke tio, kion oni faras en aliaj landoj, reale ne ekzistas. Sekve ĝi ne helpas al anglaj problemoj, ekzemple ĉu gea edukado estas praktika. La fakto, ke delonge ĝi estas ĝenerala en Skotlando, nenion signifas, ĉar Skotlando estas parto de Fremdujo. Eĉ io farita en Anglujo de neangloj ne havas efektivan gravecon. La romianoj en la jarcentoj I-IV konstruis ĉi tie rektajn vojojn, sed ili evidente ne komprenis la indiĝenan animon, ĉar ĉiuj postaj vojoj zigzagis kaj serpentumis eĉ sur plej plata ebeno. Nur kiam la angloj mem faras ion, nur tiam ĝi eniras en la realon. Kiel en 1959 la unua angla aŭtoŝoseo apud Preston, tutajn 15 kilometrojn longa kaj kompreneble kurba. Al ĝi gravitis aŭtistoj el la tuta lando, por karuseli senbride sur la nova ludilo. Kun ĉarma arkaismo oni nomas tion "motorvojo" dum la angla logiko diktis por la eliroj la terminon "interŝanĝoj" kaj la mezan barilon aŭ strion oni baptis "centra rezervejo", kvankam tie ne loĝas indianoj.

Sed unue kaj laste la anglo estas tolerema. Tial mi povas verki senpune ĉi tiun artikolon. La angloj, kiuj ĝin legos, nur ridos senĝene, ĉar ili ŝatas la komplimenton esti temo de artikolo kaj la pinta enhavo ilin ne tuŝas, ĉar tio estas kutima petolo de humuristo. Kaj ili komprenas, ke ankaŭ humuristoj devas esti, same kiel fremduloj, rektaj aŭtoŝoseoj, metra sistemo kaj simila ekzotikaĵo. Ĉio tio kontribuas al la bunteco de la vivo, farante dekoracian kadron por la solida realo de la angloj en sia Anglujo.

Forever English, 1989

As everyone knows, the English live in England. They are separated from Europe by 40 kilometres of salt water and a huge mountain of national pride. From the English point of view the human race speaks two languages: English and Foreign. The foreigners are gradually learning English, for which the other languages are merely a substitute, and eventually the whole of humanity will master the only language conceivable for a rational being. It is also the only language which uses a capital letter for the first person singular.

This language is, obviously, perfect. One of its loveable features is that when you hear a new word you have to use a dictionary to find how to spell it, and when you see a new word you have to use a dictionary to find how to pronounce it. English has neither reflexive pronoun nor subjunctive form, and the future and conditional tenses each have two forms, which southerners can manage but which elude northerners and the Scots and anyone else. It has no single word for "human being" or "to give birth", but makes up for this by having 37 different ways of saying "isn't it?" English has 22 vowel sounds, its sentences have a fixed word order and the same word can be a noun, an adjective or a verb, depending on its position in the sentence. This leads to a host of amusing misunderstandings and rich opportunities for word play.

For other languages, with their phonetic spelling, rules governing accents, reflexive forms and so forth, the English would feel compassion, assuming they knew anything about them. The very few English people who do learn foreign languages feel themselves to be renegades, but excuse themselves on the grounds that they improve these foreign languages by applying English pronunciation and grammar, thus rendering them more civilised.

To the already picturesque chaos of their language the English have added, in charming abundance, further chaos. One might even conclude the English have a special gift for chaos.

On the subject of postcodes it was always to be expected that the English genius would tackle the subject in a completely original way, creating a bright new star in the firmament. Inevitably, for the English are in all things pioneers: they pioneered the industrial revolution, the first taxis (even now every taxi is officially known as a "hackney-carriage"), the first beheading of kings, and toast. So, ignoring European postcodes, with their pathetic choice of just ten numerals, the English had the brilliant idea of adding the 26 letters of the alphabet, mixing everything in a cocktail shaker and pouring the concoction over the map of Great Britain. The resulting alphabet soup is a Babel of opportunity for confusion, not only between the numbers 0 and 1and the letters O an I but also between a hastily scribbled Z or 2, 5 or S. Well, all great art comes at a price, and the cost of this is that it defeats the smartest computer. But that's easily solved. All you have to do is install a worker in every sorting office to look at the codes, translate them into numerals and type them into the computer.

Another jungle is English education, which is abundantly furnished with 29 different types of school. They call this an "education system", with the same triumphant logic by which they call their elite private schools "public schools".

Or we could look at English currency. We won't even talk about the old imperial system, since that was eventually changed to a decimal system, dividing the pound not into a 100, but into 200 pieces. Each two-hundredth of a pound is called a halfpenny (½p). Logically, this ought to be expressed using three decimal places, e.g. £1.005; an inconvenience which English ingenuity has resolved by writing ½ , and hitching this fraction to a decimal, so that an item may, for example, cost £1.99½, a mathematical mish-mash unique to the British Isles, and a refined form of torture for schoolchildren. After 15 years of devaluation the poor little ½p had shrunk to microscopic proportions, and in 1985 the decision was taken to have it humanely put to sleep.

The English are fond of animals, and especially of dogs. When the Russians sent a dog into space in 1957, thousands of English people protested furiously to the newspapers, their MPs and the Russian ambassador; but when the Americans sent up a monkey they hardly turned a hair – monkeys are too much like humans. All the same, the Americans were taking a bit of a risk, and in future they would be wise to play safe and send up a pygmy or an orphan.

Everyone knows the English are succinct and reticent. They are prolix in explaining their succinctness and eager to tell you of their reticence. They are unemotional, and get very worked up if you fail to believe this.

They love their simple English food, which they eat very rapidly, considering it somewhat indecent to take a long time feeding themselves. In the same way, they hurry through their streets with some urgent goal in mind, such as an office or a cinema, never imagining a street can be a meeting place, or restaurant – a place to chat to friends, or indeed that communicating with others can form an important part of the day. Their restaurants also display this sense of urgency: one swallows one's meal rapidly and passes on one's seat, still warm, to the next customer. This is done all the more readily, of course, thanks to simple English food.

Don't imagine, however, that the English do not like Europe. They're always off there: hordes of them, each phalanx protected by the English language, and directed towards hotels promising to provide them with simple English food. Actually, many English do venture to try continental dishes, indulge themselves by enjoying them, and even consent to spend more than 15 minutes at the meal table, but that's when they're on holiday – after such frivolity they return to their sober English routine or, as they whimsically call it, "way of life".

Another feature of this admirable English way of doing things is that all the shops close at 5pm, because after all, the shop assistants have their own shopping to do; and all the pubs and other places of entertainment close at 10pm, since their staff have to have time for their own entertainment. How they manage to achieve this is a closely-guarded English secret.

Another delightful English custom is to close the pubs between 2.30 and 6pm every day. This would be particularly inconvenient if England had a hot, and therefore thirst-inducing, climate, but luckily, as any English person will tell you, they have a temperate climate. Thanks to this temperate climate Englishmen go about in the summer with no hat and get sunstroke. Also, in winter, every snowfall immediately provokes a national crisis, because snow is not expected in our mild climate, tended as it is by the gulf stream.

It's a cherished belief of the English that whatever happens in other countries doesn't really exist. It follows that other countries have nothing to contribute to solving English problems, for example the question whether co-education actually works. The fact that it's been working perfectly well in Scotland for a long time is neither here nor there, since Scotland qualifies as Foreign Parts. Even something done in England by non-English people can have no real significance. The Romans managed to build straight roads here in the first four centuries, but they clearly didn't understand the spirit of the indigenous people, because every road built since then zigzags and snakes all over the place even when crossing the flattest plain. Only when English people do something themselves does it enter the realm of "reality". Thus, in 1959, they constructed the first English motorway, near Preston: a whole 15 kilometres long and, clearly, with bends. Motorists gravitated to it from all over the country, to go round and round on this new fairground ride. They gave it this charmingly archaic name: "motorway", while English logic dictates that the exits be called "junctions" and the barriers in the middle be blessed with the name "central reservations", though there are no Indians living there.

But first and last, the English are a tolerant people. That's how I can get away with writing this article. The English who read it will merely laugh, flattered to be the subject of an article, while the principal points in it will pass them by, being simply the customary banter expected of a humorist. They know you have to have humorists, just as you have to have foreigners, straight motorways, a metric system and similar exotic affairs. All this is part of life's rich weave, and creatives an attractive decorative framework for the picture that is the essential reality of the English in their England.

Translation – Elizabeth Stanley

In many of his stories Claude Piron restricted himself to a basic number of what he termed "subwords" ("subvortoj") – the elements from which an Esperanto word is constructed (the word malfeliĉa [unhappy], for instance, comprises three "subwords": mal [un] feliĉ [happy] a [adjective marker]).

Such is the flexibility of Esperanto that a limited lexicon (intended for learners of the language) places few, if any, restrictions on range or elegance of expression – quite the contrary, as the story "La sankta fiŝo" ("The Sacred Fish") reveals. The story was published in 1989 in the collection *Vere aŭ fantazie* (*True or Fanciful*).

Claude Piron
La sankta fiŝo, *1989*

Mi hontas, sed tamen estas vere: mia avo kaŭzis la morton de homo. Eble nevole, eble nerekte. Liajn intencojn mi ne volas juĝi. Sed fakto estas fakto, kaj la fakton mi konfesas: mia avo estas, iusence, mortiginto, kvankam tion li mem neniam akceptus rekoni. Mi tuj rakontos al vi.

Ĉe la flanko de la vojo, kiu foriras oriente de nia regiona centro, direkte al la montoj, staras altega arbo, maljuna, dika, forta. Kiel kelkfoje okazas ĉe tiaj grandegaj arboj, ĝi havas en si larĝan truon. Tiu truo, preskaŭ ebena kaj rimarkinde profunda, troviĝas ĉe loko, kie tri dikaj branĉoj disiĝas.

La vetero estis malbela dum la periodo, pri kiu mi parolas. Pluvis, pluvis, pluvadis senĉese. Ĝis jen, iun tagon, la pluvo finfine ĉesis. Dum tiu unua bela tago, fiŝvendisto laŭiris la orientan vojon jus priparolitan. Tenante korbon plenan je jus kaptitaj fiŝoj, kiuj ankoraŭ vivis, li plezure marŝis, kontenta pri la freŝa bela vetero, kaj gaje kantetis al si kanton.

Li pasis preter la arbo, kiam brila lumo dum momento trafis liajn okulojn. Li miris.

Estis fakte nur sunradio, kiu, falante sur la akvon en la arbotruo kiel sur spegulon, resendis sian lumon al la preterpasanto. Ĉiam interesata pri strangajoj, la fiŝvendisto proksimiĝis al la arbo, kaj mire rimarkis la grandan, larĝan, profundan truon, nun plenan je pluva akvo.

Lia gajeco donis al li amuzan ideon. Li ŝerce prenis fiŝon el sia korbo kaj ĝin metis en la akvon de la arbotruo. La fiŝo tuj naĝis kontente. Plu kantante, la fiŝvendisto daŭrigis sian vojon.

Li estis jam for de longe, kiam alvenis ŝafisto, gvidanta grandan ŝafaron. Unu el la ŝafoj apartiĝis de la aro kaj, por iri revenigi ĝin, li pasis preter la arbo. Ankaŭ al li lumo trafis neatendite en la okulon. Proksimiĝinte, li mire rimarkis, ke en la centro de arbotruo fiŝo, videble vivanta, tute trankvile naĝas. Tiu fiŝo apartenis al neniu speco de li konata. Kaj, antaŭ minuto, ĝi konigis sian ĉeeston per eksendo de lumo!

"Mirajo!" li pensis. "Dia spirito ĉi tie intervenis. Ĉi tiu arbo estas sankta." Li komence klinis la kapon, kaj baldaŭ troviĝis en preĝa sinteno kun la kapo tuŝanta la teron.

Kiam li revenis hejmen, li rakontis pri la mirindajo. Pluraj anoj de lia familio iris kontroli lian diron. Estis vere. Fiŝo vivis en arbotruo, malproksime de ĉiaj lago, maro aŭ rivero.

Baldaŭ el la proksima urbeto venis homoj pli kaj pli multe. Ili kliniĝis antaŭ la arbo, bruligis bonodorajon, kaj preĝkantis.

Ĉiutage venis novaj homoj por rigardi la mirajon kaj preĝi ĉe la sankta arbo. Pli kaj pli la homoj venis amase. Mia avo iradis tien ĉiutage.

"Multpova spirito sidas en tiu arbo," li diris. "Mi sentas lin. Estas bonvolema spirito. Li helpas min en la malfacilajoj de la vivo. Tion mi sentas tre klare. Tiu mirajo okazis por nia tuta regiono, por ke ĝi sciu, ke la altuloj el la nevidebla mondo amikas al ni."

Jes, mia avo prenis aparte serioze ĉi tion, kion li rigardis plej certe dia interveno. Ĉar li estis tre maljuna, kaj saĝa multrilate (bedaŭrinde ne ĉiel!), la homamaso sekvis liajn ideojn, lin tre amis kaj altkonsideris. Foje, li tie staris kun granda homamaso kaj gvidis preĝkantojn, kiam la fiŝvendisto preterpasis.

"Kio okazas ĉi tie?" tiu demandis staranton.

Oni klarigis al li, ke okazis mirindajo, ke en tiu loko malproksima je ĉiaj rivero, maro aŭ lago, bela fiŝo vivas kaj naĝas en arbotruo. La fiŝvendisto ekridis.

"Lasu min rigardi ĝin," li diris. "Estas mi, kiu ĝin tien metis! Ĉu ĝi vere plu vivas kaj bonsanas? Amuze!"

Li volis antaŭeniri inter la starantaj homoj ĝis la arbo.

"Mi volas rigardi ĝin; estas mi, kiu ĝin metis tien, mi estas fiŝvendisto," li ripetis. Sed la homoj nur respondis: "Atentu! Ne faru ion ajn. Tiu ĉi loko estas sankta!"

Kiam finfine li sufiĉe proksimis, li kriis ridante: "Mi metis tiun fiŝon tien, la unuan belan tagon post la longa pluvado. Lasu min repreni ĝin. Ĝi estas mia." Tiam mia avo ekkoleris:

"Forpreni la sanktan fiŝon? Kiu estas tiu ŝtelisto de sanktajoj? Ne lasu lin!"

Li parolis ege efike, tiel efike, ke la homamaso eĉ ne havis dubon dum minuto, ke tiu fiŝdeziranto estas malaminda ŝtelisto, kiu volas propigi al si, por si sola, donajon de la dia spirito, kiu decidis marki per mirajo la sanktecon de ĉi tiu loko.

"Ne lasu lin proksimiĝi," mia avo laŭtvoĉis. "Zorgu, ke li ne venu ĝin ŝteli. Li altirus sur nin ĉiajn malfeliĉojn. Tiuj sankta arbo kaj dia fiŝo nin defendas kontraŭ ĉiuj danĝeroj. Ne lasu lin forpreni ĝin. Li povas veni nur de la Plej-Malbonulo!"

"Sed, sed," la fiŝvendisto trankvile respondis, "mi certigas al vi. Post la granda pluvo mi preterpasis ĉi tie kaj vidante la truon en la arbo, mi trovis amuza la ideon vidi ..."

Li neniam havis la tempon fini sian frazon. La homamaso koleris kaj lin atakis. Okazis granda malordo. Oni frapis lin, batis lin ĉiamaniere, kun plej kolera forto, kaj kiam li volis forkuri, la homamaso jetis ŝtonojn al li. Pluraj ŝtonoj trafis lin al la kapo tiel forte, ke li falis. Post nelonge li perdis la vivon.

Mia avo certe respondecas pri lia morto. Se li ne uzus sian personecan forton kaj la altan konsideron, kiun la amaso havis por li, tiamaniere, ke li direktis la popolan koleron kontraŭ tiu fiŝvendisto, tiu certe plu vivus. Sed de kelkaj tagoj jam li enamiĝis al la sankteco de tiu loko. Li ne povis elporti, ke ĝi refariĝu io normala.

Ne estas agrable por mi konfesi la veron, nek akcepti la ideon, ke mi estas filo de la filo de tia ulo, sed tio estas la faktoj. Mi esperas, ke Dio, se li aŭ ŝi aŭ ĝi ekzistas, bonvolos pardoni al mia avo kaj ebligi al li el la postmortejo, kie li vivas, se oni plu vivas ie postmorte, repagi al la fiŝvendisto kaj al ties familio la malbonon, kiun tiu senkulpe kaj senkaŭze suferis.

The Sacred Fish, *1989*

I'm ashamed to say it, but it's nonetheless true: my grandfather was responsible for someone's death. Perhaps not intentionally, perhaps not directly. I've no wish to judge his motives. But fact is fact, and I own the truth of it: my grandfather is, in a certain sense, a murderer, though he'd never admit it himself. This is how it happened.

By the side of the road, running east from the main town in our area towards the mountains, stands a lofty tree, old, solid and strong. As sometimes happens with trees that large, it has a gaping hollow in it. At the point where three thick branches fork out, the hollow is more or less level and remarkably deep.

At the time of my story, the weather was dreadful. It rained, and rained, and kept on raining. Until, there you are, one day, the rain finally stopped. On that first fine day, a fish pedlar was making his way eastwards along the road I mentioned earlier. He was striding along, quite contentedly carrying a basketful of fish, recently caught and still alive, delighting in the fresh, fine weather and cheerfully half-singing to himself.

As he was passing the tree, a bright light momentarily caught his eye. He was taken aback. It was actually no more than a shaft of sunlight which, having fallen on the water in the hollowed-out tree, was reflected back, as with a mirror, to the passer-by. Always interested in strange phenomena, the fish pedlar moved closer to the tree and, to his great surprise, beheld the hole, large, wide and deep, now full of rainwater.

His *joie de vivre* gave him an amusing idea. He took a fish from his basket and, as a joke, slipped it into the water in the hollow in the tree. The fish immediately began swimming happily. Breaking into song once more, the fish pedlar continued on his journey.

He'd been gone some time when a shepherd, driving a large flock of sheep, came by. One of the sheep became separated from the flock and, fetching it back, the shepherd passed close to the tree. He, too, was struck by an unexpected flash of light. Moving closer, he was astonished to see a fish swimming quite contentedly, obviously alive, in the middle of a hole in the tree. The fish was of a type not known to him. And, a minute before, it had revealed its presence with a flash of light!

"A marvel!" he thought. "A divine spirit had a hand in this. This tree is holy". He began by bowing his head, but was soon deep in prayer, his head touching the ground.

Back home, he told of the wondrous event. Several members of his family went to check what he was saying. It was true. A fish was living in a hollow in a tree miles away from any lake, sea or river.

Soon, people from the nearby town arrived in ever increasing numbers. They bowed down before the tree, burned incense, and chanted prayers.

Every day new arrivals came to view the marvel and to pray at the holy tree. People arrived in ever increasing numbers. Every day my grandfather visited the place. "A powerful spirit lives in that tree," he said. "I can sense him. He's a benevolent spirit. He helps me cope with life's little problems. I sense that very clearly. This marvel is something for our entire area, so everyone may know the Most Venerable of the invisible world are friendly towards us."

Yes, my grandfather regarded the whole thing as an obvious result of divine intervention and took it all extremely seriously. And, because he was very old, and wise in many ways (unfortunately not in all things!) the crowds followed his ideas, loved him very much and held him in high esteem. One time he was standing there with a large crowd of people, leading the prayers, when the fish pedlar happened by.

"What's going on here?" he asked one of the people standing around.

Someone explained that a marvel had come to pass, that here, miles from any river, sea or lake, a beautiful fish was living and swimming in a hollow in a tree. The fish pedlar burst out laughing.

"Let me look at it," he said. "I was the one who put it there! Is it really still alive and well? How funny!"

He was wanting to move through the people standing there to reach the tree.

"I want to look at it; I was the one who put it in there, I'm a fish pedlar," he repeated. But the people had nothing to say except: "Hey! Don't do anything. This is a holy place."

When at last he got sufficiently close, he shouted out, laughter in his voice: "I put that fish there, the first fine day after the long rains. Let me take it. It's mine." At that point my grandfather got angry:

"Take the sacred fish? Who is this plunderer of holy relics? Don't let him!" He spoke to great effect, to such effect indeed that the crowd doubted not for one minute that this fish-fancier was a common thief who wanted to take for himself, for himself alone, the gift of the divine spirit who had deigned to sanctify this place with a marvel.

"Don't let him near," my grandfather bellowed. "Make sure he's not come to make off with it. He'll bring all the woes of the world upon us. This holy tree and divine fish keep us safe from all harm. Don't let him take it. He must be an emissary of the Most Evil One."

"Come now," the fish pedlar replied calmly, "I'm telling the truth. I was passing by after the great rains and, seeing the hollow in the tree, thought it would be funny to see ..."

He never had time to finish his sentence. The crowd was angry, and set upon him. Pandemonium reigned. They hit him every which way, with a strength born of intense anger, and when he tried to flee the crowd threw stones at him. Several stones hit his head with such force that he fell to the ground. A short while later he was dead.

Without doubt, my grandfather is responsible for his death. If he hadn't made use of his charismatic strength and the high regard in which he was held by the crowd, so as to channel the popular anger against the fish pedlar, this man would certainly still be alive. But a few days earlier my grandfather had fallen in love with the sanctity of the place. He couldn't handle the fact that it might, once again, become ordinary.

It's not very nice for me to confess the truth, nor to accept the idea that I'm the son of the son of someone like that, but these are the facts. I hope that God, if he or she or it exists, will see fit to forgive my grandfather and allow him, from that place beyond the grave where he dwells, if, indeed, there is life after death, to make amends for the mischief done to the fish pedlar and his family who innocently, and needlessly, suffered.

Translation – Angela Tellier

This story was published in the collection *Ekstremoj* (*Extremes*) in 1997.

Liven Dek

Rendevuo, *1997*

Morte pala, konfuzita kaj nervoza, mi forlasis la lifton kaj alvenis sur la straton. Mia koro galopis ankoraŭ, kiam haste-salte mi eniris taksion. Obsedis min la deziro forlasi la lokon kiel eble plej rapide. Mi ne volis renkonti ŝin. Mi ne volis vidi denove tiun virinon.

"Neniam, neniam mi devis akcepti la rendevuon" mi pentis unu fojon kaj alian, dum la konscienco sarkasmis: "Ĉu la nunan, aŭ tiun de antaŭ dudek jaroj?"

Oni diras, eble prave, ke la tempo ĉion kuracas, ĉion forviŝas. Mia vundo, apenaŭ surfaca, baldaŭ cikatriĝis, sed la ŝia ... Jes, mi kovardis, forlasis ŝian hejmon, ŝian liton. Ĉio facilis al mi, dum ŝi, male, devis alfronti la edzon kaj engluti la maldolĉan pilolon ... Ne, mi ne volis vidi ŝin denove.

En la retrospegulo mi renkontis la rigardon de la taksiisto.

– Kien sinjoro?

Kien? Kien eblas eskapi el si mem? Kien eblas fuĝi for de la timo al la soleco, for de la blinda hazardo, for de la svatemo de mia bofratino ...

Mia bofratino. Kion ŝi pensas nun pri mi, pri mia stulta kaj mallerta mensogo, pri mia abrupta foriro ĝuste kiam ŝia fratino estis tuj alvenonta? Nu, mi devos ion elpensi, plekti alian mensogon pli fajnan, pli ... kredeblan, ke ŝi nenion suspektu. Ne, ne multe mankis, ke mia propra bofratino senmaskigu min. Neniam mi devis akcepti ŝian inviton al ĉi absurda kunveno.

– Kien, sinjoro? – denove insistis la taksiisto.

– Hejmen – mi balbutis per sufokita voĉo, kaj maŝine aldonis la adreson.

Kiam la taksio ekveturis, mi sinkis en la molon de ĝia malantaŭa sidilo. Iom post iom ĉio ŝajnis reakiri sian ekvilibron. Eĉ la pensoj ekfluis iom pli glate …

Longe, jes, longe mi eltenis la ĝenan sturmadon de la tuta familio, kiu dum jaroj, tro multaj jaroj, profitis ajnan okazon por insisti pri mia edziĝo. Elturniĝi ne ĉiam facilis, sed mi sukcesis danke al sortimento de respondoj pli-malpli inĝeniaj. Bedaŭrinde, kiam mia fraŭleco estis afero jam ĝenerale akceptita, mi mem, ne plu juna kaj tre sola, kapitulacis kaj rekonsideris la temon.

Post la morto de mia frato, mi tuj rigardis mian bofratinon kiel eventualan parulinon, sed ŝi, dika, certe ne bela kaj tro seksama, kaŭzis al mi angoron pli ol alian pozitivan inklinon. Cetere ŝi baldaŭ edziniĝis al korpulenta kamionisto.

Lastatempe, mia bofratino, trafita de nekontrolebla svatozo, abunde superŝutis min per laŭdaj aludoj al sia fratino, antaŭlonge divorcinta kaj elmigrinta al Francio por labori kiel servistino. "Ŝi estas tre laborema, kaj sukcesis fari al si kapitaleton el siaj ŝparoj" tede insistis mia bofratino, sed la afero tute ne ekscitis mian intereson.

Tagon, mia bofratino invitis min al vespera kunveno.

– Venis mia fratino el Francio, kaj ni rendevuos hejme ĉi vespere. Venu ekkoni ŝin.

– Nu, mi … mi ne scias … – mi hezitis momenton.

– Venu, mi multe parolis al ŝi pri vi. Tre laŭde, kompreneble! Cetere, ŝi montris grandan intereson.

Mi akceptis.

En la vespero, longe antaŭ la interkonsentita horo, mi alvenis ĉe mia bofratino.

– Tre frue, ĉu? – ŝi surpriziĝis.

– Jes, mi havis nenion por fari, kaj pensis helpi vin prepari la sandviĉojn.

– Ha, kiel bona edzo vi estus! – ŝi flatis.

Ni preparis la lunĉon, primetis la tablon, kaj … abunde kaj redunde babilis. En certa momento de nia konverso, mi demandis:

– Kial ŝi divorcis?

– Tio estas plej granda mistero. Neniu scias la kialon. Fakte ĉio iris glate ĝis, subite, ili ĉesis kunvivi kaj divorcis. Io terura okazis, tutcerte. Sed … la afero restis sekreta.

Mankis ankoraŭ dek kvin minutoj por la rendevua horo, kiam ni metis finon al la tasko.

– Venu – ŝi diris, – mi montros al vi kelkajn fotojn.

Ni sidiĝis sur la sofo kaj komencis foliumi fot-albumon.

La unuaj fotoj, iom flavetaj, montris ambaŭ fratinojn en la infanaĝo. Kurioze, ili ne similis unu la alian.

– Ne interesas min la prahistorio, kara. Ĉu vi ne havas ion ĉi-jarcentan? – mi ŝercis.

– Ho jes, kompreneble – ŝi diris prenante alian albumon – Mi montros al vi foton de ŝia nupto.

Ŝi malfermis la libron ĉe certa punkto kaj prezentis ĝin al mi.

– Jen nupta foto. Mia fratino kaj ŝia edzo.

Miro, aflikto kaj konfuzo. Mi ne povis, ne volis, kredi al miaj okuloj. Mi konis ilin! Jes, je dio, mi konis ilin! Dum jaroj, dudek jaroj jam, tiu paro kaŭris en la plej sekretaj faltoj de mia memoro, kaj nun, subite ...

– Ŝi belas, ĉu? – scivolis mia bofratino, kiu, feliĉe, ne rimarkis en mi la simptomojn de kreskanta anksio.

Mia jeso similis sufokitan klukon. El mia paseo, hidaj ombroj minace hantis min. Ĉu eraro? Ĉu mispaŝo? Ĉu malprudento? Kiom ĝi gravas! Mi trafis en sakstraton kaj mankis al mi la tempo kaj kuraĝo necesaj por pripensi malrapide kaj agi decide. Do, unu fojon pli, mi elektis la plej facilan solvon: forkuri forlasante ĉion en alies manoj.

Mia bofratino gapis nekompreneme, kiam, uzinte absurdan ekskuzon, mi rapide forlasis ŝian hejmon.

Nepris al mi eliri, fuĝi, eskapi antaŭ ol ŝia fratino venos. Mi ne volis renkonti ŝin. Mi ne povis ja elteni ŝian rigardon.

Kaj ŝi? Kiel ŝi reagus vidante min denove? Ĉu ŝi teniĝus same fride kaj dignoplene, kiel en la vespero kiam, en sia propra geedza lito, ŝi trovis sian edzon kuŝanta kun mi?

The Meeting, *1997*

Deathly pale, confused and agitated, I left the lift and arrived on the street. My heart was still galloping when I leaped into a taxi. I was obsessed with the desire to leave the place as quickly as possible. I'd no wish to meet her, no wish ever to see that woman again.

"I should never, never have agreed to that meeting," I reproached myself again and again, while my conscience needled me: "Which meeting ... this one, or the one twenty years ago?"

They say, perhaps correctly, that time cures everything, wipes everything away. My wound, though hardly superficial, soon became just a scar, but hers ... Yes, I was a rat, I had left her home, her bed. It was all so easy for me, while she, on the other hand, had to face her husband and swallow a bitter pill ... No, I'd no wish to see her ever again.

In the rear-view mirror I met the eyes of the taxi driver.

– Where to, sir?

Where to? Where can you escape from yourself? Where can you flee from fear to solitude, from blind chance, from the matchmaking of my sister-in-law ...

My sister-in-law. What's she going to think of me now, of my stupid and clumsy lie, of my abrupt departure just as her sister was about to arrive? Okay, I'll have to work on something, weave another untruth, more refined, more ... credible, so she'll not suspect anything. It wouldn't take much for my own sister-in-law to land me in it. I should never have accepted her invitation to that ridiculous meeting.

– Where to, sir? – the taxi driver was insisting once again.

– Home – I blurted out, my voice choking, and mechanically added the address.

When the taxi set off, I sank into the softness of its rear seat. Little by little everything seemed to regain its equilibrium. Even my thoughts started to flow rather more smoothly ...

For ages, yes, ages, I'd put up with the nagging of the entire family who, for years, too many to remember, had used every opportunity to insist I get married. It wasn't always easy to wriggle off the marriage hook but, thanks to a selection of cunning and crafty excuses, I succeeded. Unfortunately, when they'd all eventually come to accept my bachelor status, I for my part, no longer young and very alone, capitulated and thought about the matter again.

After my brother's death, I at once looked to my sister-in-law as a possible partner, but she, fat, certainly not beautiful and altogether over-sexed, provoked in me a feeling of anguish rather than any positive inclination. Anyway, she soon got hitched to an overweight lorry driver.

Recently, though, my sister-in-law, overcome by an unbridled excess of matchmaking, showered me with a surfeit of flattering hints about her sister, not long divorced, and recently moved to France to work as a maid. "She's very hard-working, and has managed to build up a bit of capital from her savings," insisted my sister-in-law *ad nauseam*, but this failed to whet my appetite.

One day, my sister-in-law invited me to an evening gathering.

– My sister's here from France, and we're getting together this evening at home. Come and meet her.

– Oh, I … I don't know … – for a moment I hesitated.

– You come, I've told her a lot about you. Very favourably, of course! Anyway, she's shown a lot of interest.

I accepted.

In the evening, long before the appointed time, I turned up at my sister-in-law's.

– Very early, aren't you? – she said, surprised.

– Yes, I'd nothing to do, and thought I might help you with the sandwiches.

– Ah, what a good husband you'd make! – she said, flatteringly. We prepared the food, set the table, and … chatted, abundantly, redundantly. At one point in our conversation I asked:

– Why did she get divorced?

– It's all a big mystery. No one knows why. As it was, everything was fine till, suddenly, they stopped living together and split up. Something terrible happened, that's for sure. But … it was all hushed up.

By the time we'd finished our work there were still fifteen minutes to go before our get-together.

– Come – she said, – I'll show you some photos.

We sat on the sofa and began to leaf through a photo-album.

The first photos, somewhat yellowed, showed both sisters in childhood. Oddly, they didn't look like one another.

– Look, love, I'm not into ancient history. Haven't you got anything this century? – I joked.

– Oh, yes, of course – she said, taking another album – I'll show you a photo of her wedding.

She opened the book and at a particular point presented it to me.

– Here's a wedding photo. My sister and her husband.

Amazement, shock and confusion. I couldn't, didn't want to believe my eyes. That couple … I knew them! Yes, by God, I knew them! For years, twenty years now, those two have lurked in the most secret folds of my memory, and now, suddenly …

– Pretty, isn't she? – enquired my sister-in-law, who, fortunately, failed to notice my signs of growing anxiety.

My "yes" came out a breathless cluck. Monstrous shadows loomed haunting and threatening from my past. A mistake? A blunder? An imprudence? No matter. I'd ended up in cul-de-sac and had neither the time nor the courage to think slowly and act decisively. So, once again, I chose the easiest option: run away, leave someone else to sort things out.

My sister-in-law stared at me, uncomprehendingly, when, uttering some preposterous pretext, I rushed with all haste from her home.

It was vital for me to get out, flee, escape before her sister came. I'd no wish to meet her. There's no way I could have withstood the look she would give me.

And as for her? How would she react seeing me again? Would she remain as aloof and on her dignity as on the evening when, in her own marriage bed, she found her husband at my side?

Translation – Hju Rid

La enigmo de l' ar@neo (*The Spider's Enigm@*) appeared in Catalan before it was published in Esperanto but its author regards it as a co-original, not a translation.

This crime novel, for young people, was published in Esperanto in 2003. It has been described as "mildly cyberpunk" and draws on slang, pop culture and contemporary technologies.

It comprises in the main an exchange of emails between Eladi and his girlfriend Mirjam (signified by e@m). The plot centres on an anonymous death threat and allegations that Eladi's father is involved in a mysterious sect. Eladi is given a chance to solve the enigma by means of clues which lead him to some of the world's principal literatures. In this way the novel suggests literature has the power to redeem and to enlighten.

Abel Montagut

La enigmo de l' ar@neo (eltiraĵo), *2003*

(e@m) Ĵaŭdon, la 26an de junio

Mi printis kopion de la Ips-Ilonaj mesaĝoj, ekde la dekdua de februaro, kaj mi liveris ĝin al paĉjo.

Kiam li jam legis la komencon kaj parton de la tekstoj, li aperis en la manĝoĉambro, kie mi aŭskultis kodiskon.

– Tio estas plenplena inventaĵo. Kiel vi povis ĝin kredi serioza?

– Nu, verdire … – mi mallaŭtigis la volumon.

– Jen, laŭ ĝi, mi estas ĉefo de la Suntemplanoj, mi partoprenas instigon al suicido en 1994 kaj mi ne scias kiom plu. Kial vi ne komentis al mi pli frue la aferon?

– Ĉar mi ne volis zorgigi vin kaj konsiderante ke en la retmesaĝoj oni diris ke ekzistas alternativo …

– Vi mordis la hokon.

– Pli malpli.

– Kaj nun la afero klaras, ĉu ne? Vi komprenas ke temas pri interreta ludo.

– Jes, ja, tamen … restas pluraj detaloj kiuj plu pensigas min.

– Kiuj do?

– La afero pri la laksigilo, la pafoj kontraŭ la domo, la sabotado de nia Citroën'o … Oni celas tikli niajn nervojn.

– Tio pri la aŭto ne pruveblas sabotado.

– Nu, la ĉugaro … oni prikomentis.

– Ŝajne la brems-oleujo malpleniĝis ĉar oni ne ŝraŭbis denove la ŝtopilon.

– Ne ŝraŭbis la ŝtopilon?

– Jes, knabo. La antaŭan tagon panjo reviziigis la nivelojn en la benzinejo de Vinaŝo kaj probable temis pri malzorgo. Bedaŭrinde tiaj aferoj okazas.

– Kaj pri la ceteraj kaŝ-implikoj? La bruligo de l' Adara rurdomo post tiu tarokkarto?

– Laŭ mi temas pri hazardoj, eraroj senintencaj. Oni devas akcepti ke foje okazas nekompreneblajoj. Oni ne rompu al si la kapon prie.

– Ni supozu ke ĉi faktoj tute ne rilatas … Necesos almenaŭ klarigi kiu sendis la anonimojn, ĉu ne?

– Evidente. Mi foliumos la ceteron.

(e@m) Ĵaŭdon, la 26an de junio

Post la tagmanĝo paĉjo legis la reston de l' kopio, inkluzive de la historio pri Bertha.

– Komence ĝi ŝajnis al mi informadika ludo, sed, verdire, nun mi opinias ĝin rimedo por gajni klientaron. Merkatado, fakte.

– Mi ne komprenas.

– Kiel diri? Preparado de la grundo por disvendi antologion pri la monda literaturo Por aĉetigi difinintajn librojn.

– Ĉu?

– La antologia ludo taŭgas por ĉiu ajn, malgraŭ ke ĝi venas personigita laŭ la stilo de la nuntempaj komercaj leteroj kaj reklamaj revuoj, kiuj ŝajnas aparte skribitaj nur por vi. La celato aperas eĉ kun sia plena nomo interne de konata novajo aŭ sur la kovrilo.

– Hm … Panjo ricevis ajnon tiaspecan, prave.

– Poste oni sendos al vi reklamon pri libroserio, pri literaturhistoria verko aŭ pri enciklopedio. Sendube temas pri nova vendometodo.

– Tamen ĉi-kaze …

– Oni uzas ĉiaspecan rimedon, ajnakoste. Oni persone telefonvokas, faras hejmvizitojn. Elspezas monsumegon por distrumpetado. Supozeble oni testas nun ĉi tiun interretan metodon.

– Sed tiom da detaloj pri via libro …

– Mi kredas ke ĉi-kaze ili celas filojn aŭ familianojn de verkistoj, kiuj ja superabundas, adaptante la tutan aferon al difinita verko kiun publikigis la parenco de l' viktimo el la eldoneja kolportado. Taŭge sterkita tereno.

– Ĝi ne konvinkas min. La indicoj en la antologiaj tekstoj … La preparinto funde tralegis la libron *La arkeo de l' diluvo*.

– Mi dubas. Elektinte hazarde kelkajn vortojn, facilas pretigi la indicojn. Komputilo povas senpene realigi la taskon, serĉante sinonimojn kaj ilin aŭtomate ŝanĝante. La hodiaŭaj programoj faras mirindajojn.

– Eble.

– Aldonante je la fino plurajn proprajn nomojn el la aludata verko, evidentas ĝia identigo, tenante la scivolon, ĉar oni celas ĝuste ke vi ne forlasu la programon.

– Mi ne konjektis.

– Kiel vi vidas, el ĉiu literaturo aperas specimeno por ke oni kaptiĝu kaj la resumoj havas substrekitajn titolojn kaj aŭtorojn kiujn ili deziras aĉetigi: *Odiseado, Bhagavad-Gita, Genĝi Monogatari, Tristano kaj Isolda* …

– Ni devis serĉi informojn pri ĉi verkoj.

– Reklamo konstanta por mono kontanta, jen la komerca devizo. Tiu modelo taŭgas por logi klientojn inter familianoj kaj konatoj de verkisto.

– Laŭ vi ĉio celus nur disvendadon.

– Jes, tiel eblas aĉetigi librojn, kodiskojn aŭ ajnan materialon rilatigeblan kun la temo. Bona negoco por la postkulisa eldonejo.

– Kiu do?

– Hm … Tiuj plej multe furorantaj en similaj vendoj estas Eldonejo Jupitero kaj nun Enciklopedio Cavalbà …

– Cavalbà? Mi ne aŭdis prie.

– Ĝi aperis antaŭ nelonge. Ĉi lasta havas multe da ŝancoj, ĉar ĝi uzas precipe retrimedojn.

– Ĉu vi konas iun homon tie laborantan?

– Kial?

– Ĉar ŝi aŭ li povintus pensi pri vi kaj sendi al mi la reklamadon.

– Miaopinie oni hazarde elektis unu mian libron inter verkoj de multaj aliaj kaj muntis la filmon laŭbezone.

– Kaj mia retadreso en la Kalu-apartamento?

– Jen afero kiun vi nepre devas scii, mia filo.

The Spider's Enigm@ (extract), *2003*

(e@m) Thursday, June 26

I printed out a copy of Ipsilon's messages, from when they started on the 12th of February, and handed it over to my dad.

As soon as he'd read the beginning, and part of the texts, he came into the dining-room where I was listening to a CD.

– This is a complete and utter fabrication. How can you take it seriously?

– Well, I mean ... – I turned down the volume.

– According to this I'm a leader of the Templars of the Sun, in 1994 I was part of an incitement to commit suicide, and god knows what else besides. Why didn't you tell me this before?

– Because I didn't want to worry you and because in the emails they said there was an alternative ...

– And you swallowed it.

– I suppose, yeah.

– But now it's obvious what's going on, isn't it? It's just some internet game, surely you see that.

– Yeah, alright ... but there's things still bothering me.

– Like what?

– That business with the laxative, those pot-shots at the house, sabotaging the Citroen. They're trying to spook us.

– There's nothing to say the car was sabotaged.

– Yeah, but the cops ... they thought so.

– The brake fluid reservoir had drained, apparently, because the top wasn't screwed back on.

– Not screwed back on?

– That's right, son. The day before, at the filling station in Vinaixa, your mum had the levels checked and probably someone was just careless. It happens, I'm afraid.

– And all that other funny business? Setting fire to the country house in Adara right after that tarot card?

– As far as I'm concerned it's all coincidence, silly mistakes. You've got to accept things happen sometimes we can't understand. No point losing any sleep.

– Let's suppose these things aren't linked. But we still need to find out who's behind these anonymous messages, haven't we?

– Absolutely. I'll go through the rest of them.

(e@m) Thursday, June 26

After lunch Dad read the rest of the copy I'd made, including the bit about Bertha.

– At first I thought it was all just a computer game but, honestly, now I think it's just a way of getting customers. Marketing, in fact.

– I'm not with you.

– How can I put it? Softening you up to sell an anthology of world literature. To get people to buy a particular book.

– You reckon?

– This anthology game targets everyone, despite the fact it's personalised, like these business letters and advertising magazines you get these days which appear to be written exclusively for you. The person they're targeting even gets his name onto something topical and trendy or else onto the cover.

– Hm ... Okay. Mum got something like that.

– Afterwards they send you an ad for that particular edition, something on literary history or an encyclopaedia. I tell you, it's a new way of selling.

– But in this case ...

– They do anything, whatever it costs. They ring you up, personally, visit you at home. Spend vast sums of money to get themselves known. Probably at this moment they're trying some new way of internet selling.

– But so many details about your book ...

– I reckon in this instance they're targeting sons or family members of writers, of whom there's hardly a shortage, and adapting the whole thing to the particular book written by the relative of the victim of this publishing-house ploy. Pretty rich pickings.

– I'm not convinced. The references in the anthology texts ... whoever put this together had made a careful study of *The Ark of the Flood*.

– I doubt it. If you take a couple of words at random it's easy to come up with the references. It's no problem for a computer to seek out synonyms and change them automatically. You can do amazing things with today's computer programs.

– Perhaps.

– If at the end you add actual names from the work you're referencing, then you know which one it's about, all which maintains interest, because they don't want you to quit the program.

– I hadn't thought of that.

– As you can see, they've taken a sample from each literature to get you hooked, while the potted histories have the titles and authors underlined they want you to buy: *The Odyssey, Bhagavad-Gita, Genji-Monogatori, Tristan and Isolde* ...

– We had to go and research those.

– Ad on-going, cash on-flowing, that's what these marketing types say. This model's fine for attracting clients from family members and friends of the writer.

– So according to you it's all to do with selling.

–Yes, because that way you get people to buy books, CDs or whatever, to do with your subject. A good way of making money for the publishing-house behind it.

– Which is ...?

– Hm ... The ones most keen on tricks like that are Jupiter and now Encyclopaedia Cavalbà.

– Cavalbà? Never heard of it.

– It came out a little while ago. It's on to a good thing because in the main it relies on the internet.

– Know anyone working there?

– Why?

– Because he or she could have you in mind and send me the adverts.

– I reckon out of loads of other people's books they've picked on this one of mine by chance and simply taken it from there.

– And what about my email address in Kalu's flat?

– That, my lad, is something you've got to find out.

Translation – Paul Gubbins

Morto de artisto (*Death of an Artist*), published in 2008, is set in Rome at the time of the emperor Nero. Its author is noted for her attention to historical detail and accuracy. The opening of the novel, reproduced here, in which the young actor Prokulpio/Proculpius meets Nero for the first time, illustrates this feature of her writing.

Anna Löwenstein
Morto de artisto (eltirajo), *2008*

Ĉiuj aktoroj malamas ludi ĉe festaj vespermanĝoj. La pago estas minimuma, kaj ĝenas la sklavoj kiuj kutime vagadas tra la ĉambro, por ne mencii enuajn gastojn kiuj babilas sub la nazoj de la ludantoj. La gastoj de Vitelio ne estis malbona spektantaro, se oni konsideras la cirkonstancojn. Ili aŭskultis tiom atente kiom oni povus esperi, kaj ridis je la ĝustaj punktoj.

Ni jam ĝuis senprecedencan sukceson dum la tuta vintro pro nia nova skeĉo, ŝerca reverkajo de la historio de Danao kaj la ora pluvo. Nu, estis tiel: la edzino de la pasintjara konsulo jus gravediĝis, kaj ĉar ŝi estis verva dekkvinjarulino sed ŝia edzo mezaĝulo malloga, kiu apenaŭ permesis al sia juna edzino eliri el la domo ... do, vi povas imagi la ŝercojn, kiuj disflugis ĉiuflanke. Jen la inspiro de nia skeĉo: arda amanto ĉiam trovos ian manieron por eniri, same kiel Jupitero sukcesis enrompi en la bronzan turon, kie Danao estis enŝlosita de sia patro.

Estis frakcio en la Senato, kiu havis intereson misfamigi ĝuste tiun konsulon – kaj do, nia trupo estis antaŭmendita por prezenti nian skeĉon ĉe tuta serio da festaj vespermanĝoj en pluraj el la plej eminentaj domoj de Romo. La manĝosalono de Vitelio estis pli intima ol impona, kun sufiĉa spaco nur por tri divanoj ĉirkaŭ unuopa tablo, sed ne eblis maltrafi la manieron laŭ kiu la arĝenta manĝilaro flagretis en la lampobrilo, aŭ la luksan glimon de la sofokovriloj.

Primo, kun abunda falsa barbo, rolis kiel Jupitero. Lia fratino Rupilila, kies ĉefa vesto estis nur diafana ŝalo, kuŝis antaŭ la panelo, kiu reprezentis la bronzan turon de Danao. La ora pluvo sukcesis perfekte. Tiam Primo, post sia deviga solkanto – brila aktoro li ne estis, sed li havis bonan voĉon – forprenis la malmultajn vestojn, kiuj restis al Rupilila, kaj ŝi cedis al lia brakumo dum Manduko rulŝovis ilin kune kun ilia lito malantaŭ la panelon.

Nun venis mia granda momento. Mi havis komikan scenon kun Rupilio, kiel du gardistoj antaŭ la turo, dum Jupitero kaj Danao faris kiu-scias-kion interne. El la angulo de mia okulo mi konsciis pri paro da junuloj kliniĝantaj sur la dua divano, kiuj rigardis la prezenton kun esprimoj de vigla atento; ĉiu aktoro esperas ludi antaŭ tiaj spektantoj. Ili ŝajnis apenaŭ pli aĝaj ol mi mem, kaj mi sentis la tenton trafi ilian okulon. Sed tio kostus al mi la haŭton. La ridojn de la spektantoj rajtis rikolti nur Rupilio; mia tasko estis semi la enkondukajn frazojn por ke li ricevu la fruktojn.

Poste envenis Celerina kaj Kvartila, en ne multe pli da vestoj ol surhavis Rupilila, kiam ni laste ŝin vidis, kaj prezentis hispanan dancon laŭ la akompano de Urso. Danao reaperis de malantaŭ la panelo, nun vestita kiel respektinda sinjorino kun granda falsa ventro. Ŝi havis ferman scenon kun Rupilio, antaŭ ol ili kune turnis sin al la spektantoj por inviti aplaŭdojn.

Vitelio traktis nin tre kompleze. Kiam la prezento finiĝis, li invitis nin aliĝi al la gastoj; malmultaj homoj de lia klaso pretus fari tion. Mi ekdivenis la motivon de lia afableco, kiam li vokis Primon al sia divano. Primo estis la plej alloga membro de la trupo. Foje mi enviis lian freŝan, brilokulan aspekton kaj bonan figuron, sed ne ĉiokaze. Ne estis risko, ke miaj pinta vizaĝo kaj sengrasa formo trafos la atenton de viro kia Vitelio.

Primo direktis petegan rigardon al sia patro, sed Rupilio tiumomente havis aliajn zorgojn. Li jam malvolonte akceptis lokon sur la malĉefa divano, sed liaj okuloj sekvis ĉiun movon de la balailo, dum Manduko forbalais la restajojn de la ora pluvo. Mi ne scias, kial li tiom maltrankviliĝis. Laŭ unu el niaj ŝercoj, anstataŭ aperi al la junulino kiel pluvo el oro, Jupitero alprenis la formon de hajlo el kvaron-asoj. Kaj kiel Danao atentigis sian esperplenan amanton, la sola afero aĉetebla nuntempe per kvarono estas vizito al la publika necesejo.

La junulinojn Rupilio jam sendis ekster la ĉambron. Ĉi tiu estis festo unuaranga, kaj unuaranga estis ankaŭ nia trupo. Tiel li emis pretendi. La vera kialo, kiel ni ĉiuj bonege sciis, estis ke li tute ne intencis permesi al siaj dancistinoj fali en la manojn de la gastoj de Vitelio. Graveda dancistino ne utilas al iu ajn.

Mi rigardis al la direkto de la du junuloj, kiujn mi rimarkis dum la prezento. Ankaŭ ili rigardis min, kvazaŭ ili ĝuste atendis, ke mi trafu ilian okulon, kaj mansvingis al mi invite. Mi ekprenis lokon ĉe la rando de ilia divano, subpremante idiotan deziron regali ilin per rideto brilega. Mi foje vidis tiajn junajn bonhavulojn en la unua vico ĉe la teatro aŭ promenantajn preter la luksaj vendejoj laŭ la Sankta Vojo. Ricevinte nun de ĉi tiu duopo inviton kunbabili, mi ne volis tro evidentigi mian entuziasmon.

Ŝajnis ke la pli aĝa, laŭaspekte proksimume dudekjara, dediĉis sufiĉe da tempo al sinbeligado. Ne nur lia vizaĝo sed eĉ liaj brakoj kaj kruroj estis senharigitaj kiel tiuj de dancisto, kaj lia ondumanta frizaĵo videble ne kreskis nature. Lia pli juna amiko estis sufiĉe neloga: diketa, kun aknoj kaj la unua sugesto de lipharoj. 'Kiu estas via teamo?' li volis scii, tuj kiam mi sidiĝis.

'La Ruĝuloj,' mi respondis senhezite. Mi estus farinta ion ajn por posedi tunikon kiel la lia. Ĝi estis el lano tiel densa kvazaŭ ĝi apenaŭ forlasis la dorson de la ŝafo, kaj ĝi estis tinkturita per riĉa safrana nuanco kun duobla bordero el interplektitaj ondoj laŭ la greka stilo.

La posedanto de la tuniko esploris min per miopa rigardo. Li havis ne tute blondajn harojn, bluajn profundajn okulojn kaj grasetajn vangojn kun karnecaj lipoj, kiuj donis al li la aspekton de indulgata infano. 'Ĉu la Ruĝuloj? Vi ne volas aserti, ke vi entuziasmas pri tiu idioto, Rutubo? La lastan okazon, kiam mi vidis lin konkursi, li tro proksimiĝis al la barilo kaj detruis sian ĉaron.'

'Oni enpremis lin!' mi respondis, forgesante paroli respektoplene pro la deziro defendi mian teamon. 'Kun Gluterino kiu alpuŝis lin de malantaŭe, li estis devigata proksimiĝi al la centro. Kaj poste venis tiu Blua ĉaristo, kiu viptranĉis lian ĉevalon.' 'Bona stiristo ne devus havi problemojn pro alia konkursanto, kiu vipas liajn ĉevalojn. Mi mem subtenas la Verdulojn.'

Surprizis min tiu informo. Mi nature supozis, ke ĉi tiu aristokrata junulo krius por la Blua teamo, aŭ eble por la Blankuloj.

'Sendube vi ŝatus iom da vino,' diris lia pli aĝa kunulo, kaj signalis al unu el la sklavoj per arta gesteto de la fingro. Dum tiu verŝis al mi la vinon li aldonis, 'Ŝajnas, ke via amiko tiklas la guston de nia gastiganto.' Mi turnis mian rigardon al la ĉefa divano kaj ridetis ene de mi. Vitelio, ruĝvizaĝulo kun mezaĝa ventrego kaj multe tro da mentonoj, flustradis en la orelon de Primo, kaj nun li lasis sian manon kvazaŭ senatente sur ties femuro. Primo sukcesis eligi laman rikanon, sed estis klare ke por li la festo ne promesas plezuron.

'Vitelio ĉiam kondutas tiel,' daŭrigis la afekta junulo. 'Lia problemo estas, ke li ankoraŭ volas pruvi al la mondo, ke li estas vera viro. Vi scias, kion oni diras pri li: li pasigis grandan parton de sia knabeco lekante la kacon de Tiberio.'

'Tiberio?' mi diris. 'Ĉu la imperiestro?'

'Kompreneble. Ĉu vi ne aŭdis pri la vilao, kiun li konstruigis por si en Kapreo? Li aranĝis, ke teamo de knabetoj – ĉiuj el la ĉefaj familioj de Romo, cetere – estu trejnitaj, por ke ili naĝu inter liaj kruroj kaj plezurigu lin, dum li estas en la baseno.'

'Oto!' protestis lia grasa amiko, ruĝiĝante kun knabineca rido. Pro lia senĝena sinteno en ĉi tiu rafinita medio, mi ĝis tiam supozis lin proksimume samaĝa kiel mi. Mi nun konstatis, ke li estas sufiĉe pli juna, verŝajne ne pli ol dekkvinjara. Ankaŭ mi ridis, kvankam efektive miaj infanaj jaroj ne estis tre malsamaj ol tiuj de Vitelio – krom la fakto, ke mi pasigis ilin en multe malpli agrablaj ĉirkaŭaĵoj ol vilao imperiestra. Estis amuze imagi tiujn bone nutritajn knabetojn kun la aristokrataj nomoj, devigataj submetiĝi al simila traktado kiel tiu, kiun sklavoj ricevadas la tutan tempon.

Ŝajne la knabo opiniis, ke estus preferinde ŝanĝi la temon. 'Mi ĝuis vian scenon kun la alia gardisto. La maniero laŭ kiu li kuris surloke, kiam li kredis, ke la reĝo vokas lin – tio estis elstara!'

Jen finfine mia ŝanco brili antaŭ ili. Neniam antaŭe mi parolis kun tiel aristokrataj junuloj, sed mi ja sciis, kiel rakonti anekdoton. 'Jes, Rupilio specialiĝas pri tio. Vi devus vidi lin, kiam li prezentas atleton, kiu pretiĝas antaŭ konkurso. Li faras la tutan rutinon – vi konas ĝin, li ŝajnigas froti sin per oleo, li saltetas, li tamburas sur sia brusto – kaj post kio li prenas la pozicion por ekkuri. Oni atendas, kaj atendas, kaj atendas – kaj poste li ekkuras surloke. La spektantaro ĉiufoje krevas pro ridoj.'

Ankaŭ ili ridis, kaj la graseta knabo ekdemandis, 'Diru al mi ... kiel vi nomiĝas, cetere?'

'Prokulpio, mia sinjoro.'

'Prokulpio. Ĉu mi imagas la aferon, aŭ ĉu mi ne jam aŭdis tiun scenon – tiun inter la du gardistoj? Ĝi pensigis min pri io el *La lakeo*. Ĉu vi konas ĝin? Ĝin verkis Nevio.'

'Vi tute pravas,' mi diris. 'Ni ja prenis el ĝi la scenon – evidente, kun kelkaj ĝisdatigoj.'

Mi miras, ke vi rekonis ĝin. Certe pasis jaroj de kiam oni laste prezentis tiun teatrajon.'

'Ne post la tempo de Sulao, supozeble,' aldonis lia afekta amiko. 'Neniu plu volas vidi la teatrajojn de Nevio.'

'Domaĝe,' mi diris. 'Mi foliumis tra *La lakeo* dum mi kopiis mian rolon, kaj mi trovis ĝin ankoraŭ amuza, eĉ post tiom da jaroj.'

'Jes,' diris la pli juna knabo. 'Mi bedaŭras, ke oni ne pli ofte revivigas tiujn malnovajn teatrajojn.'

'La homoj nuntempe volas nur dancospektaklojn kaj klaŭnadon,' mi klarigis. 'Se oni provas proponi ion kun pli da dialogo, ili plej verŝajne forvagos antaŭ la fino. Kaj se samtempe okazas gladiatora luktado – nenio farebla.'

Li ridis, kaj mi demandis, 'Sed serioze, mia sinjoro, mi miras, ke vi konas la teatrajon de Nevio. Nuntempe eĉ akiri kopion estas preskaŭ neeble.'

'Nu, mi legis ĝin ĉe mia onklino. Ŝi havas tutan kolekton. Sed tiu estas la sola, kiun ŝi posedas de li. Mi ŝatus scii, kion alian li verkis.'

'Rupilio havas plurajn,' mi diris. '*La mantelo, Kojonoj*, kaj krome li havas unu-du el la tragedioj.'

La esprimo de la knabo sugestis, ke li ĵus stumblis sur poto da oro meze de kampo. 'Ĉu vere? Mi ege ŝatus ilin prunti por kopiigi.'

'Rupilio havas tutan keston da malnovaj teatrajoj, kiun li heredis de sia avo. Sed li ne volonte pruntedonas ilin. Estus maleble anstataŭigi ilin, se okazus iu miso.'

'Al mi li certe pruntos ilin. Morgaŭ matene mi sendos iun por paroli kun li. Kie li estos trovebla?' Neniam mi aŭdis homon tiel junan paroli kun tiel granda memcerteco.

'Morgaŭ ni provludos,' mi diris. 'Ni kutime finas ĉirkaŭ la sepa horo, kaj poste ni iras al la banejo.' Li aŭskultis kun intereso kaj demandis, kie ni faras niajn provludojn. Mi vidis, ke li intencas aperi antaŭ la fino por spekti. Nu, tio ne ĝenos Rupilion. Post kelkaj jaroj ĉi tiu junulo povus iĝi grava patrono.

'*La homoj nuntempe volas nur dancospektaklojn kaj klaŭnadon.*' Dum mi remarŝis kun la aliaj membroj de la kompanio al la gastejo, kie ni dormis, mi ripetadis ene de mi mian konversacion kun la du junuloj; ĉiun vorton mi memoris. Ili parolis al mi preskaŭ kiel al egalulo, kaj flatis min ilia intereso pri miaj rakontoj de la vivo en vojaĝanta komika trupo. Precipe la pli juna knabo – kiel li nomiĝis? La pli aĝa estis Oto.

'*Morgaŭ matene mi sendos iun por paroli kun li.*' Mi memoris la nekredeble memfidan tonon per kiu la pli juna diris tiujn vortojn. Mi imagis min mem, vestitan per tiu tuniko, kliniĝantan sur divano en ĉambro tiel luksega, kaj parolantan per la sama tono de trankvila certeco.

'Mi vidas, ke vi ĝuis la vesperon, kara knabo.'

Tuj mi ĝustigis mian vizaĝon. Mi ne konstatis, ĝis Rupilio interrompis miajn pensojn, ke mi rikanas kiel komika masko. 'Ne malbone.'

'Supozeble vi ja scias, kun kiu vi babilis? Tiu diketa knabo?'

'Ne, kiu li estis?'

'Mia kara knabo, tiu estis la filo de la imperiestro.'

Mi konsterniĝis. 'La filo de la imperiestro!'

'Pli precize, lia adoptita filo. Antaŭe li estis Domicio Ahenobarbo. Tio estis antaŭ ol la imperiestro edziĝis al lia patrino. Nun oni nomas lin Nerono.'

Death of an Artist (extract), *2008*

All actors hate doing supper parties. The pay's poor, and you usually have slaves wandering in and out, not to mention bored guests chatting an arm's length away from you. Vitellius's dinner guests weren't a bad audience, under the circumstances. They listened as attentively as could be hoped, and laughed in the right places.

We had been enjoying an unprecedented success all winter with our latest sketch, a skit on the story of Danae and the shower of gold. You see, the wife of last year's consul had become pregnant, and since she was a spirited fifteen-year-old, while her husband, an unattractive man in middle age, hardly allowed his young wife out of the house ... well, you can imagine the jokes that were flying around. This is what had inspired our sketch: an eager lover will always find his way in, just as Jupiter found his way into the bronze tower where Danae had been imprisoned by her father.

There was a faction in the Senate who had an interest in discrediting this particular consul – and so we had been booked to perform at one dinner party after another in some of the most distinguished houses in Rome. Vitellius's dining room was intimate rather than imposing, just enough space for three couches round a single table, but you couldn't miss the way the silverware flickered in the lamplight, or the luxurious sheen of the couch covers.

Primus, with a huge false beard, was playing Jupiter, while his sister Rupilia, dressed in nothing but a diaphanous shawl, was reclining in front of the screen, which represented Danae's bronze tower. The shower of gold went off without a hitch. Then Primus, after his obligatory solo – he wasn't a brilliant actor, but he had a good voice – removed what was left of Rupilia's clothing, and she sank into his arms as Manducus trundled them, bed and all, behind the screen.

Now was my big moment. I had a comic scene with Rupilius, as two guards in front of the tower, while Jupiter and Danae were up to heaven knows what inside. Out of the corner of my eye I was aware of a couple of young men reclining on the second couch and watching the show with the kind of bright, enthusiastic expressions which every actor hopes to play to. They didn't look any older than I was, and I was tempted to show off in front of them. But that would have been more than my skin was worth. It was Rupilius who got all the laughs; my job was just to feed him his cues.

Next, on came Celerina and Quartilla, wearing not much more than Rupilia when we last saw her, and did a Spanish dance to Ursus's accompaniment. Danae reappeared from behind the screen, now wearing a matronly robe and a large false belly. She had a final scene with Rupilius, before the two of them turned to the audience to invite their applause.

Vitellius treated us very graciously. After the play he invited us to join the guests; you wouldn't catch many people of his class doing that. I began to suspect why he was being so friendly, when he called Primus over to his couch. Primus was the best-looking member of the company. I used to envy him sometimes, with his innocent, bright-eyed look and his good figure, but not on this occasion. My pointed face and skinny frame were not likely to attract the attentions of a man like Vitellius.

Primus cast a pleading glance at his father, but Rupilius had other things on his mind at that moment. He had reluctantly taken a place on the bottom couch, but his eyes were following every stroke of the broom as Manducus swept up the remains of the golden shower. I don't know what he was worrying about. One of our jokes was that instead of appearing to the young lady as a shower of gold, Jupiter had taken on the form of a hail of quarters. And as Danae had pointed out to her would-be lover, the only thing you can buy with a quarter aes these days is a visit to the public lavatory.

The girls had been sent out. This was a high-class party, and we were a high-class company. That's what Rupilius liked to claim, at any rate. The real reason, as we all knew perfectly well, was that he had no intention of allowing Vitellius's dinner guests to get their hands on his dancers. A pregnant dancer is no use to anyone.

I looked at the two young men I had noticed during the performance. They looked back at me as though they had just been waiting for me to catch their eye, and waved me over to join them. I perched on the edge of their couch, trying not to beam like an idiot. I had seen wealthy young men like these in the front row at the theatre or strolling past the expensive shops on the Sacred Road. Now that a couple of them had invited me over for a chat, I didn't want to appear too eager.

The elder one, who must have been about twenty, was got up with some care. Not only his face but even his arms and legs had been waxed smooth as a dancer's, and his hair was elaborately waved. His younger friend was less attractive: slightly pudgy, with an incipient moustache and spots. 'Who do you support?' he demanded as soon as I sat down.

'The Reds,' I replied without hesitation. I would have given anything to possess a tunic like his. It was so fleecy that it looked as if it had just come off the back of the sheep, and it was dyed a rich shade of saffron with a double border of interlaced waves in Greek style.

The owner of the tunic peered at me short-sightedly. He had fairish hair, blue deep-set eyes and dimpled cheeks, with fleshy lips which gave him a petulant air. 'The *Reds*? You don't mean you're a fan of that idiot Rutuba? Last time I saw him race, he wrecked his chariot going too close to the barrier.'

'He was squeezed in!' I said, forgetting any deference in my enthusiasm to defend my team. 'The way Gluterinus was pushing up behind him, he had to move into the centre. And then there was that Blue driver who slashed at his horse.'

'If you're any good, you should be able to cope with another driver whipping your horse. I'm for the Greens, myself.'

I was surprised to hear this. I had naturally assumed this aristocratic boy would shout for the Blues, or possibly the Whites.

'I expect you'd like some wine,' said his older companion, and beckoned to one of the slaves with a mannered little twirl of his finger. As I was being served he added, 'It looks as if our host has taken a fancy to your friend.' I looked over at the top couch and gave an inward grin. Vitellius, a florid man with a paunch and far too many chins, was whispering in Primus's ear, and now he laid a hand casually on his thigh. Primus managed to give a crooked smile, but it was clear that he was not enjoying himself.

'Vitellius always behaves like that,' the affected young man continued. 'His trouble is, he's still trying to prove to the world that he's a real man. You know what they say about him: he spent most of his childhood giving blowjobs to Tiberius.'

'Tiberius?' I said. 'The emperor?'

'Of course. You must have heard about that villa he had built in Capri. He had a team of little boys – all from Rome's top families, by the way – trained to swim between his legs and pleasure him while he was in the pool.'

'Otho!' his pudgy friend protested, blushing and giggling. He had seemed so much at his ease in this refined setting that I had assumed he must be about the same age as me. I could see now that he was at least a couple of years younger, probably not more than fifteen. I joined in his laughter, although as a matter of fact my own childhood had not been so very different from Vitellius's – apart from the fact that it had been passed in far less congenial surroundings than the villa of an emperor. It was funny to think of those well-fed little boys, with their aristocratic names, having to put up with the same kind of treatment that slaves get all the time.

Apparently the boy felt it would be safer to change the subject. 'I enjoyed your scene with the other guard. The way he did that running on the spot when he thought the king was calling him – that was brilliant.'

Here at last was my chance to show off. I had never talked to such aristocratic young men before, but I knew how to tell a story. 'Yes, that's Rupilius's speciality. You should see him doing an athlete warming up before a race. He goes through the whole routine – you know, oiling himself, jogging up and down, beating his chest – and then he gets into the starting position. You wait, and wait, and wait … and then he starts running on the spot. It has the audience falling around every time.'

They both laughed, and the pudgy boy began, 'Tell me … oh, what's your name, by the way?'

'Proculpius, my lord.'

'Proculpius. Am I imagining it, or haven't I heard that scene before – the one between the two guards? It reminded me of a piece from *The Toady*. Do you know it? It's by Naevius.'

'You're quite right,' I said. 'We did take the scene from there – with a little updating, of course. I'm amazed you recognised it. It must be years since that play was last performed.'

'Not since Sulla's time, I should think,' his mannered friend put in. 'Nobody wants to see Naevius's plays any more.'

'It's a pity,' I said. 'I had a look through *The Toady* while I was copying out my part, and I thought it was still funny, even after all these years.'

'Yes,' said the younger boy. 'I'm sorry those old plays aren't revived more often.'

'All people want now are dance spectacles and slapstick,' I explained. 'If you try to give them something with a bit more dialogue, they're likely to wander out in the middle. And if there's a gladiator display on at the same time – forget it.'

He laughed, and I continued, 'But seriously, my lord, I'm surprised at your knowing Naevius's play. It can't even be easy to get hold of a copy these days.'

'Oh, I read it at my aunt's. She's got quite a collection. But that's the only one she's got by him. I'd like to know what else he wrote.'

'Rupilius has quite a few,' I said. 'There's *The Cloak* and *Balls*. And then he's got a couple of the tragedies as well.'

The boy looked as though he had just tripped over a pot of gold in the middle of a field. 'Has he really? I'd love to borrow them and get them copied out.'

'Rupilius has a whole chest of old plays he inherited from his grandfather. But he doesn't like lending them out. They'd be impossible to replace if anything happened to them.'

'I'm sure he'd lend them to me – I'll send someone round to speak with him in the morning. Where will they find him?' I had never heard anyone so young speak with such assurance.

'Tomorrow we'll be rehearsing,' I told him. 'We usually finish around the seventh hour, and then we go to the baths.' He looked interested, and asked where we held our rehearsals. I could see he was planning to turn up before the end to watch. Well, Rupilius wouldn't mind. In a few years, this young man might make an important patron.

All people want now are dance spectacles and slapstick.' As I walked back to my lodgings with the rest of the company, I went over and over my conversation with the two young men – I could remember every word. They had talked to me almost as an equal, and shown a flattering interest in my tales of life in a travelling comic troupe. Especially the younger boy – what was his name? The elder one was Otho.

I'll send someone round to speak with him in the morning.' I remembered the incredibly confident tone in which the younger of the two had spoken those words. I pictured myself, dressed in that tunic, reclining on a couch in just such a luxurious room, and speaking in the same tone of calm assurance.

'I see you enjoyed the evening, dear boy.'

At once I composed my face. Until Rupilius broke in on my thoughts, I hadn't realised that I was grinning like a comic mask. 'It wasn't bad.'

'I suppose you know who you were talking to? That plump boy?'

'No, who was it?'

'My dear boy, that was the emperor's son.'

I was stunned. 'The emperor's son!'

'His adopted son, to be exact. Used to be Domitius Ahenobarbus. That was before the emperor married his mother. Now he's called Nero.'

Translation – Anna Löwenstein

A review of the collection of stories from which "Enanimigo" ("Vivification") is taken can be found below.

Tim Westover

Enanimigo, *2009*

La toastilo de la familio Doppelviv' malsanis. Subite ĝi ne plu rostis panon, sed lasis ĝin tute blanka kaj malbongusta; aŭ ĝi bruligis la panon ĝis cindro. La toastilo eligis malaltan sonon, kvazaŭ ĝi plorus. Panjo Doppelviv' malgaje manĝis ŝinkon sen pano, kaj la infanoj devis iri en la lernejon sen bona matenmanĝo. Paĉjo Doppelviv' portis la toastilon al kuracisto, kiu donis malgajan diagnozon. Ĝia spirito freneziĝis. La kuracisto proponis plurajn kialojn – eble la familianoj ne sufiĉe aprezis la laboron de la toastilo, aŭ eble ili ne lasis ĝin amikiĝi kun la aliaj kuiriloj. Sed la plej verŝajna klarigo estis, ke ĝia spirito estas malbonkvalita. Paĉjo konfesis, ke li pagis nemulte por ĝi. En tiaj malmultekostaj iloj, diris la kuracisto, oni ofte trovas spiritojn de senhejmuloj, forgesitaj fratinoj aŭ kadukuloj sen heredantoj. La leĝoj de la ŝtato, kompreneble, malpermesas uzi la spiritojn de krimuloj krom por pafiloj. La kuracisto konsilis, ke la familio Doppelviv' aĉetu novan toastilon, kaj li prenis la malsanan por vivĉesigo kaj deca enterigo.

Sabate la familio ekiris al la butiko Pluranim', kie oni vendas ĉiuspecajn aparatojn. Sed ne ĉiuj iris feliĉe. Irinjo, la deksesjaraĝa filino, legis en moda gazeto plurajn artikolojn pri la "problemo de enanimigo". Konata aktoro Dašo Pavlovski nun rifuzas veturi per enanimigita aŭto, sed iras de premiero al premiero per ĉaro tirata de blankaj ĉevaloj. Sara Makello, la usona dramverkisto, publikigis pamfleton post pamfleto. Ĉion ĉi Irinjo prezentis al sia familio dum la buso anhelis al la butiko. Ŝiaj argumentoj ne plene persvadis la familion, sed pro tio, ke Paĉjo Doppelviv' sopiris al paco, li konsentis ne eniri la ĉefan butikon Pluranim', sed viziti la apudan filion, kie oni vendas "alternativojn".

Tie estis plej diversaj primitivaĵoj. Fornoj, kiuj bruligas lignon. Miksiloj, kiujn oni turnas mane. Ŝildo, kiu prezentas la avantaĝojn de peniko super fotilo! Certe neniu moderna kaj bonhava familio tolerus tiajn antikvaĵojn en la propra domo. Eĉ Irinjo estis iom embarasita. En alia fako de la filia butiko, ili trovis eĉ pli strangajn ajojn. Jen toastilo, kiu funkcias per vapormotoro. Frederiko, la dekjara filo, gustumis la rostitan panon kaj diris, ke ĝi estas tro mola kaj malseka. Jen lampoj, kiujn lumigas "elektro". Paĉjo Doppelviv' demandis, kio estas elektro, sed la dejoranto ne povis klarigi. Ĝi estas senkorpa fluajo, li diris per tremantaj lipoj. Paĉjo Doppelviv' kuntiris la brovojn, ĉar nebulecaj klarigoj kiel "senkorpa fluajo" tuj pensigis lin pri kontraŭleĝaj fuŝfaritaj aparatoj. Eĉ la plej malmultekostaj enanimigitaj aparatoj estas atestitaj per multaj dokumentoj – kiu estas la spirito, kion li aŭ ŝi faris dum la vivo, kaj subskriboj de la heredantoj, aŭ almenaŭ de la ŝtata inspektoro. Ĉio estas tre oficiala, tre sekura.

Kaj ĝuste tion la familio trovis en la ĉefa butiko Pluranim'. Ĉiu, inkluzive Irinjon, sentis sin pli komforta en la ĉefa butiko, kie butikumas najbaroj kaj pastroj, eĉ la vicurbestro. Dejorantoj portis frakan veston kaj disdonis keksojn al geknaboj. Junulino, portanta ruĝan jupon, vagadis kun multkoloraj aerbalonetoj.

Eleganta sinjoro kun grizaj haroj super la oreloj salutis la familion Doppelviv'. Liaj ŝuoj, zono kaj dentoj estis brile blankaj. Ĉe la bretoj por kuiriloj li montris plurajn bonaĉetojn. Jen pintkvalita toastilo, kiu en sia antaŭa vivo estis fajrobrigadisto – tio promesas sekuran kaj fidelan funkciadon dum jaroj. Jen alia toastilo, kiu estis enan-imigita per dommastrino, kiu naskis dek du infanojn kaj kuiris matenmanĝon por ili ĉiu-tage.

Sed ambaŭ toastiloj estas tro multekostaj, konfesis sinjoro Doppelviv' ruĝvange. La eleganta sinjoro tamen ne ĉagreniĝis. Li montris tre belan arĝentan toastilon, kiu konsistis el nur speguloj kaj kurbiĝoj. Irinjo ridetis, ĉar ĝi estis frape plaĉa al la okulo, kaj Frederiko pensis pri zepelinoj, pafiloj kaj aliaj belaj objektoj. Ĉiuj ekamis ĝin. Sinjoro Doppelviv' scivolis pri la kosto, sed la prezo estis tute en ordo. Ĉu la spirito estis freneza aŭ malsana aŭ maltaŭga? La eleganta sinjoro ofendiĝis. Tiajn ajojn oni ne vendas en la butiko Pluranim', kaj li elprenis de malantaŭ la toastilo faskon da subskribitaj dokumen-toj – vivresumo, atestiloj, sanraportoj antaŭ kaj post la morto – por pruvi, ke nenio estas misa pri la toastilo. La prezo neniel rilatas al la beleco de la eksterajo, sed al la spirito de la ilo. Postuli altan prezon por toastilo nur pro tio, ke ĝi estas bela, estus sensence, samkiel edzinigi belulinon kiu havas malmulton en la kapo.

La eleganta sinjoro klarigis, ke dum la vivo la spirito estis festema fraŭlo, kiu ne kutimis al frua leviĝo kaj ofte preterdormis la matenmanĝon. Eble dudek fojojn en la vivo li rostis panon. Kaj tial oni atendu kelkajn mallertajojn de la toastilo – eble la pano estos tro bruna, aŭ iom tro seka – ĝis ĝi lernos sian novan metion. La multekostaj toastiloj estas jam spertuloj – fajrobrigadisto kaj dommastrino – kiuj scipovas panrosta-don. Sed la eleganta sinjoro ne malrekomendis la aĉeton. Panrostado ja ne estas komplika arto. Ŝparu vian monon por altkvalita bakforno aŭ fonografo! Mallerta bakforno detruas la tutan vespermanĝon, kaj fonografo, kiu ne scipovas kanti, estas pli terura, ol manko de fonografo.

La familio Doppelviv' jam havis bonegan fonografon. La frato de sinjoro Doppelviv' estis konata operkantisto, kaj kiam li mortis, li konsentis enanimigi fonografon por siaj parencoj. La tuta familio ĝuis ĝian sonoran voĉon, sed oni devis iom zorge elekti la diskojn. Foje Irinjo provis aŭdigi la lastan diskon de iu kurtjupulino, sed la basa voĉo de la forpasinta onklo faris la rezulton ne tre plaĉa.

Bedaŭrinde neniu alia parenco de la familio Doppelviv' mortis lastatempe, alikaze la familio povus havigi al si novan toastilon sen vizito al la butiko Pluranim'.

Sinjoro Doppelviv' kaj la eleganta sinjoro malaperis en oficejon por fari la bezonatajn subskribojn. Irinjo petole sidis apud la bretoj, kien oni metis la rabatitajn, eksmodajn kaj iomete fuŝitajn ilojn. Frederiko premis ĉiujn butonojn en longa vico de radioaparatoj, kaj tiuj eligis vekriojn. Sinjorino Doppelviv' trovis ege multekostan harbuklilon, kiu portis la nomon de tre konata frizisto. Momente, ŝia kapo ŝvebis. Sed refoje legante la ŝildon, ŝi konstatis, ke temis pri la kuzo de la konata frizisto, kiu hazarde havis la saman nomon.

Hejme, la familio metis la novan toastilon sur la tablon. Sinjorino Doppelviv' propo-nis, ke oni provrostu la panon, por alkutimigi la toastilon al ĝia medio. La toastilo varmigis, fajfetis, kaj – hop! – la pano eksaltis. Sed ĝi estis nepreta, preskaŭ blanka. La toastilo kvazaŭ mem konsciis pri tio, reentiris la panpecon, prilaboris ĝin en sia mallarĝa forno, kaj finfine eligis akcepteble rostitan panon. Sinjorino Doppelviv' esprimis sian kontenton. Almenaŭ nun oni povis fari matenmanĝon, kaj la infanoj ne suferos pro mal-sato.

Tiel funkciis ĉio dum kelkaj tagoj, en normalaj vivritmoj. La sola diferenco estis, ke Irinjo komencis helpi sian patrinon pri la matenmanĝo. Ŝi funkciigis la toastilon por ĉiuj, kaj eĉ eksaltis kiam ajn oni bezonis plian pecon. Sinjorino Doppelviv' volis, ke ŝi ekinteresiĝu ankaŭ friti ovojn kaj lavi telerojn, sed sinjoro Doppelviv' estis kontenta, ke Irinjo ne plu babilaĉis pri la "problemo de enanimigo".

Iun tagon sinjorino Doppelviv' rimarkis, ke la fridujo estas tro varma. La manĝaĵoj difektiĝus, se la fridujo ne bone funkcius. Sinjorino Doppelviv' opiniis tion stranga, ĉar ŝi preskaŭ ne malfermis la fridujon dum la tuta tago. Ŝi enrigardis la fridujon por vidi mine-scias-kion, kaj la toastilo pepis, kiam ŝi malfermis la pordon. Sen pano, tamen! Du fojojn sinjorino Doppelviv' ripetis la aferon – fridujo, hop! fridujo, hop! La toastilo kaj la fridujo verŝajne fariĝis iel interplektitaj. Ĉu tio estas problemo, sinjorino Doppelviv' ne scias. La varmeco certe estas zorgiga, kaj indas espluri. Tamen jam estis tro malfrue en la vespero por venigi la kuraciston. La postan tagon, zorgoj hejmaj kaj laboraj intervenis, kaj oni devis prokrasti la kuraciston ĝis post la semajnfino.

Dum la semajnfino Frederiko rampis tra la ĝardeno kaj kaptis insektojn por uzi en eksperimentoj. Li prunteprenis de la lernejo novan amuzilon – enanimigilon. Kompreneble la afero estis nur ludilo, ĉar ĝi ne havis sufiĉe da forto por kapti homan animon. Nur homaj animoj sufiĉas por enanimigi komplikajn varojn, kiaj estas hejmaj aparatoj. Frederiko kaptis insektajn animojn kaj metis ilin en ŝraŭbojn, aŭtetojn kaj butonojn. Lia dormoĉambro plenis je moviĝantaj, muĝantaj etaĵoj. Sinjorino Doppelviv' multe ĝeniĝis, sed lernado estas lernado, kaj scienco estas scienco, eĉ se ĝi estas naŭza.

Dimanĉon, dum la preparado por la granda tagmanĝo, sinjorino Doppelviv' rimarkis, ke la fridujo nun funkcias pli bone, eĉ tro bone. La interno de la fridujo estis malvarmega, kaj la lakto fariĝis glacio. Krome, nun la toastilo kaj la forno havis iun simpation, ĉar kiam ajn oni rostis panon, la forno ekfunkciis, kaj inverse. Je unu flanko de la kuirejo, apud la forno kaj la toastilo, oni ŝvitis. Je la alia flanko, apud la fridujo, oni frostis.

La kuracisto venis la sekvan matenon al plena ĥaoso. Nun la forno ne plu funkciis, sed ŝprucis fumon kaj fajrerojn ĉiudirekten. La miksilo grincis kaj knaris, kaj el la gladilo likiĝis akvo per grandaj gutoj. La nadlo de la fonografo gratis sur disko kaj eligis teruran viran krion, kaj la lampoj flagris. La kuracisto svingis la manojn kaj fajfis. Li piedbatis kaj sakris. Li pledis kaj plendis. Finfine, li eĉ enrigardis kelkajn dikajn librojn. Iom post iom la afero klariĝis. La nova toastilo, kiu estis plena sentaŭgulo kun pli da ĉarmoj ol cerboĉeloj, uzis siajn lertajn vortojn por amindumi al la fridujo – tial ŝi varmiĝis. Sed nur kelkajn tagojn poste la toastilo adultis kun la forno, kaj la fridujo frostiĝis pro kolero. Kaj same subite, la toastilo ekhavis novan amon – teruran, malpermesatan amon – kaj la aliaj kuiraparatoj indignis. La miksilo, kiu delonge amis la fridujon senresponde, malfunkciis pro kolero. La lampoj, kiuj estis geamikoj de la fridujo kaj la forno, batalis inter si. La gladilo mem amegis la toastilon kaj ekploris, kiam li ne atentis ŝin. Kaj la fonografo nur volis pacon, sed mankis al li la ĝusta disko de lulmuziko.

La kuracisto havis simplan solvon – meti la toastilon en ŝrankon, kie ĝi ne povis amindumi, nek rompi korojn. Tiaj aparatoj vivas en delikataj ekvilibroj, samkiel homoj. Forta, senzorga personeco faras batalkampon el kuirejo, samkiel el laborejo aŭ familia renkontiĝo. Kial la familio Doppelviv' ne faris pli da demandoj nek mendis konsilon de la kuracisto, antaŭ ol sendi novan toastilon en tiun delikatan medion? Tiaj hastaj agoj povas esti repagataj nur per ĥaoso kaj damaĝo.

La familio metis la belan dandan toastilon en ŝrankon, kaj la familio suferis kelkajn tagojn sen rostita pano, dum la kuirejo repaciĝis. Sinjoro Doppelviv' plendis ĉe la butiko Pluranim' pri la fuŝa toastilo. La eleganta sinjoro faris mil pardonpetojn, sed la butiko Pluranim' ne estas respondeca pri hejmaj konfliktoj – la toastilo rostas panon, ĉu ne? Ĝi ne misfunkcias, nek endanĝerigas homan vivon. Oni ne atendas, ke la butiko reprenu tomatojn, kiujn oni fuŝe metis en kukon – kial la butiko reprenu toastilon, kiun oni fuŝe metis en kuirejon plenan je emociplenaj aparatoj? Krome, la subskriboj, kiujn sinjoro Doppelviv' faris kiam li aĉetis la toastilon, estas nerefuteblaj.

Tamen la familio Doppelviv' ne povis vivi sen rostita pano – ĉu la butiko Pluranim' ne havas tre malmultekostan, tre malbelan toastilon, kiu neniel fuŝus la kuirejon? La eleganta sinjoro montris etan grizan skatolon. En tiu ĉi toastilo estis la animo de malsana orfa knabo, kiu dum la mallonga vivo neniam manĝis rostitan panon, nur kaĉon kaj ostojn. Ĉu li entute scipovis rosti panon estis dubinde, sed la toastileto estis tiel milda, ke li tute ne kapablis veki konfliktojn. Sinjoro Doppelviv' tuj aĉetis ĝin.

La kompatinda toastileto apenaŭ sukcesis brunigi la panpeceton, sed ĝuste tial ĉio en la kuirejo ekamis lin. La friduĵo kaj la forno montris patrinajn zorgojn pri la eta ilo. La miksilo kaj la gladilo traktis lin kiel frateton. La lampoj brile ridetis al li, kaj la fonografo, provizata per lulkantoj, helpis lin pri bonaj sonĝoj. Denove, la familio Doppelviv' havis ambaŭ pacon kaj panon.

Sed kio pri la bela toastilo, la danda kaj flirtema spirito, kiu jam rompis tiom da koroj en dio-scias-kiom da kuirejoj? Kion fari pri ĝi? La butiko Pluranim' ne volis rehavi ĝin, kaj ĉiuj najbaroj de la familio Doppelviv' havis inajn friduĵojn aŭ fornojn. La gesinjoroj Doppelviv' fine decidis, ke ili donacu la toastilon al bonfara organizo, eble monaĥinejo, kaj ju pli rapide, des pli bone.

Sed la toastilo ne plu troviĝis en la ŝranko. Frederiko diris, ke Irinjo jam portis ĝin en sian dormoĉambron. La gesinjoroj Doppelviv' konsterniĝis. Kial Irinjo bezonus toastilon en la dormoĉambro? Ĉu ŝi ne volis matenmanĝi kun la familio? Ili trovis la pordon de ŝia ĉambro fermita, kaj scivoleme puŝis al ĝi la orelojn.

Hop! – la sono de rostita pano, eksaltanta el la toastilo, kaj feliĉa, amoplena, virina rido.

Vivification, 2009

The Doppelviv family's toaster went on strike. Suddenly it no longer wanted to toast properly, either leaving the bread white and mealy or roasting the bread to ashes. Pushing various buttons didn't seem to help. The toaster let out a small, whining sound, like it was crying. Mrs Doppelviv sadly ate her bacon without toast, and the children had to go to school without a complete breakfast.

Mr Doppelviv took the toaster to the doctor, who delivered the bad news. Its spirit had been broken. The doctor had several theories – maybe the family wasn't grateful enough, or maybe the toaster never got along with the other appliances. But the most likely explanation was that its spirit was simply low quality. Mr Doppelviv confessed that he hadn't paid very much for the toaster. In these kinds of cheap appliances, said the doctor, one often finds the spirits of homeless people, forgotten sisters, or the heirless elderly. It was against the law, of course, to use the spirit of the criminal except in guns. The doctor recommended that the Doppelvivs buy a new toaster, and he took the old and ill one away to put it to sleep and give it a proper burial.

On Saturday the family set out for Plurabelle's, the best-known retailer of all such appliances. But not everyone went happily. Irina, their sixteen-year-old daughter, read in one of her magazines about the "vivification" question. The famous actor Dasha Pavlovski was now refusing to travel in a vivified automobile, preferring to travel from premiere to premiere in his carriage pulled by white horses. Sarah McKellan, the American playwright, published an unceasing stream of pamphlets. Irina explained all this to her family as the bus wheezed to the store. Her arguments didn't completely persuade the family, but Mr Doppelviv, always hoping for domestic tranquillity, agreed to shop first not in Plurabelle's itself, but in its annex next door, where "alternatives" were sold.

There they found a wide array of primitive appliances. Ovens that burned wood. Mixers turned by hand. A large display extolling the virtues of the paint brush over the camera! Certainly no modern and well-to-do family would tolerate these kinds of artefacts in the home. Even Irina was a little embarrassed. In another department of the annex, they found even stranger things. A toaster with a steam engine. Frederik, their ten year-old son, tasted the toast and proclaimed it too soft and wet. There were lamps powered by "electricity." Mr Doppelviv asked what electricity was, but the salesman couldn't give a good answer. A "flow of energy" was the most he could say. Mr Doppelviv furrowed his brow. Dodgy explanations of "flows of energy" reminded him of illegal, badly-made appliances. Even the cheapest appliances had numerous documents and attestations of quality – who was the spirit, what did he or she do in life, and signatures of the heirs or at least the government inspectors. Everything is very official, very safe.

And that's precisely what the family found at Plurabelle's. Everyone, even Irina, felt themselves more comfortable in the main store, shopping among their neighbours. Salesmen wore sharp suits and gave out cookies to the children. A young woman wearing a short red skirt carried colourful balloons.

A distinguished gentleman with grey hairs above his ears greeted the Doppelvivs. His shoes, belt, and teeth were brilliant white. He pointed out several good bargains on the shelf. A top-quality toaster that was a fireman in life – that means safe and reliable operation for years. Another toaster, vivified with the spirit of a housewife who gave birth to ten children and made breakfast for them every day.

But both toasters were too expensive, admitted Mr Doppelviv. The distinguished gentleman was unfazed, however. He showed them a beautiful silver toaster made up of mirrors and curves. Irina smiled because it was really quite nice-looking for a toaster, and Frederik thought of zeppelins, guns, and other beautiful things. Everyone loved it. Mr Doppelviv inquired about the cost, but the price wasn't too high. The price had nothing to do with the outside, but with the spirit inside. Maybe the spirit was a little sickly? The distinguished gentleman was taken aback. Such things they do not sell at Plurabelle's, he assured them, showing off a stack of signed documents. A curriculum vitae, witnesses, health inspections before and after death all proved that nothing was wrong with the toaster.

The distinguished gentleman explained that the spirit in life was a rather festive bachelor, who was unaccustomed to early rising and often slept through breakfast. Maybe twenty times in his life he made toast. One should expect a few mistakes from the toaster at first – perhaps the toast would be overdone or too dry – until the toaster learned for itself its new trade. The more expensive toasters were already experts – a fireman and a housewife – who knew very well how to toast bread. But the distinguished gentleman still recommended the purchase. Toasting bread isn't a complicated art. Save money for a high-quality oven or phonograph! An artless oven ruins the whole meal, and a phonograph that can't sing is worse than having no phonograph at all.

The Doppelvivs had a wonderful phonograph already. Mr Doppelviv's brother was a well-known opera singer, and when he died, he consented to vivify a phonograph for his relatives. The whole family enjoyed its sonorous voice, but they had to select the records with some care. Once Irina tried to play the latest record from some short-skirted starlet, but her uncle's bass voice failed to produce a pleasing result.

It was unfortunate that no one in the Doppelviv family had died recently. Otherwise, they could have a new toaster without having to visit Plurabelle's.

Mr Doppelviv and the distinguished gentleman disappeared into an office to complete the necessary signatures. Irina pouted near the shelves with the discounted, outdated, and irregular appliances. Frederik pushed every button in the long row of radios, causing much wailing. Mrs Doppelviv found a very inexpensive hair curler that had the name of a famous stylist. For a minute, her head was filled with dreams of having such an illustrious person work on her hair every morning. But reading the sign again, she saw that it was vivified by a cousin of the famous stylist who just happened to have the same name.

Back at home, the family put their new toaster on the table. Mr Doppelviv proposed a test run, to help the toaster get used to its new home. The toaster warmed up, whistled, and – hop! – the bread jumped out. But it wasn't ready, still mainly white. The toaster almost seemed to realise that itself. It pulled the bread back inside, worked it over in its little oven, and finally came up with an acceptably toasted piece of bread. Mrs Doppelviv expressed her delight. At least they could now prepare a proper breakfast and the children wouldn't have to go hungry.

Things went smoothly for several days, in the normal way of life. The only difference was that Irina started to help her mother more with breakfast preparations. She set up the toaster for everyone and jumped up every time someone wanted another piece. Mrs Doppelviv wanted her to take an interest in frying eggs and washing dishes too, but Mr Doppelviv was happy that she wasn't babbling on about the "vivification" question anymore.

Soon though Mrs Doppelviv noticed that the refrigerator was too warm. She hadn't left it open. The food would spoil if the refrigerator wasn't working properly. She opened it, looking for goodness knows what, and the toaster yelped when she opened the door. No toast, though! Twice Mrs Doppelviv repeated her actions. Open, yelp! Open, yelp! Somehow the toaster and the refrigerator had got mixed up with each other. If that was a problem, Mrs Doppelviv didn't know. The warmth was certainly a little worrisome and needed to be investigated. But it was already too late in the evening to call the doctor.

The next day, affairs of home and work intervened, and the family had to put off calling the doctor until after the weekend. Frederik brought home from his school science class a new toy– a vivifier. It wasn't the professional model and didn't have enough power to capture a human spirit, and only human spirits were strong enough to work in complicated things like kitchen appliances. But even a weak vivifier is still entertaining. All weekend Frederik crawled through the garden, capturing insects, whose spirits he put into screws, toy cars, and buttons. His bedroom was filled with moving, moaning junk. Mrs Doppelviv was greatly disturbed, but learning is learning and science is science, even if it is disgusting.

On Sunday, while preparing for midday meal, Mrs Doppelviv found that the refrigeration was working much better, even too well. The inside was freezing. The milk had turned to ice. And now the toaster and the oven had developed some connection, because whenever someone toasted bread, the oven turned on, and setting the oven caused the toaster to glow red hot.

The doctor arrived the following morning to complete chaos. The oven no longer worked, but blew smoke in every direction. The mixer creaked and wheezed, and the iron leaked in huge drops. The needle of the phonograph grated on the record and let out a mournful cry, and the lamps blinked and stuttered. The doctor waved his arms and whistled, stamped and swore, groaned and moaned. Finally, he even delved into the tomes he brought with him. Little by little the reasons became clear. The new toaster, a useless dandy with more charm than brains, used his talents to woo the refrigerator, and she grew warm with desire. Only a day later, the toaster cheated on the oven, and the refrigerator frosted over with jealousy and hate. Just as suddenly, the toaster had a new love – a terrible, forbidden love – and the other appliances flew into a rage. The mixer, who had borne for some time an unrequited love for the refrigerator, was spinning in a rage. The lamps, who were friends with either the refrigerator or the stove, fought among themselves. The iron, who also loved the toaster, began to weep because her love was not returned. The phonograph only wanted peace, but he didn't have the right music.

The doctor's solution was simple – put the toaster into the cupboard, where it couldn't love or break any more hearts. These appliances live in a delicate balance, said the doctor. A strong, careless personality can turn a kitchen into a battlefield, just like a workplace or family reunion. Why didn't the Doppelvivs ask more questions before sending their new toaster into such a volatile arrangement? Such haste can only be repaid with chaos and regret.

The family put the beautiful dandy of a toaster into the cupboard, and again they suffered for several days without fresh toast while the kitchen got back to normal. Mr

Doppelviv complained at Plurabelle's about the faulty toaster. The distinguished gentleman begged a thousand pardons, but Plurabelle's could not be responsible for domestic strife. The toaster did toast, yes? It did not malfunction nor endanger human lives. One could not expect the grocer to take back a tomato that was carelessly thrown into a cake. Why should Plurabelle's take back a toaster that was carelessly placed into a kitchen filled with unstable appliances? Besides, Mr Doppelviv's signatures were irrefutable.

The Doppelvivs couldn't live without toast, though. Didn't Plurabelle's have perhaps a very inexpensive toaster that wouldn't cause any more trouble? The distinguished gentleman presented a small grey box. In this little toaster is the spirit of a sickly orphan boy, who during his short life never ate toast, only porridge and bones. Whether he could even toast at all was doubtful, but the little toaster is so gentle and mild that it could hardly be expected to cause any conflict at all. Mr Doppelviv bought it immediately. The poor toaster could hardly heat a piece of bread, but just for that, the whole kitchen came to love it. The refrigerator and the oven showed a maternal care for it. The mixer and the iron treated it like a brother. The lamps shone brightly and the phonograph, with a new stack of lullabies, helped send it off to pleasant dreams. The Doppelvivs again had both peace and toast.

But what of the beautiful toaster, the flirty and flighty spirit that had already broken so many hearts in who-knows-how-many kitchens? What to do with it? Plurabelle's wouldn't take it back, and all the neighbours of the Doppelvivs had female refrigerators or ovens. Mr and Mrs Doppelviv finally decided to donate the toaster to some charitable organisation, perhaps a nunnery, and the sooner the better.

The toaster was no longer in the cupboard. Frederik said that he saw Irina take it into her bedroom. Why would a young girl need a toaster in her room? Did she not want to eat breakfast with the rest of the family? Mr and Mrs Doppelviv found her door closed and pushed their wondering ears against it.

Hop! The sound of toast leaping from toaster and a happy, amorous woman's laugh.

Translation – Tim Westover

Book reviews, as in any language, contribute in no small degree to the cultural life of Esperanto. Many such pieces are to be found in the principal Esperanto literary review, *Beletra Almanako* (*Almanac of Creative Writing*), published three times a year by Mondial, in New York.

The following piece, however, is taken from the October 2010 edition of the news magazine *Monato* (*Month*). It is a review of Tim Westover's *Marvirinstrato* (*Mermaid Street*) in which the previous short story was published.

Nikolao Gudskov

Kiel aspektas miraklo, *2010*

La libro estas stranga. La strangajoj en ĝi estas kelkaj. Sed la unua, kaj ĉefa, estas la ĝenro. Fakte, preskaŭ ĉiuj "noveloj" el la prezentitaj 18 estas laŭ la unua vido fabeloj (la du lastaj – primovadaj satirajoj). Nu, fabelo estas ja ĝenro estiminda: sufiĉas rememori, ke laŭorda konatiĝo kun Esperanto komenciĝas de la fabelo ("Unu vidvino havis du filinojn ...") por kompreni ĝian gravecon por nia literaturo. La fabeloj estas popularaj ĉe la infanoj, sed ne nur: ni nur menciu la furoron de *La mastro de l' ringoj* libro-kaj kino-forme, kaj vi komprenos, ke la ĝenro estas ankaŭ serioza. Samtempe, originale verkitaj fabeloj en Esperanta literaturo ne tro multas, kaj tial necesas tuj saluti la novan fabelkolekton.

Sed ne ĉio tiom simplas. Ja la fabeloj ne estas tre kutimaj, eĉ se iuspeca influo de la klasikaj verkoj, kiel de Andersen, evidente senteblas. Parto de la fabeloj (se ne ĉiuj) aspektas iom strange, kaj ne ĉiam klaras, kion la aŭtoro volis diri. Tamen, post medito pri la strangajoj, mi faris la jenan konkludon: la ĉefa celo de la aŭtoro estis esplori la fenomenon de miraklo. Hm ... sed ja ĉiuj fabeloj uzas miraklon, kaj en tiu senco esploras ĝin, ĉu ne? Komprenebla – por instruaj, distraj, alegoriaj kaj pluraj aliaj celoj. Sed Westover faras alion: li rigardas la imagitajn situaciojn de la ekzisto de la mirakloj apud ni kaj sekvas la homajn reagojn al ili.

Tiaj estas la fabeloj *Marvirinstrato, Pigopago, Fiŝhepatoleo, Meduzet'* kaj kelkaj aliaj. La esplorataj en ili demandoj estas, ekzemple, tiaj: "Ĉu ino, simila al marvirino, vere estas tio, kaj ĉu marvirinoj vere vivas apud ni?"; "Ĉu la patrino ĝojos, se la filino ricevos donacon de feino?"; "Kio pli bonas – la fidela pajloĉapelo aŭ mirakla rimedo, permesanta paŝi sur akvosurfaco?" "Ĉu oni akceptas trankvile la ekziston de racia meduzeto apud knabino?" kaj simile. La respondoj estas diversaj – kaj paradoksaj – kaj ĝuste tiuj fabeloj konsistigas la plej bonan parton de la libro. Unu fabelo – *Nia bestoĝardeno* – iom tro rekte provas respondi la ĉefan demandon: "Kio ĝenerale estas miraklo?" La respondo, kiun donas la aŭtoro, estas iom banala, sed prezentita elegante. Proksimas al ĝi laŭ la tasko kaj solvo *El la taglibro pri la okcidenta vojaĝo.*

Kelkaj aliaj fabeloj estas iom pli tradiciaj (kvankam ankaŭ ili enhavas paradoksojn) – ili traktas neantaŭvideblajn homajn dezirojn. Tio estas, ekzemple, *Orfiŝeto kaj glacia monto* kaj *Labirintoj*. Min ili impresis iom malpli – eble ĝuste pro la troa tradicieco, sed tio estas afero de gusto.

Iom aparte staras tri noveloj-fabeloj, inspiritaj de la esperanta kulturo. Unu el ili estas stranga knaba historio, tre usoneca stile, inspirita de "enigma" zamenhofa frazo pri "Tri ruĝaj knabinoj". La afero devenas, fakte, de certa mistraduko, sed ne tio gravas ĉi-okaze: ni vidas, kiel tuja imago pri la knabinoj naskis ĉe la aŭtoro grandan knabpsikologian historion ... La historio estas strangeta (jes ja, strangeco ĝenerale estas trajto de la stilo de Westover!), sed atentokapta, kaj ĝuste ĝi pruvis al mi tion, ke la aŭtoro, kvankam komencanta, ja havas estimindan verkistan talenton.

La dua esperant-tema novelo – *Estimata Vi* – "verdece" traktas la ĉefan temon pri mirakloj: "Ĉu esperantisto ĝojos, se ricevos donace tutan Esperanto-urbon, sed senhoman?" La solvo estas proksimume sama, kiel en la fabelo *Fiŝhepatoleo*. Kaj la fina novelo *Antaŭparolo al la plena verkaro de Yvette Swithmoor* estas sprita parodio pri la Esperanto-kulturo ĝenerale, montranta profundan konatecon de la aŭtoro kun nia literaturo, kritiko, moroj ktp. Min la gaje-galaj rikanoj de Westover pacigis kun ĉiuj ne tro gravaj mankoj de la kolekto!

Kaj jen la lasta strangajo de la libro, absolute nekutima (dume) en la mondo: la aŭtoro kaj la eldonejo rajtigas ĉiun homon senpage legi la libron en la reto (kie ĝi troviĝas plene), elŝuti ĝin kaj uzi laŭplaĉe! Tiaspeca donaco estas io tute nova ... Malgraŭ tio, ke la homoj, kutimaj legi de l' ekrano, ne havas stimulon aĉeti la paperan eldonon, espereble, sufiĉos en la mondo tiuj, kiuj preferas foliumi la paperajn librojn ... Do, ili aĉetu – kaj la avaruloj legu senpage!

What a miracle looks like, *2010*

This book is odd. There are several oddities in it, but first and foremost is the genre. In fact, all the "short stories" of the 18 in the collection are, at first glance, folk tales (the last two are satires about the Esperanto movement). Now, a folk tale, of course, is an entirely respectable genre: the fact that many people begin their acquaintance with Esperanto with just such a tale ("A widow had two daughters ...") is sufficient to understand their importance for our literature. These tales are popular for children, but not only for children. Think of the popularity of *The Lord of the Rings* (both books and films), and you'll understand this is a serious genre. At the same time, folk tales written originally in Esperanto hardly abound, so for that reason we can extend an immediate welcome to this collection.

But it's not quite that simple. These tales are not of the usual kind, even if it's possible to detect influences from the classics, such as works by Andersen. Some of these tales, if not all of them, have an oddity about them, and it's not always clear what the author was intending to say. However, after reflecting on this oddity, I drew the following conclusion: The principal aim of the author was to explore the phenomenon of the "miracle". Hm ... but all folk tales involve miracles, and in this sense explore the phenomenon, don't they? Of course – to teach, to amuse, to provide allegories, and for various other reasons. But Westover does something quite different: he sets the scenes in which the miracles exist alongside us, and follows the human reactions to them.

The tales *Mermaid Street*, *Magpie-Payment*, *Fish Liver Oil*, *Little Jellyfish* and several others are of this type. The questions they explore are those such as "Is a woman, who is similar to a mermaid, really a mermaid, and do mermaids really live among us?" "Is a mother happy if her daughter receives a gift from a fairy?" "Which is better – a faithful straw hat, or a miraculous device that permits you to walk on water?" "Can one calmly accept the existence of a thinking, tiny jellyfish beside a young girl?" and so on. The answers are diverse and paradoxical – and it is precisely these tales that make up the best part of the book. One story – *Our Zoological Garden* – attempts to answer the principal question "What in general is a miracle?" rather too directly. The answer given by the author is somewhat trite, but it is presented elegantly. *From the Diary of the Western*

Voyage is similar in terms of task and solution.

Several other stories are somewhat too traditional (though they also involve paradoxes) – they deal with unforeseen human desires. For example, *The Little Goldfish and the Ice Mountain* and *Labyrinths* are of this type. To me, they're less impressive – perhaps precisely because of the traditional style, although that's a matter of taste.

Three short stories/folk tales are in a separate class, inspired by Esperanto culture. One is a strange story of a boy, very American in style, inspired by the enigmatic Zamenhof-phrase "three red girls". This statement derives, in fact, from a particular mistranslation, but that doesn't matter here: we're able to see how a sudden image of the girls created for the author a vast psychological story of boyhood ... the story is slightly odd (indeed, oddity is a trait in general of Westover's style!), but it is riveting, and it was this story that proved to me that the author, although this is a first collection, does indeed possess prodigious talent as a writer.

The second Esperanto-themed short story – *Dear You* – deals in a typically Esperanto way with the main theme: "Would an Esperantist be glad to receive as a gift an entire Esperanto city, but completely uninhabited?" The resolution is approximately the same as that in the tale *Fish Liver Oil*. And the last short story, *Foreword to the Complete Works of Yvette Swithmoor* is a lively parody of Esperanto culture in general, demonstrating the author's profound knowledge of our literature, literary criticism, customs, etc. Westover's gleefully galling sneers won me over in spite of the not-too-serious faults of the collection.

And here's the last oddity of the book, little known in the world (at least for the moment): the author and the publisher freely give everyone the right to read the book on-line at no cost (the full text is available), download it, and use at will! A gift of this sort is something completely new ... Despite the fact that people accustomed to reading on-line have no cause to buy the printed edition, let's hope there are enough people in the world who prefer to leaf through the pages of a printed book. Let them buy it – and let skinflints read free of charge!

Translation – Lee Miller

The novel *Flugi kun kakatuoj* (*Soaring with Cockatoos*) was published in 2010. The background is the Kimberley region of Western Australia in the colonial era, when white people were driving the last of the Aborigines from their ancestral lands.

One tribe, the Banubi, protected by mountains, was able to resist the invasion for some years. Their hero was Yungaburra (Jangabara in Esperanto), expelled from the tribe as a teenager for breaking sexual taboos.

Yungaburra paid a high price for readmission to the tribe, but because of his knowledge of "whitefella" ways he immediately became their leader. This piece recounts the last evening before the battle that would destroy the tribe forever.

Trevor Steele

Flugi kun kakatuoj (eltirajo), *2010*

Jangabara aŭskultis pacience al ĉiuj ideoj kaj proponoj de siaj militontoj. Estis iom nekutima situacio por Banubi-viroj: kvankam ĉiuj rajtis laŭ la dekomenca kutimo kontribui, neniu dubis, ke la decidojn faros tiu relative juna, relative malaltstatura viro, kiu dum kelkaj jaroj estis fakte tio, kion la blankuloj nomus reĝo.

Finfine la laŭfakta sed neoficiala reĝo parolis: ĉiuj interkonsentis, ke Bandjina estos unu el la batalejoj, ĉar la blankuloj venontaj de okcidente ne havos alian trairejon por siaj bovoj. La ĉefa embuskejo estu refoje tie, kaj Jangabara mem gvidos la defendon. Sed neniu, li diris, povas esti tute certa pri la loko, kie la bovoj venontaj de nordo kaj nordoriento estos pelitaj sur Banubi-teritorion. Li, Jangabara, same kiel ĉiuj aliaj, pensis jen tiel, jen alimaniere, sed lia unua intuicio estis, ke la loko, kiun la blankuloj elektos, estos plej probable la pasejo inter la Monto de la Ruĝaj Dornplantoj kaj la Monto de la Alia Akvofalo. Laŭ raportoj ricevataj ŝajnis, ke jam bovaro iom post iom peliĝas tien, kaj la plej proksima akvejo estos tiu rivereto en la pasejo, kiu bedaŭrinde ne tute forvaporiĝis kaj certe altiros la ŝvitantajn bestojn. La Banubi ĉiuj sciis pri la alia konstanta akvofonto iom nordokcidente de la pasejo, sed la blankuloj ne sciis pri ĝi. Do preskaŭ certe ili devos provi paŝigi siajn bovojn tra tiu pasejo.

Li aldonis, ke la raportoj el diversaj fontoj igas klare, ke la bovpelistoj unuflanke agas samtempe kiel tiuj aliflanke: evidente tiu diabla telegraflineo ebligas daŭran kontakton.

Jangabara memorigis siajn virojn, ke li decidis ne ŝteli ĉevalojn por ilia kampanjo. Jes, sur ebenajoj la rajdpolicistoj havus grandajn avantaĝojn, sed malmulte da Banubi-viroj kutimas rajdi, kaj krom tio li intencas, ke ili batalu en montetaroj, kie ĉevaloj ne utilas. Do ili memoru tion, ke ne foriru de la montetoj. Antaŭ ĉio ili memoru, ke la kavernoj, kiujn ili, sed ne la blankuloj konas, estas natura batalareo por Banubi. Li memorigis ilin laŭeble eviti batali kontraŭ la policistoj, kiuj havas tiom da *ĉilamon*. Refoje ili batalu el siaj kavernoj.

Kaj laste ili memoru, ke ili batalas por sia sola hejmo, dum la blankuloj batalas por forrabi la teron de aliaj homoj, do la Banubi havos pli puran motivon. "Eble kelkaj el ni mortos," li diris, "sed ni mortos kun honoro. La blankuloj mortos sen honoro, kaj ili ne rajtas venki. Ni venku!"

Laŭta apogkrio sekvis liajn lastajn vortojn. Estis nun tempo por dividi la fortojn. Jangabara nomis la virojn, kiuj helpos lin defendi Bandjina, kaj tiujn, kiuj iros al la pasejo. Oni konstatis, ke la elekto spegulas la nombron da fusilportaj viroj: proksimume duono estos en ĉiu el la du batalejoj.

Jangabara sin turnis al Macky kaj parolis angle. "Macky, vi ne timas mallumon. Vi bone pafas. Mi pensis: mi sendas Macky al pasejo. Eble necese gardostari tie nokte. Sed se vi tie kaj neniu parolas angle, vi ne povas paroli kun aliaj. Do vi iru kun mi al Bandjina."

Macky iomete cerbumis, poste surprizis ĉiujn per sia kapablo sin esprimi per la Banubi-lingvo, ne perfekte sed tute kompreneble. "Mi sufiĉe kompreni. Mi povi iri al pasejo."

Jangabara diris mirante, "Hm do, vi ja eklernis nian lingvon. Do estus utile, ke vi estu ĉe la pasejo nokte, se necesos. Do bone, prenu *Winchester*-fusilon kaj forte apogu Baldimaru. Li ne plu povas rapide kuri, sed li havas saĝan kapon kaj scias batali.

"Cetere, ĉiuj, kiuj ne havas fusilon, kunprenu almenaŭ tri lancojn."

Estis solena momento. Ĉiuj sciis, ke ne plennombre ili revenos el la batalo.

"La spiritaj Antaŭuloj gvidu nin en la protekto de la tero, kiu estas ilia," diris Jangabara. "Ĉi-vespere ni dancu kaj kantu, kaj frumatene ni iru al niaj batallokoj. Kaj poste ni ree renkontiĝu ĉi tie – post la venko!"

Kuraĝaj vortoj, kaj el dekoj da Banubi-gorĝoj venis forta krio, "Post la venko!"

La viroj sciis, ke apenaŭ ducent paŝojn for la virinoj jam preparis la vespermanĝon. Do estis tempo por manĝi, kaj poste danci kaj kanti, kiel la Banubi faris ekde la komenco de la homa historio.

Morgaŭ ili batalos, sed la vespero estu gaja kaj memoriga; memoriga pri la grandiozaj tradicioj de la Banubi-popolo.

Oni jam manĝis, kiam Macky aliris Jangabara. "Pardonu, vi dancos kaj kantos. Mi ne rigardos."

Li paŭzis, sciante, ke Jangabara atendas klarigon. "Vi dancas kaj kantas, mi pensas pri mia popolo en Kvinslando. Kaj mi malfeliĉa."

"Mi komprenas, frato."

"Iras iomete for, bone?"

"K'ompreneble. Ni dormos en kaverno apud granda pendoarbo, tie."

"Bone. Ĝis revido."

Kaj Macky iris en la malluman arbaron.

Tiun nokton Jangabara, kontraste al sia kutimo, seksumis kun ambaŭ virinoj. Macky ne ĉeestis, kaj Jangabara esperis, ke li ne tro longe trairos la nokton. Morgaŭ oni bezonos lin.

Jangabara ne povis scii, ke tiun nokton Macky dormis en la policejo ĉe Ulgangulura.

Nek, ke Macky malkaŝis ĉiajn eblajn detalojn de la batalplanoj de la Banubi. Nek, ke senĉesaj mesaĝoj zumis laŭ telegraflineoj inter Ulgangulura kaj Derby, Derby kaj Wyndham, Wyndham kaj diversaj policejoj, kaj inter ĉiuj nordaj lokoj kaj Perto.

La fina batalo – tiel jam nomis ĝin la blankaj policistoj.

Kiam Jangabara vekiĝis, li miris, ke Macky ne kuŝas apude. Ĉu li ie pisas? Estis nenia signo, ke Macky entute tie dormis. Kia persona dramo povus forteni la homon, kiun nur hieraŭ la unuan fojon li nomis "frato". La homo ja neniam aspektis vere kontenta. Neniu el la virinoj ŝatis lin, sed ĉu li kulpis pri tio? Jangabara bone komprenis la amaran situacion de homo forpelita de la propra popolo.

Venis alia ebla klarigo. Ĉu Macky lastamomente perdis kuraĝon kaj ne volis parto-preni batalon, en kiu finfine rolos popolo fremda al li, popolo, kies sorto estas nean-taŭvidebla?

Aŭ ĉu eble ...? Subite terura suspekto sombrigis la trajtojn de Jangabara. Ĉu Macky ...? Jangabara ne volis vortumi siajn pensojn, sed li diris al si, ke se Macky ne reaperos tre baldaŭ, li vole-nevole pensos tre puneme pri tiu "adopta frato".

Soaring with Cockatoos (extract), *2010*

Yungaburra listened patiently to all the ideas and suggestions of his warriors. It was an unusual situation for those huge Banubi men. Although, according to the eternal custom, every man had the right to contribute, nobody doubted that the decisions would be made by that relatively young, relatively short man who had for some years now been what the whitefellas would call a king.

Finally the de facto but unofficial king spoke: everyone agreed that Bandyina Gorge would be one of the battlegrounds, since the whites coming from the west had no other possible passage for their cattle. The main ambush would have to be there again, and Yungaburra himself would lead the defenders. But nobody, he said, could be sure of the place where the cattle coming from the north and east would be driven onto Banubi territory. He, Yungaburra, just like everybody else, had thought first this, then that, then something else, but his first and guiding intuition was that the whites would choose the pass between Red Thorny Plant Hill and Second Waterfall Hill. According to reports coming in there was already a mob of cattle being driven bit by bit in that direction, and the closest water was in a little creek in the pass that unfortunately had not dried up and would certainly attract the sweating animals. The Banubi knew of that other permanent source of water north-west of the pass, but the whites could not know about it. So it was next to certain that the cattle would be pushed toward the pass.

He added that the reports also indicated that the drovers on both sides were working simultaneously: obviously those cursed telegraph lines allowed them to stay in contact all the time.

Yungaburra reminded his men that he had decided against stealing some horses. True, on the flat land the policemen on horseback would have great advantages, but few of the Banubi were used to riding, and in any case their tactic was to stay in rough country where horses were useless. So they must remember to stay in mountainous country, and above all they should keep in mind that they knew the caves and the whites did not, so the caves were a natural battleground for the Banubi. They should also avoid police as far as possible, those men with so many *chillamon*. Again, they should conduct their fight from their caves.

Lastly he reminded them that they were fighting to save the only home they had, while the whites were fighting to rob land from other people, so the Banubi had purer motivation. "Maybe some of us will die," he said, "but we'll die with honour. The whites will die without honour, and they have no right to win. We shall win!"

A loud roar of support followed his last words. It was now time to divide his forces. Yungaburra named the men who would help him defend Bandyina Gorge, and those who would go to the pass between the two hills. It was clear the selection was done mainly on the basis of who had a rifle: roughly half the rifles would be in use at each battleground.

Yungaburra turned to Macky. "Macky, you not scared of dark. And you shoot good. So I think, maybe you go to pass: maybe we have to be there at night too. But then I think, no, nobody talk English with Macky, that no good. Okay, you come with me to Bandyina."

Macky thought for a moment, then surprised everybody by speaking in Banubi, not perfectly but quite clearly, "Me understand enough. Can go to pass."

Yungaburra spoke in the Banubi language, and clearly Macky did understand: "Okay, you really have started to learn our language. Well, it would be very useful to have you at the pass if it's necessary to fight at night too. Okay, you take a Winchester and support Baldimaru. He's no longer a fast runner, but he's got a good head for a fight.

"By the way, anyone who hasn't got a rifle should take a minimum of three spears."

The moment turned solemn. They knew they would not all return from the battle.

"So I ask the spirit Ancestors to guide us in protecting the land which is theirs," said Yungaburra. "This evening we'll dance and sing our old dances and songs, and early in the morning we'll go off to battle. And after that we'll all come back here – after our victory!"

Brave words, and from dozens of Bunabi throats a roar went up, "Our victory!"

The men knew that scarcely two hundred paces away from them the women had been busy preparing the evening meal. Now it was time to eat, and later they would dance and sing their old dances and songs, the ones the Banubi had been singing ever since the beginning of human history.

The next day they would be fighting, but the evening was to be gay and a reminder of what they were, what the Banubi had always been.

They were already eating when Macky approached Yungaburra.

"Sorry, I don't want watch sing-sing and dance-dance."

He paused, knowing Yungaburra expected an explanation. "When you sing and dance I think of my people, back there in Queensland. And I unhappy."

"I understand, brother."

"I go little bit away into bush, okay?"

"Yes, sure. Our group sleepin' in cave near big old white tree, you know that one?"

"Yes, I know. Bye bye for little bit, Yungaburra."

And Macky went off into the darkness.

That night Yungaburra, contrary to his pre-battle habit, made love to both of his wives. Macky was not there, and Yungaburra hoped he would not be walking through the dark for too long. His role the next day could be very important.

Yungaburra could not know that that night Macky slept at the police station in Ulgangulura. Nor that Macky told the police every possible detail of the war plans of the Banubi. Nor that ceaselessly messages were humming along telegraph lines between Ulgangulura and Derby, Derby and Wyndham, Wyndham and various police stations, and between all of the northern places and Perth.

The final battle – that's what the policemen were already calling it.

When Yungaburra woke, he wondered why Macky was not sleeping nearby. Was he having a piss? No, there was no sign that he had slept there at all. What personal drama could be keeping him away, the man Yungaburra had yesterday for the first time called brother? He never did look happy. None of the women liked Macky, but was that his fault? Yungaburra knew the bitterness of being expelled by his own people.

Another possible explanation sprang to his mind. Did Macky lose courage and pull out at the last moment from a war that was not his? The fate of the Banubi was very uncertain.

Or was it possible that …? Suddenly a terrible suspicion twisted his features. Yungaburra did not want to put his suspicions into words, but he told himself that if Macky did not reappear very soon, he would have very dark thoughts indeed about that "brother".

Translation – Trevor Steele

Forever English

Reto Rossetti's sardonic but affectionate essay on the English (see above, page 319) provides the title of this section. The translations present an opportunity to compare Esperanto with familiar texts from English, including some that are sung or recited.

Zamenhof's translation of *Hamlet*, published in 1894, was the first major work of literature to be translated into Esperanto. To some extent it was propaganda: Zamenhof wished to show that Esperanto was a complete language, in other words not just a tool of everyday communication but capable of conveying artistic and literary meaning.

Zamenhof's knowledge of English was not vast and it is likely he drew on German and possibly Polish and Russian translations of Shakespeare's play in preparing the Esperanto version. Nevertheless, despite imperfections, the translation offers a powerful, eminently performable invocation of the original. Despite a newer and technically more polished translation, Zamenhof's rendition remains the preferred version among Esperanto speakers.

Ludoviko Lazaro Zamenhof – translator

Monologo de Hamleto: 3a akto, 1a sceno

> Ĉu esti aŭ ne esti, – tiel staras
> Nun la demando: ĉu pli noble estas
> Elporti ĉiujn batojn, ĉiujn sagojn
> De la kolera sorto, aŭ sin armi
> Kontraŭ la tuta maro da mizeroj
> Kaj per la kontraŭstaro ilin fini?
> Formorti – dormi, kaj nenio plu!
> Kaj scii, ke la dormo tute finis
> Doloron de la koro, la mil batojn,

Heredon de la korpo, – tio estas
Tre dezirinda celo. Morti – dormi –
Trankvile dormi! Jes sed ankaŭ sonĝi!
Jen estas la barilo! Kiaj sonĝoj
Viziti povas nian mortan dormon
Post la forĵeto de la teraj zorgoj, –
Jen tio nin haltigas; tio faras,
Ke la mizeroj teraj longe daŭras:
Alie kiu volus elportadi
La mokon kaj la batojn de la tempo,
La premon de l' potencaj, la ofendojn
De la fieraj, falson de la juĝoj,
Turmentojn de la amo rifuzita,
La malestimon, kiun seninduloj
Regalas al merito efektiva, –
Jes, kiu volus tion ĉi elporti,
Se mem, per unu puŝo de ponardo,
Li povus sin de ĉio liberigi?
Kaj kiu do en ŝvito kaj en ĝemoj
La ŝarĝon de la vivo volus porti,
Se ne la tim' de io post la morto,
De tiu nekonata land', el kiu
Neniu plu revenas. Kaj pro tio
Plivolas ni elporti ĉion teran,
Ol flugi al mizeroj nekonataj.
La konscienco faras nin timuloj;
Al la koloro hela de decido
Aliĝas la palaco de l' pensado;
Kaj plej kuraĝa, forta entrepreno
Per tiu kaŭzo haltas sendecide,
Kaj ĉio restas penso, sed ne faro …
Sed haltu! Ha, la ĉarma Ofelio …
(*Al Ofelio*) Ho, nimfo, prenu ĉiujn miajn pekojn
En vian puran preĝon!

William Shakespeare

Hamlet's Soliloquy: Act 3, Sc. 1, *1599?*

To be, or not to be – that is the question:
Whether 'tis nobler in the mind to suffer
The slings and arrows of outrageous fortune
Or to take arms against a sea of troubles
And by opposing end them? To die, to sleep;

No more; and by a sleep to say we end
The heartache, and the thousand natural shocks
That flesh is heir to. 'Tis a consummation
Devoutly to be wished. To die, to sleep;
To sleep – perchance to dream: ay, there's the rub;
For in that sleep of death what dreams may come
When we have shuffled off this mortal coil,
Must give us pause. There's the respect
That makes calamity of so long life;
For who would bear the whips and scorns of time,
Th' oppressor's wrong, the proud man's contumely,
The pangs of despised love, the law's delay,
The insolence of office, and the spurns
That patient merit of th' unworthy takes,
When he himself might his quietus make
With a bare bodkin? Who would fardels bear,
To grunt and sweat under a weary life,
But that the dread of something after death,
The undiscovered country, from whose bourn
No traveller returns, puzzles the will,
And makes us rather bear those ills we have
Than fly to others that we know not of?
Thus conscience does make cowards of us all;
And thus the native hue of resolution
Is sicklied o'er with the pale cast of thought,
And enterprises of great pitch and moment,
With this regard, their currents turn awry
And lose the name of action. – Soft you now!
The fair Ophelia! – Nymph, in thy orisons
Be all my sins remembered.

Apologies to those who sing this at new year in the original Scottish version. The transation appeared in the *Nica Literatura Revuo* (*Nice Literary Review*) in July/August 1957.

Reto Rossetti – translator

La iamo longe for

La prakonatoj
ĉu ni lasu velki en memor' ?
Ĉu ni ne pensu kare pri
la iamo longe for?

Refreno
Iamo longe for, amik',
iamo longe for,
ni rememoru pri la temp',
la iamo longe for!

La kruĉojn do ni levu kaj
salutu el la kor',
kaj trinku en konkordo pro
la iamo longe for!

Do, jen la mano, kamarad'!
Ni premu kun fervor',
Kaj trinku ni profunde pro
la iamo longe for'!

Robert Burns

Auld Lang Syne, *1788*

Should old acquaintance be forgot,
and never brought to mind?
Should old acquaintance be forgot,
and old lang syne?

Chorus:
For auld lang syne, my dear,
for auld lang syne,
we'll take a cup of kindness yet,
for auld lang syne.

And surely you'll buy your pint cup!
And surely I'll buy mine!
And we'll take a cup o' kindness yet,
for auld lang syne.

And there's a hand my trusty friend!
And give us a hand o' thine!
And we'll take a right good-will draught,
for auld lang syne.

The following poem, from 1804, is one of the best known and best loved poems in English. The translation was published in the literary review *Fonto* (*Source*) in May 1990.

Krys Ungar – translator

Dafodiloj

Mi vagis sola kiel nub'
Altflosas super la kampar'
Kaj tiam tuj aperis trup'
De dafodiloj; ora ar'
Apud la lag', sub arba tend'
Flirtis kaj dancis en la vent'.

Senbreĉe kiel astra bril'
Sur Lakta Voj' flagretas, jen
Sterniĝas ili en defil'
Senfine laŭ la laghaven'.
Rigardon kaptis la balanc'
De dekmil kapoj en la danc'.

Apudaj ondoj dancis, sed
Triumfon gajnis floroj ĉi,
Devigis gajon de poet'
Plej joviala kompani':
Mi rigardadis sen atent',
Ke min riĉigos la prezent'.

Ĉar ofte, kiam kuŝas mi
Penseme, aŭ en menslangvor',
Ekfulmas ili tra l' konsci' –
La beno de solema hor';
La koro pro pleniga ĝu'
Kun dafodiloj dancas plu.

William Wordsworth

Daffodils, *1804*

I wandered lonely as a cloud
That floats on high o'er vales and hills,
When all at once I saw a crowd,
A host, of golden daffodils.
Beside the lake, beneath the trees,
Fluttering and dancing in the breeze.

Continuous as the stars that shine
And twinkle on the Milky Way,

They stretched in never-ending line
Along the margin of the bay:
Ten thousand saw I at a glance,
Tossing their heads in sprightly dance.

The waves beside them danced; but they
Out-did the sparkling waves in glee:
A poet could not but be gay
In such a jocund company:
I gazed – and gazed – but little thought
What wealth the show to me had brought:

For oft, when on my couch I lie
In vacant or in pensive mood,
They flash upon that inward eye
Which is the bliss of solitude;
And then my heart with pleasure fills,
And dances with the daffodils.

Arguably one of the greatest nonsense poems in English is "Jabberwocky", published in 1872 in *Through the Looking Glass*. The translation appeared in *Angla Antologio 2* (*English Anthology 2*) in 1987.

Marjorie Boulton – translator

La jargonbesto

Brilumis, kaj la ŝlirtaj melfoj
en la iejo ĝiris, ŝraŭis:
mizaris la maldikdudelfoj,
forfuraj ratjoj vaŭis.

"Evitu, filo, Ĵargonbeston!
– Ungoj kaj buŝ' por mord' kaj kapt'!
Evitu bombonbirdan neston!
Vin gardu kontraŭ Bendorapt'!"

Vorpalan glavon li elprenis,
kaj vagis post la best' vostunta;
al rabrabarbo li alvenis,
ripozis en medit' profunda.

Dum staris li, pensante sie,
la Ĵargonbesto flamokula
tra nugraj arboj fajfefie
alvenis, babulula!

Jen unu! du! kaj tra kaj tro
vorpala klingo, krake-frap'!
Morto! Galopŝke la hero'
reiris kun la kap'!

"Ĉu Ĵargonbeston frapis vi?
Min ĉirkaŭbraku, luma filo!
Trofeferi'! Hej ho, hu hi!"
eksplodis ĝojotrilo.

Brilumis, kaj la ŝlirtaj melfoj
en la iejo ĝiris, ŝraŭis:
mizaris la maldikdudelfoj,
forfuraj ratjoj vaŭis.

Lewis Carroll

Jabberwocky, *1872*

'Twas brillig, and the slithy toves
Did gyre and gimble in the wabe;
All mimsy were the borogoves,
And the mome raths outgrabe.

"Beware the Jabberwock, my son!
The jaws that bite, the claws that catch!
Beware the Jubjub bird, and shun
The frumious Bandersnatch!"

He took his vorpal sword in hand:
Long time the manxome foe he sought;
So rested he by the Tumtum tree,
And stood awhile in thought.

And as in uffish thought he stood,
The Jabberwock, with eyes of flame,
Came whiffling through the tulgey wood,
And burbled as it came!

One, two! One, two! and through and through
The vorpal blade went snicker-snack!
He left it dead, and with its head
He went galumphing back.

"And hast thou slain the Jabberwock?
Come to my arms, my beamish boy!
O frabjous day! Callooh! Callay!"
He chortled in his joy.

'Twas brillig, and the slithy toves
Did gyre and gimble in the wabe;
All mimsy were the borogoves,
And the mome raths outgrabe.

The Pirates of Penzance (1879) remains one of the most popular operas of W.S. Gilbert and Arthur Sullivan. Perhaps the best known song from this opera – and certainly one of the most parodied in the entire G&S canon – is the Major-General's song, in which Gilbert satirises the notion of a "modern" British army officer.

The opera was translated into Esperanto and performed in 1979 at the British Esperanto Congress in Cheltenham. Perhaps wisely, the translator avoids in places a literal translation of Gilbert's tongue-twisting patter song. Instead, he introduces several specifically Esperanto barbs, such as a satirical reference to the Esperanto Academy (which advises on use and development of the language). In so doing, the translation ably captures the spirit of the original.

Reto Rossetti – translator

Kanto: La Generalo

Moderna tipo estas mi de general-majoro ja
mi povas vin instrui pri scienco kaj esploro ja;
pri ĉio vegetala, animala, minerala eĉ,
demandojn mi respondas kun klarigo tre detala eĉ.
Ĉu pri konusaj sekcoj, la elipso kaj la *par*abol'
aŭ pri *La Faraono* de l' genia, senkompara pol';
aŭ kiel do Kolumbo vojaĝadis kun persisto for …
kaj fine trovis Amerikon nia brava *Kris*tofor'!
Mi konas ĝis radiko la poemojn de *Omar'* Kajam,
kaj scias pri taktiko Makjavela kaj Bismarka jam!
Pri arto kaj kulturo, pri scienco kaj esploro do,
modela tipo estas mi de general-majoro do.

Pri historiaj faktoj mi raportas kun *eko*nomi',
kaj sondas la profundojn de l' ĉielo per astronomi'.
Pri Newton, Hegel, Karlo Marks, diskutas kamarade mi,
kaj eĉ pri ata-ita en la kadro de l' *Aka*demi'!
Batalojn flue citas mi, de Vaterlo' ĝis *Mar*aton';
mi fajfas rondojn de Ravel, aŭ Kodály kun madjara ton';
koralojn mi kolektis mem sur bela Pacifik-atol' …
kaj en Parizo fotis Mona Liza – la unika tol'!

Mi konas ĉiujn arbojn: baobao, palisandro eĉ,
kaj scias kiel tra Azio marŝis Aleksandro eĉ;
pri arto kaj kulturo, pri scienco kaj esploro do,
modela tipo estas mi de general-majoro do.

Entute, dum mi scias, kio estas katapulto jam
kaj blunderbuz' kaj arkebuz' sen tro nebula stulto jam,
apenaŭ mi distingas la haŭbizon de la *kar*aben',
kaj "kanonizo" – ĉu kanon-provizo, aŭ elstara ben'?
Se nur mi ne konfuzus la traktoron kun la *ter*aplan',
kaj eĉ helikopteron kun la jeto aŭ aeroplan',
se "komisariato" estus vorto ne mistera do …
mi tuj fariĝus general-majoro plej supera do!

Ĉar kvankam kleron havas mi kun alta kompetenco nur,
mi regas militarton ĝis komenco de l' jarcento nur;
kaj tamen pri kulturo, pri scienco kaj esploro jen,
modela tipo estas mi de general-majoro jen!

W.S. Gilbert

Major-General's Song, *1879*

I am the very model of a modern Major-General,
I've information vegetable, animal, and mineral,
I know the kings of England, and I quote the fights historical,
From Marathon to Waterloo, in order categorical;
I'm very well acquainted too with matters mathematical,
I understand equations, both the simple and quadratical,

About binomial theorem I'm teeming with a lot o' news –
With many cheerful facts about the square of the hypotenuse.
I'm very good at integral and differential calculus,
I know the scientific names of beings animalculous;

In short, in matters vegetable, animal, and mineral,
I am the very model of a modern Major-General.

I know our mythic history, King Arthur's and Sir Caradoc's,
I answer hard acrostics, I've a pretty taste for paradox,
I quote in elegiacs all the crimes of Heliogabalus,
In conics I can floor peculiarities parabalous.
I can tell undoubted Raphaels from Gerard Dows and Zoffanies,
I know the croaking chorus from the Frogs of Aristophanes,
Then I can hum a fugue of which I've heard the music's din afore,
And whistle all the airs from that infernal nonsense Pinafore.

Then I can write a washing bill in Babylonic cuneiform,
And tell you every detail of Caractacus's uniform;
In short, in matters vegetable, animal, and mineral,
I am the very model of a modern Major-General.

In fact, when I know what is meant by "mamelon" and "ravelin",
When I can tell at sight a chassepôt rifle from a javelin,
When such affairs as sorties and surprises I'm more wary at,
And when I know precisely what is meant by "commissariat",
When I have learnt what progress has been made in modern gunnery,
When I know more of tactics than a novice in a nunnery:
In short, when I've a smattering of elemental strategy,
You'll say a better Major-General has never sat a gee.

For my military knowledge, though I'm plucky and adventury,
Has only been brought down to the beginning of the century;
But still in matters vegetable, animal, and mineral,
I am the very model of a modern Major-General.

The translation of this popular Christmas song was written to be performed by pupils at Westlands School, Congleton, Cheshire, in 1993. Regional television filmed the school choir singing the Esperanto version which featured in the evening news.

Paul Gubbins – translator

Rudolf', boac' ruĝnaza

Rudolf', boac' ruĝnaza,
Naze brilis kvazaŭ lamp',
Klare vi lin ekvidus,
Ie ajn sur boac-kamp'.

Tamen la boacaro
Lin mokadis sen kompat',
Kaj, dum la boac-ludoj,
Lin forpelis per fibat'.

Venis antaŭ kristnask-fest'
Slede Nikola',
Diris: Rudolf', per lumnaz',
Gvidu min, nu ek! Hola!

Hurais la boacaro,
Jubilante kun delir':
Rudolf', vi ruĝnazulo,
Historia pionir'!

Robert May

Rudolph the Red-Nosed Reindeer, *1949*

Rudolph the red-nosed reindeer
Had a very shiny nose,
And if you ever saw it,
You would even say it glows.

All of the other reindeer
Used to laugh and call him names;
They never let poor Rudolph
Join in any reindeer games.

Then one foggy Christmas Eve,
Santa came to say,
Rudolph with your nose so bright,
Won't you guide my sleigh tonight?

Then how the reindeer loved him
As they shouted out with glee,
Rudolph the red-nosed reindeer,
You'll go down in history.

Universal Declaration of Human Rights

The Universal Esperanto Association (UEA) enjoys consultative status with United Nations and a consultative partnership with UNESCO. The idea, as stated in the preamble to the Universal Declaration of Human Rights, that it is "essential to promote the development of friendly relations between nations", lies at the core of the Esperanto movement.

Anon – translator

Universala Deklaracio de Homaj Rajtoj, *1948*

Adoptita kaj proklamita de Rezolucio 217 A (III) de la Ĝenerala Asembleo, 10an de decembro 1948.

Antaŭkonsideroj

Pro tio, ke agnosko de la esenca digno kaj de la egalaj kaj nefordoneblaj rajtoj de ĉiuj membroj de la homara familio estas la fundamento de libero, justo kaj paco en la mondo,

Pro tio, ke malagnosko kaj malestimo de la homaj rajtoj rezultigis barbarajn agojn, kiuj forte ofendis la konsciencon de la homaro, kaj ke la efektiviĝo de tia mondo, en kiu la homoj ĝuos liberecon de parolo kaj de kredo kaj liberiĝon el timo kaj bezono, estas proklamita kiel la plej alta aspiro de ordinaraj homoj,

Pro tio, ke nepre necesas, se la homoj ne estu devigitaj, sen alia elektebla vojo, ribeli kontraŭ tiranismo kaj subpremo, ke la homaj rajtoj estu protektataj de la leĝo,

Pro tio, ke nepre necesas evoluigi amikajn rilatojn inter la nacioj,

Pro tio, ke la popoloj de Unuiĝintaj Nacioj en la Ĉarto reasertis sian firman kredon je la fundamentaj homaj rajtoj, je la digno kaj valoro de la homa personeco kaj je la egalaj rajtoj de viroj kaj virinoj, kaj firme decidis antaŭenigi socian progreson kaj pli altnivelan vivon en pli granda libereco,

Pro tio , ke la Ŝtatoj-Membroj sin devigis atingi, en kunlaboro kun Unuiĝintaj Nacioj, la antaŭenigon de universala respekto al kaj observado de la homaj rajtoj kaj fundamentaj liberecoj,

Pro tio , ke komuna kompreno pri tiuj ĉi rajtoj kaj liberecoj estas esence grava por plena realigo de tiu sindevigo,

Tial, nun, la *Ĝenerala Asembleo* proklamas tiun ĉi *Universalan Deklaracion de Homaj Rajtoj* kiel komunan celon de atingo por ĉiuj popoloj kaj ĉiuj nacioj, por tio, ke ĉiu individuo kaj ĉiu organo de la socio, konstante atentante ĉi tiun Deklaracion, per instruado kaj edukado strebu al respektigo de tiuj ĉi rajtoj kaj liberecoj, kaj per laŭgradaj paŝoj naciaj kaj internaciaj certigu ilian universalan kaj efektivan agnoskon kaj observadon, same tiel inter la popoloj de la Ŝtatoj-Membroj mem, kiel inter la popoloj de teritorioj sub ilia jurisdikcio.

Universal Declaration of Human Rights, *1948*

Adopted and proclaimed as Resolution 217 A (III) of the General Assembly, December 10, 1948.

Preamble

Whereas recognition of the inherent dignity and of the equal and inalienable rights of all members of the human family is the foundation of freedom, justice and peace in the world,

Whereas disregard and contempt for human rights have resulted in barbarous acts which have outraged the conscience of mankind, and the advent of a world in which human beings shall enjoy freedom of speech and belief and freedom from fear and want has been proclaimed as the highest aspiration of the common people,

Whereas it is essential, if man is not to be compelled to have recourse, as a last resort, to rebellion against tyranny and oppression, that human rights should be protected by the rule of law,

Whereas it is essential to promote the development of friendly relations between nations,

Whereas the peoples of the United Nations have in the Charter reaffirmed their faith in fundamental human rights, in the dignity and worth of the human person and in the equal rights of men and women and have determined to promote social progress and better standards of life in larger freedom,

Whereas Member States have pledged themselves to achieve, in cooperation with the United Nations, the promotion of universal respect for and observance of human rights and fundamental freedoms

Whereas a common understanding of these rights and freedoms is of the greatest importance for the full realisation of this pledge,

Now, therefore, the *General Assembly* proclaims this *Universal Declaration of Human Rights* as a common standard of achievement for all peoples and all nations, to the end that every individual and every organ of society, keeping this Declaration constantly in mind, shall strive by teaching and education to promote respect for these rights and freedoms and by progressive measures, national and international, to secure their universal and effective recognition and observance, both among the peoples of Member States themselves and among the peoples of territories under their jurisdiction.

Weak and powerless, immature...

Kálmán Kalocsay's touching poem "En amara horo" ("In Bitter Hour") about his chosen language appears elsewhere in this anthology (see page 102). One of the stanzas in William Auld's translation runs:

> Oh, Esperanto! You're not grand and proud,
> But only weak and powerless, immature,
> Helpless and – maybe – hopeless, maybe cowed,
> But noble, white and clear, and wholly pure.

Weak and powerless ... noble and pure: the perfect victim for any bully or thug. Accordingly Esperanto, neither "grand nor proud", is thoroughly accustomed to being mugged, beaten up in the press and elsewhere, by those who know little about it and lack the vision to learn more.

The word "Esperanto" is often used as shorthand for something perceived as big and bad. The *Süddeutsche Zeitung* (*South German Newspaper*) reported on May 24, 1995, that the then German chancellor, Helmut Kohl, dismissed the idea of a common European currency by saying: "We do not want an Esperanto Europe, but a Europe in which all retain their identities."

Over 20 years later, again in a financial context, the *Toronto Globe and Mail* was using the same imagery: "Back in 1887, L.L. Zamenhof invented a new language called Esperanto. ... A lofty goal, to be sure. Too bad it didn't work. Today, hardly anyone uses it ... The history of Esperanto parallels the calls from some countries for a new global reserve currency. For the same reasons Esperanto failed, efforts to create an artificial currency will fail as well" ("Junk the greenback? Not so fast" [July 9, 2009]). In similar vein, the *China Post* commented: "China's idea of dumping the dollar as the world's reserve currency has about as much appeal in today's globalized economy as *Esperanto* ..." ("Dollar won't yield to yuan just yet" [April 1, 2009]).

However, in arts and technology Esperanto is given a more positive spin. The *Neue*

Zürcher Zeitung (*New Zurich Newspaper*), reporting the death of the graphic designer Werner Hartmann, noted: "From the most diverse of fonts he created an Esperanto in images" (October 19, 1994). The *Observer* applauded the introduction of translation software as "a type of electronic Esperanto for the written word" (June 19, 1994).

All the same, Esperanto remains a convenient label to attach to anything offensive (i.e. progressive) to right-wing, conservative belief. The *Telegraph* claimed 2011 was a "vintage year" for the royal family and stated: "All this leaves British republicanism looking like an irrelevance, a minority fad on a par with learning *esperanto*" (December 10, 2011). The co-chairman of the Conservative Party, Baroness Warsi, tilting at so-called militant secularism, said: "Just as the European language of Esperanto, which attempted to build a new tongue, neutralises our component languages, a common language between faiths risks watering down the diversity and intensity of our respective religions" (politics.co.uk [February 14, 2012]).

One does not have to be a baroness to talk rubbish about Esperanto: what is meant by "neutralises our component languages"? Contributors to internet chatrooms are equally obtuse (and generally anonymous). One example will suffice (a trawl through the net will rapidly reveal others). A contributor styled as Gales offered the view: "Esperanto is a pointless and cultureless language. If you wanna learn it, good for you, but I don't see what good you're doing for the world by learning it. I rarely call languages pointless ... but I'd go as far as to say Esperanto is a pointless language" (February 12, 2012) [http://www.thestudentroom.co.uk/showthread.php?t=191573]).

Perhaps more insidious than the ill-informed, full-frontal attacks on Esperanto are the attempts to sweep it aside: officialdom, quite simply, does not know what to do with it because it fails to fit neatly into established and conventional boxes. Under the title "Why does anyone learn Esperanto?" the BBC reported: "The Department for Children, Schools and Families has yet to be convinced of the merits of Esperanto and does not class it as a foreign language that meets the needs of the national curriculum. 'Esperanto does not allow pupils to develop an interest in the culture of other nations or to communicate with native speakers as it does not have an associated culture or homeland,' says a spokesman" (July 16, 2008: http://news.bbc.co.uk/1/hi/magazine/7505820.stm). No associated culture (to say nothing of the fact that British pupils involved in the inter-school Springboard project are in contact with children learning Esperanto in central Europe and in Africa): the statement says more about the ignorance of the spokesman than about the supposed limitations of Esperanto.

The European Commission (public consultation on multilingualism, September 14 November 15, 2007) likewise rejected the idea of a common langauge, despite making a good case for it: "The introduction of a lingua franca (be it English, Esperanto, Latin or any other language) would reduce the costs and length of administrative procedures, but does not seem realistic in the short term; moreover, to some extent it would go against the principle of maintaining linguistic and cultural diversity."

This vague dismissal of Esperanto echoed a report from the previous year (The Europeans, Culture and Cultural Values: Qualitative Study in 27 European Countries [June 2006]) in which the commission observed: "The lack of a common language is frequently brought up, although the idea of a sort of Esperanto is seen as unrealistic and inadequate and the use of English – recognised as being dominant in reality – is sometimes lamented (notably in countries in Central and Eastern Europe)."

One wonders if the compilers of such reports were influenced by the rants that sometimes find their way into print, confirming the suspicion that – at least qualitatively – there is as much nonsensical mythology surrounding Esperanto as the death of Elvis Presley. Mary Jackson, in an article entitled "Volapük – Esperanto for losers" published in the *New English Review* (December 2006), felt: "The whole idea of an artificial international language is fundamentally misguided. There is no reason to speak Esperanto or Volapük. There is no Esperanto literature worth reading, and no country of Volapukes to visit. Rightly or wrongly, most people learn a foreign language for business purposes. An international language is useful for this, and we have one – English. But an artificial language is no use at all. Proponents of artificial languages may point to the successful revival of Hebrew as a mother tongue, but Hebrew had been a living language and was bound up with a history, a religion and a homeland. Esperanto is not merely rootless – it is soulless."

A cruder attempt to denigrate Esperanto, disguised – unsuccessfully – as humour, was published in May 1987 in *Executive Travel*. In a piece entitled "Desperanto" Perrott Phillips revealed his own desperation to obtain a cheap laugh: "Anyone who is too *pigra* [lazy] to *lerni* Esperanto is no *bona amiko* [good friend] of mine. It may have slipped your Filofax, but this year marks the 100th anniversary of the invention of the international language which, it was once hoped, would bring the world closer together. That it has failed is indicated by two world wars and enough international aggro to make old Ludwig Zamenhof – the inventor of Esperanto – spin wildly in his grave. Not that Esperanto would ever have made much headway in international diplomacy. It consists of only 6,000 words – most of which have to be repeated endlessly to make a halfway decent conversation – and sounds like iron wheels going over cobblestones."

The principal Esperanto dictionary has over 16,000 words and 45,000 lexical units – none of which has to be "repeated endlessly" to make meaningful conversation. Nevertheless Phillips continued: "But what kind of language possesses only one kind of swear word? Obviously, not one that will be used by market stallholders or belligerent TV scriptwriters. In case you need to get verbal with an Esperantist, the rude word is *pilkoj* (derived from *pilko*, a ball) and a lot of good may it do you when you are arguing about who had right-of-way."

Poor old Phillips. Esperanto has more swear words than even the most dissolute esperantist will use in a lifetime, while the example Phillips picks is simply wrong. A dictionary will certainly give "pilko" as a translation for "ball" – but only in the sense of a football or tennis ball, not in the context the writer wishes.

Perhaps, however, one should refrain from mocking a person evidently endowed with clairvoyance. Phillips' conclusion is unequivocal: "Esperanto will never find its Shakespeare, its Shelley or its Keats."

Perhaps not. However, as this anthology indicates, Esperanto is not devoid of good writing and of good writers. Three candidates for the Nobel Prize in Literature suggest that Esperanto is already well on the way to disproving the critics and to achieving acceptance not just as an effective means of everyday communication but as a powerful and expressive literary language.

Biographies

Albu, Vasile (Romania, 1927–1995) was an enthusiastic teacher of Esperanto and one of the most active esperantists in his country.

Auld, William (Britain, 1924–2006) was the first Esperanto writer to be nominated for the Nobel Prize in Literature (in 1999). He was "undoubtedly one of the foremost figures of Esperanto literature" (Geoffrey Sutton) noted as poet, essayist, translator, editor and teacher. Principal works include the epic poem *La infana raso* (*The Infant Race*) (1956), as well as collected poems in *Unufingraj melodioj* (*One-Finger Tunes*) (1960), *Humoroj* (*Moods*) (1969) and – with Marjorie Boulton – *Rimleteroj* (*Letters in Rhyme*) (1976). Translations into Esperanto include Shakespeare's *Twelfth Night* (1980), Wilde's *The Importance of Being Earnest* (1986) and Tolkien's *Lord of the Rings* (1995). Auld's Esperanto textbook *Paŝoj al plena posedo* (*Steps Towards Total Command*) (1968) has been reprinted several times, while his poems and essays have been translated into – as well as English – Croatian, Dutch, French, German, Hungarian, Icelandic, Japanese, Norwegian, Polish, Portuguese, Romanian, Scots, Spanish, Swedish, Turkish and Vietnamese. Auld was also president of the Academy of Esperanto (1979–1983).

Baghy, Julio (Hungary, 1891–1967), an actor, served in the first world war and, captured, spent time in Siberia as a prisoner of war. His experiences are reflected in the novels *Viktimoj* (*Victims*, 1925) and *Sur sanga tero* (*On Bloody Soil*, 1933), as well as short stories. Baghy was also a dramatist and several of his plays reflect the vicissitudes of war. He also wrote the lyrical, almost Shakespearean drama, *Sonĝe sub pomarbo* (*Dreaming under an Apple Tree*) (1958). Today Baghy is celebrated principally for his poetry. He was one of the first writers to explore and exploit the poetic potential of Esperanto.

Beaucaire, Louis (France, 1925-1983) learned Esperanto in 1941 and later lived in Berlin where he ran the French bookshop.

Bicknell, Clarence (Britain, 1842–1918) was a parson, botanist and archeologist. He took part in the first universal congress of Esperanto, in Boulogne-sur-Mer, France, in 1905. He began writing poetry in his 60s and became the first laureate of the Internaciaj Floraj Ludoj (International Floral Games) in Barcelona in 1909. However he was noted more for his translations into Esperanto, for instance of Tennyson and Wordsworth.

Blanke, Detlev (Germany, 1941) has written widely on lingusitics and interlinguistics. He has a special interest in terminology and is a senior bibliographer of the Modern Language Association of America.

Boulton, Marjorie (Britain, 1924), poet and dramatist, biographer and scholar, was proposed for the Nobel Prize in Literature in 2008. Deservedly for, apart from her pro-lific Esperanto output, she authored 16 books in English, including *The Anatomy of Poetry*, first published in 1953 and still to be found on university reading lists some 50 years later. Her scholarship – for example the biography *Zamenhof: Creator of Esperanto* – is distinguished by academic rigour and discipline; her creative writing – poetry, short stories, plays – by humour, understanding and, above all, empathy. Boulton's deep love of, and sympathy for, her fellow creatures is illustrated not only in her verse but also in her one-act drama *Liberiĝo* (*Release*) which appears elsewhere in this volume. These personal, human qualities, manifest in copious correspondence conducted with Esperanto speakers the world over, have made her one of the best-loved figures in the Esperanto movement.

Camacho Cordón, Jorge (Spain, 1966) is an interpreter with the European Union. He has published in prose, for example in 1997 as a contributor to the short story collection *Ekstremoj* (*Extremes*), but more recently he has concentrated on poetry. Verse collec-tions, sometimes containing parallel lines in Spanish, include *Saturno* (*Saturn*), 2004, and *La silika hakilo* (*The Flint Axehead*), 2011. His thematic reach and expressive power match those of Auld or Kalocsay; his linguistic energy at times surpasses them. Camacho has been described – by Peter Browne – as a "sort of linguistic, poetic, and intellectual *Übermensch*". Camacho is editor-in-chief of the literary review *Beletra Almanako*.

Carr, Timothy Brian (Britain, 1944), a former librarian, has authored many individual poems as well as two major collections: *Sur Parnaso* (*On Parnassus*) (1998) and *Yvonne: Sonetoj malsekretaj* (*Yvonne: Unsecret Sonnets*) (2009). The Icelandic poet Baldur Ragnarsson has described Carr's work as "impressionistically eloquent".

Clegg, Harald (Britain?, dates not known) was secretary of the Esperanto Association of Britain before travelling with field ambulance Esperanto No. 1 to northern France during the first world war.

Deij, Leen (Netherlands, 1919–2011), a port worker, has been described as Esperanto's last authentic proletarian poet. He was contributing to Esperanto publications, including *Femina*, up to his death.

Dek, Liven is the pseudonym of Miguel Gutiérrez Adúriz (Spain, 1950). A chemical engineer, he has contributed substantially to Esperanto science fiction, both as writer and editor. His poetry has been praised for its "cleansed technique … capable of placing the reader on the brink of the mystery".

Dresen, Hilda (Estonia, 1896–1981) was a prolific poet who captured the melancholy of the northern European landscape. She was also an accomplished translator from languages including Estonian, Russian and German.

Drezen, Ernest (Latvia, 1892–1937) learned Esperanto in 1910. A scientist, he was active in the Soviet Esperanto movement before being falsely accused by the Stalin regime of anti-Soviet activity and espionage for Germany. He was executed by firing squad.

Fischer-Galati, Henriko (Romania, 1879–1960), an industrialist, was an early enthusiast of Esperanto. He learned the language in 1902 and subsequently supported it by teaching and publishing.

Forge, Jean was the pseudonym of Jan Fethke (Poland, 1903–1980), as much a pioneer of early cinema as of the Esperanto novel. He worked on silent and other films at the UFA studios in Berlin where he met the director Fritz Lang. Lang's last film, *The Thousand Eyes of Dr Mabuse* (1960), draws loosely on Forge's Esperanto novel *Mr Tot aĉetas mil okulojn* (*Mr Tot Buys a Thousand Eyes*) published in 1931. The credits at the start of the film refer wrongly to Jan Fethge, not Fethke.

Gbeglo, Koffi (Togo, 1957) is a teacher of mathematics who runs a private school – the Institut Zamenhof – where all pupils learn Esperanto.

Giri, Apsana (Nepal, 1981–2008) was active in the Nepalese Esperanto movement and travelled widely, using Esperanto. She was killed in a road accident while studying in the USA.

Goodheir, Albert (Netherlands/Britain, 1912–1995) led perhaps one of the most varied lives of any Esperanto writer. During the second world war, in Utrecht, where he obtained a doctorate in history, he sheltered a Jewish family for three years in his attic. Following study in London he became a parson in the Church of Scotland and later a quaker. After early retirement he worked nights in a herring factory and then in a mental institution. Goodheir was not only a poet – his collection *Merlo sur menhiro* (*Blackbird on a Menhir*) was published in 1974 – but also a noted translator into

Esperanto and author of a book on Spinoza. William Auld claimed Goodheir to be one of Esperanto's most observant nature poets.

Grum, Jerzy (Poland, 1933–1993) worked as a journalist with the Esperanto section of Radio Poland. He was a noted translator of prose and drama, including classical and contemporary works of Polish literature. Many of his Esperanto translations were broadcast on the weekly literary programme of Radio Poland.

Gubbins, Paul (Britain, 1949), a university teacher and journalist, has received awards for drama and story-writing in the annual literary competitions organised by the Universal Esperanto Association. He is editor-in-chief of the Esperanto news magazine *Monato* (*Month*) and edits the house magazine of the Esperanto Association of Britain, *La Brita Esperantisto* (*The British Esperantist*).

Gudskov, Nikolao (Soviet Union, 1953) is a biologist, writer and translator. He contributes widely to Esperanto periodicals.

Guglielminetti, Clelia Conterno (Italy, 1915–1984), a middle and secondary school teacher, wrote one of the most popular short stories in Esperanto: "Vivo kaj morto de Wiederboren" ("The Life and Death of Wiederboren").

Hasegawa Teru (Japan, 1912–1947) used the pseudonym Verda Majo (Green May) in her writings, in which she describes her experiences as a esperantist in China during the struggle to end the Japanese occupation of that country. She was a regular contributor to several Esperanto periodicals and broadcast from China to Japan, where she was dubbed a "sweet-voiced national traitor." Zhou Enlai, later to become Chinese premier, refuted the claim, calling her a "faithful daughter" of the Japanese people and a "true patriot."

Hori, Yasuo (Japan, 1941) writes reports from Japan published annually in book-form. The first appeared in 1998. He has contributed to the international news magazine *Monato* (*Month*) and between 2007 and 2010 was a member of the management committee of the Universal Esperanto Association.

Johansson, Sten (Sweden, 1950) is a prolific writer in Esperanto, particularly of short stories and crime novels, including *Falĉita kiel fojno* (*Mown as the Hay*) (1997) and *Trans maro kaj morto* (*Across Sea and Death*) (1999). He has also written stories for children. Translations include works by Pär Lagerkvist and August Strindberg and he established a website dedicated to Esperanto writing: *Originala Literaturo en Esperanto* (*Original Literature in Esperanto*).

Kalocsay, Kálmán (Hungary, 1891–1976), arguably the greatest Esperanto poet, and a colossus of Esperanto culture, influenced his own and subsequent generations of writers to an immeasurable degree. It has been claimed he set out to show that what other languages could attain in their poetry was achievable also in Esperanto. In this he was eminently successful. However Kalocsay, a surgeon by profession, published not only poetry but also – with Gaston Waringhien – the *Plena gramatiko de Esperanto* (*A Complete Grammar of Esperanto*), which remained the principal reference work in its field until the *Plena manlibro de esperanta gramatiko* (*Complete Handbook of Esperanto Grammar*) by Bertilo Wennergren in 2005. Kalocsay was also a significant translator into Esperanto: translations include *King Lear*, *A Midsummer Night's Dream* and *The Tempest*.

Kelso, David (Britain, 1945) took early retirement from his post as chief inspector for post-school education in Scotland to become in 2001 director of development for the Esperanto Association of Britain (EAB) and later its honorary secretary. He was active in non-nationalist Esperanto groups until he disappeared in unexplained circumstances in late 2010 from his home in Calabria, Italy.

Klag, Walter (Austria, 1949) is a regular contributor to the independent Esperanto news magazine *Monato* (*Month*).

Kováts, Katalin (Hungary, 1957) is one of the most successful and popular teachers of Esperanto. She has taught applied linguistics at higher education institutions in Hungary and has been instrumental in Esperanto teacher-training. Among her many achievements is the online Esperanto educational resource at www.edukado.net, containing teaching materials, information about courses, and much more.

Kurzens, Nikolao (Latvia, 1910–1959), a civil servant, contributed widely to Esperanto literary reviews. After the second world war he was exiled to the far north of the Soviet Union. He eventually returned to Latvia, where he took his own life.

Lanti, Eugène, pseudonym of Eugène Adam (France, 1879–1947), was one of the founders in 1921 of the Sennacieca Asocio Tutmonda (World Non-National Association, abbreviated as SAT). At its peak, around 1930, SAT boasted over 6,500 members in more than 40 countries. Membership is now a tenth of this figure, although the idea of a world without nations, without boundaries – united by a common language – remains attractive, perhaps subconsciously, to many esperantists today.

Lejzerowicz, Izrael (Poland, 1901–1942) perished with his wife and small daughter in the concentration camp at Treblinka. He is remembered as a fine orator and journalist who was not afraid to speak out against fascism. Although he criticised the neutrality of esperantists who failed to condemn the burning of books in Berlin in 1933, he remained faithful to Esperanto. He even organised a clandestine Zamenhof-evening in the ghetto of occupied Warsaw.

Lins, Ulrich (Germany, 1943), a historian, co-edited the reference work *Esperanto en perspektivo* (*Esperanto in Perspective*) (1974) and was vice president of the Universal Esperanto Association from 1989-1995.

Liu, Zijia (China, 1974) writes under the name Alice Liu. Since 1998 she has worked for the print and now the electronic version of the magazine *El Popola Ĉinio* (*From the People's China*).

 Löwenstein, Anna (Britain/Italy, 1951) has authored two major historical novels, both with ancient Rome at their core: *La ŝtona urbo* (*The Stone City*), published in 1999, and *Morto de artisto* (*Death of an Artist*), 2008. She is a member of the Academy of Esperanto.

Maul, Stefan (Yugoslavia/Germany, 1940) founded with Torben Kehlet in 1980 the international news magazine *Monato* (*Month*). A journalist by profession, he has written on journalism, social issues, politics and the Esperanto language.

Mladenov, Nikola (Bulgaria, 1908–2005), a printer, fought in the Spanish Civil War. Such was his revolutionary zeal that he named his daughter Libertaria, while at his instigation the street in which he lived bore the name Barikada (Baricades).

Modest, Julian is the pseudonym of Georgi Mihalkov (Bulgaria, 1952), a philologist, teacher and editor. Collections of short stories include *Mistera Lumo* (*Mysterious Light*), published in 1987. In the same year appeared two plays which confirmed Modest as a talented playwright: *D-ro Braun vivas en ni* (*Dr Brown Lives Within Us*) and *Kripto* (*Crypt*).

Montagut i Masip, Abel (Spain, 1953), is a teacher of Catalan language and literature. He has translated widely from Catalan into Esperanto and belongs to what is known as the Iberian School of Esperanto writers.

Nemere, István (Hungary, 1944) writes in both Esperanto and Hungarian. Many of his novels began life in Hungarian, others in Esperanto, and his works have been translated into some 15 languages. In 1982 the European Science Fiction Association awared him the title "best science-fiction writer". His novels – for example *La Alta Akvo* (*The High Water*), published in 1985, which deals with the effects of a newly-built dam – have been described as sociological adventures. It has been argued, however, that Nemere has sacrificed quality to quantity.

Newell, L N.M. (Leonard Nowell Mansell) (Britain, 1902–1968), an insurance salesman involved in wartime espionage, who later became a teacher, wrote short stories and just 29 poems in Esperanto. In his forewaord to Newell's *Kolektitaj poemoj* (*Collected poems*) Edwin de Kock claims the poet "wrote almost nothing without value".

Oguinye, Princo Henriko (Nigeria, 1972) is a journalist and a regular contributor to the news magazine *Monato* (*Month*) and other Esperanto periodicals. He has published a collection of poems *Voĉo de juna afrikano* (*Voice of a Young African*).

Piron, Claude (Belgium/Switzerland, 1931–2008), a psychotherapist, worked as a translator with the United Nations in New York. He is noted for his detective novels and his stories for beginners in Esperanto. He expressed his views on the correct use of the language in *La bona lingvo* (*The Good Language*) (1989). He also wrote in French and English on international communication.

Privat, Edmond (Switzerland, 1889–1962) was poet, biographer (of Zamenhof and Gandhi), dramatist, journalist and literary and social historian. He was editor of the house magazine *Esperanto* of the Universal Esperanto Association and a noted orator who, following the death of Zamenhof, gave the oration at the formal opening of the annual Esperanto congress. He was instrumental in arguing for Esperanto at the League of Nations in an attempt to gain formal recognition for the language.

Ragnarsson, Baldur (Iceland, 1930) was nominated for the Nobel Prize in Literature in 2007 by the Association of Esperantophone Writers (Esperantlingva Verkista Asocio). A school teacher and superintendant of schools, he edited the influential literary journal *Norda Prismo* (*Northern Prism*) for many years and was later responsible for cultural and educational activities of the Universal Esperanto Association. His collected poems and essays were published in 2007 in the volume *La lingvo serena* (*The Serene Language*).

Ribillard, Jean (France, 1904–1962) served in the French army in North Africa. The location informed much of his writing, in particular the satirical novel *Vivo kaj opinioj de Majstro M'Saud* (*Life and Thoughts of Master M'Saud*) published, unfinished, in 1963 after the author's death.

Roksano was the pen-name of Jeanne Flourens, (France, 1871–1928). In the period before the first world war she authored plays – as well as articles and translations – including some of the sprightliest comedies in Esperanto. She remains one of Esperanto's outstanding playwrights. Much of her drama and other writing reflects her interest in feminist and women's issues.

Rossetti, Reto (Switzerland/Britain, 1909–1994) moved at an early age with his parents and brother to Scotland. Rossetti, a fine translator (his spirited version of Gilbert and Sullivan's *The Pirates of Penzance* is a lesson in translation), was a member of the so-called Scottish School of Esperanto poets, comprising in addition to himself William Auld, John Dinwoodie and John Francis. Rossetti's brother, Cezaro, was also an esperantist. He wrote the popular and often reprinted humorous novel *Kredu min, sinjorino!* (*Believe Me, Madam!*) about a travelling salesman.

Sachs, Rüdiger (Germany, 1927), a veterinary surgeon, spent much of his working life in Africa. He is an active member of the International Academy of Sciences San Marino which uses Esperanto for seminars, papers and dissertations. Sachs edited the journal of the International Esperantist Scientific Association of which he was president.

Schwartz, Raymond (France, 1894–1973) was a humorist and satirist who founded the Paris Esperanto cabaret "La verda kato" ("The Green Cat"). Here, and in many of his poems, he was able to demonstrate his skill in punning and word-play. Schwartz, however, had a more serious side, evident in his novel *Kiel akvo de l' rivero* (*As Water of the River*), published in 1963, and considered the first full-length Esperanto novel of quality.

Sekelj, Tibor (Yugoslavia, 1912–1988), journalist and adventurer, travelled widely in South America, Asia and Africa. In 1944 he climbed Aconcagua, in Argentina, with little mountaineering experience. He wrote about many of his travels which were published in Esperanto and other languages. He was a member of the Academy of Esperanto.

Steele, Trevor (Australia, 1940), a teacher of German and history, is one of the most prolific and successful novelists in Esperanto. His first novel, *Sed nur fragmento* (*Yet Just a Fragment*), published in 1987, has been hailed as the most imposing Esperanto novel to date. Steele has travelled widely in Europe, both east and west, and Latin America, and his writings draw on experience and study of the countries in which he has lived. Versions of some of the novels are available in English, including *Apenaŭ papilioj en Bergen-Belsen* (*Hardly Any Butterflies in Bergen-Belsen*), published in 1994.

Štimec, Spomenka (Croatia, 1949) learned Esperanto in 1964 and worked professionally for Esperanto until 1994. Between 1968 and 1982 she organised the international Puppet-Theatre Festival. Original works include *Ombro sur interna pejzaĝo* (*Shadow on an Internal Landscape*) (1984) and *Kroata milita noktlibro* (*Nocturnal Notes on a Croatian War*) (1993). She has won many prizes for her writing and her works have been translated into languages including English, Italian, Slovenian and Swedish. She has also taught Esperanto in Europe and the USA.

Tárkony, Lajos (Totsche, Ludwig) (Hungary, 1902–1978), a clerk in the Hungarian ministry of finance, was a translator, essayist and poet whose work appeared in the prestigious *Nica Literatura Revuo* (*Nice Literary Review*) and, later, in *Hungara Vivo* (*Hungarian Life*). He was also noted as a severe but honest literary critic.

Ungar (now Williams), **Krys** (Britain, 1954), immunologist and medical translator, won a series of prestigious poetry prizes in the late 1980s, shortly after she learned Esperanto. Many of these poems appear in the collection *Meznokto metropola* (*Metropolis Midnight*) published in 1991.

Van de Velde, Lode (Belgium, 1971) is a contributor to Esperanto magazines such as *Monato* (*Month*).

Váňa, Vladimír (Czechoslovakia, 1932–2000), economist and philatelist, was a noted translator of Czech literature into Esperanto as well as a writer of original stories.

Waringhien, Gaston (France, 1901–1991): grammarian, lexicologist, essayist, translator, poet, editor. With Emile Grosjean-Maupin he collaborated on the first large-scale dictionary solely in Esperanto – the *Plena Vortaro de Esperanto* (*Complete Dictionary of Esperanto*) (1930). He also collaborated with Kálmán Kaloçsay on the *Plena gramatiko de Esperanto* (*A Complete Grammar of Esperanto*) and on the influential *Parnasa gvidlibro* (*Guidebook to Parnassus*) (1932) – a vademecum for poets setting out principles of Esperanto verse.

Warren, Jack (Britain, 1947), a teacher, is co-organiser of the annual Esperanto summer school held in Staffordshire, UK, since 1960.

Westover, Tim (USA, 1982) has won several prizes in the annual literary competition run by the Universal Esperanto Association. The short stories in *Marvirinstrato* (*Mermaid Street*), published in 2009, are characterised by vivid imagination and clear, lucid style.

Zamenhof, Ludoviko Lazaro (Poland, 1859–1917), creator of the international language Esperanto, was an ophthalmologist by profession. Much of his writing took the form of letters, essays and speeches, but his effective translations (for example of Shakespeare and Gogol) and his moving, emotional poetry brilliantly demonstrated the suitability of Esperanto as a literary language. Undoubtedly they paved the way for more mature and polished literary output. Nevertheless the poems, in particular, remain some of the best-loved and best-known in Esperanto literature. They capture the spirit of the fledgling language and still resonate with esperantists today.

Zamenhof, Marko (Poland, 1837–1907), father of the creator of Esperanto, Ludoviko Lazaro Zamenhof, collected proverbs and sayings drawn from Russian, Polish, French and German sources. His son translated these into Esperanto.

Select bibliography

Albu, Vasile, 1995, "Carmen Sylva: reĝino, verkistino, esperantistino" ["Carmen Sylva: Queen, Author, Esperantist"], *Debrecena Bulteno* [*Debrecen Bulletin*], 89, Aug., 1995, 30–32.

Auld, William, 1969, *Humoroj* [*Moods*], J. Régulo, La Laguna.

Auld, William (ed), 1984, *Esperanta antologio: Poemoj 1887–1981* [*Esperanto Anthology: Poems 1887–1981*], UEA, Rotterdam.

Auld, William, 1986, "La plej malfacila arto" ["The Most Difficult Art"], in *Kulturo kaj internacia lingvo* [*Culture and International Language*], Fonto, Chapecó, 91–108.

Auld, William, Boulton, Marjorie, and others, 1991, *Ten Esperanto Poets in English Translation*, EAB, London.

Baghy, Julio, 1922, *Preter la vivo* [*Beyond Life*], Eldonejo de Literatura Mondo, Budapest.

Baghy, Julio, 1991 (1927), "Kiel Mihok instruis angle" ["How Mihok Taught 'English'"], in *Nova Esperanta Krestomatio* [*New Esperanto Anthology*], UEA, Rotterdam, 40–47.

Baghy, Julio and Kalocsay, Kolomano, 1966, *Ora duopo* [*Golden Duo*], Hungara Esperanto-Asocio, Budapest.

Beaucaire, Louis, 1974, *El la vivo de bervala sentaŭgulo* [*Life of a Berryvale Ne'er-do-well*], J. Régulo, La Laguna.

Blanke, Detlev, 2004, *Esperanto kaj socialismo? Pri la movado sur la "alia flanko"* [*Esperanto and Socialism? The Movement on the "Other Side"*], Mondial, Novjorko.

Boulton, Marjorie, 1955, *Kontralte* [*Contralto*], J. Régulo, La Laguna.

Boulton, Marjorie, 1959, "Liberiĝo" ["Release"], in *Virino ĉe la landlimo* [*Woman at the Border*], Koko, Kopenhago, 111–126.

Boulton, Marjorie, 1960, *Zamenhof: Creator of Esperanto*, Routledge and Kegan Paul, London.

Boulton, Marjorie, 1977, *Cent ĝojkantoj* [*100 Songs of Joy*], Iltis, Saarbrucken.

Carlson, Robert. E, 1969, *The Liverpool and Manchester Railway Project 1821–1831*, Augustus Kelley, New York.

Camacho, Jorge, 2004, *celakantoj* [*Coelacanths*], Bero, Rotterdam.

Camacho, Jorge, 2007, *eklipsas* [*Eclipsing*], Bero, Rotterdam.

Carr, Timothy B, 1998, *Sur Parnaso* [*On Parnassus*], Flandra Esperanto-Ligo, Antwerpen.

Carr, Timothy B, 2009, *Yvonne: Sonetoj malsekretaj* [*Yvonne: Unsecret Sonnets*], Bero, Rotterdam.

Drezen, A, 1991 (1931), *Historio de la mondolingvo* [*A History of the World Language*], Progreso, Moskvo.

Fernández, Miguel, Camacho, Jorge, Neves, Gonçalo, Dek, Liven, 1997, *Ekstremoj* [*Extremes*], IEM, Vieno.

Forster, Peter G, 1982, *The Esperanto Movement*, Mouton, The Hague.

Giri, Apsana, 2011, "Esperanto nun fariĝis nedisigebla parto de mia vivo" ["Esperanto: An Inseparable Part of my Life", in *Templo* [*Temple*], Nepala Esperanto-Asocio, Kathmandu, 3–4.

Golden, Bernard, 1995, "Proverboj en Esperanto: Hodiaŭ kaj morgaŭ [Proverbs in Esperanto: Today and Tomorrow]", *La Ondo de Esperanto*, 1995, 3–4.

Grum, Jerzy, et al, 1991, *Short Stories from Esperanto*, EAB, London.

Goodheir, Albert, 1974, *Merlo sur menhiro* [*Blackbird on a Menhir*], Glasgova Esperanto-Societo, Glasgovo.

Goodheir, Albert, 1987, *Enlumiĝo* [*Enlightenment*], Kardo, Glasgow.

Gubbins, Paul, 1997, "Mixed Metaphors: The Word Esperanto in Journalistic Discourse", *Language Problems and Language Planning*, Fall 1997, 260–269.

Gubbins, Paul, 2006, *Zam-Zam-Zamenhof* [*Zam-Zam-Zamenhof*], Bero, Rotterdam.

Guglielminetti, Clelia Conterno, 1989 (1959), "Vivo kaj morto de Wiederboren" ["Life and Death of Wiederboren"], in *Trezoro: Esperanta Novelarto 1* [*Treasure: The Art of the Esperanto Novella*], HEA, Budapest, 440–445.

Hasegawa Teru, 1982, *Verkoj de Verda Majo* [*Works of Green May*], Ĉina Esperanto-Eldonejo, Beijing.

Johansson, Sten, 2010, "Pordo al la maro" ["Gateway to the Sea"], *Vizaĝoj: Novelaro 2000-2009* (*Faces: Collected Short Stories 2000-2009*) Eldona Societo Esperanto, Stockholm, 82–84.

Kalocsay, Kálmán, 1931, *Streĉita kordo* [*Taut String*], Literatura Mondo, Budapest,

Kalocsay, Kálmán, 1977, *Izolo* [*Isolation*], UEA, Rotterdam.

Kelso, David, 2006, "Klasbatalo ...?" ["Class Struggle ...?"], in *La Verda Proleto* [*The Green Proletarian*], 428, November 2006, 18–21.

Koffi, Gbeglo, 1989, *Mi vizitis grandan urbon* [*Been There, Done That*], Zamenhof Editores, Goiâna-Go, Brazilo.

Kováts, Katalin, 2010, "Pledo por la prestiĝa bona lingvo" ["A Plea for Quality, Prestigious Language"], *Esperanto*, July/Aug., 2010, 146–147.

Kurzens, Nikolai, 1985 (1938), *Mia spektro* [*My Spectrum*], Esperanto-Rondo de Toronto, Toronto.

Lanti, Eugène, 1922, *For la Neŭtralismon!* [*Away with Neutrality!*], SAT, Paris.

Lapenna, Ivo, 1974, *Esperanto en perspektivo: Faktoj kaj analizoj pri la internacia lingvo* [*Esperanto in Perspective: Facts and Analyses about the International Language*], UEA, Rotterdam.

Lejzerowicz, Izrael, 1978 (1935), *El la "Verda Biblio"* [*From the "Green Bible"*], Hungara Esperanto-Asocio, Budapest.

Lins, Ulrich, 1988, *La danĝera lingvo: Studo pri la persekutoj kontraŭ Esperanto* [*The Dangerous Language: A Study of the Persecution of Esperanto*], Bleicher, Gerlingen.

Löwenstein, Anna, 2008, *Morto de artisto* [*Death of an Artist*], Flandra Esperanto-Ligo, Antverpeno.

Maul, Stefan, 2005, *El verva vivo ĵurnalista* [*From a Journalist's Lively Life*], Flandra Esperanto-Ligo, Antverpeno.

McCoy, R. (ed), 2010, *Universala Esperanto-Asocio Jarlibro 2010* [*Universal Esperanto Asociation Yearbook 2010*], UEA, Rotterdam.

Montagut, Abel, 2003, *La enigmo de l'ar@neo* [*The Spider's Enigm@*], IEM, Vieno.

Nemere, István, 1981, *La naŭa kanalo* [*The Ninth Channel*], Hungara Esperanto-Asocio, Budapest.

Neves, Gonçalo; Kamaĉo, Georgo; Dek, Liven; Fernández, Miguel, 1993, *Ibere Libere* [*Iberianly Unhindered*], Pro Esperanto, Vieno.

Newell, L.N.M (ed. de Kock), 1987, *Kolektitaj poemoj* [*Collected poems*], Esperantaj Kajeroj, Manĉestro.

Pleadin, Josip, 2006, *Ordeno de verda plumo: Leksikono pri esperantlingvaj verkistoj* [*The Order of the Green Pen: A Lexicon of Esperanto Writers*], Grafokom, Đurdevac.

Piron, Claude, 1989, *Vere aŭ fantazie* [*True or Fanciful*], Fonto, Chapecó-SC Brazilo.

Privat, Edmond, 1927, *Historio de la lingvo Esperanto 1900–1927* [*A History of the Esperanto Language 1900–1927*], Hirt, Leipzig.

Ragnarsson, Baldur, (2007), *La lingvo serena* [*The Serene Language*], Edistudio, Pisa.

Ribillard, Jean, 1994 (1963), *Vivo kaj opinioj de Majstro M'Saud* [*Life and Thoughts of Master M'Saud*], Iltis, Saarbrücken.

Roksano (pseud. Flourens, Jeanne.), 1914, "Mi neniam amos" ["I shall never love"], *La Vagabondo* [*The Vagabond*], July 1914, 56.

Röllinger, Hugo, 1997, *Monumente pri Esperanto* [*Esperanto Monuments Round the World*], Universala Esperanto-Asocio, Rotterdam.

Rossetti, Reto, 1959, *Pinta krajono* [*Sharpened Pencil*], J. Régulo, La Laguna.

Rossetti, Reto, 1989, *Arto kaj naturo* [*Art and Nature*], Hungara Esperanto-Asocio, Budapest.

Sekelj, Tibor, 1992, *Kolektanto de ĉielarkoj: Rakontoj kaj poemoj* [*Rainbow Collector: Stories and Poems*], Edistudio, Pisa.

Steele, Trevor, 2010, *Flugi kun kakatuoj* [*Soaring with Cockatoos*], Flandra Esperanto-Ligo, Antwerpen.

Sutton, Geoffrey, 2008, *Concise Encyclopedia of the Original Literature of Esperanto*, Mondial, New York.

Štimec, Spomenka, 1996, *Tena: hejmo en Mezeŭropo* [*Tena: A Home in Central Europe*], Pro Esperanto, Vieno.

Tárkony, Lajos, 1964, *Soifo* [*Thirst*], J. Régulo, La Laguna.

Ungar, Krys, 1991, *Meznokto metropola* [*Metropolis Midnight*], Flandra Esperanto-Ligo, Antwerpen.

Váňa, Vladimír, 2002, *Rakontoj ne nur ŝercaj* [*Tales and Not Just Funny Ones*], Kava-Pech, Dobřichovice.

Westover, Tim, 2009, *Marvirinstrato* [*Mermaid Street*], Eldonejo Literaturo.Net, Lawrenceville, USA.

Zamenhof, Ludoviko Lazaro, 1994 (1903), "Esenco kaj estonteco de la ideo de lingvo internacia" ["Regarding the Essence and the Future of the Idea of an International Language"], Sezonoj, Jekaterinburg.

Zamenhof, Ludoviko Lazaro, 1963 (1905), *Fundamento de Esperanto* [*Foundation of Esperanto*], 9a eldono, Esperantaj Francaj Eldonoj, Marmande.

Zamenhof, Ludoviko Lazaro, 1974 (1909), *Proverbaro esperanta* [*Collected Esperanto Proverbs*], Stafeto, La Laguna.

Websites

BBC Languages, http://www.bbc.co.uk/languages/guide/languages.shtml (accessed 2012-01-03).

La Brita Esperantisto [*The British Esperantist*], http://www.esperantogb.org/lbe/arkivo/index.html (accessed 2012-01-31).

List of Wikipedias, http://meta.wikimedia.org/wiki/List_of_Wikipedias (accessed 2012-01-03).

Sennacieca Asocio Tutmonda (SAT), http://www.satesperanto.org/ (accessed 2012-01-22).

Where to find more about Esperanto

Universala Esperanto-Asocio (Universal Esperanto Association)
Nieuwe Binnenweg 176
3015 BJ Rotterdam
Netherlands
http://www.uea.org/info/angla.html
(Information about Esperanto in English, including links to national websites)

Australia
Aŭstralia Esperanta Asocio (Australian Esperanto Association)
143 Lawson Street
Redfern NSW 2016
Australia
http://aea.esperanto.org.au/

Canada
Kanada Esperanto-Asocio (Canadian Esperanto Association)
6358-A de Bordeaux Montreal,
QC Canada (Kanado) H2G 2R8
http://esperanto.ca/kea

Ireland
Esperanto-Asocio de Irlando (Esperanto Association of Ireland)
9 Templeogue Wood
Dublin 6W
Ireland
http://www.esperanto.ie/

New Zealand
Nov-Zelanda Esperanto-Asocio (New Zealand Esperanto Association)
P.O. Box 8140
Symonds Street
Auckland 1150
New Zealand
http://en.esperanto.org.nz/

United Kingdom
Esperanto-Asocio de Britio (Esperanto Association of Britain)
Esperanto House
Station Road
Barlaston
Stoke-on-Trent ST12 9DE
http://www.esperanto-gb.org/index.html

United States of America
Esperanto-USA
P.O. Box 1129
El Cerrito CA 94530
USA
http://www.esperanto-usa.org/en

Where to learn Esperanto
A good place to start is lernu.net: http://en.lernu.net/